Marianne Krüll

Die Mutter in mir – Wie Töchter sich mit ihrer Mutter versöhnen

Klett-Cotta

Die Autorin:
Dr. Marianne Krüll ist Mutter von zwei Töchtern und Großmutter, engagierte Feministin, Schriftstellerin, Soziologin. Sie war Akademische Rätin am Seminar für Soziologie der Universität Bonn, wo sie heute lebt. Zahlreiche Buchpublikationen, darunter: »Käthe, meine Mutter«, »Im Netz der Zauberer – Eine andere Geschichte der Familie Mann«, »Freud und sein Vater«, »Schizophrenie und Gesellschaft« und »Die Geburt ist nicht der Anfang«.

www.mariannekruell.de

Klett-Cotta
www.klett-cotta.de
© 2007 by J. G. Cotta'sche Buchhandlung
Nachfolger GmbH, gegr. 1659, Stuttgart
Alle Rechte vorbehalten
Printed in Germany
Umschlag: Klett-Cotta Design
unter Verwendung eines Bildes von PhotoCase.com
Gesetzt aus der Berling von Typomedia GmbH, Ostfildern
Auf säure- und holzfreiem Werkdruckpapier gedruckt
und gebunden von CPI – Clausen & Bosse, Leck
ISBN 978-3-608-94474-7

Fünfte Auflage, 2017

Bibliographische Information der Deutschen Nationalbibliothek
Die Deutsche Nationalbibliothek verzeichnet diese Publikation in der Deutschen Nationalbibliographie; detaillierte bibliographische Daten sind im Internet über <http://dnb.d-nb.de> abrufbar.

Inhalt

Einleitung
Die »Mutter in mir« 12
Wie die Geschichten entstanden sind 16

Mütter der Jahrgänge vor 1920
Mütter der Kriegsjahre

1 Hedwig (1914–2001) und Christa (1944) 25
 *Die Mutter mußte alles aushalten und war in all
 ihrer Traurigkeit doch irgendwie auch glücklich*

2 Gerda (1918) und Antje (1942) 36
 Der Sohn war und ist der Liebling der Mutter

3 Elfriede (1913–1992) und Edeltraud (1939) 47
 *Der frühe Tod von Elfriedes Eltern als Schatten
 über ihrem Leben – Mutter und Tochter machen
 etwas daraus*

4 Mathilde (1911–1987) und Rosa (1954) 54
 *Die Tochter als ungeplanter Nachkömmling der
 alten Mutter*

5 Antonia (1895–1923) und Ingeborg (1923) 68
 Die Mutter starb bei der Geburt der Tochter

Inhalt

6 Gertrude (1909–1980) und Maria (1940)   79
Die Mutter liebt den Sohn über alles, die Tochter ist nur »Ersatz« für eine verstorbene Tochter

7 Lina (1910–2001) und Inge (1948)   88
Die Mutter ist auf Männer fixiert, die Tochter begehrt auf und schafft es allein

Mütter der Jahrgänge zwischen 1921 und 1930
Mütter der Nachkriegsjahre

8 Hildegard (1928–1982) und Christiane (1948)   99
Das Geheimnis der Eltern, das nach drei Generationen allmählich gelüftet wird

9 Ingrid (1929) und Marika (1957)   110
Die Tochter kam angeblich ins Waisenhaus

10 Mia (1925) und Angelika (1952)   122
Die Mutter lebt nach dem Krieg in einer »Frauen-Enklave« – die Tochter befreit sich schrittweise immer mehr

11 Ilse (1926) und Jutta (1953)   130
Die Tochter tritt in Mutters Fußstapfen in starker Verbundenheit und Frauensolidarität

12 Babett (1922) und Dorothea (1955)   139
Die Mutter hält fünfzig Jahre bei einem ungeliebten Mann aus, die Tochter weint noch immer mit ihr

13 Petronella (1930) und Gudrun (1954)   147
Mutter und Tochter sind krebskrank

Mütter der Jahrgänge nach 1931
Mütter der Wohlstandsjahre

14 Gisela (1936) und Inga (1961)   161
Die emanzipierte Mutter und die lesbische Tochter

15 Ulla (1938–2002) und Beate (1978)   175
Die Mutter nimmt ein Geheimnis mit ins Grab

INHALT

16 Carla (1938–1992) und Judith 1965)   185
*Der unerfüllte Kinderwunsch der Tochter und die
von der Mutter übernommene Traurigkeit*

17 Elisabeth (1934) und Anke (1960)   194
*Die Tochter, ein Einzelkind, spielt mit dem Vater
das »Mutter-ärgern-Spiel«*

18 Irmgard (1939) und Michaela (1968)   203
*Die ohne Vater aufgewachsene Mutter wollte ein
Kind, nicht aber den Mann*

19 Annegret (1952) und Marlies (1970)   214
*Ein Kind wird Mutter, und die Tochter macht was
daraus*

20 Annette (1946) und Jana (1964)   226
*Die haltlose Mutter hat ihre Kinder »ausgesetzt«,
die Tochter sucht ein positives Mutterbild, um
selbst gute Mutter sein zu können*

Zwei Mutter-Tochter-Paare:
Ulrike – Sarah und Ursula – Grit

21 Ulrike (1947) und Sarah (1976)   240
*Die Tochter mit zwei Müttern in einer lesbischen
Lebensgemeinschaft der Mutter*

22 Charlotte (1917) und Ulrike (1947)   253
*Die Stärke der Frauen in den beiden Weltkriegen,
die ihren Töchtern – und der Enkelin! – den Weg
bereiten*

23 Ursula (1940) und Grit (1967)   266
*Tochter Grit und Mutter Ursula nehmen
gemeinsam am Mütter-Töchter-Seminar teil – die
Tochter erlebt ihre Mutter und Großmutter neu*

24 Frieda (1908–1977) und Ursula (1940)   276
*Die Mutter (mit beinamputiertem Mann) war »jeden
Tag am Ende ihrer Kräfte«, die Tochter erstarkt daran*

INHALT

Neue Wege zur Versöhnung
Die Erzählung der Muttergeschichte in der
Ichform – ein vergleichender Überblick ... 290

Prägende Erlebnisse in den Kriegsjahren ... 294
Generationenfolge von Müttern und Töchtern ... 296
Ungewollte Schwangerschaften ... 298
Sexualität – das große Tabu ... 303
Männer im Leben der Frauen ... 307
Das »verpaßte« Leben ... 312

Der Blick aufs Ganze – die Mythen von der »perfekten« Mutter und dem »starken« Mann ... 316

Der Muttermythos – eine gefährliche Falle ... 317
Die männerzentrierte Gesellschaft und der Mythos vom »starken« Mann ... 321
Folgen des Männlichkeitsmythos ... 323
Solidarität unter Frauen ... 328

Ausblick – für Töchter und Mütter ... 329

Was wir als Töchter tun können ... 331
Die Rolle der Väter ... 335
Was wir als Mütter tun können ... 339
Die Mutter als geistig-spirituelles Prinzip ... 346

Dank ... 349
Literatur ... 351

Einleitung

Während eines Vortrags über das Mütter-Töchter-Thema habe ich einmal den etwa fünfzig Zuhörerinnen drei Fragen gestellt: Die erste lautete: Welche von Ihnen kann sagen: Ich bin froh und glücklich mit meiner Mutter? Es meldeten sich ungefähr zehn oder zwölf Frauen. Die zweite Frage war: Welche kann sagen: Ich bin glücklich, ihr ähnlich zu sein, und bemühe mich, in ihre Fußstapfen (Beruf, Partnerschaft, Lebensplanung usw.) zu treten? Nun hob sich nur noch eine Hand. Auf die dritte Frage: Welche möchte eine Mutter werden oder sein wie die eigene Mutter?, blieben alle Hände unten!

Was geschieht hier? Warum sind wir Töchter so selten mit unserer Mutter zufrieden, so wie sie nun einmal ist? Warum wollen wir meist auf keinen Fall so sein wie sie?

Wenn wir darauf antworten, schildern wir vor allem das Versagen unserer Mutter in unserer Kindheit, als wir, die Töchter, noch klein waren. Am häufigsten ist die Klage über mangelnde Liebe: »Sie hat mich nicht oder nicht genug geliebt, hat mich vernachlässigt. Sie war keine ›richtige‹ Mutter. Sie hatte nie Zeit für mich, hatte andere Dinge im Kopf, hat nur für andere Menschen, aber nicht für mich gesorgt. Sie hat mich überhaupt nicht gesehen. Sie hat meinen Bruder, meine Schwester vorgezogen. Sie hat mich nie gelobt, nichts an mir hat sie gelten lassen. Sie hat mich geschlagen. Sie hat mich nicht gewollt.«

Andere Töchter meinen, von der Mutter »zu viel« geliebt worden zu sein: »Sie hat mich vereinnahmt. Sie hat mich mit ihrer Liebe aufgefressen. Sie war ständig besorgt um mich, hat mich in Watte gepackt. Sie hat mich für ihre unerfüllten Wünsche eingesetzt und damit mißbraucht.«

Begleitet sind unsere Anklagen immer von heftigen Emotionen: Trauer, Enttäuschung, Wut, ja sogar Haß auf die Mutter, die uns so lieblos oder böse behandelte. Wenn wir davon erzählen, kommen die alten Gefühle wieder hoch, oft fließen Tränen. Verzweifelt fragen wir: »Warum hat sie bloß ...?« oder »Wie konnte sie nur ...?« Doch solche Fragen suchen keine Antworten, sondern bleiben als Anklage im Raum stehen. Wir können oder wollen der Mutter nicht vergeben, was sie uns damals antat.

Aber auch über unsere aktuellen Konflikte mit der inzwischen gealterten Mutter klagen wir häufig: »Ich versuche, ihr das zu geben, was sie von mir will, aber sie ist nie zufrieden. Sie redet mit mir nicht über wichtige Dinge. Sie blockt alles ab. Sie behandelt mich noch immer wie ein kleines Kind. Sie verlangt Dankbarkeit von mir. Sie will mich kontrollieren. Sie mischt sich in mein Leben ein. Sie läßt mich nicht in Ruhe. Sie interessiert sich nicht für mein jetziges Leben.«

Fast immer wünschen wir uns, eine andere, eine bessere Mutter gehabt zu haben, eine, die uns das gegeben hätte, was wir glauben, gebraucht zu haben. Oder eine, die wenigstens jetzt zu uns steht. Wir stellen uns vor, wie sie eine »bessere« Mutter sein könnte, und vergleichen sie mit Frauen, die »richtige« Mütter sind, gelegentlich sogar mit unserer eigenen Großmutter, von der wir meinen, mehr »echte« Liebe bekommen zu haben. Wir wünschen uns sehnlichst, daß sich unsere Mutter doch endlich ändern möge, um für uns, die Töchter, doch noch eine »gute« Mutter zu werden – was immer das für uns im einzelnen heißt. Doch meist haben wir schon lange resigniert: »Meine Mutter ist ein hoffnungsloser Fall. Sie wird sich nie ändern.«

Trotz aller Kritik an der Mutter schwingen bei uns Töchtern immer auch Schuldgefühle mit. Viele von uns haben sich schon als kleine Kinder bemüht, die Mutter zufriedenzustellen. Wir fühlten uns schuldig, wenn es uns nicht gelang, es ihr recht zu machen. Besonders ungewollte Töchter scheinen das Unglück, das sie ihrer Mutter mit ihrer Existenz bereitet haben, als eigene Schuld zu empfinden und durch ungewöhnliche Opfer wiedergutmachen zu wollen. Andere wollen der Mutter helfen, wollen sie retten. Sogar das provokative, aufmüpfige Verhalten von Töchtern kann man als Appell an die Mutter verstehen, doch selbst endlich einmal aufzubegehren, sich zu wehren, anstatt Verletzungen nur leidend hinzunehmen.

Wenn aber alle Anstrengungen scheitern, steigt Wut in uns auf, und wir beginnen wieder mit der Mütterschelte, jenem weitverbreiteten und extrem destruktiven Muster in der Mutter-Tochter-Beziehung, auf das ich im Schlußkapitel noch ausführlich zu sprechen kommen werde.

Viele von uns gehen auf Distanz zur Mutter, manchmal mit jahrelangem Kontaktabbruch. Eine solche »Sendepause« muß nicht grundsätzlich schädlich sein. Besonders in symbiotischen Mutter-Tochter-Beziehungen erscheint es mir sogar notwendig, daß beide sich für eine gewisse Zeit voneinander trennen. Doch wenn der Bruch zu lange dauert und eine oder gar alle beide sehr unter der Trennung leiden, dann sollten Schritte zu einer Versöhnung getan werden.

Oft geschieht dies, wenn die Tochter selbst Mutter wird und der Mutter den Kontakt zu ihren Enkelkindern nicht vorenthalten will. Doch auch dann sind die Hürden meist riesengroß. Jede erwartet von der anderen, daß sie sich nun endlich ändert und begreift, daß sie im Unrecht war. Der Streit kann sich dann über die Enkelkinder sogar noch verschärfen.

Wenn wir als Töchter mit unserer Mutter in einem solchen Teufelskreis verstrickt sind, dann wird jede Begegnung mit der Mutter zu einem Alptraum. Schon vorher haben wir Angst, daß sich alles wiederholt und wir wieder von ihr verletzt werden. Und natürlich geht es unserer Mutter nicht anders. Auch sie hat Angst vor unseren Vorwürfen, vor unserer Wut, die sie als ungerecht und unberechtigt empfindet, weil sie doch alles nur gut gemeint hat, das Beste für uns gewollt hat usw. usw.

Die »Mutter in mir«

Mit meinem Buch will ich einen Weg aufzeigen, wie wir als Töchter mit unseren Müttern zu einer Versöhnung kommen können, so daß die Liebe wieder fließen kann und wir Formen der Abgrenzung zwischen uns finden, die nicht Ausgrenzung sind.

Auf diesem Weg haben mich zunächst meine Freundinnen begleitet. In kleinen Gruppen tauschten wir uns über unsere Mütter aus und waren erstaunt, wie gut es uns tat zu erkennen, daß es anderen Frauen mit ihren Müttern ähnlich ging. Wir sahen die eigene Mutter mit den Augen der anderen Frauen und bemerkten, daß sie *so* schlecht ja nun auch nicht war, daß zumindest einige der Frauen noch größere Probleme mit ihrer Mutter hatten als wir selbst.

Nach der Publikation meines Buches *Käthe, meine Mutter* im Frühjahr 2001 begann ich, zweitägige Seminare für Frauen zum Thema »Versöhnung mit der Mutter in mir« anzubieten, und verwendete dabei die Methode des Rollentauschs, der »vertauschten Stühle«. Man wechselt von der eigenen Position in die des Gegenübers und redet in der Rolle des oder der Anderen, und zwar in der Ichform.[1]

Die Frauen – maximal zwölf in einer Gruppe – nahmen nun nacheinander die Rolle ihrer Mutter ein und erzählten den anderen die Lebensgeschichte ihrer Mutter in der Ichform. Die Wirkung war frappierend. Während die Frauen in

---

[1] Diese Methode war mir aus der systemischen Familientherapie, dem Familienaufstellen, dem Psychodrama, der Gestaltpsychologie, dem NLP (Neurolinguistisches Programmieren) und anderen Therapierichtungen vertraut.

der Vorstellungsrunde ein Horrorbild von ihrer Mutter gezeichnet hatten und wir Zuhörerinnen die arme Tochter bemitleideten, ein solches Monster zur Mutter gehabt zu haben oder immer noch mit ihr leben zu müssen, erschien uns nun die Mutter als Mensch »wie du und ich«. In der Rolle ihrer Mutter konnte keine der Frauen mehr die Mutter anklagen – es sei denn, die Mutter tat es selbst. Wir konnten nachvollziehen, weshalb diese Frau keine bessere Mutter sein konnte, und entwickelten Mitgefühl mit ihrem Schicksal.

Und vor allem war die jeweilige Frau verblüfft zu erleben, daß die Fehler, die sie ihrer Mutter seit jeher zum Vorwurf gemacht hatte, mit der Stimme der Mutter nicht einmal mehr ausgesprochen werden konnten. Viele Frauen entdeckten dabei auch, daß sie große Wissenslücken über das Leben ihrer Mutter hatten, also ihre Mutter eigentlich nie richtig verstanden hatten.

Es gab erstaunliche Phänomene: Frauen, die als Töchter sprudelnd über ihre Mutter geredet hatten, verschlug es plötzlich die Sprache, als sie in der Rolle ihrer Mutter in der Ichform redeten. Sie stammelten oder machten lange Sprechpausen – so wie die Mutter, die ihre Geheimnisse nicht offenbaren konnte oder die Tochter immer über bestimmte Themen im Unklaren gelassen hatte. Es geschah auch, daß die Tochter plötzlich ein Geheimnis aussprechen konnte, das für ihre Mutter ein Tabu gewesen war.

Für mich waren diese Erfahrungen so etwas wie eine Offenbarung. Mit dieser Methode des imaginierten Rollentauschs mit der Mutter wurde für uns Töchter der Weg zur »inneren Mutter« geebnet, die in jeder von uns lebendig ist. »Die Mutter in mir« wurde für mich eine Metapher, mit der ich weitergehen wollte. Das mir seit Jahrzehnten wohlvertraute Bild vom »inneren Kind«, das in jedem Menschen bis zum Tode wach ist, ließ sich ergänzen durch das Bild von der »inneren Mutter« als Instanz, die sozusagen dem »inneren Kind« die Maßstäbe liefert, wie es sich zu verhalten hat. Sie ist die mahnende, warnende, aber auch ermunternde Stimme, sie kann das Gefühl von Wärme, Geborgenheit vermitteln wie auch von Schmerz und Verletzung, sie ist der kritische, strafende, aber auch wohlwollende, stolze Blick unserer Mutter aus unserer Kindheit. Sie ist das Bild unserer Mutter in all ihren Facetten, wie sie uns von unserer Geburt an – vielleicht auch schon vorgeburtlich – begegnet ist.

Trägt die »Mutter in mir« überwiegend negative Züge, weil sie mir in meiner Kindheit viel Leid zufügte und ich mich auch heute noch vor einigen ihrer Verhaltensweisen fürchte, dann bin ich mir selbst eine Feindin. Schlimmstenfalls habe ich das Gefühl, daß da in mir eine bedrohliche Kraft wirkt, die mich veranlaßt, mir selbst zu schaden.

»Aber was hat diese ›Mutter in mir‹ mit der realen Mutter da draußen zu tun?« ist die skeptische Frage vieler Frauen. »*Meine* Mutter ist nämlich *wirklich* …« – und dann folgt eine Beschreibung ihrer *wirklich* unmütterlichen Eigenschaften, nicht selten verbunden mit dem Hinweis darauf, wie sich eine »richtige« Mutter verhalten würde.

Doch wer ist eigentlich diese Frau »da draußen«, die uns so »wirklich« erscheint? Die Mutter unserer Kindheit? Hat sie sich seitdem nicht verändert? Ist sie die alte Frau in der heutigen Gegenwart? Hat sie keine anderen Eigenschaften als die, mit denen sie uns nervt? Und wenn sie schon gestorben ist, war sie dann wirklich jenes Monster, an das wir uns erinnern?

Ich glaube, wir kommen viel weiter, wenn wir die Vorstellung von der »Wirklichkeit« unserer Mutter einmal zurückstellen und uns fragen, ob nicht möglicherweise das Bild, das wir uns von ihr machen, »wirklicher« oder genauso »wirklich« ist wie die scheinbar so reale Mutter »da draußen«. Daß also die »Mutter in mir« mein eigenes Verhalten und das der Mutter wechselseitig beeinflußt.

Denn selbstverständlich bringe ich mein inneres Bild von ihr in jede unserer Begegnungen mit ein, etwa als Erwartung oder gar Befürchtung vor dem, was nun wieder zwischen uns passieren wird. Sie kann das an meiner Haltung, meiner Stimme, meinem Blick erkennen, auch wenn ich noch so freundliche Worte spreche.

Wenn ich bei einer Begegnung mit meiner Mutter die Erwartung habe, daß die Mutter mich wieder einmal lieblos behandeln wird, werde ich mich wie ein um Liebe bettelndes Kind verhalten. Wenn ich aber das innere Bild von ihr umwandele und spüren kann, daß Mutter mich ja im Grunde doch liebhat, dann kann auch die Mutter anders reagieren und für mich zu einer anderen, liebevollen Frau werden.

Man kann also vielleicht sagen, daß die lebendige Mutter für mich so »real« ist, wie ich sie als »innere Mutter« in mir trage. Und daß, sobald ich das Bild von ihr in meinem Inneren verändere, sie sich auch in der Realität verändern kann, weil meine Interaktion mit ihr eine andere geworden ist. Auch wenn sie es vorher nicht für möglich hielten, haben viele Frauen aus meinen Seminaren einen solchen Schritt gewagt und völlig unerwartete Reaktionen ihrer Mutter erlebt.

Wenn ich die Geschichte meiner Mutter in der Ichform erzähle, versetze ich mich in sie hinein, übernehme ich ihre Sicht der Welt, ihre Maßstäbe, erlebe die Schicksalsschläge, die sie erleiden mußte. Ich fühle, wie sie als Kind die Menschen in ihrem Umfeld wahrnahm, erahne die Träume, die sie als junge Frau hatte. Ich erlebe, wie sie sich als Tochter ihrer Eltern, ihrer eigenen Mutter fühlte, welches Verhältnis sie zu ihrer Mutter hatte, ob sie ihr auch Vorwürfe machte und sich vielleicht eine andere Mutter wünschte. Ich kann nachfühlen, mit welchem Idealbild sie ihre eigene Mutter verglich und wie sie daraus den Schluß zog, für ihre Kinder – also für mich! – eine bessere Mutter zu werden. Und ich kann sogar merken, daß ihr das wirklich in vielerlei Hinsicht gelungen ist.

Denn das vergessen wir als Töchter meistens: Auch unsere Mutter ist eine Tochter! Wir sind Tochter einer Tochter – und ihr in diesem Aspekt vielleicht besonders nahe, auch wenn unsere Mutter eine andere Person ist als wir.

EINLEITUNG

Wie die Geschichten entstanden sind

24 Geschichten habe ich für dieses Buch zusammengetragen, die Frauen in der Ichform über das Leben ihrer Mutter erzählt haben. Alle waren Teilnehmerinnen an einem meiner Seminare in den Jahren zwischen 2003 und 2006. Die Auswahl aus etwa 150 Geschichten ist mir sehr schwer gefallen, denn alle sind interessant und bewegend. Ich habe mich bemüht, ein möglichst breites Spektrum von unterschiedlichen Geschichten einzubeziehen und Frauen aus verschiedenen Generationen zu Wort kommen zu lassen. Die Mütter sind manchmal schon gestorben, sind verheiratet, ledig, geschieden, mehrfach verheiratet, eine lebt als lesbische Mutter. Sie leben oder lebten auf dem Land, in Städten, wurden aus ihrer Heimat vertrieben, haben ihr ganzes Leben im selben Ort verbracht. Kurz, es sind Frauen wie unsere eigenen Mütter, wie wir selbst.

Beeindruckend finde ich auch, wie sich in ihren Lebensgeschichten die deutsche Zeitgeschichte des 20. Jahrhunderts spiegelt. Ich habe die Geschichten in drei Altersgruppen der Mütter aufgeteilt, um diese historischen Gemeinsamkeiten deutlich werden zu lassen: Die ältesten Mütter sind zwischen 1898 und 1920 geboren, sie waren Mütter im Zweiten Weltkrieg, manche hatten auch schon den Ersten Weltkrieg als Kinder miterlebt. In der zweiten Gruppe finden sich die Mütter der Jahrgänge 1921 bis 1930. Die meisten von ihnen waren im Zweiten Weltkrieg Kinder und Jugendliche und wurden Mütter in der frühen Nachkriegszeit. In der dritten Altersgruppe habe ich die nach 1931 geborenen Mütter zusammengefaßt, die in den Jahren des »Wirtschaftswunders« ihre Familien gründeten und direkt oder indirekt von der Frauenbewegung geprägt wurden.

Die Töchter, also die Teilnehmerinnen an den Seminaren, gehören in der ersten Gruppe zu den Jahrgängen zwischen 1923 und 1951, in der zweiten zu den Jahrgängen zwischen 1948 und 1960, in der dritten zu denen zwischen 1960 und

Wie die Geschichten entstanden sind

1978. In einer vierten Gruppe habe ich zwei Mütter-Töchter-Paare aufgenommen, deren »Doppelgeschichten« mir besonders interessant erschienen. Im einen Fall (Ursula und Grit) waren Tochter und Mutter im selben Seminar, im anderen (Ulrike und Sarah) hatte die Tochter ihre Mutter animiert, an einem späteren Seminar bei mir teilzunehmen, weil es ihr »sicher auch gut tun würde«!

Die hier wiedergegebenen Geschichten stammen aus verschiedenen Seminaren. Es handelt sich also nicht um die Wiedergabe eines oder mehrerer kompletter Seminare, in denen sich die Altersgruppen mischten und einzelne Teilnehmerinnen altersmäßig die Mütter respektive die Töchter der anderen Teilnehmerinnen hätten sein können.

In den ersten Seminaren ab 2001, als ich noch nicht die Absicht hatte, daraus ein Buch zu machen, waren meine Aufzeichnungen unvollständig und dienten mir lediglich als Erinnerungsstütze. Seit etwa 2003 habe ich mit Einverständnis der Teilnehmerinnen ein Tonband mitlaufen lassen. Alle hier aufgenommenen Geschichten stammen aus dieser Zeit.

Die Zahl der Teilnehmerinnen schwankte zwischen fünf und zwölf. Die meisten kannten sich vorher nicht, einzelne waren miteinander befreundet oder sogar verwandt. Sie wurden – mit der Einladung zum Seminar – gebeten, Fotos aus ihrer Kindheit mitzubringen.[2]

---

[2] Vorab noch eine Bemerkung zur Anwendung der von mir entwickelten Methode der »sprechenden inneren Mutter«: Ich bin davon überzeugt, daß sie in unterschiedlichsten beraterischen und therapeutischen Settings von Frauen eingesetzt werden kann. Ich stelle mir vor, daß Frauen sogar allein oder mit einer Freundin ein solches Gespräch mit der »Mutter in mir« führen können. Zweifellos ist eine kleine Gruppe von Frauen, die sich gegenseitig die Geschichte ihrer Mutter in der Ichform erzählen, am sinnvollsten, nicht zuletzt wegen der wechselseitigen Fragen und Kommentare. Ich habe auch schon in einer Großgruppe von über hundert Frauen kleine Dreier- oder Vierergruppen bilden lassen, in denen sich die Frauen ihre Muttergeschichte erzählten. Die Rückmeldungen an mich waren sehr positiv. – Wenn Leserinnen mir ihre Erfahrungen mit der Anwendung der Methode der »sprechenden inneren Mutter« mitteilen wollen, freue ich mich.

Einleitung

Jedes eineinhalbtägige Seminar beginnt mit einer Vorstellungsrunde, in der die Teilnehmerinnen kurz ihren eigenen Lebenszusammenhang schildern. Auch bitte ich um kurze Angaben über ihre Eltern. Wenn die Mutter schon gestorben ist, frage ich die Frauen nach den Umständen ihres Todes. Dann bitte ich sie, das Problem zu beschreiben, das sie mit ihrer Mutter haben oder hatten und wie eine »Versöhnung« mit der Mutter für sie aussehen könnte. Was sie am Ende des Seminars als Ergebnis mit nach Hause nehmen möchten, ist meine letzte Frage.

Jede Frau lasse ich ihren Namen und ihr Geburtsjahr sowie Namen und Geburtsjahr ihrer Mutter auf einer vorbereiteten Karte mit großer Schrift notieren und vor sich aufstellen, damit sich die übrigen Teilnehmerinnen im weiteren Verlauf des Seminars darauf beziehen können. Nachdem sich alle in der Runde vorgestellt haben, erzähle ich kurz meine eigene Lebensgeschichte und verweise dabei auf mein Buch *Käthe, meine Mutter*.

Nach der Vorstellungsrunde schreibt jede Teilnehmerin ihrer Mutter einen fiktiven Brief, und zwar mit der linken Hand (!) – Linkshänderinnen mit der rechten – in ein Schulheft der ersten Klasse, das jede Frau von mir bekommt. Der Sinn des Linksschreibens besteht darin, daß die Frauen zum einen viel langsamer schreiben müssen, vor allem aber, daß damit die rechte Hirnhälfte aktiviert wird, die für ganzheitliches, nonverbales Denken zuständig ist, so daß damit auch tieferliegende Gefühle angesprochen werden. Einen Brief an die Mutter mit links, also mit krakeliger Schrift und dazu noch in ein Erstkläßler-Schulheft zu schreiben, bedeutet für jede eine Rückkehr in jene Zeit ihrer Kindheit, um die es ja geht.

Reihum werden diese Briefe in der Runde vorgelesen. Es ist spannend, die Unterschiede zwischen den Briefen zu beobachten: Schreibt die Frau »Liebe Mama/Mutti/Mutter«? Fehlt die Anrede überhaupt? Unterschreibt sie mit ihrem Vornamen, Kindernamen oder auch gar nicht? Inhaltlich gibt es

Beschimpfungen und Vorwürfe: »Ich hasse dich ...«, »Du hast mich verraten ...«, »Warum hast du mich nie beachtet ...«; Wunschäußerungen: »Hätte ich dir doch ...«, »Ich möchte einmal von dir ...«; Liebeserklärungen: »Ich vermisse dich so sehr ...«. Manche Frauen schreiben sachliche Berichte: »Ich bin hier in einem Mütter-Töchter-Seminar ...«. Oft regredieren Frauen in kindliche Gefühle: »Ich will auch immer brav sein ...«. Manche Briefe sind erstaunlich lang, andere bestehen nur aus wenigen Worten. Gelegentlich gibt es auch Verweigerungen, die Frauen lassen das Blatt leer oder schreiben: »Ich kann dir nichts sagen ...«. – In einigen Geschichten habe ich Auszüge aus diesen »Briefen« wiedergegeben.

Nach dem Verlesen ihres Briefes zeigt jede Teilnehmerin die Kindheitsfotos, die sie mitgebracht hat – manche haben dicke Fotoalben dabei, andere nur ein einziges Bild, manche besitzen überhaupt kein Foto, auf dem sie mit der Mutter zu sehen sind. Nicht selten vergessen Frauen überhaupt, Fotos mitzubringen. Beim Betrachten der Bilder entwickelt sich in der Runde eine lebhafte Diskussion mit Nachfragen, Kommentaren, Vergleichen. Es entsteht eine Atmosphäre von Vertrautheit. Wir gewinnen eine Vorstellung vom äußerlichen Rahmen, in dem die Familie lebte. Oft werden auch schon Themen angesprochen, auf die wir dann später Bezug nehmen können.

Danach folgt eine von mir angeleitete Erinnerungsreise, in der ich die Teilnehmerinnen stufenweise in die Vergangenheit zurückführe. Zuerst bitte ich sie, sich an ihre letzte Begegnung mit der Mutter zu erinnern. Bei verstorbenen Müttern empfehle ich, nicht die Sterbeszene zu wählen, sondern einen Zeitpunkt, als die Mutter noch der Welt zugewandt war. In dieser Situation soll sich jede Frau erinnern, wie die Mutter sie anschaute, was sie sagte, und dabei spüren, was sie, die Tochter, damals empfand. Dann bitte ich die Frauen, einen Rollentausch vorzunehmen und sich vorzustellen, was die Mutter in dieser Situation fühlte und wie sie ihre Tochter, also sie selbst, wahrnahm. In jeder der beiden Perspektiven sollen sie die andere »mit Liebe und Neugier« betrachten.

Dann geht es weiter in die Vergangenheit zurück: Die Frauen sollen sich an eine Situation aus ihrer Jugendzeit erinnern und wieder »mit Liebe und Neugier« sich selbst und die Mutter wahrnehmen. Die dritte Stufe führt in ihre Kindheit, als sie ein kleines Mädchen waren. Auf der vierten Stufe dann sollen sie zurückgehen in eine Zeit, als sie, die Töchter, noch nicht geboren waren und die Mutter eine junge, unverheiratete Frau war. Hier bitte ich sie, diese junge Frau, die einmal ihre Mutter werden sollte, in ihrem damaligen Umfeld »mit Liebe und Neugier« zu beobachten. Ebenso auf der fünften Stufe, in der sie sich in ihre Mutter hineinversetzen sollen, als diese ein Kind war.

Um in die Gegenwart zurückzufinden, leite ich sie an, die fünf Stufen rückwärts noch einmal zu durchlaufen und zu prüfen, ob es noch anderes zu schauen, zu hören oder zu fühlen gab. Der immer wiederholte Hinweis, alles mit Liebe und Neugier und wie von außen zu betrachten – so bestätigten mir die Frauen –, ist besonders wichtig, weil sie dadurch sowohl Nähe empfinden als auch Distanz wahren können.

Nicht allen Frauen gelingt es, diese Erinnerungsreise mitzumachen, was aber nicht problematisch ist, denn sie dient lediglich als Einstimmung für die dann folgende eigentliche Aufgabe, eben die Lebensgeschichte der Mutter in der Ichform zu erzählen. Die Teilnehmerinnen sind daher auch meist überrascht, wenn ich sie nicht auffordere, von ihren Erlebnissen während der Erinnerungsreise zu berichten, sondern sie bitte, nun nacheinander ihre Mutter selbst sprechen zu lassen.

Jede Teilnehmerin hat zwanzig bis dreißig Minuten Zeit, »ihr« Leben nach Vorgabe bestimmter Stichpunkte zu erzählen. Während des Berichts skizziere ich auf einem Flipchart ein »Genogramm«, das heißt, eine Art Familienstammbaum, der die Namen und Daten der Personen aus den verschiedenen Generationen enthält. Je nach Lebensgeschichte der Mutter ist das Familiengenogramm unterschiedlich umfangreich. Für die nachfolgende Diskussion in der Runde ist es hilfreich, auf diese Weise die Familienstruktur sichtbar vor Augen zu haben, vor allem wenn es sich um eine große Familie, mehrfache Ehen oder andere komplizierte Familienverhältnisse handelt. Auch erkennt die jeweilige Frau sofort, wo sie Wissenslücken über ihre Familie hat.

Wenn eine Teilnehmerin mit der Geschichte am Ende ist, beginnt die Befragung durch uns Zuhörerinnen, die ungefähr fünfzehn bis zwanzig Minuten dauert. Auch dabei bleibt die jeweilige Frau in der Rolle ihrer Mutter und antwortet in der Ichform. Wir kommentieren den Bericht, stellen möglicherweise sogar heikle Fragen an die »Mutter« und achten vor allem darauf, daß die jeweilige Frau nicht »aus der Rolle fällt«. Oft ergeben sich während der Befragung noch weitere Ergänzungen zum Familiengenogramm.

Wie schon erwähnt, lasse ich während der Erzählung und der Diskussionsrunde mit Einverständnis der jeweiligen Frau ein Tonband laufen und mache mir zusätzlich schriftliche Notizen.

Bei der Abschrift der Aufzeichnungen habe ich mich bemüht, den Originalton der Sprecherin so weit wie möglich beizubehalten. Dennoch sind viele Passagen den notwendigen Kürzungen zum Opfer gefallen, ganz abgesehen davon, daß eine schriftliche Wiedergabe niemals das gesprochene Wort ersetzen kann. Die sprachlichen Nuancierungen in der Stimme, dem Tonfall, dem Dialekt, die Sprechpausen sowie Mimik, Gestik, Körperhaltung und so vieles mehr sind leider nicht zu vermitteln. Einige wenige Anmerkungen dazu habe ich in den Text eingefügt. Ich habe allen Geschichten einen Titel gegeben, der für mich das Hauptthema wiedergibt und zur leichteren Wiedererkennung dienen soll.

Alle Frauen wurden von mir gebeten, für die Veröffentlichung ihres Beitrags eine kurze Stellungnahme über ihre

Erfahrungen nach dem Seminar abzugeben. Ich habe sie zum Abschluß des jeweiligen Berichts wiedergegeben. Selbstverständlich sind die Texte, so wie sie hier gedruckt vorliegen, mit den Frauen abgesprochen und mit ihrem Einverständnis anonymisiert.

Und nun steigen wir ein in die Geschichten der Mütter, wie sie von ihren Töchtern erzählt wurden. Ich stelle mir vor, daß man diese geballte Fülle von Lebensschicksalen nicht in einem Zuge aufnehmen kann, sondern vielleicht nur einige Geschichten nacheinander lesen mag, um darüber nachdenken zu können.

Die Teilnehmerinnen der Seminare hatten übrigens selten Mühe, die manchmal zehn oder mehr Geschichten in wenigen Stunden zu hören und in sich aufzunehmen. Sie haben auch in den Seminarpausen lebhaft weiter miteinander diskutiert. Und mir selbst geht es auch so: Ich bin geradezu süchtig nach immer wieder neuen dramatischen oder auch ganz banalen Geschichten, die Frauen über sich und ihre Mütter erzählen, denn in jeder Geschichte finde ich mich selbst gespiegelt.

Mütter der Jahrgänge vor 1920
Mütter der Kriegsjahre

Etwa ein Drittel aller Teilnehmerinnen an meinen Seminaren hatten Mütter, die vor 1920 geboren wurden. Auch in der vorliegenden Auswahl ist diese Altersgruppe etwa in gleichem Umfang vertreten (Charlotte und Frieda aus den beiden Mütter-Töchter-Paaren gehören ebenfalls dieser Gruppe zu). Viele dieser Mütter hatten noch als Kinder den Ersten Weltkrieg miterlebt. Ihre Väter hatten als Soldaten für Kaiser und Reich gekämpft, waren verwundet worden oder gar nicht zurückgekehrt. Als Kinder oder Jugendliche erlebten diese Frauen nach dem Zusammenbruch des Kaiserreichs die gewaltigen gesellschaftlichen Veränderungen, die die Weimarer Republik mit sich brachte. Für die meisten Menschen hieß es jedoch vor allem ein Leben in Armut, Arbeitslosigkeit und Mangel.

Die neuen Chancen der Bildung, der Berufstätigkeit, die sich für Frauen auftaten, konnten nur wenige als eigenen Lebensentwurf verwirklichen, weil in den meisten Familien die traditionellen Rollenmuster weitgehend ungebrochen ihre Gültigkeit behielten. Ihre eigenen Mütter lebten ihnen vor, daß eine Frau ins Haus gehört, wo sie die meist große Kinderschar zu versorgen hatten, und daß sie höchstens im Betrieb des Mannes mitarbeiten konnten. Den Söhnen wurde eine Berufsausbildung ermöglicht, den Töchtern nicht, weil sie »ja sowieso bald heiraten würden«.

Mit der Machtergreifung der Nationalsozialisten 1933 wurden diese Rollenmuster dann auch noch ideologisch zementiert. Die Bestimmung einer Frau war die Mutterschaft. Sie hatte dem Führer Kinder zu gebären, ab dem vierten Kind bekam sie das Mutterkreuz. Da die Mehrzahl der vor 1920 geborenen Mütter kurz vor dem oder während des Zweiten Weltkriegs heiratete und nicht wenige der Nazi-Ideologie anhingen, war es für sie selbstverständlich, eine »Nur-Mutter« zu sein. Sie stellten sich auf eine heile Familie mit Mann und Kindern ein, auch oder gerade dann, wenn sie ungewollt schwanger geworden waren.

Doch dann begann der Zweite Weltkrieg, und die Katastrophe brach über sie herein. Die Männer im Krieg, sie selbst mit ihren Kindern im Bombenhagel, auf der Flucht, vertrieben aus ihrer Heimat, Tod und Vernichtung ringsum. Als Flüchtlinge, die alles verloren hatten, mußten sie häufig jahrelang in Lagern leben. Ihre Männer, die aus der Gefangenschaft zurückkamen, waren oft an Leib und Seele zerbrochen, die Ehen zerrüttet.

Was können nun die Töchter über diese Erlebnisse ihrer Mütter berichten? Zum großen Teil haben sie die Nazizeit als Kinder selbst miterlebt. Aber wie anders ist es, sie nun in der Ichform aus Mutters Sicht zu erzählen! Manche Töchter können viele tragische und erschütternde Details schildern, andere wissen wenig, weil auch ihre Mütter über ihre schrecklichen Erfahrungen nicht sprechen konnten oder können.

Und auch wenn die Mütter von direkten Kriegsereignissen verschont blieben, haben viele von ihnen große Schwierigkeiten, über die Nazizeit zu sprechen. Denn ob sie Anhängerinnen oder Mitläuferinnen der Nazis waren, immer sind da Schuld- oder Schamgefühle, sich so gewaltig getäuscht zu haben. In den Berichten der Töchter sind dann oft ebenfalls Lücken, denn nicht selten haben auch sie die Verdrängungen und Tabus ihrer Mütter übernommen und können nicht darüber sprechen. Ganz anders ist es, wenn die Mutter oder andere Familienmitglieder in Opposition zum Naziregime standen, dann kann die Tochter offen reden.

Für mich war diese politische Dimension in den Erzählungen besonders interessant, weil meine Mutter ebenfalls dieser Generation angehörte und ich mich mit ihr heftig darüber auseinandergesetzt habe, weshalb sie und mein Vater keinen Widerstand gegen die Nazis geleistet hatten.

Viel leichter fiel es den Töchtern dann wieder, die Geschichten aus der Not der Nachkriegszeit zu erzählen. Nicht nur, weil sie selbst in jener Zeit schon Jugendliche waren, sondern vor allem, weil es nun um die Zeit der Wiederaufbaus ging. Die Töchter können sich in ihre Mütter hineinversetzen und ihre unglaubliche Energie bewundern, mit der sie sich bemühten, das Verlorene wiederzugewinnen und ein neues, schöneres Leben für sich und ihre Familie aufzubauen. Auch wenn sich die Töchter nicht selten von ihren Müttern vernachlässigt fühlten, weil diesen das Materielle so viel wichtiger erschien als das Seelenleben ihrer Töchter – in ihrer Erzählung können sie die Leistung ihrer Mütter anerkennen.

Und nun die erste Geschichte.

1 Hedwig (1914–2002) und Christa (1944)
Die Mutter mußte alles aushalten und war in all ihrer Traurigkeit doch irgendwie auch glücklich

Nach einer meiner Lesungen aus meinem Buch *Käthe, meine Mutter* hatte mich Christa angesprochen und um ein Treffen gebeten, sie wollte mir ihre Geschichte erzählen. So kam es, daß ich schon viel von ihr wußte, als sie nun an einem meiner Seminare teilnahm. 2003

Christa ist eine sportlich gekleidete, mütterlich wirkende Frau und zur Zeit der Teilnahme am Seminar 59 Jahre alt, voller Energie und Lebensfreude. Ihre Bewegungen sind flink, ihr Gesichtsausdruck wach und ein wenig schelmisch, sie spricht schnell und mit ziemlich lauter Stimme in rheinischem Dialekt. Sie bringt uns Zuhörende oft zum Lachen. Christa ist

1944 geboren, verheiratet, Mutter von vier Kindern, zwei Mädchen und zwei Jungen im Alter zwischen 23 und 29 Jahren. Sie arbeitet in einer Behörde.

In der Vorstellungsrunde erzählt Christa in großer Detailfülle die Geschichte der Beziehung zu ihrer Mutter. Sie hat früher sehr unter ihr gelitten, fühlte sich als Jüngste und auch als Mädchen vernachlässigt, »zu kurz gekommen, einfach nicht wahr- und nicht ernstgenommen«. Die Mutter war geistig irgendwie immer abwesend und manipulierte mit Liebesentzug. Christas zwei Brüder sind ein und zwei Jahre älter als sie. Der älteste Bruder hatte eine Sonderstellung bei der Mutter, Christa vermutet, daß er wohl Partnerersatz war. Denn der Vater blieb im Krieg, Christa hat ihn nie gesehen. Die Mutter versuchte, sich »durch religiöse bzw. moralische Überhöhung unangreifbar zu machen«. Dabei »vereinnahmte sie ihre Kinder emotional«. Die Mutter war »unfähig, das Leben mit Freude zu gestalten, weil ihre Wahrnehmung meist fern der Realität war«. Andererseits war sie emsig und tüchtig und schaffte es, den Alltag gut zu organisieren.

Als Christa mit 24 aus dem Haus ging, hatte sie starke Schuldgefühle, weil sie eigentlich für die Mutter da sein sollte. Sie empfand sich selbst als »teils lebensuntüchtig«, wie sie sagt. Als der Leidensdruck sehr groß war, begann sie eine Therapie, merkte aber, »die bringt nichts«. Sie beschloß, die ihr versagte Schulausbildung nachzuholen. »Da hab' ich Abendrealschule gemacht. Und hab' dann später im ersten rheinischen Karneval meinen Mann kennengelernt und hab' noch 'ne Ausbildung als Erzieherin gemacht. Und hab' dann meine Kinder gekriegt, bin später auch wieder halbtags berufstätig geworden.« Sie sagt, es ist »ein ganz krummer Lebenslauf«.

Die Mutter ist vor knapp drei Jahren im Altersheim gestorben. Christa betont, daß sie keine Schuldgefühle hatte, sie nicht zu sich genommen zu haben. Noch vor dem Tod der Mutter konnte sie alles klären und ist ihr sehr dankbar. – Ihr

Wunsch ist, »diese Geschichte nun auch äußerlich endgültig gut abzuschließen«.

Und nun Hedwigs Geschichte – in den Worten der Tochter Christa

Zum Anfang hat Christa für uns Zuhörerinnen einen Scherz vorbereitet. Als Mutter Hedwig sagt sie:

HEDWIG (CHRISTA): Ich bin die Hedwig. Ich muß vorab sagen, ich habe heute morgen symbolisch eine Tablette genommen, damit es mir leichter fällt, hier etwas zu erzählen. Weil ich ja eigentlich nichts ausplaudern darf, besonders nicht in einer so großen Runde. Mir fällt das Erzählen sehr schwer. Denn man muß ja eigentlich alles so in sich hineinfressen. Aber ich kann jetzt erzählen, weil ich symbolisch diese Tablette geschluckt habe.

(*Marianne* und *Teilnehmerinnen* lachen.)

HEDWIG (CHRISTA): Ich bin geboren 1914 zu Anfang des Krieges. Da lebte meine Mutter mit meiner um ein Jahr älteren Schwester Martha zusammen. Mein Vater war im Krieg. Und meine Mutter war ganz traurig, als mein Vater in den Krieg ging. Und als der Vater dann 1918 wiederkam, wurde noch eine ganze Reihe von Kindern geboren, alles Mädchen. Ich glaube, acht waren wir, und am Schluß kam dann noch der langersehnte Sohn. Der ist auch als erster wieder gestorben.

Meine Eltern hatten eine Brauerei mit Gast- und Landwirtschaft in Schlesien. Sie waren sogenannte kleine Leute. Wir waren eher arm und bescheiden wie die meisten Leute im Dorf, aber trotzdem irgendwie fröhlich und lustig und gottvertrauend. Dennoch gab es in der Familie Situationen, in denen ich mich nicht wohlfühlte, weil mein Vater gerne einen trank. Er war gesellig und hat eigentlich oft zu viel getrunken. Er hat gewettet, ich glaube mit Pferden. Und die Mutter war immer ganz traurig. Meine ältere Schwester Martha war so eine derbe, und die hat die Mutter gar nicht richtig verstanden, aber ich war immer mitleidig mit ihr. Und mein Vater hat mit dem Geld nicht richtig umgehen können. Auch wohl durch die damalige Weltwirtschaftskrise sind wir ganz arm geworden. Wir mußten dann unseren Bauernhof verkaufen und sind in ein anderes Dorf gezogen, wo wir Fremde waren und ich mich in der Schule sehr geschämt habe. Und da mußten wir neu anfangen mit einem kleineren Hof. Und das Ganze ist, glaube ich, zweimal passiert. Dennoch besuchte mein Vater häufig die Gastwirtschaft. Und ich hab' ihn immer in der Gastwirtschaft gesucht, auch später dann. Immer auf der Suche nach meinem Vater.

MARIANNE: Wessen Hof war das?

HEDWIG (CHRISTA): Des Vaters. Und ich habe immer unter der Situation sehr gelitten. Und mein Vater, der kam aus dem Krieg zurück und war wahrscheinlich auch oft verbittert und hat mich auch öfter geschlagen. Ich bin so eine ganz weiche, kleine Maus geworden. Und konnte mich nicht wehren, habe mich geduckt. In der Geschwisterschar war ich später nicht gut gelitten. Ich war immer so eine Art schwarzes Schaf.

Dann bin ich, als ich aus der Schule kam, mit vierzehn in Stellung gegangen, was da so üblich war in unserer Gegend. Ich bin zu einem Lehrer gekommen als Hausmädchen

Und später hab' ich dann mit 25 Jahren meinen Mann kennengelernt, den Franz. Da war ich ganz glücklich, daß ich den hatte. Der kam aus einer ganz netten Familie, und die hatte einen schönen Zusammenhalt. Und da hab' ich mich sehr wohlgefühlt. Das heißt, der Vater war auch schon gestorben, als der Franz vier war, die Mutter auch, als er vierzehn war. Aber die Geschwister von dem Franz, die hielten alle ganz fest zusammen. Ja, der Franz war schon etwas Besonderes, er ging damals schon zur Winterschule, interessierte sich für Sternkunde und viele andere Dinge. Das alles war nicht so üblich bei den Bauern damals.

Und dann haben wir geheiratet. Zuerst kam der Sohn Herbert, nach einem weiteren Jahr der Sohn Leonhard, und nach

1 Hedwig und Christa

dem dritten Jahr kam die Tochter, die Christa. Da war ich ganz glücklich, daß ich noch ein Mädchen hatte. Meine Schwester Martha sagte zwar, als die Christa geboren wurde: Mußte das denn auch noch sein? Da hab' ich geweint. Weil mein Franz ja schon im Krieg war, das war 1944. Er ist nicht wiedergekommen. Er hat immer um Brot geschrieben, ist in Gefangenschaft in Frankreich wohl verhungert. Und irgendwie ahnte ich, daß er nicht wiederkommen würde.

Unser eigener Bauernhof wurde dann von den Polen besetzt, uns selbst gehörte gar nichts mehr. Die Polen trieben es wild mit uns und rächten sich an uns Deutschen. 1946 mußten wir aus Schlesien flüchten. Ich war gerade erst dreißig Jahre alt. Ich mußte meine drei kleinen Kinder nehmen, und dann wurden wir vertrieben. Es war eine ganz schlimme Zeit. Wir kamen zuerst nach Sachsen, kriegten ein kleines Zimmerchen mit so einem Ofen drin. Ich mußte die Kinder oft alleine lassen und Holz im Wald holen. Es war ein fürchterlich kalter Winter. Und ich hatte ja auch kein Geld. Alle drei Kinder sind krank geworden, Masern, mußten ins Krankenhaus. Ich hab' sie im Krankenhaus besucht. Ein paar Mal habe ich gesehen, wie die immer so ins kalte Wasser gesteckt wurden, weil die so geschrieen haben. Vielleicht haben die da auch Schläge bekommen (lacht verlegen). Ich habe sehr darunter gelitten.

Mein Vater, dieser böse trinkende Vater – aber er war ja auch gut –, der hat mich dann aus Sachsen geholt. Die Eltern waren schon in Westfalen, die sind ja auch geflüchtet. Und dann wurden wir alle aufgeteilt, und ich bin mit meinen drei Kindern in ein Lager gekommen. Und weil die Zustände im Lager so schrecklich waren, da hab' ich die kleine Christa zu meinen Eltern gegeben, damit die es ein bißchen besser hatte, sonst hätte die das wohl nicht überlebt. Aber ich hatte immer eine große Sehnsucht nach ihr. Ja und als ich dann selbst Unterkunft hatte, da hab' ich die Christa wieder zurückgeholt, und da haben die Leute gesagt, die sieht ja ganz schlimm aus, völlig ausgehungert. Die konnte auch nicht laufen, die war zwei Jahre alt, sie sah ganz erbärmlich aus.

Und dann haben wir zehn Jahre lang in diesem kleinen Dorf bei einer mitleidigen Bauernfamilie gewohnt. Die haben zwei Zimmer freigemacht, natürlich ohne Wasser, ohne Steckdose, ohne Toilette. Wir hatten da eine Küche und ein kleines Schlafzimmer, und darin waren zwei Betten für uns vier. Wir waren bitterarm, wie Bettler und nicht gern gesehen, sondern nur gerade so geduldet. Wir waren ja Außenseiter. Die hatten ja alle da ihre Höfe und ihre großen Häuser und ihre Männer. Und ich bin ganz traurig gewesen und hab' zuerst immer nur geweint und konnte nachts nicht schlafen. Am schlimmsten war es Weihnachten. Da mußte ich an so vieles denken. Und die Kinder waren fröhlich, aber ich wollte das meinen Kindern auch nicht so zeigen. Man muß sich ja schließlich zusammennehmen.

MARIANNE: Und wovon hast du gelebt?

HEDWIG (CHRISTA): Ich hab' zuerst für die Bauern gearbeitet. Und nachher kriegte ich ein bißchen Rente. Und dann habe ich mir auch meine Möbel besorgt, später dann sogar ein Radio, wir hatten ja gar nichts an Hausrat. Ich wurde herzkrank, und meine Kinder mußten immer Rücksicht auf mich nehmen. Ich hab' immer Tropfen genommen, ich wollte ja für die Kinder da sein, die hatten ja sonst niemanden.

Ja, so war mein Leben. Ich hab' immer ganz sparsam gelebt, weil ich das ja von früher noch kannte. Und hab' dann noch ein eigenes Haus gebaut für die Kinder, damit die endlich 'ne Bleibe hatten.

Ich hab' mich sehr an die Religion gehangen. Ich hätte das Ganze nicht überlebt, wenn ich nicht den lieben Gott gehabt hätte. Ich hab' meine Kinder auch in der Hinsicht so erzogen.

Christa hat dann später den Hans geheiratet. Die ist aus Westfalen ins Rheinland gegangen. Und das war ganz schlimm für mich. Ich wollte, daß sie länger bei mir bleibt, dann hätten wir

uns so ein schönes Leben machen können. Aber sie war immer so eigensinnig und oft auch so komisch. Und zum Glück ist ja dann mein Sohn, der Herbert – der war schon woanders verheiratet –, der ist dann in mein Haus gezogen. Ich bin hochgezogen, er war dann unten mit seiner Familie.
Und die Christa mit ihrem Hans – der war Rheinländer. Und die trinken ja auch immer gerne. Und der hat ja öfter Wein und Bier getrunken. Und das war mir nicht geheuer. Die Rheinländer sind ja so lustige Leute. Aber man muß doch auch im Leben auf was verzichten können und muß nicht alles so mit Wein und Alkohol haben. Nein, man muß das nicht haben.
Ja, meine Tochter hat dann ihre Kinder gekriegt, und irgendwann fing sie wieder an zu arbeiten. Sie hat mir auch mal vorgeworfen, daß ich sie nicht in die höhere Schule gelassen habe. Aber das ist doch gar nicht wichtig für ein Mädchen. Die kommt so auch nicht schneller in den Himmel. Ich hab' sie in eine Haushaltsschule geschickt. Als Frau muß man doch einfach den Haushalt können. Und dann hat sie später auch noch alle möglichen Schulen besucht und hat ihre Kinder auch so angehalten. Ich versteh das gar nicht. Ist dann sogar wieder berufstätig geworden. Warum eigentlich? Sie hatte doch die Kinder. Und zu Hause ist es doch immer am schönsten.
Ja, und mich haben sie dann später einfach in ein Altersheim gesteckt. Die hätten doch alle sich mehr um mich kümmern können. Schließlich hab' ich doch auch für die so viel getan. Das wär doch auch gegangen, wenn ich bei meinem Sohn Herbert geblieben wäre. Aber die wollten mich nicht haben. Die Christa hat mich häufiger besucht, hat auch viel angerufen. Aber die hätte das viel öfter machen müssen. Ich hab' ihr das nicht richtig verziehen, daß sie so weit weggegangen ist. Oder vielleicht doch? Ich weiß es selbst nicht.
MARIANNE: Deine Tochter Christa weiß das nicht!
HEDWIG (CHRISTA): Ach ja! – Aber ich glaube, die ist so mit ihrem

Leben zufrieden. Ich bin vor drei Jahren gestorben, und Christa war dabei. Die beiden Söhne nicht, obwohl die ja im Ort wohnen. Aber die Christa. Ich hab' auf die gewartet an dem Tag, als ich abends starb. Und auch die Kinder von ihr waren noch da. Und ich fand das so schön.

Mein Leben war immer so traurig. Aber ich glaube, das mußte so sein. Es ist alles so gekommen. Ich bin irgendwie in meiner Trauer, sag' ich mal, auch glücklich gewesen.

(Lachen in der Runde)

HEDWIG (CHRISTA): Ja, das war's.

MARIANNE: Was ist dein Wunsch für die Tochter?

HEDWIG (CHRISTA): Ich glaube, sie führt ein ganz anderes Leben als ich. Wenn sie meint, daß sie so glücklich werden könnte, dann soll sie das so auch. Meinen Segen hat sie.

Und nun beginnt die Diskussion zwischen »Hedwig«, den Teilnehmerinnen und mir

TEILNEHMERIN: Also auf mich wirkt das alles so sachlich. Da ist so viel passiert. Wo sind die ganzen Emotionen?

HEDWIG (CHRISTA): Bei mir als Hedwig? Also diese Trauer, die läßt man ja nicht so raus. Man muß das ja nicht so rausplappern. Und man muß das so mit dem lieben Gott ausmachen. Und das kann ich ja auch im Grunde keinem erzählen, das geht ja schließlich keinen etwas an. Deshalb hab' ich ja auch heute die Tablette genommen.

(Alle lachen)

MARIANNE: Wie glaubst du, hat Christa das Verstecken deiner Gefühle verarbeitet? Hat sie dir das nachgemacht?

HEDWIG (CHRISTA): Am Anfang ja. Später hat sie gemerkt, das schadet ihr. Und dann hat sie ja ganz viel Komisches gemacht, ist in eine Selbsthilfegruppe gegangen. Und dann hat die wohl gemerkt, daß da ganz viel Wut und Trauer waren. Aber Wut darf man ja nicht haben. Das kam alles raus, und die Christa hat dann Depressionen und auch Selbstmordgedanken gehabt, aber das war nur so kurze Zeit, als ihr vieles zu Bewußtsein kam. Und dann hat sie an sich gearbeitet, wie die das nennt, und auch viel gelesen. Das hat sie, sagt sie, sehr befreit. Und dann konnte sie auch mit ihrer Familie viel besser umgehen.

TEILNEHMERIN: Wie war das denn für dich, wenn man das alles nicht versteht, das muß doch schrecklich sein für dich.

HEDWIG (CHRISTA): Für mich als Hedwig? Ja, ich finde das schlimm, daß die Christa das gemacht hat. Das gehört sich doch nicht. Das darf man doch anderen nicht erzählen. – Deshalb bin ich ihr auch etwas böse. Sie hat ein ganz anderes Leben geführt als ich.

MARIANNE: Ja, ganz klar!

HEDWIG (CHRISTA): Und die anderen Kinder haben das ja auch nie gemacht. Der Herbert, der hat mich immer geschützt, der hat den Papa ersetzt.

MARIANNE: Sag mal, Hedwig, warum hast du dich nie wieder einem anderen Mann zugewendet?

HEDWIG (CHRISTA): Ich hatte einen lieben Mann, das hat mir genügt. Ich war mit ihm glücklich. Ein anderer Mann? Ne, die meisten taugen ja nichts.

MARIANNE: Hast du damit vermieden, einen Mann zu finden, der so war wie dein Vater, der alles versoffen hat?

HEDWIG (CHRISTA): Ja, vielleicht, aber das war mir nicht bewußt. – Und gesoffen hat er nicht, das kann man so nicht sagen, nur manchmal ein bißchen viel getrunken. Aber unser Vater war ja auch gut.

MARIANNE: Und seiner Frau hat er – wie viele Kinder insgesamt gemacht? So viele Kinder in Armut! Deine Mutter hat die doch nicht alle gewollt. Hat sie nicht insgeheim dem Mann Vorwürfe gemacht, daß er sich nicht zusammennehmen konnte?

HEDWIG (CHRISTA): Nein, sie wollte die Kinder. Überall im Dorf gab es ja die vielen Kinder.

TEILNEHMERIN: Du sagst, daß du so ganz zart und geduckt warst, eigentlich wird man dann doch geschützt. Und dann hast du gesagt, du warst das schwarze Schaf. Das hab' ich nicht ganz verstanden.

HEDWIG (CHRISTA): Ich war deshalb das schwarze Schaf, weil ich immer anders dachte als die anderen und weil ich mich nicht wehren und durchsetzen konnte. Die kleine Christa war dabei, wie mein Vater und auch die Tanten – äh, meine Schwestern – mich fertiggemacht haben. Haben an mir rumgezuppt, wie ich aussah. Die mochten mich nicht leiden. Warum, das weiß ich nicht. – Äh, weiß meine Tochter nicht!

MARIANNE: Also mein Eindruck ist, daß da was nicht stimmt.

TEILNEHMERIN: Meist werden Kinder als schwarze Schafe gesehen, wenn sie was falsch gemacht haben.

HEDWIG (CHRISTA): Also, das weiß ich nicht. Mein Vater, der hat mich oft verhauen. Der hatte wohl Aggressionen, vielleicht auch aus dem Krieg, er war so jähzornig. Die Christa hat manchmal danach gefragt. Die wollte ja immer alles wissen von mir. Mir fiel es so schwer, ihr was zu erzählen, und ich hab' dann immer nur geheult, wenn die Christa was von meiner Geschichte wissen wollte. Aber das meiste konnte ich einfach nicht sagen. Das macht man ja nicht.

MARIANNE: Hedwig, und ich habe eine Vermutung, daß das Bild, das Christa sich von dir gemacht hat, daß du so eine kleine graue Maus warst, gar nicht stimmt. Sondern daß, wenn die an dir herumgezuppt haben, sie Neid auf dich hatten. – Auf jeden Fall bist du, Hedwig, eine sehr starke Frau. Drei Kinder unter diesen schwierigen Umständen großzuziehen – tolle Leistung! Und du hast dich nicht noch mal einem Mann unterworfen, der vielleicht auch wieder säuft. Bist eigenständig geblieben. Den Vater deiner Kinder, der so früh gefallen ist, hast du wahrscheinlich idealisiert – das kann Christa mal überprüfen. Aber du bist großartig!

TEILNEHMERIN: Ja, und mir kommt es so vor, als ob Hedwig verkannt wird in der Familie. Sie hat ja unglaublich viel geleistet. Das paßt ja gar nicht zu dem grauen Mäuschen, das gar nichts kann.

Teilnehmerin: Und dann auch noch ein Haus bauen!

Marianne: Ja, wie hast du das geschafft? Wovon denn eigentlich!

Hedwig (Christa): Ja, ich hab' auch immer ganz sparsam gelebt, hab' meinen Kindern nicht viel gekauft. Und die kriegten auch kaum Spielzeug. Ich hab' Bekleidung von der Caritas und von anderen bekommen. Deshalb brauchte ich auch nicht viel.

Teilnehmerin: Du hast für die Zukunft gespart.

Hedwig (Christa): Ja, das war mir wichtig.

Marianne: Und auch rückwärts gerichtet: Du hast das wiedergeholt, was dein Vater versoffen hat – das Haus. Das ist ganz oft ein sehr starkes Motiv, wenn in der Vorgeneration was verlorenging, das wiederzukriegen. Dafür legt man sich krumm. Das hast du getan.

Hedwig (Christa): Das war mir wichtig, daß wir wieder ein Haus hatten, wo wir endlich nicht draus vertrieben werden konnten.

Marianne: Unglaubliche Power. – Und deinen Kindern ist es nicht schlecht dabei gegangen.

Teilnehmerin: Wie alt waren denn die Kinder, als du das Haus gebaut hast?

Hedwig (Christa): So sechzehn, siebzehn, achtzehn.

Marianne: Und du bist fast neunzig Jahre alt geworden! Erstaunlich. Ich finde, deine Tochter Christa hat diese Kraft mitbekommen, die du hattest. Sie hatte ja sogar die Kraft, dich zu verlassen und ein eigenes Leben aufzubauen. Das hast du ja auch gemacht! Christa kann dir dafür dankbar sein.

*

Zwei Jahre nach dem Seminar berichtet Christa, daß es ihr gutgeht. Sie meint, daß sie jetzt in einer Lebensphase ist, in der sie gerne auf ihr bisheriges Leben zurückschaut. Sie sagt: »Ich kann durch mein gutes Verhältnis zu meinem Mann und zu meinen Kindern dokumentieren, daß ich die eigene Mutter-Tochter-Problematik zufriedenstellend bearbeitet und gelöst habe. Vieles war von tiefer Tragik geprägt. Es blieb mir nichts erspart, hat mich aber zu einem gesunden, zufriedenen, konfliktfähigen und reifen Menschen gemacht. Es hat meine Persönlichkeit gestärkt, meine verborgenen Kräfte aktiviert und meine Seele wachsen lassen.« Sie fügt hinzu, daß sie zu ihrer Mutter »in Liebe und Respekt, wenn auch mit einer gewissen Wehmut, zurückschauen« kann. »Mit diesem Seminar«, sagt sie, »bin ich im Hinblick auf diese Thematik insgesamt zu einem guten und würdigen Abschluß gekommen und habe danach intensiv gemerkt, daß ich mit ihr und mit mir selbst ins reine gekommen bin. Und dafür bin ich sehr dankbar.«

2 Mutter Gerda (1918) und Tochter Antje (1942)
Der Sohn war und ist der Liebling der Mutter

Antje ist eine typische Vertreterin der Generation der Studentenbewegung der 68er Jahre. Sie übt heftige Kritik an der Nazivergangenheit ihrer Eltern, vor allem ihrer Mutter Gerda.

Antje ist eine attraktive Frau, zur Zeit des Seminars 62 Jahre alt, von gepflegtem Äußeren, mit ausdrucksstarken Gesichtszügen und blitzenden Augen, die dunklen Haare im Kurzhaarschnitt. Ihre Stimme ist sehr tief und kräftig, ihre Sprache wohlgesetzt, fast druckreif.

Sie stellt sich als Autorin vor mit starkem politischem und feministischem Engagement. Ihre einzige Tochter ist jetzt 38 Jahre alt. Die Ehe hielt nicht lange. Sieben Jahre nach der Scheidung heiratete sie einen Witwer mit vier Söhnen, die sie mit ihm großzog. Nach 32jährigem Zusammenleben und 25 Jahren Ehe stellte sie fest, daß er sie schon jahrelang betrogen hatte und »setzte ihn an die Luft«. Die Scheidung war vor einem Jahr.

2 GERDA UND ANTJE

Antjes Mutter lebt seit drei Jahren in einem Pflegeheim, ist 85 Jahre alt, dement und blind. Antje sagt, daß sie sehr unter ihr gelitten habe. Sie habe immer versucht, Konflikte mit der Mutter zu vermeiden, »aus Angst, die vermuteten Reste ihrer Liebe auch noch zu verlieren«. Ihr Leben lang habe sie »Liebe mit Leistung verwechselt«, also angenommen, daß sie geliebt werde, wenn sie gut funktioniere oder für irgend etwas gelobt würde. »Also habe ich möglichst gut funktioniert«, dabei aber nicht bemerkt, daß Liebe noch etwas anderes sein kann.

Jetzt hat sie resigniert, hat »so eine oberflächliche Beziehung, völlig konfliktfrei und langweilig«, weil die Mutter »absolut nicht mehr in der Lage zu irgendeiner geistigen Auseinandersetzung ist – falls sie es überhaupt je gewesen ist.« Sie entdeckt manchmal an ihrem eigenen Verhalten ihrer Tochter gegenüber »Züge an sich, die denen meiner Mutter ähneln« und erschrickt dabei.

Sie sagt von sich, daß sie eine Vatertochter sei und ihren Vater, einen Marinearzt, sehr geliebt habe, vielleicht weil sie ihm in ihrem Naturell ähnlich war. Er starb mit 66 Jahren.

Und nun die Geschichte der Mutter Gerda – in den Worten der Tochter Antje

GERDA (ANTJE): Ich bin im August 1918, im letzten Jahr des Ersten Weltkriegs geboren worden. Die frühen Jahre waren geprägt durch die Zeit unmittelbar nach dem Ersten Weltkrieg. Das war eine sehr arme Zeit, obgleich wir in einem sehr schönen Haus wohnten, das meine Mutter von geerbtem Geld hatte kaufen können. Mein Vater war Lehrer an einem Lyzeum, einer Mädchenschule. Er war sehr, sehr streng. Hatte als noch junger Mensch einen Glatzkopf – also nicht wirklich, sondern geschoren – und einen schwarzen Vollbart. Meine Mutter war eine ganz sanfte, liebe, unglaublich vielseitig begabte Frau, konnte schneidern, tischlern, alles mögliche. Und mir ist eigentlich immer ein bißchen rätselhaft geblieben, warum diese beiden Menschen geheiratet haben.

Ich hatte ein wunderbares Verhältnis zu meiner Mutter. Oft haben wir beide uns verbündet gegen meinen Vater, wenn es darum ging, daß ich als Mädchen über Nacht irgendwo bleiben durfte. Ich hatte noch zwei ältere Brüder, der eine drei und der andere fünf Jahre älter. Ich war das Nesthäkchen, noch dazu ein Mädchen und wurde auch von den Brüdern so behandelt. Von vielem schlossen sie mich natürlich aus, weil sie mich nicht ernst nahmen. Aber es gab noch 'ne Menge Dinge, die sie mir gezeigt haben, und auch Unternehmungen, auf die sie mich mitgenommen haben, wo ich immer das einzige Mädchen war. Meine Brüder – ich habe sie sehr gemocht. Der eine ist später Wissenschaftler geworden, ziemlich bekannter Physiker, und der andere wollte Architekt werden. Aber dann kam der Krieg, und er wurde Offizier. Vielleicht erwähne ich an dieser Stelle, daß mein älterer Bruder, dieser Wissenschaftler, sich Ende der Siebzigerjahre umgebracht hat.

Ich bin aufgewachsen in Wilhelmshaven, dorthin waren mein Vater und meine Mutter, beide aus Schlesien stammend, aufgrund eines Familienzwistes sozusagen geflohen. Mein Vater wollte wegen dieses Familienkrachs so weit weg wie möglich von Schlesien, am liebsten nach Helgoland. Immerhin bekam er eine Stelle in Wilhelmshaven.

Dann kam das Jahr 1933; da wurde ich fünfzehn. Mein Vater ging in die SA (Sturmabteilung), und ich bin begeistert in die Hitlerjugend und den BdM (Bund deutscher Mädchen) gegangen. Da habe ich eine Freundin kennengelernt, die eigentlich nicht zu mir paßte, wie meine Eltern meinten. Sie war, wie es hieß, »armer Leute Kind«, wurde aber meine Freundin fürs Leben. Und die hat um denselben Mann konkurriert wie ich, den Marinearzt Dr. O. Aber er hat mich genommen. Die Freundin war ihm vielleicht etwas zu extravagant. Also ich war beim BdM und hab' das geliebt, war begeistert dabei.

Hab' auch ein ganzes Album über meine BdM-Zeit angelegt, das ich liebevoll über den Krieg und alles gerettet habe.

Also ich hab' dann im Dezember 1939 diesen Marinearzt geheiratet, als der Zweite Weltkrieg schon begonnen hatte. Ich war gerade 21. Meine Eltern, besonders meine Mutter, liebten diesen Schwiegersohn sehr, nahmen ihn auf wie einen weiteren Sohn. Mein Mann war eigentlich der Auffassung, wir könnten in diesem Stadium des Krieges keine Familie gründen. Und dann haben wir es aber doch getan. Er war zuerst stationiert in Wilhelmshaven, dann in Stralsund in einem Marinelazarett und auf See, später in Gdingen bei Danzig. Wir haben aber schon in Stralsund geheiratet. Meine Tochter Antje ist trotzdem in Wilhelmshaven – ein Jahr später – geboren worden, weil ich dorthin zu meinen Eltern gefahren bin für die Geburt.

Ich war ganz überzeugte Nationalsozialistin. Und ich verstand das Kinderkriegen, wie es uns damals gesagt wurde, als einen Dienst am Führer. Ich hab' dann auch schon bald mein zweites Kind, Sigrid, bekommen. Aber immer noch keinen Sohn. Das dritte Kind war dann endlich ein Sohn, Helmut. Meine zweite Tochter ist leider schon sehr früh an Krebs gestorben.

Meine älteste Tochter ist für mich ein Ansprechpartner geworden für Dinge, von denen ich meinen Mann fernhalten wollte, zum Beispiel Geldsorgen. Mein Mann hat einige Zeit nach dem Krieg eine Praxis in Wilhelmshaven aufgemacht. Und ich hab' die ganzen geschäftlichen, buchhalterischen Sachen gemacht. Ich hatte mal in der Vorkriegszeit einen Schwesternhelferinnenkurs gemacht, so daß ich auch in der Praxis aushelfen konnte.

Meine Tochter war auch mein Ansprechpartner, weil ich die Flüchtlingsgeschichte und meinen Kummer darüber mit ihr geteilt habe. Wir haben es ja geschafft, haben überlebt. Aber es war eine ganz dramatische, schwierige Situation mit den drei Kindern. Ich war ja erst 26, als ich aus dem äußersten

Osten, aus der Gegend von Danzig, in den äußersten Westen gegangen bin im Januar/Februar 45. Dann habe ich aber auch meiner Tochter von meinen schönsten Zeiten erzählt und geschwärmt, vor allem hab' ich ihr ein Foto gezeigt, auf dem ich unserem Führer einen Blumenstrauß gegeben habe. Und er hat mir die Hand gereicht und den Strauß genommen. Und dieses Foto, das dann auch in der Zeitung war, das hab' ich natürlich mit großem Stolz gezeigt. Es war eine schöne Zeit.

Ja, ich muß gestehen, daß unter den beiden Kindern mein Sohn immer der Liebling war. Er war der langersehnte Stammhalter, und dann war er ein so reizendes, strahlendes, blondgelocktes Kind. Immer fröhlich, sehr sportlich. Das war alles meine Tochter nicht. Hat so komische Gedichte geschrieben und Bilder gemalt und gelesen wie besemmelt. Und mein Sohn war da eben viel fröhlicher.

Was meine Tochter angeht, also jetzt sorgt sie ja für mich auf die beste Art und Weise, wie sie kann. Sie erledigt, glaube ich, alle rechtlichen und finanziellen Dinge für mich; das könnte mein Sohn gar nicht. Mein Sohn ist allerdings viel netter. Er kommt ein- bis zweimal die Woche. Bringt seine Kinder mit. Für die Zukunft wünsche ich meiner Tochter – ja ihre zweite Ehe ist ja nun auch in die Binsen gegangen –, daß sie mit Männern vielleicht mehr Glück hat. Das ist eigentlich alles.

***Und nun beginnt die Diskussion zwischen »Gerda«,
den Teilnehmerinnen und mir***

MARIANNE: Was ist mit deiner zweiten Tochter passiert, Gerda?
GERDA (ANTJE): Das war sehr einschneidend. Ich hatte also mit Mitte zwanzig mit meinen drei Kindern, davon ein Baby in einer großen Reisetasche, die jüngere Tochter im Kinderwagen und die Älteste daneben an der Hand, die Flucht bewältigt. Von Danzig über Berlin und Schleswig-Holstein nach Wilhelmshaven, in meine Heimat. Mein Mann hat den Krieg

überlebt. Wir waren zu fünft in einer Mansarde. Die Schwiegermutter schleppte ich auch mit rum. Sigrid, die mittlere Tochter, erkrankte an Krebs. Wurde mehrfach operiert. Dieses kranke Kind und mein Sohn, der ja fast noch ein Baby war, standen im Mittelpunkt meiner Sorge. Die Tochter Antje war meine Stütze; sie hat auf die kleinen Geschwister aufgepaßt, wenn ich stundenlang fort war, um etwas Eßbares aufzutreiben. Sigrid ist 1946 im April gestorben. Ihr Vater, mein Mann, der doch Arzt war, hat sie nicht retten können. Ich war oft auch längere Zeit bei meiner kleinen Tochter im Krankenhaus gewesen. Ihr Tod war ein fürchterlicher Schmerz, den hab' ich nie überwunden.

MARIANNE: Hast du deinem Mann einen Vorwurf gemacht, die Tochter nicht gerettet zu haben?

GERDA (ANTJE): Nein, niemals. Als er den Nierenkrebs bei seinem Kind entdeckte, war es eigentlich schon zu spät. Mein Mann hat es aber als besonders tragisch empfunden, daß er als Arzt seinem Kind nicht mehr helfen konnte.

MARIANNE: Wie alt war Antje, als ihre kleine Schwester starb?

GERDA (ANTJE): Fünfeinhalb. Sie sagt, daß sie gekränkt war, weil ich die tote Tochter in den Himmel gehoben habe. Aber das ist ja wohl verständlich. – Dann Anfang 47 bekam mein Mann die Erlaubnis zur Niederlassung als praktischer Arzt. Und da mußten wir an Wiederaufbau denken. Wir haben mit Wohnung und Praxis in einer Steinbaracke gelebt, zehn Jahre lang.

MARIANNE: Wie erklärst du dir, daß deine Tochter Antje derartig kritisch, Antinazi geworden ist?

GERDA (ANTJE): Sie stand immer unter schlechtem Einfluß von Männern. Zum Glück hat sie sich von ihrem ersten sehr schnell getrennt. Das war so ein ganz Linker, sie mußte arbeiten, weil er nichts verdiente. Und der hat sie politisch so stark beeinflußt. Nachher wurde sie ein bißchen gemäßigter. Aber sie war immer noch zu links für meine Begriffe.

MARIANNE: Ich hab' da eine Idee: Könnte es sein, daß Antje die

Nazivergangenheit ihres Vaters verdrängt hat und um so mehr deine Hitler-Verehrung kritisierte?

GERDA (ANTJE): (nachdenklich) Mit der Vermutung könntest du recht haben.

MARIANNE: Aber noch mal zu dir, Gerda: Was für einen Mann hättest du deiner Tochter Antje gewünscht?

GERDA (ANTJE): Einen gestandenen Mann, der ihr was bieten konnte, ein bißchen Status hatte, ein eigenes Haus.

MARIANNE: So wie dein eigener Mann?

GERDA (ANTJE): Ach, der war aber nicht geschäftstüchtig. Das war mein großer Kummer. Ich habe nie gelebt wie die anderen Arztfrauen. Kein Swimmingpool, keine Pelzmäntel. Aber ich habe ihn das nie spüren lassen. Er war so ein Aufrechter.

MARIANNE: Wie ist der gestorben?

GERDA (ANTJE): An einer Thrombose. Er hat sich das Leben zu schwer gemacht. Als er mit 65, schon ziemlich krank, die Praxis aufgab, ist er ein Jahr später gestorben. Ich hab' jetzt eine wunderbare Rente, dafür hat er gesorgt.

MARIANNE: Gerda, das klingt so – als hättest du ihn gar nicht geliebt. Am Anfang, da hast du ihn dir ja geangelt und deiner Freundin weggenommen. Aber hast du später mal daran gedacht, daß du doch besser einen anderen genommen hättest?

GERDA (ANTJE): Glaub' ich nicht. – Äh, meine Tochter glaubt das nicht. Meine Freundin, die aus der BdM-Zeit, hat einen in der Stadt sehr bekannten Geschäftsmann geheiratet, was ihr erlaubte, ein unglaublich großes Haus zu führen.

MARIANNE: Na bitte, so einen hättest du doch lieber gehabt!

GERDA (ANTJE): Nein. Wenn meine Freundin mich einlud, auch nach dem Krieg, mit den vielen vornehmen Leuten, bin ich nie hingegangen. Ich hab' sie allein besucht, aber nicht in diesen Kreisen, da fühlte ich mich nicht wohl.

MARIANNE: Aber gib zu, was wäre gewesen, wenn du so einen genommen hättest und nicht so einen Militär.

GERDA (ANTJE): Nein, nein. Der sah so toll aus in seiner Uniform und so. Er war ja schließlich auch Marine-Oberstabsarzt. Und nach dem Krieg hätte er Admiral-Arzt werden können, wenn er nur gewollt hätte. Aber er sagte, das wäre ein Verwaltungsposten, er wollte eine Arztpraxis. Ich meine natürlich, er hätte besser Admiral-Arzt werden sollen, nachdem es nun mal die neue Wehrmacht, die neue Bundeswehr, gegeben hat – aber das wollte er nicht.

MARIANNE: Gerda, bist du mit deinem Leben zufrieden?

GERDA (ANTJE): Ach ja –

MARIANNE: Klingt nicht sehr überzeugend.

GERDA (ANTJE): Ja, ist schade, daß mein Mann so früh gestorben ist. Das ist schon 28 Jahre her. Da hätten wir wohl endlich mal Zeit füreinander gehabt.

MARIANNE: Aber du hast ja deinen Sohn.

GERDA (ANTJE): Ja, das stimmt. Der hat mich auch auf Reisen begleitet. Auf seiner Hochzeitsreise war ich dabei.
(Lachen in der Runde)
Ja, da ist er ja ganz anders als meine Tochter. Die hätte das ja nie zugelassen.

MARIANNE: Also Gerda, ich muß zugeben – auch wenn du hier als Gerda sprichst, ich höre immer noch die Stimme von Antje. – Ich glaube einfach nicht, daß Gerda so reden würde hier. Oder glaubt ihr das?

GERDA (ANTJE) UND TEILNEHMERINNEN: (mit Lachen) Nein!

MARIANNE: Also, Gerda, dann bitte noch mal du selbst: Wenn es deine echten Gefühle sind, daß du deinen Sohn so liebst, wie würdest du uns das erzählen?

ANTJE: Kann ich nicht!

MARIANNE: Doch! Steig mal rein in die Gefühle deiner Mutter!

GERDA (ANTJE): Ja, er ist einfach der liebere, nicht so tüchtig wie meine Tochter, aber der warmherzigere. Ja, und immer so strahlend. Meine Tochter ist immer so schwierig.

MARIANNE: Und dieser liebe Sohn, der ist doch auch irgendwie so wie deine großen Brüder oder? Die haben dich doch auch so angestrahlt wie ein Prinzeßchen.

GERDA (ANTJE): Das könnte sein, daß ich damals ein so gutes Verhältnis hatte. – Aber darüber habe ich nie nachgedacht.

MARIANNE: Ist ja klar. Aber nur mal so ein Gedanke, daß du dieses Männliche brauchst, das dich bewundert.

GERDA (ANTJE): Ja, wenn ich das so recht bedenke, ist meine Beziehung zu meinem erwachsenen Sohn enger geworden, nachdem mein Mann gestorben war. Mein Mann war ein ganz weicher, heute würde man sagen ein Softie.

MARIANNE: Also auch so was Brüderliches?

GERDA (ANTJE): Ach ja, vielleicht. Er hat sich auch mit meinen Brüdern wunderbar verstanden.

MARIANNE: Ach so. Also dann hast du einen »Bruder« geheiratet und auch noch deinen Sohn zu einem Bruder gemacht? Und alle beide sind gute Partner für dich?

GERDA (ANTJE): Ja, so hab' ich das noch nie betrachtet. Aber da könnte ein Körnchen Wahrheit dran sein.

MARIANNE: Und liebe Gerda: Das ist dein Recht! Denn ich guck' mir deine Tochter an, die immer noch ziemlich zornig ist auf dich und dir Vorwürfe macht. Aber ich finde, die ist gut geworden. Die ist sogar Klasse geworden!

GERDA (ANTJE): Also, ich muß schon sagen, ich bin natürlich stolz auf sie. Ich hab' ihr das nie so gesagt, aber sie hat mit ganz großen Politikern zusammengearbeitet.

MARIANNE: Waren das für dich Leute so wie der Führer?

(Lachen in der Runde)

GERDA (ANTJE): Und dann hat sie auch so tolle Sachen geschrieben.

MARIANNE: Na bitte! Also Gerda, du hast das alles geschätzt, was sie gemacht hat.

GERDA (ANTJE): Ja, aber erst spät. Und ich hab' es sie nicht wissen lassen.

MARIANNE: Halt! Jetzt spricht wieder Antje! Du Gerda, hast die Dinge anders gesehen. Das ist dein gutes Recht. Und übrigens: Antje weiß nicht alles besser!

(Lachen in der Runde)

GERDA (ANTJE): Ich meine, ich war ja immer tolerant und mein Mann auch. Aber meine Tochter ist da einfach abgehauen. Nicht nur aus der Schule, sondern aus der Stadt.
MARIANNE: Und das hat dir weh getan.
GERDA (ANTJE): Ja. Aber hauptsächlich war ich wütend. Und diese Undankbarkeit!
MARIANNE: Ja, so müssen auch Töchter manchmal sein. Sie müssen auch mal eine Grenze ziehen. Und jetzt noch mal zur Antje gesprochen: Es geht um die Mutter in dir. Es geht nicht um die demente Mutter da im Heim. Es geht um die vielen alten Bilder von ihr, die du in dir trägst.
ANTJE: Ja.
MARIANNE: Und diese alten Muster in dir, die kannst du umwandeln. Nicht die Mutter da im Heim. Das ist auch nicht nötig, geht nicht. Ist ja bis jetzt auch nicht gegangen. Ist okay. Aber wenn du sie in dir umwandelst, nicht mehr als besserwisserische Tochter mit ihr sprichst und auch nicht mehr »Reste von Liebe« von ihr willst, dann kannst du »ganz« werden.

Im Verlauf des Seminars trägt Antje nach, daß sie als bereits etwa Dreißigjährige vom Vater ihrer Mutter (dem strengen, kahlköpfigen Lyzeumslehrer in Schlesien) gesagt bekam, daß er und die Großmutter versucht hätten, die Bevorzugung von Antjes Bruder durch ihre Eltern und die andere Großmutter wettzumachen, indem sie Antje unter den Enkelkindern bevorzugten. »Und das war für mich ganz erstaunlich. Mir ist da ganz viel aufgegangen,« sagte Antje. Antje war also nicht nur eine »Vatertochter«, sondern eine »Großvater-Enkelin«. Ihr kritischer Oppositionsgeist hat vermutlich auch hier seine Wurzeln.

*

Als ich Antje nach zwei Jahren wiedertraf, berichtete sie, daß sie in finanziellen Fragen nun der Mutter und dem Bruder gegenüber eine »männlich-väterliche« Rolle übernommen habe und alle finanziellen und rechtlichen Entscheidungen treffe, worüber der Bruder froh sei, weil ihm diese Dinge eine Last wären. Antje läßt nun auch nicht mehr zu, daß der Bruder von der Mutter bevorzugt wird.

Auf meine Frage, welche Wirkungen das Seminar auf sie gehabt habe, antwortet Antje: »Einerseits habe ich gedacht (und auch gleich am Ende gesagt): Schade, daß es zu Ende ist. Denn jetzt nach den ›Vorklärungen‹ könnte es erst richtig interessant werden. Andererseits habe ich gedacht (und damals verschwiegen): Das Seminar kam *für mich* im Grunde zehn oder fünfzehn Jahre zu spät. Denn zum Zeitpunkt, an dem ich an dem Seminar teilnahm, hatte ich die Beziehung zu meiner Mutter in einem gewissen resignativen Sinn geklärt. Die letzte große Kränkung fügte sie mir zu meinem fünfzigsten Geburtstag zu. Danach habe ich noch ein halbes Jahr an der Kränkung geknabbert, und dann stellte sich bei mir endlich eine wohltuende Gleichmütigkeit ein. Das ist für mich ein positives Gefühl, auch wenn es, objektiv betrachtet, sicherlich nicht so positiv ist. Ich glaube, daß ich jetzt mehr ein gewisses akademisches Interesse an dieser Mutter-Tochter- oder Tochter-Mutter-Beziehung habe.

Ich denke manchmal darüber nach, was wäre, wenn sie jetzt stürbe; schließlich ist sie mittlerweile 87. Bei diesem Gedanken ist aber kein Erschrecken und keine vorauseilende Trauer, nur eine gewisse Melancholie darüber, daß damit wieder ein Stück meiner eigenen Lebensgeschichte entschwindet und daß die Tode, mittlerweile auch bei ersten Gleichaltrigen, bei der ersten Klassenkameradin, nun häufiger werden ...«

3. Elfriede (1913–1992) und Edeltraud (1939)
Der frühe Tod von Elfriedes Eltern als Schatten über ihrem Leben – Mutter und Tochter machen etwas daraus

Suizid war in Elfriedes Herkunftsfamilie ein großes Thema, auch sie nahm sich im Alter selbst das Leben. In Familien ist die Selbsttötung eine besonders schwere Belastung, die sich häufig über Generationen hinweg fortsetzt. Wenn die Betroffenen davon ausgehen, daß sich eine suizidale Neigung biologisch vererbt, also als genetische Anlage weitergegeben werden kann, sind alle gefangen in der Angst vor einer Wiederholung, was nicht selten dann als eine sich selbsterfüllende Prophezeiung wirkt. In jedem Fall ist in diesen Familien meist eine depressive Grundstimmung vorhanden, die vor allem die Kinder und nahen Angehörigen bedrückt.

Edeltraud ist eine große, schöne Frau, zur Zeit der Seminarteilnahme 67 Jahre alt; sie hat weiße Haare, ausdrucksvolle, ernste Gesichtszüge und eine energische Stimme.

In der Vorstellungsrunde sagt sie, daß das Hauptproblem mit ihrer Mutter deren Selbstmord vor dreizehn Jahren sei. Auch der Vater der Mutter habe sich umgebracht. Wie Edeltraud sagt, hat »die Mutter eigentlich auch lebenslänglich mit diesem Gedanken gespielt, ihn wieder verworfen, damit gedroht. Weil sie immer so über den Vater geschimpft hat, habe ich gedacht, daß man sicher ist davor, daß sie es selbst tut.« Auf der Beerdigung der Mutter erfuhr Edeltraud, daß auch der Großvater der Mutter seinem Leben ein Ende gesetzt hat.

Die Mutter hatte zuletzt bei Edeltraud gelebt, war dann nach einem Schlaganfall in ein Altersheim gegangen und hatte sich dort getötet. Edeltraud hat das Gefühl, nicht wachsam genug gewesen zu sein, obwohl sie weiß, daß ihre Mutter einen sehr starken Willen hatte.

Edeltraud ist zweimal geschieden, aus der ersten Ehe – »da bin ich gegangen« – hat sie drei Söhne, 1961, 1962 und 1963 geboren. Aus der zweiten Ehe hat sie einen Sohn, geboren 1979. Sie ist pensionierte Berufsschullehrerin.

Ihr Wunsch ist, sich »mit diesen ganzen Verhältnissen arrangieren« zu können. »Ein Stück weit ist das auch schon gelungen. Aber vielleicht gibt's da doch noch so dunkle Punkte.«

Und nun die Geschichte der Mutter Elfriede – in den Worten der Tochter Edeltraud

ELFRIEDE (EDELTRAUD): Ich bin Elfriede, geboren 1913. Meine Eltern haben zu dem Zeitpunkt zusammengelebt, bis mein Vater 1914 in den Krieg kam. Dann hab' ich mit der Mutter allein weiter gelebt. Er ist auch mal im Urlaub dagewesen, so daß meine Mutter wieder schwanger geworden ist. Und da sie nicht geglaubt hat, mit zwei Kindern durch den Krieg zu kommen, hat sie sich zu einer Abtreibung entschlossen, an der sie gestorben ist.

Ich bin also sehr früh als Halbwaise dagestanden. Da ging dann der Streit los innerhalb der Familie, zu wem ich nun kommen sollte. Es gab da eine Schwester meiner Mutter, die mich haben wollte, zu der ich nicht wollte. Dann hat sie mir meine Puppe weggenommen, damit ich doch hinkomme.

(Auf Nachfrage:) Ich war drei Jahre alt, das war 1916.

Und als mein Vater aus dem Krieg zurückkam, hat er zum zweiten Mal geheiratet, 1918. Aus dieser Ehe gab es noch einmal eine Stiefschwester und einen Stiefbruder. Meine Stiefmutter war sehr lieb zu mir. Wir haben uns sehr gut verstanden. – Wir lebten in äußerst bescheidenen Verhältnissen. Mein Vater war von Beruf Schuhmacher, und ich kam aus der Schule als Dreizehnjährige sofort als Haushaltshilfe in den Haushalt des Ortspfarrers. Es war meinen Eltern nicht möglich, mir eine Ausbildung zukommen zu lassen, die Lehrgeld gekostet hätte. Ich wäre so gerne Schneiderin geworden, ich konnte ganz gut nähen. Aber das war nicht möglich. Ich bin

3 Elfriede und Edeltraud

dann später nach Breslau in verschiedene gutsituierte Haushalte »in Stellung« gegangen. Es waren Judenhaushalte, Ärzte; dort ging es mir gut.

Mein Vater nahm sich 1936 das Leben. Er ist mit den Schulden nicht fertig geworden, die er hatte bei Lieferanten, weil seine Kundschaft nicht zahlen konnte. Dann bin ich wieder zurück in dieses kleine Dorf und hab' versucht, diese Restfamilie – meine Stiefmutter mit den Stiefgeschwistern – über die Runden zu kriegen. Ich hab' die Poststelle im Ort betrieben.

Meinen Mann Oswald kannte ich schon von der Schule her. Wir sind im gleichen Ort großgeworden, haben uns aus den Augen verloren, sind uns aber in Breslau über den Weg gelaufen. 1938 haben wir geheiratet und sind in einen Vorort von Breslau gezogen. Mein Mann war bei der Bahn.

Zunächst ging alles ganz gut, es war ja noch Frieden. Doch als alles auf den Krieg zusteuerte, wurden die Verhältnisse schwieriger. 1939 wurde unsere erste Tochter Edeltraud geboren, 1940 die zweite, Gudrun, und 1943 die Tochter Irmgard. Das erste Kind bekam ich allein. Es hat nicht gelangt, die Hebamme zu holen, es war ziemlich dramatisch. Aber wir haben's durchgestanden. – Dramatischer war es mit der zweiten Tochter. Da war dann schon Krieg. Sie mußte in die Klinik, weil sie so schwach war. Aber sie hat auch überlebt.

Ich hab' dann sehr viel gearbeitet, bei Bauern, ich kannte mich ja aus. Nicht gegen Lohn, sondern gegen Lebensmittel. Und bin dann auch immer wieder zu meiner eigenen Herkunftsfamilie und habe da versucht, ein bißchen Lebensmittel zu bekommen. Mein Mann war extrem sparsam. Seine Traumvorstellung war gewesen, wir sparen und bauen uns dann ein Haus.

Und dann 1945 mußte Schlesien aufgegeben werden. Aber mein Mann hat nicht daran geglaubt, daß Schlesien und Deutschland eingenommen werden von den Russen, die immer näher rückten. Also, wir sind nicht mit dem sogenannten Räumungszug, der uns 1945 nach Bayern gebracht hätte, sondern ich bin mit den Kindern zu meiner Herkunftsfamilie.

MARIANNE: Zu deiner Stiefmutter und Stiefgeschwistern?

ELFRIEDE (EDELTRAUD): Ja, da gab es die böse Überraschung, daß wir dort als die Fremden behandelt wurden. Die Russen haben uns viel schneller eingeholt, als wir es für möglich gehalten hatten. Schon Anfang Februar waren sie da, und es begann der Zug von einem Dorf ins andere. Immer wo gerade ein Haus frei war, wurden wir hingeschoben, und wenn keins frei war, wurden wir in Scheunen gesteckt, das war in dem Winter auch nicht so ganz toll. Ich bin immer wieder zurück in unsere Wohnung in Breslau mit Fahrrad und Schlitten in dem Chaos auf den Straßen und in Richtung der vielen Flüchtlinge und Soldaten.

(Auf Nachfrage): Mein Mann war Soldat. Auf einer dieser Touren in unsere Wohnung in Breslau hab' ich meinen Mann ganz überraschend wiedergefunden. Am Rathaus saßen Soldaten, und meine beiden Töchter waren dabei – man war ja immer sicherer, wenn man Kinder dabei hatte –, und da sind wir langgegangen. Aber auf einmal kam da einer aus der Menge herausgesprungen, und das war mein Mann. Dann sind wir zusammen zu unserer ehemaligen Wohnung. Sind abgefangen worden, wurden gewarnt. Man suchte Parteimitglieder. Mein Mann war in der NSDAP kein großes Licht, er war ein sogenannter Blockleiter. Und dann haben wir in dem kleinen Dorf gelebt bis 1946, bis zur sogenannten Vertreibung.

Ja, Schlesien wurde geräumt. Alle mußten gehen. Mir war das auch recht, ich wollte da raus. Mein Mann wäre lieber geblieben, weil er sehr an seiner Heimat hing. Wir sind in ein Sammellager gekommen. Von dort wurden wir und alle anderen verteilt auf das Land Niedersachsen. Die Familie sollte wieder auseinandergerissen werden. Dagegen habe ich mich gewehrt – erfolgreich. Wir sind bei einem Bauern gelandet, 'ne kleine Landwirtschaft. Es gab auch eine kleine Stellmacherei. Mein

Mann hatte auch mal Stellmacher gelernt. Konnte im Winter in der Werkstatt mithelfen, im Sommer in der Landwirtschaft.
Bis er dann wieder in seine alte Position bei der Bahn kam, das war 1952, also sechs Jahre später. Dann sind wir nach Hessen gezogen. Dort sind die Kinder in die Schule gegangen. Es ging uns dann wirtschaftlich besser. Die erste richtige Wohnung, eine Dienstwohnung. Mein Mann hatte immer noch den Traum, ein Haus zu bauen. Es ging Schritt für Schritt, erst Grundstück gekauft, dann gespart, gespart, gespart, bis der Traum realisiert wurde, das war dann schon Ende der Sechzigerjahre. – Ganz gegen meinen Wunsch. Mir wäre eine Mietwohnung und etwas mehr Freiheit lieber gewesen.

MARIANNE: Was war deine Tochter Edeltraud für dich?

ELFRIEDE (EDELTRAUD): Ein schwieriges Kind, ein trotziges Kind, eigenwillig. Ein Stück weit auch Partner, vor allem als wir allein gelebt haben und wir meinen Mann noch nicht wiedergefunden hatten.

MARIANNE: Da war sie sechs oder sieben.

ELFRIEDE (EDELTRAUD): Ja. Und jetzt gehen wir zur erwachsenen Tochter Edeltraud. Ja, ich hab' sehr viel auszusetzen gehabt an ihrem Leben, ihrem Lebensstil. Sie hat ja meine Träume verwirklichen können und bekam die von mir so sehr gewünschte Stelle einer Schneiderin. Und dann habe ich gedacht, sie könnte nun auch heiraten. Und da hab' ich in die *Frankfurter Allgemeine* geschaut, ob da nicht ein Mann zu finden wäre. Das wäre zwar nach meinem Geschmack gewesen, aber nicht nach ihrem. Und dann hat sie die verrückte Idee gehabt und noch eine Ausbildung gemacht. So ein Quatsch! Lehre als Hauswirtschafterin. Das war absolut nicht nach meinem Geschmack. Unteres Niveau, anderen den Dreck putzen.

Und dann hat sie einen Mann geheiratet, der absolut nicht meinen Vorstellungen entsprach. Auch mein Mann war mit dieser Ehe nicht einverstanden. Und wie ich es vorhergesagt hab', die Ehe ist nicht gutgegangen. Da kam sie mit drei Kindern an und schlüpfte bei uns unter. Und dann ist dieses eigensinnige Frauenzimmer in die Schule gegangen und hat die Mittlere Reife gemacht – und das mit dreißig Jahren. Ihre Mitschülerinnen waren halb so alt wie sie. Und dann hat man ihr geraten, auf dem zweiten Bildungsweg in den Schuldienst einzutreten. Na ja, ich hab' ihr klargemacht, daß sie sich von uns selbständig machen müßte, wenn sie mit der Ausbildung fertig ist. Und auch das hat sie gemacht.

Und nun beginnt die Diskussion zwischen »Elfriede«, den Teilnehmerinnen und mir

MARIANNE: Warum bist du aus dem Leben gegangen, Elfriede?

ELFRIEDE (EDELTRAUD): Ich konnte mit der Krankheit (Schlaganfall) nicht umgehen. Ich war nie in meinem Leben im Krankenhaus.

MARIANNE: Dein Mann war ja auch schon gestorben.

ELFRIEDE (EDELTRAUD): Ja, danach habe ich sofort das Haus aufgegeben. Hab' es der Tochter Gudrun übertragen. Und bin dann zu meiner Tochter Edeltraud gezogen und hab' in deren Haus gelebt bis zu meiner Krankheit. Bin dann auch noch ein Vierteljahr dort gewesen und hab' es dann vorgezogen, in ein Altersheim zu gehen.

MARIANNE: Deine Entscheidung zu gehen war klar?

ELFRIEDE (EDELTRAUD): Ich hab' immer gesagt, daß ich nicht bei meinen Kindern leben will. Als ich mich 1988 doch dazu entschlossen hatte, zu meiner Tochter zu gehen, merkte ich, daß ich ihr das nicht zumuten konnte, und hab' einer Einrichtung den Vorzug gegeben.

MARIANNE: Was wünschst du deiner Tochter jetzt?

ELFRIEDE (EDELTRAUD): Och ja, daß ihr Leben in etwas glatteren Bahnen verläuft, seit sie das Elternhaus verlassen hat – damals mit neunzehn Jahren.

MARIANNE: Schaust du auf sie von da oben mit Wohlwollen?

ELFRIEDE (EDELTRAUD): Ja. Schon – mit Einschränkungen.

3 Elfriede und Edeltraud

Marianne: Das wären?
Elfriede (Edeltraud): Ja, dieser Ausbruch, daß sie sich hat scheiden lassen. Ich hab' ihr klargemacht, was die Frauen in den Kriegszeiten alles durchgemacht haben. Man kann, wenn man will.
Marianne: Aber man muß nicht! Du mußtest vielleicht alles durchmachen, aber Edeltraud muß nicht!
Elfriede (Edeltraud): (nachdenklich) Mh.
Marianne: Was könnte Edeltraud tun, um dich da oben, wo du jetzt bist, wohlwollend zu stimmen? Daß du sie anders anschaust, so wie sie jetzt ist mit ihren 67 Jahren. Weil sie es gut gemacht hat, deine Tochter!
Elfriede (Edeltraud) – (Pause)
Marianne: Schaust du sie wohlwollend an? Kann das Edeltraud spüren, wie du sie anschaust?
Elfriede (Edeltraud): Ich bin nicht ganz sicher.
Marianne: Weißt du, was ich glaube, Elfriede? Edeltraud hat noch nicht so ganz verstanden, wie du unter dem Tod deiner Mutter gelitten hast. Du warst zwar erst drei, aber da kriegen Kinder schon sehr viel mit. Vor allem wo du ja dann in die Familie deiner unfreundlichen Tante mußtest.
Elfriede (Edeltraud): Sie war immer ein neugieriges Kind, sie hat mich ausgefragt. Sie ist mir nachgelaufen bis in den letzten intimsten Winkel, um noch mehr zu hören.
Marianne: Und vielleicht hat sich dein Vater auch umgebracht, weil er den Tod deiner Mutter nicht verkraftet hat?
Elfriede (Edeltraud): Nein, das geschah wegen seiner Schulden bei Lieferanten. Das waren die wirtschaftlichen Verhältnisse Mitte der Dreißigerjahre. Aber ich hab' es ihm lebenslang nicht verzeihen können!
Marianne: Wie könnte deine Tochter Edeltraud jetzt deinem Vater verzeihen, daß er sich umgebracht hat? Da steht ja wahrscheinlich noch etwas ganz anderes dahinter.
Teilnehmerin: Was könnte dahinterstehen?
Marianne: Eine Geschichte in seiner Herkunftsfamilie. Das hat

ja Edeltraud auch gesagt: Sein Vater hat sich auch schon umgebracht.

Elfriede (Edeltraud): Ja, daß man eben auch einsehen muß, Männer sind nicht immer nur stark.

Marianne: Ja. Und Edeltraud könnte auch noch weiter forschen nach der Geschichte deines Vaters. Und auch danach, wie deine Mutter und er zusammengekommen sind, so daß du, Elfriede, entstanden bist. Da gibt es scheinbar noch viele Geheimnisse.

In der Schlußrunde sagt Edeltraud, daß sie sich bestätigt fühle auf ihrem Weg. Man könne lernen, mit Situationen zu leben, die zunächst unlösbar erschienen. Wichtig sei auch, die Ansprüche nicht zu hoch zu stecken.

*

Ein Jahr nach dem Seminar schrieb mir Edeltraud: »Mir hat dein Seminar unwahrscheinlich gut getan. Diese Vorgehensweise führte aus der Sackgasse!«

4 Mathilde (1911–1987) und Rosa (1954)
Die Tochter als ungeplanter Nachkömmling der alten Mutter

Rosa ist klein, mit flinken Körperbewegungen, etwas rundlich, langer Rock, Pullover aus Naturfasern. Zur Zeit des Seminars ist sie 49 Jahre alt. Sie spricht mit fester, klarer Stimme ziemlich schnell. Sie ist aufmerksam, offen, zugewandt und lacht herzlich. Mit ihrem warmherzigen Humor bringt sie uns oft zum Lachen.

In der Vorstellungsrunde stellt sie sich als Sozialpädagogin, verheiratet mit einem siebzehnjährigen Sohn vor. Ihre Eltern sind Flüchtlinge aus Schlesien. Sie hat fünf ältere Geschwister, eine Schwester starb als Säugling. Sie selbst ist ein »nicht geplanter Nachkömmling«, die Mutter war schon 43 Jahre alt.

Rosa fühlte sich in der Familie als »irgendwie nicht richtig dazugehörig«. Die Mutter war Geschäftsfrau und hatte für sie keine Zeit. Rosas Verhältnis zu ihrer vor siebzehn Jahren gestorbenen Mutter ist ambivalent. Sie bedauert, nicht genug von ihr bekommen zu haben, und hat zugleich Schuldgefühle, aus der Familie weggegangen zu sein und ihre konservativen Eltern mit ihren politisch linken und – in den Augen der Familie – revolutionären Ansichten provoziert zu haben. Auch glaubt sie, sich um die alte Mutter nicht genug gekümmert, sie »sitzengelassen« zu haben.

Rosa bedauert, von der Mutter nicht gelernt zu haben, was Frausein in einem positiven Sinne heißen kann. »Bei uns gab es nur Arbeit.« Die Mutter war ein »Arbeitstier«. In der Familie war alles, was als »Vergnügen« galt, »sich schön machen«, gar Sex und Lust, verpönt. Die Mutter war immer wie eine alte Frau gekleidet. Rosas Wunsch ist es, auf die Mutter stolz sein zu können und daß die Mutter, könnte sie sie heute sehen, auf ihre jüngste Tochter Rosa stolz wäre.

Und nun die Geschichte der Mutter Mathilde – in den Worten der Tochter Rosa

MATHILDE (ROSA): Ich bin 1911 geboren als Tochter von Anna und Josef, die beide eine Metzgerei betrieben haben in Oppeln, Schlesien. Ich hatte noch vier weitere Geschwister, drei ältere Brüder und eine Schwester, die jünger war als ich. Diese Schwester ist mit zwanzig Jahren an den Folgen einer Kinderlähmung gestorben. Sie hat lange Zeit im Bett liegen und ein Korsett tragen müssen. – Eigentlich mag ich gar nicht erzählen, daß meine Eltern ihren ältesten Sohn schon bekommen haben, als sie noch gar nicht verheiratet waren. Ich schäme mich immer noch ein bißchen dafür.
Ich selber bin ein ganz fröhliches Kind und habe vor allem zu meinem Vater eine sehr gute Beziehung. Er ist der wärmere, weichere, die Mutter wenig mütterlich, ein wenig herrisch

und streng. Der Vater ist der, an den ich mich anlehnen kann. Ich hab' früh eine enge Beziehung zur Religion entwickelt, mein Glaube war mir immer sehr wichtig. Als ich so zehn, elf Jahre alt war, bin ich jeden Morgen freiwillig zum Frühgottesdienst gegangen. Der liebe Gott hat mich immer begleitet in meinem ganzen Leben.

Ich habe acht Jahre lang die Schule besucht. Ich war eine fleißige Schülerin und der Lehrer eine Autorität. In unserer Familie war es klar, daß ich im Geschäft helfe, wie auch meine Brüder, die wie mein Vater Metzger wurden. Wir hatten zwei Geschäfte, eines in der Stadt, das andere in einem Vorort. Da wurde jede Hand gebraucht. Es stand nicht zur Debatte, ob ich das wollte. Und es hieß immer: Handwerk hat goldenen Boden. Ich habe seit damals immer viel und gern gearbeitet. Der Kontakt zu Kunden hat mir gefallen, und ich habe mich gefreut, wenn abends gutes Geld in der Kasse war.

Damals war die Welt für mich in Ordnung – im Gegensatz zu heute. Es war für mich keine Frage, daß es Respektspersonen gibt, also eine Obrigkeit, die man zu akzeptieren hat. Ich hatte einen Lehrer, der sagte uns Schülern den Spruch: »Wenn ich als Lehrer sage, das Wasser läuft die Dachrinne hoch, dann läuft es die Dachrinne hoch und nicht runter.« Ja, wenn man das einhält, was die verlangen, die was zu sagen haben, dann funktioniert die Welt. Ja, ein bißchen Drill und Ordnung, das hat noch keinem Menschen geschadet.

Ich selbst habe mit vierzehn angefangen, im Geschäft meiner Eltern zu arbeiten. Eine richtige Lehre so mit Berufsschule, das war damals ja nicht so üblich. Ich hab' quasi die Leitung des Geschäfts bei uns zu Hause gehabt, während meine Mutter in der Filiale war. Ich hatte alles gut im Griff und konnte auch schon früh die Kasse übernehmen. Wir waren nicht reich, aber wir hatten zwei Geschäfte, und es ging uns nicht schlecht.

Was ich mir vorgestellt habe für mein Leben, das war ein bißchen Wohlstand, schönes Geschirr, schöne Bettwäsche, wie ich das bei den Beamtenfrauen gesehen habe. Ja, dafür zu arbeiten war für mich richtig. Ich hab' mich sehr früh mehr für Arbeit und Haushalt interessiert als für Vergnügungen. Meine Eltern sind zu den Dorffesten gegangen, aber ich bin lieber zu Hause geblieben. Mit Männern zu flirten oder gar Liebschaften zu haben, also das war nie etwas für mich. Ich habe mich auch nie rausgeputzt, ich finde, sauber und ordentlich muß man sein, das reicht.

Und deshalb war es so, daß die Ehe mit meinem Mann Florian, einem Verwandten, arrangiert wurde. Florian wohnte weiter weg in Neusalz. Er hat mir sehr gut gefallen. Er hatte dort in Neusalz die Metzgerei seiner Eltern übernommen. Er machte was her, sah gut aus und war nett. Ja, und er suchte eine Frau, die bereit war, im Geschäft mitzuarbeiten. Ich hab' später meiner Tochter Rosa mal erzählt: Er hatte so was Feines, so ein bißchen wie ein Beamter. Das hat mir sehr gut gefallen. Ja, und dann haben wir geheiratet. Er wollte keine Frau, die schon durch viele Betten gegangen war. Na, das war ja nun bei mir beileibe nicht der Fall. Vor unserer Ehe hatten wir uns wegen der großen Entfernung nur zwölfmal getroffen. Beim dreizehnten Mal war die Hochzeit.

Ich bin dann mit ihm als junge Geschäftsfrau nach Neusalz gegangen. Dort haben wir in dem Haus mit Florians Eltern gewohnt. Wir hatten Personal und ein schönes großes Haus mitten in der Stadt. Und ich hab' dann auch gleich meine zwei Jungs gekriegt. Ende der Dreißigerjahre. Das war für uns eine gute Zeit. Wir hatten Kindermädchen und Geld, und ich konnte die Kinder schön ausstaffieren. Dann wurden sie zu meinen Eltern nach Oppeln geschickt mit Kindermädchen. Das hat mir schon gefallen. Kurz darauf kamen auch noch die beiden Töchter: Heidi und Klara. Das war dann schon in den Kriegsjahren. Florian wurde eingezogen, ich war allein und mußte das Geschäft schließen, weil ich es ohne ihn nicht aufrechterhalten konnte.

Wir mußten dann nach Oppeln zurück in der Hoffnung, den Russen zu entgehen. Irgendwann stand ich mit der jüngsten

Tochter Klara an einem eiskalten Bahnhof, es war ihr erster Geburtstag im Januar. Eine Rotkreuzschwester sagte zu mir: »Legen Sie doch das Kind da auf den Leichenwagen, Sie können das tote Kind doch nicht im Zug mitnehmen!« Aber Klara lebte noch, sie war nur von der Kälte wie leblos. Das war schon eine schwierige Zeit.

Wir sind dann alle zusammen geflüchtet, auch mit meinen Eltern, in den Westen. Und sind in Duisburg-Rheinhausen angekommen. Wir kannten niemanden und kamen aus einer gutsituierten Lage in diese absolute Armut. Wir wurden zunächst in einem Luftschutzbunker untergebracht, und es gab, wie für alle in dieser Zeit, kaum etwas zu essen. Wir haben verfaultes Brot gegessen. Bis wir dann eine kleine Wohnung gefunden haben. Meine Kinder hatten Hunger. »Mutti, gib mir eine Schniiieete«, diesen Satz habe ich so oft gehört. Der jüngere Sohn hat vor Hunger Kartoffelschalen gegessen. Also das war wirklich sehr hart. Mein Mann mußte bei Krupp arbeiten, wo er doch vorher ein selbständiger Geschäftsmann gewesen war. Er war ja da auch nicht mehr so jung, war schon fast vierzig Jahre. Das war für uns alle ganz furchtbar.

Aber wir haben uns vorgenommen, daß wir alles wieder aufbauen würden. Und haben ein Geschäft eröffnet und noch ein zweites, ein Haus gebaut und haben alles mit viel, viel Arbeit wieder so hingekriegt, wie wir es vorher gehabt haben. Unsere Kinder mußten alle mithelfen, alle im Geschäft Metzger lernen, die Mädchen Verkäuferin. Das war ja notwendig, sonst hätten wir es nicht geschafft.

Anfang der Fünfzigerjahre habe ich noch eine kleine Tochter bekommen. Ich habe sie Hilde genannt, wie meine jüngere Schwester, die früh verstarb. Dieses Kind ist nach drei Monaten an einer Lungenentzündung gestorben. Als Mutter mitzubekommen, daß das eigene Kind stirbt, das ist wohl das Schrecklichste, was einem passieren kann.

Damals hatten wir gerade wieder begonnen, das Geschäft aufzubauen. Sind in Rheinhausen auf dem Markt gestanden. Das

Kind war krank, meine Mutter hat sich darum gekümmert. Ich konnte nicht zu Hause bleiben, mußte auf dem Markt verkaufen. Da kam mein Sohn Clemens auf dem Fahrrad angeradelt und sagte: »Die Hilde ist gestorben.«

Aber ich habe dann zwei, drei Jahre später meine jüngste Tochter bekommen, die Rosa. Ich war schon 43, als sie kam. Und in dem Alter ist das ja so – jeder denkt sich – also man hat noch so mit meinem Mann, also ...

(Lachen der Teilnehmerinnen)

Ich hab' erst niemandem was erzählt. Die hab' ich dann bekommen. Ja, die Situation war nicht einfach, weil wir mit dem Geschäft beschäftigt waren. Die anderen Kinder waren fünfzehn und sechzehn, die Mädchen elf und zwölf. Die Jungen haben schon im Geschäft mitgearbeitet, die Mädchen waren bei Nonnen im Internat.

Es war schon eine Belastung, neben den größeren Kindern, dem Geschäft und dem Haushalt dann mit über vierzig noch so was Kleines. Und ob ich wollte oder nicht, mußte ich im Geschäft arbeiten, damit der Laden lief.

Mit meinem Mann habe ich mich immer gut verstanden. Wir haben zusammengearbeitet und an einem Strang gezogen. Das war nicht immer leicht. Also der Florian war schon manchmal cholerisch, dann hat er geschimpft und geschrien und bei den Kindern auch zugeschlagen, weil er überfordert war. Ich hatte ja immer den lieben Gott und hab' zu ihm gebetet und mir gesagt, wenn er allein angefangen hat zu schimpfen, hört er auch allein wieder auf.

(Lachen der Teilnehmerinnen)

Hab' meinen Kindern gesagt, wenn ihr so einen Mann kriegt, könnt ihr froh sein, der raucht nicht, der trinkt nicht, der geht in die Kirche. – Vor allem haben wir immer gearbeitet. Das war unser Lebensinhalt. In einen Urlaub sind wir das erste Mal gefahren, als wir Rentner wurden.

Ja, mit meinen älteren Kindern, vor allem meiner Tochter Klara, da hab' ich eine ganz enge Beziehung. Aber gerade die, der ich alles erzählen konnte, die ist dann weggezogen, sie wohnt jetzt in Schweden, hat dort geheiratet.

Meine zweite Tochter, Ariane, ist eine ganz tüchtige. Auch sie hat ein Geschäft mit ihrem Mann betrieben und hat unsere Tradition fortgesetzt, genau wie mein Sohn, der unser Geschäft weiterführt. Mehr als hundert Jahre gibt es das nun schon. Darauf kann man auch stolz sein.

Ja, und diese Rosa, die ich dann noch bekommen habe, also, na gut, das war auch ein liebes Mädchen, hatte so blonde Locken. Aber ich mußte immer ein bißchen gucken, daß die mitkam, daß sie in dem Betrieb, der unsere Familie ja auch war, auch versorgt wurde. Und dann ist sie oft bei meiner Schwägerin gewesen, die in der Nähe wohnte.

Es war mir manchmal unangenehm, wenn ich mit ihr einkaufen ging und eine Verkäuferin sagte: »Na, da wird sich ja deine Mutti freuen, daß die Oma dir so schöne Sachen kauft.« Ich war fünfzig Jahre alt, als sie sechs war.

Als sie zehn Jahre alt war, hab' ich sie in ein Internat gebracht zu den Nonnen. Dort ist sie zum Gymnasium gegangen. Sie wollte in das Internat, weil vorher da ja auch die großen Schwestern waren. Trotzdem: Als wir sie dann hinbrachten das erste Mal und sie zurückgelassen haben, das war schon komisch, das Kind dazulassen. Aber ich wußte, die Nonnen bringen den Kindern was bei. Und ich hab' denen auch gesagt: »Wenn sie sich nicht schickt und muß mal ein paar auf den Hintern kriegen: Das können Sie ruhig tun, kein Problem!«

Ich weiß nicht, ob es an meinem Alter lag, aber das jüngste Kind ist mir von allen irgendwie immer ein bißchen fremd geblieben. Die ist auch so, die hatte ganz andere Ideen als die großen Mädchen, die wollten heiraten, na klar, gutsituiert sein. Die Rosa hat nur mit großen Widerständen im Geschäft die Lehre gemacht. Mein Mann hat aber gesagt, darüber wird nicht diskutiert.

Und dann hat sie gesagt, sie will studieren. Und ist schon mit achtzehn ausgezogen, einfach weggegangen, hat uns da einfach sitzenlassen. Ich weiß nicht, womit ich das verdient habe. So seine Eltern zu verlassen, das ist doch keine Art. Dabei habe ich immer gedacht, die Rosa ist unsere Altersversicherung, wird sich später im Alter um uns kümmern.

Aber auch ihr Umgang hat uns gar nicht gefallen: Freunde mit langen Haaren, Kommunisten! Wohnt in einer Wohngemeinschaft und geht studieren. Dabei hat Handwerk goldenen Boden, das hat sie nie wahrhaben wollen, daß das was Solides und Anständiges ist.

Also, ich weiß auch nicht, was mit diesem Kind ist. Aber zum Glück habe ich ja noch die anderen Kinder und auch genug andere Dinge, die mich beschäftigen. Ich hab' eben nicht mehr Energie gehabt als die, die ich ihr gegeben habe. Ich bin eigentlich der Meinung, wenn ein Kind gut ist in der Schule und ist sauber und ordentlich und adrett, dann ist das doch das Wichtigste.

Und alles so neumodisch – zusammenleben, ohne verheiratet zu sein. Hat sie ja auch gemacht. Schon meine älteste Tochter Klara hat ihr erstes Kind unehelich gekriegt, hat ihren schwedischen Freund erst später geheiratet. Das war mir peinlich, auch die Kundschaft hat das mitgekriegt. Und überhaupt: Das ist doch nicht in Ordnung, so was. Schlimmer noch als für mich war es für den Florian. Das hat ihn erst mal schwer mitgenommen, als er es erfahren hat. Später, als das Kind da war, na ja, da war das alles keine Frage mehr. Aber erst mal! Und dabei blieb es ja nicht. Unser Sohn Clemens – die gleiche Geschichte. Und Rosa: hat auch mit ihrem Freund ein Kind bekommen. Ganz ungesicherte Verhältnisse. Die haben ja sogar erst nach achtzehn Jahren geheiratet!

(Lachen der Teilnehmerinnen)

Das soll ein Mensch verstehen! Ich versteh das nicht.

Ja, ich bin ja jetzt schon tot. Was mir noch so nachgeht, wenn wir jetzt schon mal darüber sprechen – als ich im Krankenhaus lag und nicht mehr so ganz beisammen war, da ist die Rosa mal gekommen und hat gefragt, ob ich sie erkennen würde. Und da hab' ich erst gedacht, das wär' die Klara. Da sagte sie, nein, sie sei nicht die Klara. Jetzt dachte ich, es sei die Ariane. Nein, sagt sie, auch nicht die Ariane, ich hätte doch noch eine dritte Tochter. Daran konnte ich mich aber nicht erinnern und habe ihr gesagt, daß ich keine dritte Tochter habe. Ja, ich glaube, da war sie schon etwas traurig.

Wenn ich sie jetzt so angucke in ihrer Welt, die ich nicht so ganz verstehe, dann ist sie, glaube ich, ganz zufrieden. Sie hat ihre Arbeit, und sie muß nicht so hart arbeiten wie ich. Das ist ja vielleicht auch gar nicht so schlecht. Aber, ich muß schon sagen, im Gegensatz zu mir, da lebt sie sehr fürs Vergnügen. Das kann ich aber gar nicht verstehen, wie sie so Urlaub machen, ins Theater gehen kann.

Und wenn ich ihr was wünschen sollte, ja, daß sie mit dem, was sie so angefangen hat, gut klarkommt. Daß sie sich nicht vertan hat. Und na ja, eigentlich hab' ich ihr oft gesagt, von allen Kindern ist sie die bescheidenste. Und das sollte sie nicht mehr bleiben.

Und nun beginnt die Diskussion zwischen »Mathilde«, den Teilnehmerinnen und mir

TEILNEHMERIN: Also ich finde, die Ehe kann doch gar nicht so schlecht gewesen sein.

MARIANNE: Ja, der Florian aus Neusalz, mit dem du alles wieder aufgebaut hast. Er war ein guter Mann, hast du gesagt. Ihr habt für eure fünf Kinder gut gesorgt.

TEILNEHMERIN: Mathilde, was mich erschüttert, daß du, als dein Kind im Sterben lag, noch auf den Markt gegangen bist. Das hätte ich nicht gemacht, das Kind der Oma zu überlassen.

MATHILDE (ROSA): Also das hab' ich so gelernt. Das Geschäft muß laufen. Ich hab' natürlich auch gehofft, daß das Kind nicht sterben würde. Wir haben ja da auch grade angefangen nach dem Krieg. Es war das fünfte Kind. Und da war permanent irgendwas, da hätte ich ja immer zu Hause bleiben müssen.

Ich mußte einfach. Ich habe auch offene Beine gehabt und trotzdem im Laden gestanden.

TEILNEHMERIN: Und dadurch hast du dein schlechtes Gewissen beschwichtigt.

TEILNEHMERIN: Dem eigenen Kind den Namen von einer Verstorbenen zu geben ist nie gut. Deine verstorbene Schwester hieß doch auch Hilde, nicht?

MATHILDE (ROSA): Ja.

MARIANNE: Dieses gestorbene Kind, deine Tochter Hilde, hast du die noch gewollt?

MATHILDE (ROSA): Also Kinder sind ein Geschenk Gottes. Und der Florian, also, der hat auf das da Wert gelegt, ich ja eigentlich gar nicht. Aber das gehört ja nun zu einer Ehe dazu, nicht?

(Lachen in der Runde.)

MARIANNE: In jedem Fall hast du mit der Rosa auch etwas gut gemacht. Vielleicht waren da noch Schuldgefühle über den Tod von der Hilde – doch mit deiner jüngsten Tochter hast du was wirklich gut gemacht.

TEILNEHMERIN: Und du hast zum ersten Mal zugelassen – ob aktiv oder passiv, ist ja egal –, daß sie nicht so werden mußte wie die anderen. Daß sie nicht am gleichen Schnürchen aufgereiht wurde mit den anderen.

MATHILDE (ROSA): Aber es ist uns schon schwergefallen, vor allem dem Florian. Der hat geschimpft, was bildet die sich eigentlich ein!

TEILNEHMERIN: Aber ihr habt es trotzdem irgendwie akzeptieren können.

MATHILDE (ROSA): Also manchmal hab' ich mich auch ein bißchen gefreut, daß sie das so gemacht hat.

MARIANNE: Weil du dir so etwas auch gewünscht hättest?

MATHILDE (ROSA): Aber für mich war das nicht denkbar.

MARIANNE: Das ist klar. Aber der Rosa hast du es gegönnt. Und mit ziemlich viel Power.

MATHILDE (ROSA): Ja, aber ihre Welt ist mir so fremd.

Marianne: Hast du Rosa denn mal besucht?

Mathilde (Rosa): Ja, aber in die Wohngemeinschaft wollte ich nicht. Die Leute kenne ich alle nicht, soll dann mit denen reden. Am liebsten bin ich zu Hause in meiner Küche mit 'ner Küchenschürze. Wenn dann einer kommt, das ist schön. Aber so draußen – nein. Da war sie, glaube ich, traurig und hat geweint. Ich bin erst zu ihr hingekommen, als sie ihren Sohn, den Paul, bekam. Da war ich ja schon 75. Da hat die ja schon fast zehn Jahre woanders gewohnt. Da hat sie auch geweint.

Marianne: Was wollte Rosa von dir? Mehr Liebe?

Mathilde (Rosa): Darauf kommt es doch im Leben nicht an. Daß man was zu Essen hat, eine warme Wohnung hat. Was die so im Kopf hat, das sind doch alles Flausen. Und sich als Frau so rausputzen, ich weiß nicht. Womöglich die Wohnung nicht geputzt, aber die Finger lackiert!

(Lachen in der Runde)

Das sind die jungen Leute, die haben den Krieg und die schlechte Zeit nicht mitgemacht, sonst würden sie auch über manches anders denken.

Marianne: Rosa hat gesagt, sie möchte stolz auf dich sein. Hast du das Gefühl, daß sie es ist?

Mathilde (Rosa): Ach, ja, manchmal denke ich schon, es gibt schon so eine Ecke, wo die Rosa auch stolz auf mich ist. Die weiß, daß ich als Geschäftsfrau meinen Job gut gemacht habe. Aber ich war nie so 'ne Glucke. Hab' nie mit den Kindern gespielt. Wäre mir absurd vorgekommen. Mit Kindern spielt man nicht, die erzieht man. Aber schade ist schon, daß sie noch so jung war, als ich gestorben bin. Das wäre vielleicht schon gut gewesen, wo sie jetzt fünfzig Jahre alt wird, wenn wir uns da noch mal hätten begegnen können. Aber ich glaube, stolz ist sie schon: Ich war eine gute Geschäftsfrau, und ich war eine starke Frau und wußte, was ich wollte. Ich hab' mich auch nie groß beklagt oder gejammert. Ich hab' das Beste aus den Situationen gemacht, die ich vorgefunden habe, nach meinen Möglichkeiten. Und ich habe meine Zuversicht und mein Gottvertrauen nicht verloren, jedenfalls solange Florian da war. Das findet die Rosa gut.

MARIANNE: Kann du dir vorstellen, daß Rosa sich vorstellen kann, wie es gewesen wäre, wenn ihr nicht hättet fliehen müssen, wenn ihr in Neusalz geblieben wärt?

MATHILDE (ROSA): Ja. Kann sie sich vorstellen. Dann wäre dieses Thema der Berufstätigkeit anders gewesen. Wir hätten natürlich die Kinder zum Gymnasium geschickt, der Florian war ja auch auf dem Gymnasium, die hätten Abitur gemacht und studiert – das hätten wir uns ja leisten können. Wir hätten dann – wie mein Schwager, der ist schon früher auf die Zugspitze gefahren mit einem Auto –, das hätten wir ja auch machen können und nicht nur arbeiten, arbeiten, arbeiten. Der Florian wäre auch nicht so überfordert gewesen mit den Krediten, das hat ihn alles völlig in Rage gebracht. Wenn dann die Kinder nicht gespurt haben, dann konnte er nicht mehr, dann hat er einfach zugeschlagen. Fertig.

MARIANNE: Ja, aber vielleicht wärst du ja dann nicht so spät noch mal schwanger geworden, und Rosa wäre gar nicht geboren! Wie gut, daß sie jetzt da ist! Die hat noch mal was in dein Leben reingebracht, nicht wahr? – Und wie bist du gestorben, Mathilde?

MATHILDE (ROSA): Ja, da war gerade das Kind von der Rosa ein gutes Jahr alt. Hätte ich ja gern noch ein bißchen länger gesehen, das Enkelkind. Ich hatte nichts Spektakuläres, nicht Krebs oder so was, sondern so lauter kleinere Geschichten, also Altersschwäche.

MARIANNE: Aber du warst doch nicht so alt.

MATHILDE (ROSA): Doch, 76.

TEILNEHMERIN: Aber das ist doch heutzutage kein Alter!

MATHILDE (ROSA): Ja, aber ich hatte schon mal vorher Herzinfarkte. Und als der Florian sieben Jahre vor mir gestorben war, habe ich mich sehr allein gefühlt. Ich habe keinen Sinn mehr gesehen im Leben. Ich habe nur noch darauf gewartet, daß ich auch sterbe. Von der Rosa hätte ich mir gewünscht, daß sie zur mir zieht, sich um mich kümmert und mich ein bißchen tröstet in meiner Einsamkeit. Ich hatte ja das ganze Haus für mich allein, und wir hätten es uns nett machen können. Aber sie wollte in ihrer komischen Wohngemeinschaft bleiben. Ich bin dann auch immer verwirrter geworden. Ich hatte Zucker, mein Augenlicht war ganz schlecht.

MARIANNE: Wo hast du gelebt?

MATHILDE (ROSA): Bis zum Schluß allein in dem großen Haus. Und mein Sohn hat das Geschäft weitergeführt. Und dann hatte ich so Pflegepersonal. Ja, aber die Rosa hat sich nicht um mich gekümmert.

MARIANNE: Glaubst du, daß die Rosa da noch Schuldgefühle hat?

MATHILDE (ROSA): Ja, das kann ich mir gut vorstellen. Da gibt's genug Anlaß dafür.

MARIANNE: Mh. Aber hängt das nicht damit zusammen, daß Rosa ja gar nicht gewünscht war?

MATHILDE (ROSA): Ja. Und daß ich mich auch gar nicht so viel – am wenigsten von allen Kindern – um sie kümmern konnte.

MARIANNE: Kannst du ihr vielleicht von da oben deinen Segen geben und ihr sagen, es war genug?

MATHILDE (ROSA): (Pause) Es war genug, kann ich nicht sagen. Das würde nicht stimmen.

MARIANNE: Es war das, was für dich wichtig war?

MATHILDE (ROSA): Es war das, was sie geben konnte, ja.

MARIANNE: Mathilde, noch mal: Es war das, was Rosa geben konnte – und es war genug! Denn den Tod, den du gestorben bist, hast du gewählt! Das hast du eben sehr deutlich geschildert.

MATHILDE (ROSA): (zustimmend) Mh.

MARIANNE: Wenn Rosa noch mehr für dich getan hätte, wäre das auch kein neuer Sinn im Leben für dich gewesen. Und deshalb war es genug. Da ist so eine Stimme in der Rosa drin, die ihr immer noch sagt, daß sie mehr hätte tun sollen, aber –

4 Mathilde und Rosa

Mathilde (Rosa): Da muß ich vielleicht mit der Rosa noch mal in Ruhe drüber sprechen.
(Mitfühlendes Lachen der Teilnehmerinnen)
Marianne: Das meine ich. Auch wir Töchter können unserer Mutter kein ganz volles Glas zurückgeben, es ist auch immer höchstens halb voll. Aber das ist genug. Es ist die Liebe, die wir füreinander haben und einander geben können. – Und übrigens Mathilde, deine Tochter hat eine wunderbare Einfühlungsfähigkeit für dich. Ich glaube, ihr wart euch beide doch viel näher, als ihr immer geglaubt habt.

In der Schlußrunde sagt Rosa, daß sie fühle, daß ihre Mutter bei ihr oder hinter ihr sei: »Ich hab' so das Gefühl, ach, ich hab' sie mit hierhergenommen in diesen Kreis. Und das ist schön.« Sie fand es auch »hochspannend, daß es geklappt hat, mich in sie hineinzuversetzen und ihre Welt in ihrer anderen Bedeutung anzugucken und wichtig zu nehmen. Das war eine sehr außergewöhnliche Erfahrung.« Sie fand die Atmosphäre in der Gruppe sehr schön, »daß es leicht war, Dinge anzusprechen«. Sie sagt: »Ich fahre sehr zufrieden nach Hause.«

*

Rosas Kommentar nach zwei Jahren:

»Das Seminar ›Die Mutter in mir‹ hat mir eine neue Bekanntschaft gebracht: meine Mutter. Natürlich kannte ich meine Mutter, aber neu war für mich die Erfahrung, die Welt, unsere Familie und auch mich mit ihren Augen anzusehen.

Als Kind, das wir ja auch noch mit fünfzig Jahren sind, sehen wir die Mutter aus der Sicht der Tochter: Der Blick des Kindes fokussiert die Mutter in ihrer Rolle als versorgende, gewährende, nährende, verweigernde usw. Mich in dieser Weise in sie einzufühlen, hat mir vieles von ihr offenbart, was vorher verborgen geblieben war: Ihre Hoffnung auf ein gutes Leben als junge Frau, die Anstrengung, die es kostete, eine große Familie zu managen und ein Geschäft (wieder-)aufzubauen, wie sie sich um das Wohlergehen und die moralische Integrität ihrer Kinder sorgte und wie schwierig es auch war, in relativ fortgeschrittenem Alter ein sechstes Kind, mich, zu bekommen und meine recht schonungslose Ablösung vom Elternhaus und den Schmerz über die Distanz zu ihrer ›aus der Art geschlagenen jüngsten Tochter‹ auszuhalten – das alles konnte ich gut spüren, indem ich in ihre Haut schlüpfte.

Waren ihre Auffassungen von Moral und ›anständigem‹ Leben für mich früher oft vor allem lästig und Anlaß für Konflikte, so konnte ich jetzt aus ihrer Sicht erleben, wie sie zu ihr gehörten und für sie völlig berechtigt waren. Sie ist in diesem Seminar stärker als Person für mich erkennbar geworden: nicht nur Mutter, sondern Mensch mit eigenen Konturen.

Ihren Lebensweg aus ihrer Sicht zu sehen, hat nochmals meine Hochachtung vor ihrer Lebensleistung wachsen lassen. Und auch die Dankbarkeit für so vieles, was meine starke Mutter mir gegeben hat.«

5 Antonia (1895–1923) und Ingeborg (1923)
Die Mutter starb bei der Geburt der Tochter

Ingeborg ist eine beeindruckende, stattliche Frau von 82 Jahren, der man das Alter nicht ansieht. Sie ist geschmackvoll gekleidet, hat schöne, kurzgeschnittene weiße Haare, glatte Haut und ein waches Gesicht. Ihre Sprache ist gebildet, sie redet sprudelnd und lebhaft mit angenehmer, warmer Stimme. Sie war Lehrerin, ist seit langem pensioniert und lebt seit fünfzig Jahren am selben Ort. Sie ist neben ihrem Beruf immer politisch und sozial aktiv gewesen und auch in ihrem hohen Alter noch viel beschäftigt. Als Hobby, so erzählt sie, spielt sie Klavier, malt und fertigt Stelen an, die sie in ihrem Garten aufstellt.

Sie sagt, daß sie in den letzten fünf Jahren zwei Unfälle hatte und seitdem am Stock geht, wodurch sie korpulent geworden sei. Auch höre sie hier und da sehr schlecht. Sie bittet mich und die Teilnehmerinnen, laut zu sprechen.

Bereits in der Vorstellungsrunde erzählt sie ihre tragische Geschichte, die uns alle sehr bewegt. Ihre Mutter starb kurz nach ihrer Geburt. Deshalb, so meint sie, habe sie kein Problem mit ihrer Mutter. Sie habe sie ja gar nicht gekannt. Eigentlich sei sie ins Seminar gekommen, weil sie mit ihrer Tochter Probleme habe, die sie gern lösen würde.

Sie sei nach dem Tod der Mutter in die Familie des Bruders ihres Vaters gekommen, wo sie sich sehr wohl gefühlt habe. Doch mit der erneuten Heirat des Vaters habe sie eine »böse« Stiefmutter bekommen. Sie habe also drei Mütter. »Das war wie im Kaukasischen Kreidekreis: Die eine Familie zerrte an mir da und die andere dort. Das waren furchtbare Jahre, die mir auch immer wieder hochsteigen.«

Ingeborg war 35 Jahre »glücklich« verheiratet, bis ihr Mann sich von ihr trennte. Er »hat sich was Besseres genommen«. Das war für sie unbegreiflich. Sie hat eine Tochter, die von ihrem Mann verwöhnt worden sei. »Da gab es keine Grenze, kein Nein. Da mußte ich manchmal ja doch ein bißchen konsequent sein, obwohl das ja gar nicht meine Art ist.«

Ingeborgs Tochter Magdalene heiratete einen Afrikaner, Moslem, der als Akademiker mit der Tochter in die USA ging. Sie bekam einen Sohn, kehrte schwanger nach Deutschland zurück, weil ihr klar wurde, daß sie ihre Kinder wohl allein werde durchbringen müssen. In Deutschland setzte sie ihr in den USA begonnenes Medizinstudium fort. Als ihr zweiter Sohn geboren war, stand Ingeborg bereits mit dem Dreijährigen im Kreißsaal, und die Tochter überantwortete ihr bald beide Kinder. »Und dann waren diese Kinder drei Jahre lang ganz allein bei mir. Tag und Nacht. Denn die Tochter konnte von ihrem entfernten Studienplatz nur sonntags kommen. »Diese drei Jahre mit den mir anvertrauten Kindern waren die erfülltesten meines Lebens. Ich war die Nona, die Großmutter, die Vater und Mutter ersetzen mußte.«

Als die Tochter die Kinder unvorbereitet wieder zu sich nahm, machte das Ingeborg sehr zu schaffen, und auch die Kinder, so meint Ingeborg, litten sehr darunter. Kurz nach Ingeborgs schwerer Krebsoperation kam der ältere Enkel ins Internat, der jüngere wieder zu ihr, der »Nona«, zurück für weitere zwei Jahre bis zur Wiederheirat der Tochter. In ihrer zweiten Ehe bekam Magdalene noch drei Kinder. Gegenwärtig ist das Verhältnis zwischen Tochter und Mutter »frostig«.

Ingeborg möchte »hier im Seminar von den jungen Frauen lernen, wie das Verhältnis zu ihren Müttern ist. Ich hab' kein Verhältnis mehr zu meiner Mutter. Aber ich hab' eins zu meiner Tochter. Und das von ihr zu mir ist ganz weit weg.« Sie fragt sich, was sie für Fehler gemacht habe in der Erziehung. Sie sagt, daß sie immer die Schuld bei sich suche, aber nichts fände. Sie habe die Tochter auch schon mal gefragt, aber keine Antwort erhalten.

Auf meine Frage, was sie über ihre leibliche Mutter weiß, antwortet Ingeborg: »Das war eine ganz liebe, großartige Frau, von meinem Vater so geliebt. Ich habe Liebesbriefe als Vermächtnis bekommen.« Zur Familie ihrer leiblichen Mutter habe sie nie Kontakt aufgenommen, weil das die Stiefmutter ablehnte, es habe auch nur eine Schwester der Verstorbenen gegeben.

Ich frage Ingeborg, ob sie bereit ist, zu dieser früh verstorbenen Mutter hier im Seminar Kontakt aufzunehmen. Ingeborg sagt, sie glaube, daß ihr das sehr schwer fallen würde, weil sie ihre Mutter ja nicht gekannt habe. Auch meint sie, daß ihr das nicht helfen würde mit den jetzigen Problemen mit ihrer Tochter. Ich wende ein, daß ich da viele Parallelen erkennen könnte: Die Tochter habe ihre Kinder weggegeben, so wie sie, Ingeborg, weggeben wurde. Ingeborg protestiert, das sei etwas ganz anderes gewesen.

Aus diesen Bemerkungen und anderen, die Ingeborg im Verlauf des ersten Tages des Seminars machte, erwartete ich, daß sie sich weigern würde, in die Rolle ihrer Mutter zu steigen und deren Geschichte zu erzählen. Um so erstaunter war ich, als Ingeborg sich am zweiten Tag geradezu danach drängte, auch an die Reihe zu kommen. Sie hatte beim Zuhören viel gelernt, gestand sie uns. Allerdings erzählt Ingeborg dann ihre eigene Lebensgeschichte als »Ingeborg«, weil Antonia, ihre leibliche Mutter, Ingeborgs weiteres Leben ja nicht kannte.

Und nun die Geschichte der Mutter Antonia – in den Worten der Tochter Ingeborg

ANTONIA (INGEBORG) beginnt mit sanfter, fast flüsternder Stimme, die im Verlauf der Erzählung wieder kräftig wird:
Ich bin Antonia, wurde geboren in Bückeburg 1895. Meine Eltern sind ganz früh verstorben. Ich habe einen Bruder, der wesentlich älter war als ich. Der ist ausgewandert, und es gibt keine Spur von ihm. Er ist verschollen. Und ich habe auch eine Schwester, die sehr, sehr viel älter ist als ich. Und diese Schwester hat Mutter- und Vaterstelle vertreten, als die Eltern gestorben waren.
Bückeburg und Umgebung ist eine erzevangelische Gegend. Und nachdem ich eine Ausbildung als Verkäuferin im Schuhwesen gemacht hatte, kam ich durch eine Freundin aus dem Rheinland nach Wesel. Ich bekam dort eine Stelle als Leiterin eines Schuhgeschäfts, Herren- und Damenschuhe. Das war eine sehr verantwortungsvolle Position. Und so war ich dann am katholischen Niederrhein.
Und eines Tages stand da ein junger Mann, und ich kam die Treppe runter, und da lagen wir uns in den Armen. Er wurde mein späterer Mann, Heinrich. Er ist 1893 in Wesel geboren. Also das war wie ein Funken, ein Blitzschlag in der Sekunde, und daraus entwickelte sich eine ganz, ganz große Liebe, die hat bis zum Tode angehalten, obwohl man das Leben nicht so ausleben konnte, wie das so normal Liebenden möglich gewesen ist. Denn mein Geliebter, den ich dann Heino nannte – und er nannte mich nur Toni mit Kosenamen –, hatte noch

zehn Geschwister. Er war der erstgeborene Sohn. Sein Vater war auch früh gestorben. Und dann habe ich, Antonia, einige Jahre miterlebt, wie mein Geliebter (weint) mich nicht heiraten konnte, und ich es auch nicht wollte, bis er seine jüngeren Geschwister versorgt hatte. Dann erst konnten wir heiraten.

Es war auch eine Tragik bei meinem Geliebten, denn er war ein Hochbegabter. Und es kam eines Tages – wurde mir erzählt – einer von der Regierung, weil der Rektor und die Lehrer sagten, der muß jetzt gefördert werden. Das war ja zu der damaligen Zeit schon fast ein Wunder, daß so was passierte. Er sollte studieren und unterstützt werden. Und dann ist man zu dem Vater gegangen, und der hat gesagt, kommt nicht in Frage, der wird genau ein Handwerk erlernen wie alle anderen Kinder. Somit war dieser Weg für meinen Liebsten versperrt gewesen, wie er mir erzählt hat. Er mußte eine Dekorationslehre machen.

Und ich bin da aus dem erzevangelischen Raum in den erzkatholischen gekommen und hab' gedacht, jetzt ist Schluß mit uns. Aber nein. Die Mutter von Heino hat mich angenommen und alle Geschwister und Schwager, der Vater war ja schon tot. Und so eine Herzlichkeit – ich gehörte zur Familie, die ich ja selber keine Familie hatte. Und es war die Glückseligkeit hoch zwei für mich.

Dann habe ich selbst erlebt, wie er das machte, daß seine Geschwister was lernen konnten. Und da hab' ich mir geschworen, was er für seine Familie tut und auch für mich, das muß ich in meinem ganzen Leben wieder für ihn gutmachen (Weinen in der Stimme). Denn er hat nichts als schuften und schuften müssen, aber mit einer Fröhlichkeit. Alle Geschwister musizierten, der eine spielte Cello, der andere Flöte, die andere Gitarre, der andere Klarinette und einer sogar Kontrabaß. Und Heino spielte fantastisch Geige, machte schon mal kleine Konzerte nach dem Dienst auf Festen, um Geld zu verdienen für seine Geschwister.

Ach so, er ist auch noch in ein Büro gekommen und wollte Jurist werden, ging aber nicht wegen seiner fehlenden Ausbildung. Und hatte dann eine Bürostelle. Ja, und da wußte ich, welch einen wunderbaren Menschen ich da hatte und welch eine wunderbare Familie mir da geschenkt war. (Weinen in der Stimme) Die machten Familienfeste, da war ein Verständnis, ein Miteinander-Spielen. Es war für mich alles Neuland.

Und dann konnten wir endlich heiraten. Mein Mann, mein Geliebter, hat eine Prokuristenstelle in der August Thyssen-Hütte bekommen. Wir hatten eine wunderschöne große Wohnung. Und da lebten wir zwei Jahre ganz wunderbar eng miteinander. Und die Freude war besonders groß (Weinen in der Stimme), als wir ein Kind erwarteten. Und als es dann so schwer war, und ich mußte auf dem Küchentisch liegen und hab' es nicht geschafft und wurde lebensbedrohlich krank, und das Kind war gut geboren, da hab' ich zum Heino gesagt, gib unser Kind zu Elli und Theo. Ich weiß, daß Theo dein Lieblingsbruder ist und Elli und Theo keine Kinder bekommen können. Und wir haben eine ganz enge Viererbeziehung gehabt. Gib sie da hin. Und so ist es gekommen. – (Mit gebrochener Stimme) Daß ich nach vier Wochen …

Marianne: Wann bist du gestorben?

Antonia (Ingeborg): Ende Januar 1923, mir fällt im Moment das Datum nicht ein. Ingeborg ist am 1. 1. 1923 geboren, das war ja mein Unglück, daß der Arzt aus der Kneipe kam. (Stokkend) Ich muß noch etwas sagen, daß mein Geliebter, mein Mann, so viele Talente hatte, die er ausnutzte für sein späteres Leben. Er hat nicht nur musiziert und damit Geld verdient, sondern auch Russisch gelernt. Und am nächsten Tag Englisch gelernt. Und darum bekam er auch diese Stelle an der August Thyssen-Hütte. Er war Autodidakt, aber eben hochbegabt. Und diese große Liebe ging eben durch meinen plötzlichen Tod als irdische Liebe zu Ende (gebrochene Stimme). – So, was soll ich jetzt sagen, ich bin jetzt Ingeborg.

Ingeborg: Also, ich bin ja dann zu meiner Tante Elli gekommen. Die war nun meine Mama. Also meine Tante und mein Onkel – mehr hätten keine Eltern für mich tun können. Und die musizierten, und ich kam abends aus dem Bett und hab' auf dem Tisch gestanden und zu klassischer Musik getanzt und so. – Ich war ein sehr scheues Kind, immer sehr schüchtern, immer gewesen. Ich hab' das erst mit fünfzig abgelegt, obwohl ich schon als Lehrer agiert hatte und zwei Studien gemacht hatte. So was verliert man nicht.

Und so war ich scheu, und das wurde immer mehr vertieft, als mein Vater wieder heiratete. Das war dann wie im Kaukasischen Kreidekreis – die eine Familie wollte mich, die andere auch. Mein Vater heiratete eine sechzehn Jahre jüngere Frau. Und die war zu jung, um diese Verantwortung zu tragen. Wir waren nachher drei Mädchen – meine neue Mutter hatte zwei herangewachsene Töchter, meine Stiefschwestern. Und das war so schwer, weil ich ja meine Mama, meine Tante, verlieren mußte. Tante und Onkel wollten mich adoptieren. Aber das wollte mein Vater nicht. Er wollte mich immer wiederhaben, und er hatte mich ja auch nie verloren. Ja, und dann bin ich nach Hause gekommen. Ganz groß, ganz grau, ganz kalt. Und da war das Leben schwer. Es war ganz furchtbar. Ich war richtig elendig aus Heimweh und aus Not, nicht wieder bei meiner Mama zu sein (weint).

Marianne: Wie alt warst du?

Ingeborg: Vier oder fünf. Ich konnte noch nicht lesen und schreiben. Und dann mußte ich die vier Stationen mit der Bahn fahren, und da stand dann meine Mama mit so 'ner großen Puppe und Geschenken. Wenn ich damit nach Hause kam, dann waren die Stiefschwestern eifersüchtig, und dann fing der Kampf an. Ich wurde auch nicht gut eingekleidet, trug nur alte Sachen.

Marianne: Kam Heinrich mit ihr gut aus, seiner zweiten Frau? War das eine gute Ehe?

Ingeborg: Ja. Mein Vater ist kinderlieb. Er hat alles für die Fami-

5 Antonia und Ingeborg

lie getan. Aber er hat gelitten. Er brachte es nicht fertig, mir als Kind zu sagen – da hing ein Bild im Herrenzimmer, so im Goldrahmen, eine wahnsinnig schöne Frau. Ich fragte, wer ist das? Er sagte, das ist Tante Toni. Er brachte es nicht fertig zu sagen, das ist deine Mutter. Aber mein Vater ging mit mir auf den evangelischen Friedhof, wo die ja dann begraben war. Und ich ging allein dahin und vergoß da meine Tränen.
Und Vater hat immer zwischen zwei Stühlen gesessen. Was am Tage passierte, erfuhr er ja nicht. Er hat mit uns alles gemacht, Sport, war so kreativ. Ich hab' das mit meinem eigenen Kind und meinen Enkelkindern fortsetzen können, was ich durch ihn an Lebensenergie und Kreativität übernommen habe. Und das danke ich ihm. Aber er hat gelitten. Er hat sein Leben lang diesen Tod nicht verschmerzt (weint). Wenn wir allein waren, dann erzählte er.
Mein Vater war mir Vater und Mutter zugleich. Und große Liebe habe ich von ihm bekommen. Auf Fotos, da sitze ich auf seinem Schoß, nicht die anderen. Er hat aber auch meine Stiefgeschwister sehr geliebt. Er hatte ein großes Herz.
Dann kam die schreckliche Nazizeit. Er hat Juden vor der Verfolgung versteckt. Er stand auf der Liste. Er hat unheimlich viel geleistet für andere. Hat für andere Prozesse geführt. Und dann ist mein Onkel Theo tödlich verunglückt, der auch immer gekommen war, um mich zu besuchen.
Ich bin dann zum Studium auf die Lehrerhochschule, weil ich eine Rotkreuzhelfer-Ausbildung gemacht habe. Im Studium kamen die Bomben, ich war verschüttet. Bin gerettet worden.
Ja, aber ich hatte vorher ein ganz großes Erlebnis, bevor ich zum Studium ging. Da hatte ich mit dem Sohn von Freunden meiner Eltern die tiefste Begegnung in meinem Leben. Die ganz, ganz große Liebe. Da war nichts mit ins Bett gehen, das war gar nicht nötig. Da gab es so ganz andere Interessen, Musik, Theater, bildende Kunst, Kultur, religiöse Themen und so viel Schönes. – Ja, dieser Alfons, das war ein wunderbares

Geschenk. Er hatte auch vor, vielleicht Priester zu werden. Das wollte ich nicht verhindern. Habe ich auch nicht. Aber so diese Briefe und diese tiefe Liebe. Er paßte auch äußerlich, war so ein anderer Typ als mein jetziger Mann. Ja, er ist dann Soldat geworden. Ich hab' noch einmal die Bestätigung bekommen. Er ist in Stalingrad vermißt (weint). Und das geht einem dann auch ein ganzes Leben nach. Und das Warten, all die Jahre.

Und dann noch mal eine Ausbildung, ein Studium in Münster. Ich begegnete da einem Menschen, so einem Holdrio, strahlende Augen. Und wo er hinkam, mußte er die Menschen dirigieren und immer alles arrangieren. Das ist dann mein Mann geworden, Hermann, ist 1926 geboren. Wir haben dann auch noch zusammen eine vertiefte musikalische Ausbildung gemacht. Er hat immer gleich Gruppen geleitet.

Wir haben 1953 geheiratet. Und ich mußte so lange auf ein Kind warten. Und wollte eigentlich sechs, dann nur noch vier, dann wenigstens eins. Meine Tochter Magdalene ist 1957 geboren. Als ich schwanger war, starb mein Vater 1956.

Und nun beginnt die Diskussion zwischen Ingeborg, den Teilnehmerinnen und mir

MARIANNE: Dein Leben ist so reich! Was für mich das Wichtigste war, ist diese wunderbare Geschichte von deiner Mutter Antonia. Ich hab' erst gedacht, du glorifizierst sie, aber ich glaube dir – so war es!

INGEBORG: Ich habe die Liebesgedichte, die Erzählungen von allen Schwägern.

MARIANNE: Sie muß eine ganz ungewöhnliche Frau gewesen sein. Auch daß sie ihre Eltern so früh verloren hat. Da kannst du, Ingeborg, anknüpfen: Deine Mutter hat etwas Ähnliches als Kind erlebt wie du.

(In die Runde:) Was sagt ihr alle zu Antonia und auch zu Ingeborg? Was wollt ihr fragen, kommentieren?

5 Antonia und Ingeborg

Teilnehmerin: Es ist rund. Es ist gut.

Ingeborg: Es ist gut? – Ja, das mit meinen Enkeln. Aber was schwer ist, ist das mit meiner Tochter. Daß die nichts wissen will von meiner Vergangenheit. Ich erzähle ihr auch nichts davon. Aber auch da hat es sich wiederholt. Von einer Stunde auf die andere waren die Kinder weg – und die haben so gelitten. Ich mach ihr keine Vorwürfe, aber sie ...

Marianne: Ingeborg, vor allem: Mach dir selbst keine Vorwürfe. Wenn wir Magdalene hier hätten, würden wir fühlen, daß da eine ganz tiefe Verbundenheit ist.

Ingeborg: Ja, sie sieht ja auch aus wie mir aus dem Gesicht geschnitten.

Marianne: Wir können leider das Paket mit deiner Tochter hier nicht aufschnüren. Aber das möchte ich dir sagen: Nimm das, was du bekommen hast, laß es wachsen, und vertraue deiner Tochter, daß sie ihre Sache gut macht! Erwarte nicht so viel von ihr.

Ingeborg: Nein, nein überhaupt nicht. Im Gegenteil, ich hab' losgelassen.

Marianne: Gut!

Ingeborg: Ehrlich. Ich erwarte nichts. Sondern es kommt irgendwann – vielleicht auch erst nach meinem Tod. Dann ist es die berühmte Trauerarbeit, die wir leisten müssen.

Marianne: Und mach immer weiter schöne Stelen und Malereien.

Ingeborg: Ja, ich hab' ja auch immer viel mit Menschen zu tun.

Marianne: Können wir es hier so stehenlassen?

Ingeborg: Ja. – Ich hab' ja auch das alles nur erzählt, weil ich glaubte, ich bin euch das schuldig. Oder? War es zu viel?

Marianne: Es war viel, aber nicht zu viel!

(Zu den Teilnehmerinnen) Merkt ihr, wie Ingeborg sich ständig rechtfertigt oder entschuldigt? So als hätte sie kein Recht auf ihr Leben. Das ist oft der Fall, wenn die Mutter bei der eigenen Geburt gestorben ist. – Ingeborg, du bist eine wunderbare Frau geworden. So wie du bist, so nehmen wir dich. Und du hast uns Antonias Geschichte zum Geschenk gemacht.

In der Schlußrunde reflektiert Ingeborg: »Zu hören, wie ihr alle mit euren Müttern gekämpft habt, hat mich sehr beeindruckt. Ich hab' das nicht gemußt. Das war vielleicht etwas Gutes. Aber mit der Stiefmutter – ich hab' gelitten. Doch weil es nicht meine leibliche Mutter war, hab' ich nicht so viel an mich rangelassen. Trotzdem habe ich sie zur Patin meiner Tochter Magdalene gemacht. Und nach Vaters Tod war ich ihre Beraterin.«

MARIANNE: Du hast dich also auch mit ihr versöhnt, die dir in deiner Kindheit so viel Leid zugefügt hat. Das finde ich großartig.
(In die Runde): Ist es nicht erschütternd, wenn Ingeborg sagt, daß der extrem frühe Tod ihrer Mutter etwas Gutes hatte? – Damit machst du uns ein Geschenk, Ingeborg. Danke!

*

In mehreren Gesprächen ein Jahr später wurde mir deutlich, wie schwer es Ingeborg immer noch fällt, das Verhalten ihrer Tochter mit ihrer eigenen traumatischen Geschichte zu verknüpfen. Ich habe ihr gewünscht, daß Mutter Antonia ihr aus dem Jenseits helfen möge, mit der Tochter Magdalene Frieden zu finden.

Im Nachhinein bedaure ich es sehr, daß ich Ingeborg nicht gebeten habe, weiter als Antonia zu sprechen und sozusagen »aus dem Himmel« das Leben ihrer Tochter zu beschreiben. Denkbar ist, daß Ingeborg dadurch noch einen neuen, weniger idealisierten Zugang zu ihrer so früh verstorbenen Mutter gefunden hätte.

6 Gertrude (1909–1980) und Maria (1940)
Die Mutter liebt den Sohn über alles, die Tochter
ist nur »Ersatz« für eine verstorbene Tochter

Maria ist eine Frau von stattlichem Äußeren, aufrechter Statur und hocherhobenem Kopf. Sie spricht mit energischer Stimme und verfällt oft in den lokalen Dialekt. Zur Zeit der Teilnahme am Seminar ist sie 64 Jahre alt, verheiratet, von Beruf Verkäuferin und Mutter von zwei erwachsenen Töchtern, eine davon verheiratet mit zwei Söhnen. Marias Mutter ist 1980 mit 71 Jahren gestorben, war zehn Jahre blind. In der Vorstellungsrunde sagt Maria, daß sie wegen der Probleme mit ihrer Tochter gekommen sei und auch nur, weil ihre Freundin sie begleitet habe. Sie weint, als sie davon erzählt, daß sie ihre Enkel nicht mehr sehen könne, weil Schwiegersohn und Tochter den Kontakt zu ihr und ihrem Mann abgebrochen hätten.

Da sich Maria nicht zutraut, vor den Frauen in der Gruppe ihre Geschichte zu erzählen, ohne pausenlos in Tränen auszubrechen, biete ich ihr an, mit mir am Abend im Beisein ihrer Freundin allein ihre Themen zu bearbeiten. Obwohl Maria kein oder nur ein sehr geringes psychologisches Vorwissen mitbringt, gelingt es ihr, die systemische Dynamik in ihrer Herkunftsfamilie und die Probleme mit ihrer Tochter zu verknüpfen. Am Schluß strahlt sie vor Glück, daß sie ihre Tränen »wieder trocknen« kann.

Obwohl Maria normalerweise fließend spricht, erzählt sie die Geschichte ihrer Mutter stockend, deshalb meine vielen Zwischenfragen.

Maria beginnt damit, das Problem mit ihrer Tochter zu schildern: »Meine Tochter ist verheiratet und hat zwei Kinder. Und die haben bei uns angebaut. Und es ist zehn Jahre gutgegangen. Und wie das Haus abbezahlt war, haben sie angefangen zu spinnen.« Tochter und Schwiegersohn forderten das eingezahlte Geld zurück und zogen aus. Den Enkeln wurde verboten, »Oma und Opa« zu besuchen, nicht einmal Weihnachtsgeschenke der Großeltern wurden angenommen. Maria ist davon überzeugt, daß der Schwiegersohn die treibende Kraft ist und die Tochter und die Enkelkinder »in der Gewalt« hat.

Maria hat keine Vorstellung davon, wie es zu dieser Eskalation kommen konnte. Marias Freundin meint, daß sich die Tochter von Mutter und Vater bevormundet gefühlt habe. Sie sei eigentlich ein »ganz liebes Mädchen«, aber »irgendwo meint sie halt, sie muß jetzt selbständig werden und will sich gar nichts mehr sagen lassen«. Maria glaubt, daß an allem der Schwiegersohn schuld sei.

Ich bitte Maria, einmal nach rückwärts zu schauen, um zu prüfen, ob da noch Dinge sind, die vielleicht bis heute weiter wirken. Ich äußere meine Vermutung, daß es hier um ein Thema geht, das auch schon in den Vorgenerationen zu finden sein könnte. Ich ermuntere Maria, die Tränen, wenn sie kommen, einfach fließen zu lassen, und reiche ihr ein Päckchen Papiertaschentücher.

Und nun die Geschichte der Mutter Gertrude – in den Worten der Tochter Maria

GERTRUDE (MARIA): Ich bin Gertrude, geboren 1909. Meine Mutter war die Katharina und mein Vater der Ludwig. Ich bin die älteste, dann kam 1913 Daniel, dann Erna 1918, dann Gina 1923. Mein Vater war im Ersten Weltkrieg, und ehe er in den Krieg ist, hat er ein Haus gekauft. Und seine Stiefschwester hat auch ein Haus gekauft, und da hat er sich als Bürge hergegeben.

MARIANNE: Woher kam diese Stiefschwester? Was war in der Generation davor passiert, daß da eine Stiefschwester existiert?

GERTRUDE (MARIA): Meine Oma, die Mutter von dem Ludwig, das war die Elise, und die war erst mit einem Mann verheiratet, wo der Ludwig von stammt. Und der ist gestorben. Und dann hat sie wieder geheiratet. Und in dieser Ehe da waren vier oder fünf Kinder. Den Mann hat meine Oma überlebt. Der war der Stiefvater von Loy, meinem Vater Ludwig.

Marianne: Also dein Vater hatte vier oder fünf Halbgeschwister – nicht Stiefgeschwister! – aus der zweiten Ehe seiner Mutter?

Gertrude (Maria): Ja.

Marianne: Also eine dieser Halbschwestern war das mit der Bürgschaft?

Gertrude (Maria): Ja, mein Vater Ludwig ist in den Krieg gekommen, und meine Mutter, die Katharina, mußte dann beide Häuser abbezahlen. Die mußte arbeiten gehen ins Feld. Die hat dann den Kleiderschrank verkauft, alles verkauft. Von dem Haus seiner Stiefschwester hat sie nichts mehr gekriegt. Also mußte sie zwei Häuser bezahlen. – Und da war ich das Kindermädchen für meine Geschwister. Weil meine Mutter arbeiten mußte.

Marianne: Also, das war alles noch vor dem Ersten Weltkrieg. Warum hat dein Vater für diese Halbschwester gebürgt?

Gertrude (Maria): Weil die Banken das verlangt haben, da mußte man einen Bürgen haben, um das Geld zu zahlen.

Marianne: Und weil er in den Krieg mußte, hat deine Mutter Katharina das alles tragen müssen?

Gertrude (Maria): Ja. Und alles, was nicht niet- und nagelfest war, hat sie verkauft.

Marianne: Und warum hat die Halbschwester deines Vaters nicht das Haus verkauft?

Gertrude (Maria): Hat sie nicht gemacht. Ich weiß nicht warum.

Marianne: Das weiß deine Tochter nicht! Und du, Gertrude, wie hast du das erlebt?

Gertrude (Maria): Das waren für mich sehr schlimme Jahre. Der Vater im Krieg, die Mutter mit uns, Bruder und Schwester. Wie meine jüngere Schwester geboren war, war mein Vater schon wieder zu Hause. Mein Vater war Schneider. Und dann hat er Schneiderei weiter gemacht. Nachts hat er genäht und tagsüber im Bett gelegen. Denn er hat als Tagelöhner gearbeitet. Und wenn der die Arbeit fertig hatte, dann mußte meine Mutter die fertigen Arbeiten zu Fuß in die nächste Stadt bringen, einmal in der Woche.

MARIANNE: Wie ging's dann weiter?

GERTRUDE (MARIA): Nun muß ich erzählen von meinem Mann, dem Emil. Der war vom Nachbarort. 1933 kennengelernt. Dann wurde ich schwanger. 1934 geheiratet. Er war für mich alles. 1934 ist unser erster Sohn auf die Welt gekommen, Kurt.

MARIANNE: Waren neun Monate zwischen Hochzeit und Geburt?

GERTRUDE (MARIA): Im März geheiratet und im Mai auf die Welt gekommen.

MARIANNE: Also war Kurt der Grund für die Ehe?

GERTRUDE (MARIA): Ja, aber wir hätten auch so geheiratet.
(Auf Nachfrage) Emil war bei der Bahn. Aber von Beruf war er auch Schneider wie mein Vater.

GERTRUDE (MARIA): Und dann kam meine Tochter, die Hildegard 1937. Die ist 1939 verstorben. Und dann 1940 kam die Maria zur Welt. Der Kurt ist dann 1944 verunglückt, tödlich. Dann kam 1945 Rudolf. – Ich muß dann sagen, ich hatte immer die Gewalt auch über meinen Mann, den Emil. Der Emil mußte alles machen, wie ich wollte. Und wenn er es nicht gemacht hat, dann hat es was gegeben, dann war der Streit da.
Ich hab' nur einen Liebling, und das war der Rudolf. Für den Rudolf bin ich durchs Feuer gegangen. Alles, was der Rudolf gemacht hat, war richtig. Und die Maria, die mußte dann immer den Kopf hinhalten. Wenn irgendwas war, dann immer die Maria, die hat dann – also der Rudolf war mein Liebling bis zu meinem Tode. (Pause)

MARIANNE: Wie ist dein erster Sohn, der Kurt, gestorben?

GERTRUDE (MARIA): Der ist mit einem Schlitten so zehn Meter in einen Bach gestürzt.

MARIANNE: Kein Selbstmord?

GERTRUDE (MARIA): Nein. Und die Hildegard hatte Blinddarmentzündung, und das hat man nicht erkannt, und dann war der vereitert, und das war dann der Tod.

MARIANNE: Also Schicksale.

GERTRUDE (MARIA): Ja, aber trotzdem muß ich sagen, obwohl es so viele Schicksalsschläge waren, war es nur der Rudolf, der mich interessiert hat.

MARIANNE: Was hast du und Emil euren Kindern ermöglicht? Haben sie Schulbildung bekommen?

GERTRUDE (MARIA): Maria durfte gar nichts lernen. Ich hatte immer Angst. Sie wollte Sprechstundenhilfe werden, aber auf dem Arbeitsamt haben die gesagt, der Arzt, der hat so gern mit den Mädchen. Und da hatte ich unheimliche Angst und hab' das abgebrochen. Also Maria durfte das nicht werden.

MARIANNE: Maria hätte das gern gewollt?

GERTRUDE (MARIA): Ja.

MARIANNE: Du hast sie vor dem übergriffigen Arzt schützen wollen, oder?

GERTRUDE (MARIA): Mag sein. – Aber der Rudolf, der mußte einen kaufmännischen Beruf lernen. Das war so mein Ziel.

MARIANNE: Und wie ging dein Leben weiter, Gertrude?

GERTRUDE (MARIA): Also ich hab' meine Eltern gepflegt, die haben im Haus gewohnt. Bis zum Ende. Meine Mutter ist 1959 gestorben und mein Vater 1965.

MARIANNE: Also für Maria und Rudolf waren die Großeltern im Haus?

GERTRUDE (MARIA): Ja. Und die Maria hat einen sehr schönen Draht zur Oma Katharina gehabt. Das hat mir nicht so gut gefallen. Und der Rudolf hatte nicht so einen Draht zur Oma.

MARIANNE: Und du, Gertrude, warst du mehr mit deinem Vater oder mit deiner Mutter verbunden?

GERTRUDE (MARIA): Mit meiner Mutter. Meine Mutter war eine sehr, sehr liebe Frau. Dagegen mein Vater – wenn der irgendwas gemacht hatte, so wie das mit der Bürgschaft, dann hat er nicht zu seinem Fehler gestanden, sondern saß drei, vier Tage auf den Dachboden und ist nicht mehr runtergekommen.

Marianne: Weil er sich geschämt hat?

Gertrude (Maria): Ja, ja. Mein Vater, der Loy.

Marianne: Hat er denn noch mehr solche Sachen gemacht wie mit der Bürgschaft?

Gertrude (Maria): Na ja, das war das Schwerwiegendste. Aber auch wenn er sonst mit meiner Mutter Streit hatte, ist er dann auch auf den Dachboden gestiegen.

Marianne: Und wie siehst du deine Tochter, die Maria?

Gertrude (Maria): Die war schon immer – wie soll ich sagen – frech. Die ist schon auf die Welt gekommen und hat nicht gewartet, bis die Hebamme da war.

Gertrude (Maria): (auf Nachfrage) Ich hab' meine Tochter Maria nicht so geliebt. Mein Sohn Rudolf war mir immer viel, viel lieber.

Marianne: Hast du deine verstorbene Tochter Hildegard mehr geliebt als die Maria?

Gertrude (Maria): Ja. Muß ich sagen, ja. Meine Tochter Maria war ja praktisch nur der Ersatz für die Hildegard.

Marianne: Wow!

Gertrude (Maria): Wenn die Hildegard nicht gestorben wäre, wäre die Maria nie auf die Welt gekommen.

Marianne: Aber das kannst du doch so nicht sagen, Gertrude! Natürlich hättest du auch noch eine weitere Tochter bekommen können. Trotzdem – das ist offensichtlich dein Gefühl, und das ist wichtig.

Gertrude (Maria): So war das nämlich auch, wie der Kurt umgekommen ist. Da war dann als nächstes der Rudolf.

Marianne: Mit dem Unterschied, daß der Rudolf dein Ein und Alles wurde, die Maria aber nicht deine Liebe bekam!

Gertrude (Maria): (zustimmend) Mh.

Marianne: Weißt du, Gertrude, daß du damit deine beiden überlebenden Kinder unglaublich belastet hast, auch den Rudolf, aber vor allem die Maria? Das ist nicht fair! Wenn man ein Kind kriegt und ihm direkt sagt, ich hab' dich eigentlich nicht gewollt, sondern nur als Ersatz, das ist schlimm!

GERTRUDE (MARIA): Aber ich muß sagen, von mir als Gertrude aus, ich bin mit sechzig Jahren blind geworden. Und war, als ich gestorben bin, zehn Jahre blind. Aber da hat mich meine Tochter Maria gepflegt. Mein Sohn nicht. Der ist nur gekommen, wenn er Geld haben wollte, und er hat nur guten Tag gesagt, obwohl wir im selben Ort gewohnt haben.

MARIANNE: Jetzt frage ich dich, Gertrude, hast du das deiner Tochter Maria in den zehn Jahren auch so gesagt oder sagt das jetzt die Maria? Hast du deinem Sohn Rudolf auch diesen Vorwurf gemacht, daß er nie gekommen ist?

GERTRUDE (MARIA): Nein. Nein. Das hab' ich nicht gemacht. Wenn er gekommen ist, war ich froh.

MARIANNE: Also du hast deinen Sohn geliebt, auch wenn der dich vernachlässigt hat, und hast das, was deine Tochter für dich getan hat, überhaupt nicht geschätzt?

GERTRUD (MARIA): (zustimmend) Mh. – Ich muß noch was dazu sagen, meine Tochter Maria hat mich gepflegt von Anfang bis zum Ende, und das Schlimmste, was ich ihr angetan habe, war auf meinem Totenbett. Ich war schon im Krankenhaus. Und mein Mann Emil, mein Sohn Rudolf, seine Frau und die Maria waren an meinem Bett. Und da sind sie zu mir ans Bett gekommen, und der Emil sagt: »Gertrude, kennst du mich?« Und ich hab' gesagt: »Ja, du bist der Emil.« Ist der Rudolf hin und hat gefragt: »Kennst du mich?« Und ich hab' gesagt: »Ja, du bist der Rudolf.« Die Schwiegertochter ist gekommen und hat gefragt: »Kennst du mich?« Und ich hab' gesagt: »Ja, du bist die Ursula.« – Ich war die letzte und hab' gefragt: »Mama kennst du mich?« Und ich sag' nein (weint). (Maria bemerkt die Personvermischung nicht!) (Lange Pause)

MARIANNE: Wie war das Verhältnis zwischen Maria und ihrem Vater Emil?

GERTRUDE (MARIA): Also er hat ein sehr, sehr gutes Verhältnis zu der Maria. Was der Rudolf für mich war, das war die Maria für den Emil.

MARIANNE: Gut. Das hat der Maria die Kraft gegeben, deine Ablehnung, die ganz, ganz grausam war, auszuhalten. Ich kann mir vorstellen, was du da erlebt hast mit deinem Töchterchen Hildegard, das muß furchtbar für dich gewesen sein. Aber für mich bleibt die Frage: Warum hast du das Kind, das dann kurz darauf geboren ist, nicht ganz besonders liebgehabt?

GERTRUDE (MARIA): Ich konnte auch die Maria nicht so in den Arm nehmen und drücken. Meinen Sohn schon.

MARIANNE: Du konntest es nicht, aber du hast sie wenigstens deiner Mutter in den Arm gegeben. – Vielleicht war das ja genug? Könnte Maria dieses halbvolle Glas, das du ihr gegeben hast, nehmen und sagen, es war genug? Um diesen Schmerz aufzulösen, von dir so verlassen worden zu sein? Das tut ihr nämlich unheimlich weh bis heute. Wenn Maria da drin bleibt, wenn sie weiter nur auf das halbleere Glas guckt und weiter immer nur sagt, du hast mich gar nicht lieb, dann schmerzt das weiter. Wenn Maria aber lernen könnte – das ist nicht leicht, da muß sie sich sehr anstrengen –, wenn sie lernen könnte, auf das halbvolle Glas zu sehen, das du ihr trotz allem gegeben hast: eine liebevolle Oma, einen liebevollen Vater Emil, dann könnte es auch für sie genug sein. Denn du, Gertrude, hast ihr nicht genug Liebe gegeben, das ist schade. Aber dafür gibt es Gründe, die weit zurückreichen. Deine Eltern und diese Bürgschaft – und wer weiß, was da noch war, was dich irgendwie so hart gemacht hat deiner eigenen Tochter gegenüber. Das ist traurig. Aber du hast deiner Maria genug mitgegeben fürs Leben. Denn wie sie da jetzt sitzt, ist sie Klasse! – So, kommt das an?

GERTRUDE (MARIA): (nickt)

MARIANNE (eindringlich): Ja, Gertrude, und aus dem Jenseits kannst du das deiner Tochter jeden Tag sagen: Ich habe dir ein halbvolles Glas gelassen! Und die hört das, denke ich. Ich

glaube, Maria kann jetzt mal abwarten, wie dieser neue Gedanke, dieses neue Bild von der Mutter trägt.
Vielleicht könnte sich dann auch was für Marias Tochter ändern. Denn diese vielen Tränen, dieser Schmerz wegen der Tochter und der Enkel kommt nämlich von rückwärts. Das sind dieselben Tränen. Wenn du sie da gestoppt kriegst, passiert was – was auch immer. Vielleicht fühlt sich deine Tochter bedrängt, weil du mehr von ihr willst, so wie du von deiner Mutter immer noch mehr gewollt hast. Das hast du nicht gekriegt. Und das ist immer noch so schmerzhaft. Und von deiner Tochter kriegst du das auch nicht – noch weniger! Aber du hast genug von deiner Mutter gekriegt. Du kannst mal fühlen, wie reich du bist. Von dieser Mutter hast du trotz Rudolf Liebe bekommen. Du bist reich, du hast so viel Liebe zu geben. Und deine Mutter hat auch ihrer Mutter viel Liebe gegeben. Die hat sie ja auch gepflegt.

MARIA: Ja.

MARIANNE: Also ihr seid Frauen, die ihr euch über die Generationen viel gegeben habt.

MARIA (putzt sich die Nase): Ja. – Trocknen wir die Tränen!

(Wir drei lachen.)

MARIANNE: Ja, wenn die Tränen geflossen sind, können wir sie trocknen und wieder lachen! Und du hast ein so schönes Lachen, Maria!

FREUNDIN: Ja, wirklich, das letzte Halbjahr hat Maria ganz unheimlich gelitten.

MARIANNE: Bloß, wenn du da drin bleibst, bringt es nichts. Hol dir die Kraft!

*

Ein Jahr später berichtet Maria, daß sich in dem Verhältnis zu ihrer Tochter nichts geändert habe. Ihrem jüngsten Enkel habe sie eine Postkarte geschrieben, »aber die ist vermutlich in der Mülltonne gelandet«, meint sie. Es gibt Tage, wo das Gefühl des Schmerzes weg ist, und andere, »wo es nicht zu ertragen ist«. Ihre Freundin hat mit der Tochter gesprochen und tröstet sie in dem Glauben, daß es in vier bis fünf Jahren vielleicht wieder gehen wird. Bis dahin will Maria die Hoffnung nicht aufgeben.

7 Lina (1920–2001) und Inge (1948)
Die Mutter ist auf Männer fixiert, die Tochter begehrt auf und schafft es allein

Inge ist eine 55jährige, gestandene Frau, energisch mit kräftiger, warmer Stimme. Sie hat Humor, so daß wir bei ihrer Erzählung oft lachen müssen. In der Vorstellungsrunde sagt sie, daß sie, von Beruf Sozialarbeiterin und Keramikerin ist und seit fünf bis sechs Jahren als Single lebt, davor eine Ehe und vier andere Beziehungen hatte, die sie »ausprobiert« habe. Meistens sei sie alleinerziehende Mutter eines Sohnes gewesen. Sie spüre »fatale Beziehungsprobleme« und »Beziehungsunfähigkeit«, wie sie sagt.

In ihrer Herkunftsfamilie war sie ein Vaterkind. Der Vater war Nazi und die Mutter ein »doofes Weibchen«, so jedenfalls empfand sie die Eltern als Kind und Jugendliche. Sie fühlte sich von der Mutter ungeliebt, die den jüngeren Bruder, den »Stammhalter«, bevorzugte. Nach dem Tod des Vaters 1980 entwickelte sich die Mutter zu einer selbstbewußten Frau. Inge bedauert, daß sie vor dem Tod der Mutter, die vor zwei Jahren starb, kein klärendes Gespräch mit ihr führen konnte. »Am liebsten wär mir natürlich gewesen, ich hätte von ihr gehört, ich hab' dich doch gern gehabt«, sagt Inge unter Tränen. Sie wünscht sich, »ein bißchen friedlichere, versöhnlichere Gefühle der Mutter gegenüber« haben zu können.

Und nun die Geschichte der Mutter Lina – in den Worten der Tochter Inge

LINA (INGE): Ich heiße offiziell Karolina, aber alle, die mich mochten, haben mich Lina genannt. Ich kam 1920 auf die Welt in einem kleinen Dorf in Mittelfranken. Da ist mein Vater Dorflehrer gewesen. Ich bin das dritte Kind. Ich hab' zwei Brüder, eineiige Zwillinge, die sind fünf Jahre älter als ich. Wir waren ziemlich arm, weil die Lehrer ziemlich schlecht bezahlt wurden. Und meine Mama, das war eine ganz tolle Frau. Unheimlich sparsam, sie hat uns alle versorgt und nichts verkommen lassen. Die hat immer so viel Arbeit gehabt, toll, wie sie das geschafft hat und dabei nie gemeckert.

Mein Papa war halt der Lehrer, ich war auch bei ihm in der Dorfschule acht Jahre lang. Mit mir war er nicht zufrieden. Er war enttäuscht, ich war ihm wohl zu dumm und zu unmusikalisch. Er war halt auch so arg musikalisch. Der hat Geige gespielt und Klavier und gesungen und gemalt und so viel gewußt von der Natur. Und wenn er mich gefragt hat, dann hab' ich den lateinischen Namen von dem Baum nicht gewußt und Klavierspielen war immer nur mit Tränen. Und dann bin ich immer abgehauen.

Freunde hab' ich nicht gehabt, denn die waren immer sauer auf den strengen Lehrer. Aber wenn die über ihn geschimpft haben, dann hab' ich ihn immer verteidigt. Denn er hat es ja gut gemeint. Er war auch so ein musikalischer Mensch. Und auf den kleinen Dörfern, die waren ihm eben alle zu blöd. Ich hab' nur ein paar Freundinnen gehabt, und bei denen hab' ich mich immer versteckt. Ich war eigentlich sehr ängstlich.

Und schön wurde das Leben erst, als ich dann weg kam von zu Hause. Nach der Schule durfte ich auf die Handelsschule nach Nürnberg. Da hatte ich 'ne Tante, bei der durfte ich wohnen. Da war es schön. Und dann kam ich in eine Haushaltungsschule in den Schwarzwald, drei Jahre lang. Das war auch ganz toll. Da hab' ich noch ein ganzes Fotoalbum. Da haben mich alle bewundert. Aber bei meinem Vater in der Schule – ne. Mir ging's total gut, wenn ich weg war von zu Haus.

Einer von meinen Brüdern kam aufs Gymnasium. Und der hat mal einen Schulfreund mitgebracht, das war der Schorsch, und der kam dann öfter. Dem hat es so gut gefallen, daß ich auf der Haushaltungsschule war, und der hat gedacht, das wird mal eine gute Hausfrau. Nach der Haushaltungsschule kam gleich Arbeitsdienst. Das war auch schön. Mein Vater war ja dann schon Ortsgruppenleiter von dem Dorf. Und dieser Schorsch, der war bei der SS (Schutzstaffel), und das war ein ganz angesehener junger Mann. Der hatte 'ne Karriere vor sich. Der wollte Beamter werden. Und da hab' ich immer drauf spekuliert, daß ich den mal heirate, denn dann hätte ich endlich die Achtung gehabt von meinem Vater. Der Schorsch war ja auch bei der Partei. Also das wär sein Wunsch-Schwiegersohn gewesen.

Und dann mußte ich den Arbeitsdienst abbrechen, weil meine Mutter gestorben ist und ich meinem Vater den Haushalt führen mußte. Und der Krieg war schon am Laufen. Und dann haben wir uns noch geheiratet. Ich bin aus der Kirche ausgetreten, weil mein Schorsch das so wollte. Und der Schorsch kam dann auch zurück aus dem Krieg. Ich war ganz glücklich. Erst war er in Kriegsgefangenschaft, und dann wurde er auch noch verurteilt. Er wurde in so ein Entnazifizierungslager gesteckt und mein Vater auch. So eine Schande! Alle haben uns blöd angeschaut, da waren wir die Verbrecher. Und ich mußte allein aufs Haus aufpassen, wo die blöden Amis waren. Die haben den Zucker einfach auf den Boden geschüttet und das gute alte Meißner Porzellan zerschmissen.

Dann hab' ich Päckchen geschickt an meinen Schorsch und meinen Vater. Was wir denen Brote geschickt haben! Und die Familie von meinem Schorsch, eine ganz große Familie, die hab' ich auch besucht und hab' denen geholfen, wo es ging. Ich wurde überall gebraucht. Für meinen Schorsch ist die

7 Lina und Inge

Welt untergegangen. Der war so ein begeisterter Nazi. Und als dann – wie sagt man das? – der Zusammenbruch kam, das war auch sein Zusammenbruch. Er wurde auch noch verurteilt. Das war ganz, ganz schlimm für den.

Und dann durfte ich den sogar besuchen in H. Der hat dann außerhalb von dem Lager auf einem Gutshof arbeiten dürfen. Da mußten wir mitarbeiten. Aber nachts durften wir mit unseren Männern zusammen sein. Das war ja eigentlich verboten. – Na ja, ich glaub', damals ist meine Tochter gezeugt worden. Ich hab' mir so sehr einen Sohn gewünscht, weil ich damit meinen Mann retten wollte, der so am Boden war. Ich wollte ihm ein neues Leben, einen Stammhalter schenken, daß wir alles neu aufbauen können. Und dann, im Sommer 1948, wurde er entlassen, wir haben uns gefreut. Und endlich ging's voran, und es war Schluß mit der Verurteilung und dem Zeug da, was die gemacht haben – Entnazifizierung.

Ja, und dann kam die Geburt, die war schwierig. Das Baby war schon blau. Ja, und dann war es ein Madle. Und da ist für mich alles zusammengebrochen. Also ich wollte eine tolle Mutter sein und meinem Mann einen Stammhalter schenken. Und jetzt hatte ich so versagt. Es war bloß ein Madle. Na ja. Dann hat sie geschrieen.

Wir lebten erst in seiner Familie. Mein Mann mußte als Arbeiter wieder anfangen – so eine Schande. Mit Abitur und studiert, guter Beamter – er hat ja nur das Gute für den Staat gedacht – und muß dann als Arbeiter anfangen. Ist dann zur Bahn, und dann konnte er weg von seiner Familie nach Nürnberg, auch weg von seiner Vergangenheit. Aber es war mühsam.

Mein Mann fand das Mädchen, die Inge, ja ganz goldig. Er kam damit noch besser zurecht als ich. Ich hab' mich erst wieder gefangen, als dann zwei Jahre später doch der Stammhalter kam. Das war dann überhaupt kein Vergleich. Das war ein Sonnenschein. So ein goldiger Kerl, der Walter. Das war mein Trost. Die Ehe wurde nämlich auch schwieriger, als ich gedacht hab'. Der Schorsch hat mich schon gebraucht, weil ich eine gute Hausfrau bin. Und dann hab' ich versagt, weil ich ihm nicht gleich den Stammhalter geschenkt hab'.

Er hat es eben auch nicht überwunden, die Niederlage. Es war ganz still bei uns daheim. Nur diese freche Göre, die hat halt immer gequakt und Krach gemacht. Ja, und dann kam eben mein Walterle. Das hat mich über alles hinweggetröstet. Weil die Inge, das war ein komisches Mädchen. Hat nicht mit Puppen gespielt, ist vom Baum gefallen, ständig hat sie Grind am Knie gehabt. Und dann hat sie mit Buben gespielt. Das macht man doch nicht. Da schauen doch die Leute. Aber mein Walterle, den hab' ich zwei Jahre lang in die Schule gebracht, jeden Tag. Na ja.

Dann wollte sie in die Oberschule. Ich sagte, du heiratest ja sowieso, was nützt es, wenn du in die Schule gehst und dann die Suppen anbrennen läßt.

(Lachen in der Runde)

Und dann hat aber der Schorsch gesagt, sie soll auf 'ne Mädchenschule, damit sie mal ein ordentliches Mädchen wird. Da mußten wir sogar Schulgeld zahlen. Die Inge fand aber die Mädchen doof und war zu dumm, sie ist durchgefallen. Die hat damals behauptet, absichtlich. Sie war immer komisch. Dann war sie auf der Hauptschule. Und danach ist ihr wieder so was Verrücktes eingefallen: Sie wollte auf 'ne Keramikschule, so was fürs Töpfern. Das hat sie alles allein gemacht. Plötzlich kam so ein Brief, sie könne anfangen. Die hat sogar die Aufnahmeprüfung bestanden.

Dann wurde es noch schlimmer. Sie war jeden Abend weg. Später wollte sie sogar auf die Kunstakademie nach München. Aber dann war sie schwanger. Ich hab's ja gewußt! Jeden Abend war die weg. Den Kerl da wollte sie heiraten. Na ja, wollte Arzt werden, wohl doch 'ne ganz gute Partie. Besser als die Kunstakademie.

Dann hat sie den geheiratet. Und das Kind war grad drei Jahre alt, da kam sie daher und sagt, das ist nichts, sie wollte sich scheiden lassen. Die spinnt doch! Ich hab' zu ihr gesagt, das muß man aushalten, ich hab's doch auch ausgehalten. Dann kam das Kind in den Kinderladen. Und sie hat das irgendwie sogar geschafft mit dem Kind. Manchmal hat sie's mir sogar gebracht, wenn es krank war und sie wieder arbeiten mußte. War ja ein goldiger Kerl.

Und dann hat sie einen Freund gehabt und fing noch mal an, auf die Schule zu gehen und zu studieren. Ich hab' mir immer nur müssen Sorgen machen um die. Und dann hat sie wieder 'nen anderen Freund gehabt. Sie hat sogar ihr Studium abgeschlossen. Und den Führerschein hat sie gemacht – das hat der Schorsch nicht gewollt, eine deutsche Frau braucht nicht Auto zu fahren. Da hab' ich sie sogar unterstützt, heimlich von meinem Haushaltsgeld.

Ja, und dann ist der Schorsch gestorben, im Berg verunglückt. Sie hat mir auch geholfen, wie der Schorsch gestorben ist. Hat mich sogar in den Arm genommen. Das hab' ich noch nie erlebt. Wir haben uns nie angefaßt. Aber dann war sie auch wieder frech und sagt zu mir, na, nun geht's dir doch besser als vorher, als er noch lebte! Also, das sagt man doch nicht!

Marianne: Auch nicht, wenn's stimmt?

Lina (Inge): Denken kann man vieles, aber das sagt man doch nicht! Na ja, aber ich hatte ja meinen Sohn, den Walter, das war ein goldiger Kerl, wir hatten uns so gern. Ja, und dann ist das Schicksal dem Walter passiert. Der ist ausgewandert nach Portugal. Und er hatte eine Freundin. Und ich bin nach Portugal geflogen. Hab' mir angeschaut, wie die da leben. Da haben die gehaust. Und da haben sie sogar ein Kind in die Welt gesetzt. Furchtbar! Und dann ist mein Walter tödlich verunglückt mit dem Auto. Und die Maja, meine Enkeltochter, die war leicht behindert, die hat überlebt – ausgerechnet die hat überlebt. Furchtbar!

Ja, dann wurde ich achtzig, und da haben sie mich überredet, ich soll ein Fest feiert. Und das war ganz schön. Und dann hab' ich mal mit meinem Enkelsohn telefoniert, und da wurde mir schwarz, und ich bin die Treppe runtergefallen. Zunächst hab' ich gesagt, ich hab' Glück gehabt, nix passiert. Aber dann hatte ich solche Schmerzen. Die Ärzte haben mich immer beruhigt und mir noch mehr Schmerzmittel gegeben. Dabei hatte ich 'nen Halswirbel gebrochen. Dann habe ich gemerkt, es war so wie immer in meinem Leben, keiner hat mich ernstgenommen. Ich hab' mich selber nicht ernstgenommen. Erst wurden die Beine taub, und dann war ich gelähmt. Da kam die Inge noch mal ins Krankenhaus. – Und dann bin ich gestorben, nachts. Es ging ganz schnell. Ich wollte dann einfach nicht mehr.

Ja, und wenn ich das so überlege. Meine Tochter hat die Wut und die ganze Frechheit ausgelebt, was ich mir nie getraut hätte, dazu war ich viel zu ängstlich. Ich hab' mich so geärgert über sie, aber ich hab' sie auch bewundert. Und ich habe ihr immer gesagt – aber sie hat ja nie auf mich gehört, sie hat dann immer wieder noch einen Freund probiert und noch einen – die war eigentlich so stark, die hat keinen Mann gebraucht. Die hat das allein geschafft. Und ich hätte mir auch nicht so viele Sorgen machen müssen um sie.

MARIANNE: Was wünschst du ihr?

LINA (INGE): Die wünscht sich, daß sie vielleicht doch noch einen Partner findet, der sie versteht. Aber ich wünsche ihr, daß sie sich das erspart.

(Lachen in der Runde)

Und ich wünsche ihr ein Enkelkind. Weil ihr Sohn, der ist vernünftiger, der bringt nicht so jung schon Kinder auf die Welt. Der ist jetzt Lehrer, und ich glaub', der kriegt auch noch mal Kinder.

Und noch ein Satz: So wie ich gestorben bin – keiner hat mich ernstgenommen (die haben eine falsche Diagnose gestellt), so war auch mein ganzes Leben, keiner hat auf mich gehört.

7 Lina und Inge

Und nun beginnt die Diskussion zwischen »Lina«, den Teilnehmerinnen und mir

MARIANNE: Lina, Deine Tochter hat sich gewünscht, von dir mehr geliebt worden zu sein. Hast du sie geliebt?

LINA (INGE): Ja freilich! Ich hab' sie immer gut versorgt. Da redet man doch nicht drüber.

MARIANNE: Sie sollte ein Kind für deinen Schorsch werden, nicht wahr?

LINA (INGE): Ich wollte doch, daß der wieder Hoffnung hat.

MARIANNE: Das ist ein bißchen problematisch als Wunsch für ein Kind. Aber er hat ja dann seine Tochter geliebt.

LINA (INGE): Na ja, nur wenn sie nicht so frech war.

MARIANNE: Und die Frechheit, das ist ja ihre Stärke, und die hast du an ihr geschätzt, nicht? Vielleicht hätte es dir auch gut getan, ein bißchen frecher zu deinem Lehrer-Vater zu sein und nicht nur nach seiner Anerkennung zu hangeln. Aber du hattest ja deine Mutter …

LINA (INGE): Ja, meine Mutter und ich, wir haben uns geliebt. Mein Papa hat immer gesagt, wir sind das Ideal von Rousseau, ein Tochter-Mutter-Paar, die sich lieben.

MARIANNE (als Frage in die Runde): Klingt das ehrlich?

(Zustimmung der Teilnehmerinnen)

MARIANNE: Und ich finde es gut, wenn du, Lina, sagst, daß deine Tochter Inge keine Wünsche mehr auf Männer richten muß, weil sie sie nicht mehr braucht.

LINA (INGE): Ja, Inge sagt immer, sie will nicht gebraucht werden, sie will gewollt werden.

TEILNEHMERIN: Das kommt vielleicht noch von der Lina, daß sie die Anerkennung von Männern sucht.

MARIANNE: Ja. Und diese Art von Anerkennung braucht Inge nicht mehr, weil sie gut ist – so wie sie ist! Und sie kann zu dir sagen: Mama Lina, ich danke dir, es hat gereicht!

In der Schlußrunde äußert Inge ihr Erstaunen darüber, wie leicht es ihr fiel, die Geschichte aus der Sicht der Mutter zu erzählen. »Ich hab' sie ja früher nie verstanden, nur verachtet. Und deshalb«, fügt sie hinzu, »sammle ich tolle alte Frauen als Modell für mich. Du, Marianne, bist so eine!« sagt sie und lacht mich an.

*

Nach dem Seminar, so schrieb mir Inge drei Jahre später, gingen ihre Bitterkeit und der Vorwurf gegen die Mutter langsam weg. »Die Lina war halt 'ne Frau ihrer Zeit mit ihren eigenen Problemen und Möglichkeiten. Am Friedhof, vor dem Urnenstein, sprach ich mit ihr, der ›Lina-Mutti‹, wie mit einer alten Frau, die es halt auch schwer hatte – quasi solidarisch. Ich hatte nicht mehr die bedürftige Haltung des Kindes, das von der Mutter fordert. Ein unmittelbares Spüren wuchs in mir, wärmer, liebevoller.«

Allerdings, so schreibt Inge: »Im Alltag meckert die strenge Mutter immer noch rum. Aber sie verunsichert mich nur kurz. Es ist die Stimme der guten Mutter, die alles versteht, bei der ich so sein darf, wie ich bin.«

Inge ist politisch aktiv geworden und arbeitet in einer Initiative gegen Gentechnik mit. »Das gibt mir Kraft und Hoffnung. Auch das ist die gute Mutter.«

Mütter der Jahrgänge zwischen 1921 und 1930

Mütter der Nachkriegsjahre

Die Mütter dieser Jahrgänge haben als Kinder und Jugendliche den Nationalsozialismus bewußt miterlebt. Das neue Deutschland, das Hitler versprach, war für viele von ihnen und für ihre Eltern nach den Elendsjahren der Weimarer Republik mit ihrer hohen Arbeitslosigkeit die große Hoffnung. Die Kindheit war für diese Frauen meist glücklich im Kreis einer großen Geschwisterschar. Doch dann brach der Krieg aus. Ihre Väter und Brüder wurden Soldaten, viele starben. Die im Osten lebten, mußten unter Lebensgefahr fliehen und alles zurücklassen. Jahrelanges Lagerleben blieb vielen nicht erspart. Als Flüchtlinge waren sie und ihre Familien in der neuen Heimat oft nicht gern gesehen.

Auch für diejenigen Frauen, die nicht direkt unter den Kriegsfolgen gelitten hatten, begann nach Ende des Zweiten Weltkriegs ein neues Leben. Als sie Ende der Vierziger-, Anfang der Fünfzigerjahre ihre eigene Familie gründeten, galt es zwar zunächst, die Trümmer wegzuräumen und Hunger und Mangel zu überstehen, doch dann sollte das Leben endlich wieder schön werden. Obwohl viele dieser Frauen es vorgezogen hätten, zunächst eine Berufsausbildung abzuschließen und erwerbstätig zu sein, heirateten sie doch schnell, wenn ein Mann da war, der sie und ihre Kinder versorgen konnte. Oft war eine vorzeitige oder ungewollte Schwangerschaft der Anlaß. Und sehr schnell etablierten sich dann die alten Rollenmuster in der Familie. Obwohl sie und ihre Mütter in den Kriegs- und den ersten Nachkriegsjahren bewiesen hatten, ohne Männer selbständig das Leben bewältigen zu können, war die Sehnsucht nach der heilen Welt der traditionellen Familie übermäßig stark.

Als Mütter wollten die meisten Frauen dieser Jahrgänge ganz für ihre Kinder dasein und nur im Notfall außerhäuslich erwerbstätig sein. Doch da noch immer viele Kinder – keineswegs immer gewollt – geboren wurden, blieb vielen Frauen gar nichts anderes übrig, als arbeiten zu gehen, um das Familieneinkommen aufzubessern. Es ging darum, nicht nur das im Krieg Verlorene wiederzuerlangen, sondern – nach dem Vorbild der USA – endlich auch die begehrten Konsumgüter zu besitzen: Fernseher, Waschmaschine, Auto. Und dann wurden Reisen unternommen, ein Haus gebaut.

Sehr wichtig war auch, daß diese Mütter der Nachkriegszeit dafür sorgten, daß ihre Töchter ein besseres Leben haben würden als sie. Nicht nur Jungen, sondern auch die meisten Mädchen erhielten nunmehr selbstverständlich eine Berufsausbildung.

Und wie erzählen nun diese zu Beginn der Fünfzigerjahre geborenen Töchter die Geschichte ihrer Mütter? Mir scheint, daß hier ein Unterschied zur Vorgeneration der »Kriegsmütter« zu beobachten ist. Den Töchtern ist bewußt, daß sie sehr viel mehr Lebenschancen hatten als ihre Mütter. Sie erzählen mit viel Einfühlungsvermögen vom Leiden ihrer Mütter in der Kriegs- und frühen Nachkriegszeit, von deren »verpaßtem« Leben. Man spürt die Anerkennung, die sie ihren Müttern für deren Leistungen in der Aufbauarbeit zollen. Manchmal ist da aber auch ein unterschwelliger Appell an die Mutter, doch jetzt noch mehr für sich zu tun, sich mehr im Leben zu gönnen, vielleicht um als Tochter weniger Verpflichtungen für die alte Mutter übernehmen zu müssen. Denn die Mehrheit der Mütter ist noch am Leben und wird von ihren Töchtern unterstützt.

8 Hildegard (1928–1982) und Christiane (1948)
Das Geheimnis der Eltern, das nach drei Generationen allmählich gelüftet wird

In manchen Familien gibt es Geheimnisse, die über Generationen verborgen bleiben. Auch für die Nachfahren gilt dann meist das Tabu, Fragen zu stellen. Oft ist das Tabu so verinnerlicht, daß sie überhaupt nicht merken, daß hier Fragen gestellt werden könnten. Christiane ist erst mit über fünfzig Jahren darauf gekommen, daß ihr wichtige Ereignisse im Leben ihrer Eltern und Großeltern verschwiegen worden waren. In der Vorstellungsrunde erwähnt sie nichts von ihrer ungewöhnlichen Suche nach der Geschichte ihrer Mutter. Und auch als sie deren Geschichte dann in der Ichform erzählt, bringt sie die Ergebnisse ihrer Nachforschungen nicht zur Sprache. Erst in der nachfolgenden Diskussion mit uns Zuhörerinnen kann sie uns darüber berichten. Es ist, als ob das Tabu, das ihre Eltern errichtet hatten, trotz der gelungenen Aufdeckung der Hintergründe für sie immer noch wirkt.

Christiane, zur Zeit des Seminars 55 Jahre alt, arbeitet als Bibliothekarin. Sie ist verheiratet und hat zwei Töchter von 24 und 20 Jahren. Sie wirkt bescheiden, unauffällig, sehr freundlich und offen der Welt zugewandt. Ihre Mutter ist vor zwanzig Jahren gestorben.

Gleich am Anfang der Vorstellungsrunde macht sie eine Bemerkung, die mich verwundert: »Ich habe mir vorgenommen, wenn die jüngere Tochter aus dem Haus ist – sie hat jetzt Abitur gemacht –, dann nimmst du dir Zeit, um deine Mutter zu betrauern. Denn sie ist gestorben sechs Wochen vor der Geburt der jüngeren Tochter. Und ich habe damals überhaupt keine Zeit gehabt, um sie zu trauern.« Christiane hatte sich also vorgenommen, erst zwanzig Jahre nach dem Tod der Mutter um sie zu trauern!

Christiane erzählt, daß sie von der unheilbaren Krebserkrankung der Mutter an dem Tag der Geburt ihrer ältesten Tochter erfahren hatte. Drei Jahre später, als die Mutter die »letzte heilige Ölung« in der Krankenhauskapelle bekam, saß diese damals dreijährige Tochter an ihrem Kopf. »Wie selige Engel haben beide da gestrahlt, und alle ringsherum haben nur geweint. Meine Mutter war genauso ein kleines seliges Kind wieder.« Zwei Tage später starb sie. Und Christiane erzählt voller Rührung: »Die letzte Bewegung, die ihr Körper zuließ, war das Streicheln meines dicken Bauches – ihres zweiten Enkelkinds, sechs Wochen vor der Geburt!«

Christiane bezeichnet sich als eine Vatertochter, die erst mit ihrer eigenen Mutterschaft und der Erkrankung der Mutter eine liebevolle Beziehung zu ihr entwickeln konnte. »Mit dem Moment, als ich Mutter wurde, wandelte sich das Verhältnis zu meiner Mutter. Sie hat mich gestützt. Wenn es mir schlecht ging, saß sie mit mir die Nacht durch, und wir schoben den Kinderwagen im Wohnzimmer. Sie war also doch mein Halt«, sagt sie.

Von ihrem jetzt 90jährigen Vater ist Christiane sehr enttäuscht. »Mit dem Moment, wo meine Mutter starb, kam noch mal ein ziemlicher Schock. Denn mein Vater, den ich heiß und innig geliebt habe – ich war die Älteste von vier Kindern –, interessierte sich nicht mehr für uns. Es ging ihm nur noch darum, wie er an eine Frau kommt, die ihn versorgt, bei der er einziehen kann. Jetzt ist er neunzig und noch immer so. Es interessieren ihn nur Frauen.«

In der Rolle ihrer Mutter erzählt Christiane dann eine völlig andere Geschichte, die im Verlauf unserer Diskussion mit Hildegard/Christiane eine weitere, äußerst überraschende Wendung bekommt.

8 Hildegard und Christiane

Und nun Hildegards Geschichte – in den Worten der Tochter Christiane

HILDEGARD (CHRISTIANE): Ich bin Hildegard, geboren 1928. Meine Frühzeit verbrachte ich als sehr geborgenes kleines Mädchen, als drittes Kind mit zwei Brüdern, Hans war fünfzehn Jahre und Walter zehn Jahre älter als ich. Mein Vater Johannes, genannt Jean, hat mich abgöttisch geliebt. Meine Mutter Pauline hatte Asthma, war sehr krank und viel bettlägerig. Mein Vater hat das kompensiert. Ich bin sehr wohlbehütet groß geworden in Trier. Wir hatten Pferde und Hunde. Und meine Brüder waren große Kavaliere.

Das ging so weiter als Jugendliche bis zum Krieg. Mein Bruder, den ich innig geliebt habe, fiel im Krieg, und meine Mutter war in der Zeit noch schlimmer asthmakrank. Sie bekam Depressionen. Meine Zeit wurde stiller. Ich bin von meinem Vater und meiner Mutter vor dem Leben im Krieg versteckt worden. Bin sehr, sehr verwöhnt worden, wir machten Ferien auf Sylt. Meinen Eltern war es sehr wichtig, daß ich einen Mann heiratete, der mir alle Sicherheiten des Lebens bot und auch eine gesellschaftliche Plattform.

Mein Mann Antonis war ein Studienkollege meines älteren Bruders. Er war achtzehn Jahre älter als ich. Meine Eltern meinten, daß es am besten sei, mich da als junge Frau in gesicherte Verhältnisse zu bringen. Und da hab' ich mich dann leider auch gefügt. Er war ein sehr kluger und hochgebildeter Mann mit allen Titeln und Ehren. Da hab' ich natürlich als 21jährige junge Frau sehr hochgeschaut. Antonis war auch ein sehr sanfter, lieber Mann. Aber letztlich, muß ich sagen, glücklich bin ich in dieser Ehe nicht gewesen, weil das Verhältnis ungleich war, er war oben, ich unten.

Aber ich wollte mehr. Wenn ich mir was hätte wünschen können, dann wäre ich gern in der Emanzipationsbewegung oder berufstätig gewesen. Aber das waren immer nur meine Träume, daran war nie zu denken in den Vierziger- und Fünfzigerjahren. Und ich hab' mich so in die traditionelle Rolle der Frau gefügt, in der ich mich nie wohlgefühlt habe.

Meine älteste Tochter Christiane ist dann 1948 geboren, und in dieser Rolle mit dem ersten Kind habe ich mich sehr glücklich gefühlt. Kinder hab' ich mir sehr gewünscht.

MARIANNE: Hast du noch weitere Kinder nach Christiane bekommen?

HILDEGARD (CHRISTIANE): Ja. Drei Söhne: Thomas 1953, Stephan 1956 und Martin 1960. – Ja, aber bedauert habe ich immer, daß mein gesellschaftliches Leben damit zu Ende war. Die Familie hat für mich die Isolation bedeutet. Verbunden hat mich mit meiner Tochter ein Gefühl von Trauer um mich selbst, um meinen Selbstwert, denn mein Eheleben war nicht so, wie ich mir das vorgestellt habe. Und meine Tochter hat mich auch oft getröstet in meiner Einsamkeit. Sie war damals für mich Trost.

Meine Tochter jetzt ist – Gott sei Dank – ein ganzes Stück weiter, als ich damals war. Die ist so, wie ich es mir gewünscht habe. Sie ist berufstätig geworden und hat es geschafft, Ehe und Familie unter einen Hut zu bringen. Ich finde ihr Leben allerdings doch noch manchmal zu selbstlos, sie hat zu wenig Anspruchsdenken. Sie ist für mich heute ein Mädchen, auf das ich ganz stolz bin. Ich wünsche ihr und mir, daß sie in Zukunft ihr eigenes Wohlsein etwas mehr in den Vordergrund stellt.

Ich bin gestorben nach drei Jahren Krebskrankheit, selig lachend. Ich bin mit meiner Familie und mir sehr versöhnt und eigentlich sehr glücklich gestorben. Ich bin froh, daß ich ein ganzes Stück bei euch bleiben konnte und daß ihr mich alle begleitet habt, die ganze Familie und das Enkelkind und daß ich so zufrieden einschlafen konnte.

Und nun beginnt die Diskussion zwischen »Hildegard«, den Teilnehmerinnen und mir

MARIANNE: Es ist komisch, Hildegard, aber mir ist, als ob du nicht ganz ehrlich bist. Daß du gut gestorben bist und alle da waren – ja. Aber – darf ich dich ein bißchen provozieren?

HILDEGARD (CHRISTIANE): Ja.

MARIANNE: Was würdest du heute von da oben dazu sagen, wie dein Mann sich verhalten hat nach deinem Tod, was deine Tochter uns hier erzählt hat. Hast du das erwartet vor deinem Tod?

HILDEGARD (CHRISTIANE): Ja, das habe ich erwartet. Das wußte ich ganz genau. Das hab' ich auch mit meinen Kindern besprochen.

MARIANNE: Ach!

HILDEGARD (CHRISTIANE): Ich habe mit meinem jüngsten Sohn, Martin, der damals Jura studierte, versucht, ein Testament zu machen, und habe festlegen wollen, daß meine Hälfte nur für meine Kinder sein sollte. Weil ich befürchtete, daß mein Mann ganz schnell auf anderen Wegen geht (lacht verschämt).

MARIANNE: Hast du das geschafft?

HILDEGARD (CHRISTIANE): Ja, aber leider war in dem Testament ein Formfehler, so daß das dann nicht anerkannt wurde (lacht). Aber geahnt hab' ich das. Obwohl ich von meinem Mann liebevoll gepflegt wurde, Tag und Nacht.
Ich wollte meinen Kindern was hinterlassen. Es war auch zu meiner Zeit so, daß man viel hörte von Familien, wenn Frauen an Krebs starben, daß der Mann dann schnell wieder heiratete und daß dann die zweiten Frauen das Vermögen bekamen, und die Kinder aus erster Ehe standen da (lacht wieder).

MARIANNE: Und deine Tochter sitzt hier und lacht, wenn sie das erzählt. – Das war doch sehr bitter für sie.

HILDEGARD (CHRISTIANE): Ja, das war ganz bitter, und vor allem liegen da ja inzwischen zwanzig Jahre zwischen, aber meine vier Kinder sind noch immer nicht drüber weg. – Mein Mann Antonis lebt ja noch. Und das ist ganz problematisch.

Teilnehmerin: War das nur deine Sorge, weil du wußtest, daß in anderen Familien nach dem Tod der Frau so was vorkam, oder gab es vorher noch irgendwelche Anzeichen in deiner Ehe?

Hildegard (Christiane): Überhaupt nichts. Es gab nie in diesem Sinne Beziehungsprobleme. Aber ich habe immer gespürt, daß mein Mann nicht allein sein kann und emotional abhängig ist von Zuwendung.

Teilnehmerin: Und wie war das für dich? Bevor du das von deiner Krankheit wußtest?

Hildegard (Christiane): Für mich, denke ich eigentlich, war das auch das logische Ergebnis einer langen Ehe. Wir waren über dreißig Jahre verheiratet, und ich habe gewußt, daß ich leider immer weniger Partner meines Mannes gewesen bin. Das wäre ich lieber gewesen als eben nur versorgende Ehefrau. Ich war eben auch in gewisser Weise wie meine eigene Mutter, was ich nicht sein wollte.

Teilnehmerin: Hast du jemals versucht auszubrechen?

Hildegard (Christiane): Ja öfter, als junge Frau. Ich bin mit meiner Tochter Christiane, als sie klein war, immer wieder zu meinen Eltern, die nach dem Krieg in der Eifel ein Häuschen hatten. Ich bin wochen-, ja monatelang dageblieben und hab' mich da in einen anderen Mann verliebt.

Marianne und Teilnehmerinnen (mit Erstaunen): Ach nee!

Hildegard (Christiane): Und immer wieder haben die Familie und Verwandtschaft darauf gedrängt, und mein Mann ist gekommen und hat mich dann wiedergeholt (lacht). Ja, da hat es mehrere Ausbruchsversuche gegeben.

Marianne: Also war deine Ehe gar nicht so toll! Aber du hast durchgehalten – genau wie deine Mutter Pauline. Und sie hatte Asthma. Gibt es da einen Zusammenhang?

Hildegard (Christiane): Ja, da war eine Sache: Meine Mutter war als junge Frau von meinem Vater Jean in Belgien geraubt worden.

TEILNEHMERINNEN und MARIANNE (äußern Erstaunen)
MARIANNE: Geraubt? Was heißt denn das. War sie Belgierin?
HILDEGARD (CHRISTIANE): Ja. Zwischen Flamen und Wallonen gab es da irgendwelche Kriegereien. Sie hat diesen jungen Mann Jean geliebt und er sie. Und die Eltern haben es verboten, und da sind sie bei Nacht und Nebel über die Grenze.
MARIANNE: Dein Vater Jean war Deutscher?
HILDEGARD (CHRISTIANE): Nein, er war auch Belgier. Also das ist total komisch.
(SPRICHT ALS CHRISTIANE:) Das sind Dinge, die ich erst seit zwei Jahren weiß. Wie soll ich das jetzt erzählen?
MARIANNE: Als Hildegard, wenn du kannst.
HILDEGARD (CHRISTIANE): Also, meine Mutter Pauline und mein Vater Jean sind klammheimlich über die Grenze. Zuerst nach Frankreich. Von dort existiert eine Heiratsurkunde. Dann haben sie sich in Remagen am Rhein niedergelassen und eine kleine Weinhandlung aufgemacht. Vermutlich sind sie dort »Deutsche« geworden. Ganz ulkig. Ich nehme an, daß meine Mutter durch diesen Krach, daß er sie geraubt hat, keinen Kontakt mit ihrem Elternhaus und ihren Geschwistern in Belgien mehr hatte. Denn es ist nie davon die Rede gewesen. Sie hatte vermutlich Heimweh und Seelenleid. Ich habe meinen eigenen vier Kindern nie erzählt, daß ich selbst hier in Köln noch Vettern hab' aus der Linie meiner Mutter. Und meine Tochter Christiane mußte über fünfzig werden, bevor sie das erfahren hat. Zufällig durch eine Erbschaft, als man die Nachkommen suchte.
MARIANNE: Wußtest du denn, Hildegard, von dieser »Entführung« deiner Mutter durch deinen Vater?
HILDEGARD (CHRISTIANE): Ja, von der Entführung wußte ich. Aber daß meine Mutter noch Geschwister hatte und Vettern und Kusinen, nein.
MARIANNE: Also, ihr seid nie nach Belgien gefahren?
HILDEGARD (CHRISTIANE): Nein.
MARIANNE: Auch nicht in die Familie deines Vaters Jean?

HILDEGARD (CHRISTIANE): Nein, da sind die Kontakte total abgebrochen gewesen. Also von dieser Generation davor ist nie gesprochen worden.

MARIANNE: Wie eigenartig!

HILDEGARD (CHRISTIANE): Also, mein Vater hat dann als Offizier vermutlich mal so Schluß gemacht. Mit Standarte und Pferd und Pickelhaube war er noch im Ersten Weltkrieg und so und eben Schluß, aus.

MARIANNE: Also, der war als Belgier im Weltkrieg und kommt danach nach Deutschland! Das ist doch völlig irre!

HILDEGARD (CHRISTIANE): Vermutlich war er schon als Deutscher im Weltkrieg. Sie sind in den Fünfzigerjahren als deutsche Staatsbürger gestorben.

MARIANNE: Das ist ja unglaublich! Das ist eine ganz, ganz irre Geschichte. Und warum ist das alles verheimlicht worden?

HILDEGARD (CHRISTIANE): Das kann ich nicht sagen. – Das kann meine Tochter nicht sagen.

MARIANNE: Ja, sie weiß nur die Geschichte von dem »Raub«, der gar keiner war, die wurde dir und deinen beiden Brüdern erzählt!

HILDEGARD (CHRISTIANE): Und der eine Bruder ist in Rußland gefallen.

TEILNEHMERIN: Und danach wird die Mutter noch depressiver – kein Wunder!

MARIANNE: Genau! Das ist 'ne wahnsinnige Geschichte! – Und das hat deine Tochter erst jetzt erfahren?

HILDEGARD (CHRISTIANE): Also diese Geschichte mit dem Raub, die schon. Aber das war eher so 'ne Jägerlatein-Geschichte.

TEILNEHMERIN: Wieso sagst du Raub? Sind die nicht zusammen durchgebrannt?

HILDEGARD (CHRISTIANE): Diese Geschichte wurde eben nur als Raubgeschichte erzählt. Die Pauline ist von einem »Prinzen« geraubt worden, so ist das Bild den Kindern und Nachkommen erzählt worden. Und wenn Jean, mein Vater, gefragt wurde, wie hast du die Pauline kennengelernt, dann hieß es (flüsternd): Die – über Nacht und Nebel – im schwarzen Meer – mit dem Pferd!

MARIANNE: So, Hildegard, und du wurdest dann von deinem Vater abgöttisch geliebt.

HILDEGARD (CHRISTIANE): Ja.

MARIANNE: Komisch. Abgöttisch – das klingt irgendwie übertrieben. Das macht man eigentlich nur, wenn man die eigene Frau nicht so sehr liebt.

HILDEGARD (CHRISTIANE): Ja, sie war eben nicht gesellschaftsfähig, weil sie immer krank war.

MARIANNE: Ach so!

HILDEGARD (CHRISTIANE): Mein Vater Jean war immer ein sehr geselliger Mensch, da waren immer Trauben von Menschen um ihn herum. Die Mutter lag leider meistens im Bett.

MARIANNE: Da stimmt doch was nicht!

TEILNEHMERIN: Also dann hat sich der »Räuber« in der Pauline doch geirrt.

TEILNEHMERIN: Es kann aber auch sein, daß Pauline durch den »Raub« erst krank geworden ist, weil sie keinen Kontakt mehr haben konnte zu ihren Eltern und Geschwistern in Belgien.

MARIANNE: Hildegard, hast du 'ne Vorstellung, was deine Tochter Christiane noch heute über diese belgische Familie deiner Mutter Pauline herauskriegen könnte?

HILDEGARD (CHRISTIANE): Ja, wenn ich mir das so von oben anschaue – meine Tochter ist da schon ganz schön weit gekommen. Denn in Köln, zwei Straßen weiter von ihr, da lebte einer von ihren Vettern. Der starb 1997 und hatte keine Nachkommen. Und 2002 bekamen meine Tochter und meine drei Söhne Post von einer Bestallerin (Nachlaßverwalterin), die Familienforschung betrieben haben mußte. Und so hat meine Tochter jetzt Ahnentafeln und Urkunden aus Belgien, Heiratsurkunden über alle Geschichten (lacht).

MARIANNE: Das ist ja unglaublich! Also du, Hildegard, kannst deiner Tochter von oben viel Energie geben, damit sie weiter nachforscht. Denn das sind Christianes und deine Wurzeln. Du wärst wahrscheinlich nicht immer so krank gewesen. Vielleicht wärst du auch nicht so jung, mit 54 Jahren, gestorben – das hängt doch zusammen, oder?

HILDEGARD (CHRISTIANE): Ich weiß nicht, ob man das so sagen kann.

MARIANNE: Immer nur als Möglichkeit. Eine Krankheit hat meistens viele Ursachen. Aber wenn deine Tochter selber sagt, daß du einen seelischen Schmerz hattest – äh, deine Enkeltochter sagt das ja!
(Alle lachen)
Du bist ja Hildegard, und Pauline ist deine belgische Mutter, die Asthma hatte!

HILDEGARD (CHRISTIANE): Wenn ich das jetzt noch mal als Hildegard formulieren darf: Schade, daß ich in meinem Leben so viel verbergen, so viel verdrängen mußte. Ja, daß auch ich immer dachte, das müßte so sein.

MARIANNE: Und dadurch konntest du dich auch nicht entwikkeln, etwa in einem Beruf, was du dir gewünscht hattest. Und als du dich verliebt hattest da in der Eifel bei deinen Eltern, wo du hingeflüchtet bist mit deiner Tochter Christiane, da kam dein Mann Antonis wieder, und alle drängten dich, zurückzukehren.

HILDEGARD (CHRISTIANE): Aber wahrscheinlich waren das die gesellschaftlichen Zwänge.

MARIANNE: Ja, bloß bei dir, Hildegard, da war ein ganz großes Geheimnis, das deine Eltern vor dir verborgen hielten. Wenn man in der eigenen Familie ein großes schwarzes Loch hat, wo es um existentielle Fragen geht, dann hat das Wirkungen. Das hindert einen am Leben.

HILDEGARD (CHRISTIANE): Und gleichzeitig will man was zurückgeben an die Eltern. Wenn ich meinen Vater Jean sehe, wie wunderschön der war mit allen Knöpfen an der Uniform und was weiß ich. Da wollte man nicht gegen rebellieren. Das fand ich toll, und was er gewollt hat, hab' ich auch gelebt. Aber am Schluß meines Lebens hab' ich das sehr bedauert.

MARIANNE: Eben! Du bist zwar selig in den Armen deiner Tochter und Enkeltochter gestorben, aber du durftest nicht nach Wahrheit suchen. Alles mußte immer so eine Fassade nach außen sein.

HILDEGARD (CHRISTIANE): Ja, die Fassade mußte stimmen.

MARIANNE: Aber wichtig ist, daß Christiane jetzt nicht mehr Rücksicht nehmen muß. Und das wird den Töchtern von Christiane auch helfen. – Seid ihr schon mal alle in Belgien gewesen?

CHRISTIANE: Nein.

MARIANNE: Dann nichts wie hin! Sucht eure Verwandten, trefft sie alle!

CHRISTIANE: Das kann aber ein Problem sein mit der Sprache.

MARIANNE: Das ist nur ein Vorwand! (In die Runde:) Merkt ihr, wie Christiane schon wieder einen Rückzieher macht? Die Sprache ist doch kein Hinderungsgrund! Nein, Christiane: Jetzt ran!

Ich rede jetzt noch mal mit Hildegard: Du, Hildegard, kannst deiner Tochter Christiane von da oben die Erlaubnis geben. Was du damals nicht durftest, ist für deine Tochter erlaubt, unbedingt. Wir haben für uns und unsere eigenen Kinder sogar die Pflicht, solche schwarzen Löcher aufzuklären. Auf jeden Fall kommt man mit den wahren Geschichten viel weiter als mit einem Geheimnis.

CHRISTIANE: Noch ein Schlußpunkt, um das zu vollenden: Meine Kinder haben von diesem Erbe 1/49 geerbt, weil es so viele Nachkommen dieser Großmutter in Belgien gibt und alle Zweige ausgegraben wurden. Also meine Brüder und ich, wir haben 45 Verwandte, die wir alle nicht kennen!

MARIANNE: Also, fahrt sofort alle hin! Das ist eure Familie! Und dann denkt an Pauline. Macht ein großes Gedenkfest für diese Frau, die so viel gelitten hat.

Und was du dir vorgenommen hast, Christiane, kannst du dir

auch erfüllen: Jetzt, wo deine jüngere Tochter aus dem Haus geht, zwanzig Jahre nach dem Tod deiner Mutter, kannst du um sie trauern! Und Hildegard schaut von oben zu und macht dir ihre Lebensgeschichte und die ihrer Mutter Pauline zum Geschenk!

Später im Verlauf des Seminars ergänzt Christiane ihre Geschichte noch um einige wichtige Details.

CHRISTIANE: Die Bestallerin hat mir Kopien aller Unterlagen zugeschickt. Und dabei war auch ein Brief einer Kusine, aus dem hervorgeht, daß diese belgischen Eltern meiner Großmutter, die in Brüssel ein Hotel hatten, sich doch noch mit ihrer Tochter versöhnt haben. Pauline hat dann auch ein Erbteil bekommen. Da waren aber meine Großeltern schon in Remagen und hatten dort den Weinhandel. Und da hat ein katholischer Pfarrer ihnen diese Erbschaft abgeschwatzt als Buße, weil sie ja so lange in Sünde gelebt haben und der älteste Sohn schon geboren war! – Ob das stimmt, weiß ich nicht.

MARIANNE: Das wird ja immer spannender! – Und so wird es noch viel mehr Geschichten geben, die du, Christiane, von deinen belgischen Verwandten erfahren wirst. Warte mal ab!

*

Zweieinhalb Jahre nach dem Seminar berichtet Christiane, daß sie mit ihrer Familie noch nicht in Belgien war, weil ihr Leben »zur Zeit so turbulent« ist. Sie berichtet auch, daß ihr Vater Antonis in der Zwischenzeit gestorben ist.

9 Ingrid (1929) und Marika (1957)
Die Tochter kam angeblich ins Waisenhaus

Marika ist zur Zeit der Seminarteilnahme 46 Jahre alt, von Beruf Journalistin. Sie ist, wie sie selbst sagt, »eine typische Single-Frau, weder geschieden noch irgendwelche Kinder«.

Sie ist klein mit dunklen kurzen Haaren, sie wirkt wach, agil und humorvoll mit einer freundlichen, kommunikativen Ausstrahlung.

Die Beziehung zu ihrer Mutter beschreibt sie als »schwankend, zur Zeit gestört«. Sie hat Vorwürfe gegen sie. Im Zusammensein ist ihr die Mutter unangenehm. Sie will nichts aus ihrer Vergangenheit mit der Tochter diskutieren. »Ich möchte mit ihr eine Reise in die Vergangenheit machen, nach Breslau, wo sie groß geworden ist. Hab' das auch schon mehrfach angesprochen, aber sie hat nie Zeit, ist immer auf Reisen«, klagt Marika. Im Rahmen einer Therapie hat sie ihre Familiengeschichte aufgearbeitet und dabei viel verstanden. »Aber da ist so ein ekliger Rest. Da gibt's noch was.«

In dem fiktiven Brief an die Mutter schreibt Marika: »Liebe Mutter. Es geht mir gut hier im Waisenhaus. Warum kommst Du mich nie besuchen. Du fehlst mir so.« Während sie ihn vorliest, weint sie. Auf meine Frage erklärt sie, daß sie durch Zufall erfahren habe, daß sie in ihrem ersten Lebensjahr in einem Waisenhaus untergebracht war, wo die Eltern sie nur sonntags für zwei Stunden besucht hätten. Unter Tränen sagt sie, daß das absurd sei, weil die Eltern ja im selben Ort gelebt hätten.

Doch als Marika uns dann die Geschichte ihrer Mutter Ingrid erzählt, wird die seltsame Waisenhausgeschichte plötzlich verständlich.

Und nun Ingrids Geschichte – in den Worten der Tochter Marika

INGRID (MARIKA): Ich bin Ingrid, 74 Jahre alt. Bin in L., einer Kleinstadt in Schlesien in eine großbürgerliche Familie hinein geboren. Ich habe noch eine ältere Schwester, Gabriele. Ich hätte gern Iduna geheißen, aber wurde immer Ingridlein genannt. Mein Vater Günter war Richter in L. Wir hatten eine große Mietwohnung direkt am Markt. Hatten Küchenmädchen. Meine Mutter Hildegard hat sich nie die Finger schmutzig gemacht. Meine Mutter war nur so da. Wenn wir Karpfen oder Wild aus den Wäldern geliefert kriegten, von den Gütern dort, dann ging meine Mutter mal in die Küche und bereitete das zu. Aber sonst war sie nur dafür zuständig, sich schön zu machen und abends mit meinem Vater auf Gesellschaften zu gehen. Meine Mutter hat uns auch nie in den Arm genommen oder für mich und meine Schwester gesorgt. Dafür gab es das Kindermädchen Anna, die war mehr für mich wie eine Mutter. Die ist auf Familienfotos auch immer drauf. Anna war für die Kuschel- und Pflegearbeiten zuständig.

Mein Vater kam aus einer sehr reichen Familie. Er war der einzige Sohn, worunter er immer sehr gelitten hat. Er sollte eigentlich Offizier werden. Im Ersten Weltkrieg in Frankreich hat er ein Bein verloren und ist durch die Operation morphiumsüchtig geworden. Er kam in einen Entzug, aber damit war seine Karriere als Offizier vorbei.

Er hat dann Jura studiert und da meine lebenslustige Mutter Hildegard kennengelernt. Das war 'ne ganz einfache Frau. Die hatte nicht viel im Kopf, die hat nur nach ihrer Schönheit geguckt. Hat dahergeplappert, ohne viel nachzudenken. Sie kam aus einer Arbeiterfamilie aus B. Und wenn ich mit meiner Schwester Gabriele die Großeltern besucht habe, also nach B. gefahren bin, dann war das ein ganz herzliches Verhältnis mit Kuchen und schlesischem Essen, Klößen. Bei denen hab' ich mich immer sehr wohlgefühlt. Aber sobald mein Vater, der Herr Doktor, das Zimmer betrat, wurden alle ganz steif.

Die Eltern von meinem Vater, die waren reich. Die lebten gut von Zinsen. Wenn wir da hinkamen, ging das Kindermädchen mit uns in den Zoo oder Puppen kaufen. Meine Großmutter hatte einen Salon mit rotbespannten Wänden und lud Leute ein zu Literaturabenden. Und mein Großvater ging wandern im Riesengebirge.

Wenn mein Vater als Richter auf die Güter fahren mußte, bin

ich immer mitgefahren und war froh, weil ich in den Ställen spielen konnte. Ich war immer draußen und immer weg. Meine Mutter rief hinterher, aber ich wollte nur raus. In der Schule war ich eine sehr aufsässige Rädelsführerin. Und immer wenn dann meine Eltern in die Schule bestellt wurden, weil ich wieder Unfug gemacht hatte, sagte mein Vater: »Ich geh' da hin, die Mutter plappert zu viel Unsinn.« Er hat das mit der Lehrerin geradegebügelt und mir gesagt: »Benimm dich, wie du willst, aber benimm dich!« Ein Spruch, den ich dann auch an meine Kinder weitergegeben habe.

Und zu Hause, das fand ich ganz toll, da hat mein Vater, wenn Gäste kamen, das Fleisch tranchiert und den Wein eingeschenkt. Meine Mutter war immer so eine Lustige, und er hat dafür gesorgt, daß die ganze Gesellschaft nicht abglitt in Flirterei und so irgendwas Sexuelles. Meine Mutter, die fand ich immer blöde. Das war so eine richtige Schmuckguste, behängt mit Brillanten und Perlen und hat sich immer schön gemacht. Sie hat meinem Vater morgens das Frühstück gemacht, aber uns hat sie gar nicht versorgt. Und das Mittagsschläfchen, er kam mittags aus dem Gericht, da durfte man nicht stören – keine Ahnung, was die da gemacht haben. Und nachmittags mußte sie dann auch ihren Schönheitsschlaf machen, damit sie abends weggehen konnte. Also von der hab' ich irgendwie nicht viel gehabt.

Als ich neun war, brach der Krieg aus, meine große Schwester Gabriele war zwölf oder dreizehn, als die Russen dann vor L. standen. Und da haben wir ein Schild um den Hals gehängt gekriegt, und mein Vater hat mit einem Offizier gesprochen und uns in einen der letzten Züge gesetzt, die L. verlassen haben, ganz alleine, und uns nach Naumburg geschickt. Er durfte als Richter L. nicht verlassen, solange die Stadt noch nicht besetzt war. Und der Zug ist bombardiert worden. Und wir haben auf den Puffern gesessen, und als wir mal aus dem Zug raus mußten, weil Tiefflieger kamen, da hab' ich mich in den Schnee gelegt, da sind mir die Zehen abgefroren. Ich hab'

solche Angst gehabt, daß ich kaum Luft geholt habe, und hab'
gar nichts gemerkt.

Und dann sind wir irgendwie nach Naumburg gekommen, ich
mit meiner Schwester. Mein Großvater – ich meine, mein
Vater Günter – hat mir erzählt, als dann die Russen in L. einmarschierten, da hat er die Gefängnistore aufgemacht, weil er
wußte, daß die Gefangenen sonst alle umgebracht würden. Er
ist mit seiner Frau, meiner Mutter Hildegard, dann nach
Naumburg nachgekommen. Da hatten wir Bekannte. Haben
zu viert in einem Zimmerchen gelebt. An viel mehr kann ich
mich nicht erinnern – oder habe ich meiner Tochter nicht erzählt. Außer, daß wir dann Schutt geräumt haben.

Und dann war der Krieg vorbei, da wollte ich Landwirtschaft
studieren, weil ich das mit den Gütern so toll gefunden habe.
Aber in der DDR ging das nicht, weil ich eine privilegierte
Tochter und kein Arbeiterkind war, kriegte ich keinen Studienplatz. Aber mein Vater hat sich für mich eingesetzt, und es hat
geklappt. Ich bin nach Eisenach gegangen. Und dort habe ich
dann meinen Mann kennengelernt. Robert sah sehr gut aus, so
ganz schmal, hatte so dunkle Augen, schmale Hände, hat mir
sehr gut gefallen.

Und dann ein halbes Jahr bevor die Grenze zugemacht wurde,
bin ich rüber in den Westen. Ich bin geflüchtet und mit nichts
in Köln gelandet. Warum, weiß ich nicht – habe ich meiner
Tochter nicht gesagt. Meine Eltern sind dann ein halbes Jahr
später nachgekommen. Meine Schwester ist zeit ihres Lebens
drüben geblieben. Meine Eltern haben eine kleine Einzimmerwohnung gefunden. Mein Vater konnte als Richter nicht
mehr arbeiten. Er hat dann hier für Versicherungen gearbeitet.

Und hier hab' ich auch den Robert wiedergetroffen und
wurde schwanger mit meiner Tochter Marika. Wir haben
geheiratet und in Brühl eine Dachwohnung gefunden. Wir
haben im Wohnzimmer schlafen müssen. Im Rheinland waren
wir nicht sehr willkommen mit einem Kind. Ich habe Tage-

buch geschrieben und mich total auf meine Tochter, die »Puppa«, mein Püppchen, gefreut. Und drei Monate nach der Geburt habe ich sie ins Waisenhaus gegeben, weil es dort eine gute Kinderbetreuung gab. Das war damals die einzige Möglichkeit, weil ich fühlte, bei meiner Mutter Hildegard ist meine Tochter nicht gut aufgehoben, weil sie überfordert war und mit mir – äh mit ihr – nicht gut was anfangen konnte. Und meine Schwiegermutter war auch keine Frau, bei der meine Tochter gut aufgehoben gewesen wäre. Sie war gegen unsere Heirat gewesen. Die hatte für meinen Mann eine Pfarrerstochter vorgesehen, und ich war da nicht willkommen.

Das war damals für mich schwer, weil wir in dieser Zweizimmerwohnung lebten und kein Geld hatten und mein Mann nicht viel mit mir sprach und nicht von seiner Arbeit erzählte. Und ich hab' dann meine Tochter nach einem Jahr aus dem Waisenhaus rausgeholt und viel geschlagen. Ich hatte mir das Leben anders vorgestellt. Ich hatte gedacht, daß ich studiere und daß ich ein genauso tolles Leben führe wie meine Mutter. Und statt dessen saß ich da, und wir hatten nicht mal einen Staubsauger.

Und 1960 hab' ich noch einen Sohn gekriegt, den Kay. Da war mir alles zuviel. Für mich war das ein Riesenschock. Und dann noch zu sehen, daß der Mann, den ich geheiratet hatte, nicht viel sprach. Später erst hab' ich gesehen, daß er krank war, stark depressiv. Ging nicht aus, nicht ins Kino mit mir. Manchmal fand ich Kinokarten in seiner Tasche, da war er allein gegangen. Ich hab' es nicht verkraftet.

MARIANNE: Wie war dein Verhältnis zu deinem Sohn?

INGRID (MARIKA): Also, er war natürlich mein Kronprinz. Als er verheiratet war, bin ich immer mit ihm und seiner Familie in Urlaub gefahren. Meine Tochter meint, daß ich mit ihm ein ähnliches Vertrauensverhältnis hatte wie zu meinem Vater. Er hat mir auch immer alle seine Probleme anvertraut.

Und meine Tochter – jetzt finde ich sie irgendwie gut. Sie hat mir viel Kummer gemacht. Ich komme mit ihr nicht so zurecht. Ich finde ihr Leben, das sie jetzt führt, toll, wie sie das macht. Sie ist für mich heute ganz wichtig, weil sie mich rausholt, mir zeigt, wie es hätte sein können. Meine Tochter findet, ich soll mehr Anteil an ihrem Leben nehmen. Aber ich schaff' es nicht. Ich höre ihre Hörfunksendungen nicht, ich weiß auch nicht, warum. Wenn sie kommt, freue ich mich. Und dann trifft sie auch immer ins Schwarze mit ihren Geschenken, mit dem, was sie mir anbietet, zum Beispiel Konzertbesuche.

Ich wünsche ihr für ihre Zukunft was Versöhnliches. Sie gibt sich so viel Mühe mit mir, meine Tochter, aber es ist irgendwie – ich weiß auch nicht.

Und nun beginnt die Diskussion zwischen »Ingrid«, den Teilnehmerinnen und mir

MARIANNE: Du lebst allein, Ingrid?

INGRID (MARIKA): Wir haben das Haus gebaut, und ein paar Jahre später krachte dann meine Ehe völlig zusammen. Also, das Haus war mir ganz wichtig, ich hab' alles geplant und schon gemerkt, mein Mann ist mir keine große Stütze. Er ist Sozialarbeiter. Also, das hätte mit dem Haus nie geklappt. Aber mein Vater hat uns das Geld gegeben, und dafür hab' ich ihn 1972 ins Haus geholt. Er hat das Schlafzimmer im Erdgeschoß bekommen, das eigentlich vorgesehen war für meinen Mann und mich, weil mein Vater ja mit seinem einen Bein keine Treppen mehr steigen konnte, er hatte ja ein Holzbein. Und ich bin mit meinem Mann runter in den Keller gezogen, wo wir im Souterrain dann das Schlafzimmer hatten.

Das ist völlig in die Hose gegangen. Also, es gab riesige Schreiereien. Mein Mann war sehr böse zu meinem Vater. Und ich sagte immer zu den Kindern: Geht doch mal zu eurem Großvater. Also, der war ganz einsam, und der war meine einzige Stütze. Mit dem konnte ich immer reden. Und ich hab' mich bemüht, daß wir alle eine Familie werden. Aber dann ist alles vor zwanzig Jahren zerbrochen. Ich wäre gern mit meinem Mann alt geworden, aber der hat eine andere Frau kennengelernt.

(Auf Nachfrage:) Da war mein Vater Günter schon zehn Jahre tot.

Und jetzt lebe ich allein. Ich hab' Männer kennengelernt. Aber ich hab' das dann ganz schnell wieder eingestellt. Ich hatte ja auch immer meinen Sohn Kay mit seiner Familie. Ich bin ganz viel gereist von dem Geld, das mir mein Vater hinterlassen hat. War in Indien, in Brasilien. Hab' mir noch ein Stück Freiheit geholt. Und von dem Geld meines Vaters habe ich auch meiner Tochter ein Auto gekauft. Also, das Geld war ganz wichtig. Mein Vater ist übrigens in dem Altenpflegeheim gestorben, das früher ein Waisenhaus war, wo meine Tochter als kleines Mädchen war. Meine Mutter war da schon lange tot.

(Auf Nachfrage:) Sie ist 1969 gestorben. Mein Vater 1977.

MARIANNE: Ich finde es interessant, Ingrid, daß du diese ganz wichtige Geschichte erst sozusagen als Nachtrag erzählt hast. Mir kommt es so vor, als ob Du, Ingrid, sehr stark mit deinem Vater verbunden bist, viel mehr als mit deinem Mann. Diese Geschichte mit dem Schlafzimmer sagt alles: Es war für dich und deinen Mann vorgesehen, aber dein Vater zieht da ein, und ihr schlaft im Keller. Und dann geht die Ehe kaputt.

TEILNEHMERIN: Kein Wunder!

INGRID (MARIKA): Deshalb hab' ich das auch so geschildert.

TEILNEHMERIN: In deinen Erzählungen über deinen Mann kam es mir so vor, daß dein Mann latent verachtet wurde. Auch von deiner Seite, nicht nur von deinem Vater. Zum Beispiel weil er kein Haus bauen konnte.

INGRID (MARIKA): Ich denke, daß ich das nie offen gemacht habe.

TEILNEHMERIN: Warum habt ihr geheiratet?

INGRID (MARIKA): Wegen meiner Tochter. Wir haben September 1956 geheiratet, und meine Tochter ist dann 1957 geboren.

MARIANNE: So, und da bist du zusammengebrochen.

INGRID (MARIKA): Mit einer ganz schweren Depression.

MARIANNE: Was man so nennt. Ich würde sagen, du warst verzweifelt, weil das ein Abstieg war. Nichts war mehr, wie es war. Und der Mann taugt auch nichts. Und du sitzt da mit einem Kind! Das ganze Leben ist …

INGRID (MARIKA): … verpfuscht.

TEILNEHMERIN: Bist du dann noch arbeiten gegangen mit der Tochter?

INGRID (MARIKA): Ja, weil mein Mann nur vorgab zu studieren. Er ging aber nur aus dem Haus. Hat in Wirklichkeit Hotelarbeit gemacht. Und wenn er aus dem Haus war, bin ich dann bei Siemens arbeiten gegangen, hab' mittags Fleischwurst gegessen und mir mit den Essensmärkchen was vom Mund abgespart, um meinem Mann eine Aktentasche zu kaufen. Ich hab' jahrelang meine Familie versorgt.

TEILNEHMERIN: Wie lange wart ihr denn verheiratet?

INGRID (MARIKA): 25 Jahre. Später hat er dann einen Abschluß gemacht und ist Sozialarbeiter geworden, sogar Leiter einer Einrichtung. Er hat gesagt, meine Frau hat nicht zu arbeiten, sondern sich um die Kinder zu kümmern, sonst schadet denen das.

TEILNEHMERIN: Wie alt waren die Kinder da?

INGRID (MARIKA): Ich bin Hausfrau geworden, als mein Sohn Kay geboren wurde, Marika war drei. Es gab kein gesellschaftliches Leben, wie ich es von zu Hause gewohnt war.

MARIANNE: Wie schrecklich! Ja, Ingrid, du hast immer nur verglichen, was du als Kind von deiner Mutter kanntest, die von ihrem Mann, deinem Vater, auf Händen getragen wurde. Und du sitzt da in miesesten Verhältnissen mit einem Mann, der nichts bringt. Aber da war wenigstens dein toller Vater, der dich immer wieder aus dem Elend geholt hat, der so groß war, den du so geliebt hast.

9 INGRID UND MARIKA

INGRID (MARIKA): Es ist für mich, als ob er noch heute lebt. Noch heute sage ich zu meinem Sohn: Der Mann muß zu Weihnachten das Fleisch tranchieren. Meine Tochter macht dann jedesmal so 'ne Fresse.
(Lachen der Teilnehmerinnen)
MARIANNE: Ja. Und mit der Hilfe deines Vaters im Haus hast du es geschafft durchzuhalten. – Die Geburt deiner Tochter Marika war der große Einbruch in deinem Leben. Deshalb hast du sie ins Waisenhaus gegeben. Und vielleicht klingt Waisenhaus auch nur so schrecklich. Vielleicht war es nur eine Pflegestelle.
TEILNEHMERIN: Mir ist auch noch aufgefallen, daß du ja früher als Kind auch von professionellen Kräften versorgt und betütert wurdest. Das war dann so eine Parallele dazu, dein Kind ins Waisenhaus zu geben.
MARIANNE: Ja. So aus dem Gefühl: Ich kann das nicht, ich bin überfordert. In dem Punkt warst du ja übrigens auch deiner Mutter Hildegard ähnlich, die dich nicht richtig versorgt hat. Du warst eine Vatertochter, hast deine Mutter als plappernde »Schmuckguste« verachtet, aber dich doch nach ihrer Liebe gesehnt, nicht?
Sag mal Ingrid, was kann deine Tochter jetzt tun, um diese Nähe zu dir zu bekommen, die du von deiner Mutter nicht gekriegt hast und die sie sich aber jetzt von dir wünscht?
INGRID (MARIKA): Ja, meine Tochter kann nicht mit Geld umgehen.
MARIANNE: Interessant. Hast du ihr Geld gegeben?
INGRID (MARIKA): Ja. Für das Auto.
MARIANNE: Ich hab' eine Phantasie, Ingrid: Deine Tochter möchte eigentlich Liebe und kein Geld.
INGRID (MARIKA): Aber ich liebe sie doch. Ich kann es eben nur mit Geld zeigen.
MARIANNE: Okay. Wäre es gut zwischen euch, wenn Marika sich überwinden könnte, das Geld als die Form von Liebe zu nehmen, die du ihr geben kannst?

Ingrid (Marika): Ich will ihr ja eigentlich gar kein Geld geben. Da bin ich ganz eigen. Ich hab' sie vor zwei Jahren gefragt, ob sie mit mir nach Südafrika fährt, solange ich das noch kann. Aber sie hat gesagt, sie schafft das nicht finanziell. Und ich sehe gar nicht ein, ihr das zu bezahlen.

Marianne: Ach so. Du willst ihr eigentlich gar kein Geld geben?

Ingrid (Marika): Sie will mit mir nach Breslau. Aber da bin ich ja schon mal hingefahren. Ich habe keine Lust, noch mal dorthin zu reisen, weil nicht mehr viel steht. Ich finde meine Tochter immer so vorwurfsvoll. Ich fange schon an zu zittern, wenn sie nur den Mund aufmacht. Ich will sie nicht mehr in meiner Nähe.

Marianne: Aber das könnte sich ändern. Wenn deine Tochter Marika nämlich ihren Schmerz überwinden kann, der in ihren Tränen zum Ausdruck kam, als sie von dem Waisenhaus sprach, in das du sie gesteckt hast. Es war nicht leicht für Marika, aber die Vergangenheit ist vorbei. Und wie sie hier sitzt, hat sie jetzt ein gutes Leben. Du, Ingrid, hast genug getan. Du konntest nicht mehr. Und weißt du, deine Tochter Marika ist eine tolle Frau. Und du bist auch klasse, hast deinen Vater so geliebt.

Ingrid (Marika): Ja, aber wenn Marika sich mal einen Mann an Land zieht wie gerade jetzt, dann ist das einer wie mein Mann, also auch so ein depressiver Charakter!

(Leises Lachen bei den Teilnehmerinnen)

Marianne: Ist doch klar! Marika sucht eben auch einen Mann, der ihrem Vater gleicht. Das hast du genauso getan, nur leider hast du keinen gefunden. Übrigens dazu eine Empfehlung an Marika: Such dir doch mal einen Partner, der Fleisch tranchieren kann! Vielleicht gibt's so einen heute noch in moderner Version!

(Lachen der Teilnehmerinnen)

Ingrid (Marika): Ja, und dann erfahre ich über Umwege, daß meine Tochter abgetrieben hat. Warum habe ich es nie geschafft, ein Verhältnis zu ihr zu haben, daß sie zu mir kommt?

MARIANNE: Muß sie auch nicht, weil das ein sehr schlimmes Thema zwischen euch beiden ist. Denn du, Ingrid, wolltest die Marika ja eigentlich auch abtreiben, nicht wahr?
INGRID (MARIKA): (zustimmend) Mh.
MARIANNE: Welch ein Glück, daß du es nicht getan hast. Sonst gäbe es diese wunderbare Frau, deine Tochter Marika, hier jetzt nicht! Sie hat übrigens dadurch eine große Lebenskraft gewonnen, weil sie ja – wie die meisten ungewollten Kinder – immer wieder ihre Lebensberechtigung unter Beweis stellen mußte. Und nicht vergessen, Ingrid: Deine Marika liebt dich!

*

Drei Jahre später schrieb mir Marika:

»Seit meinem Erlebnis, in die Haut meiner Mutter zu schlüpfen, hat sich unser Verhältnis merklich entspannt. Heute kann ich ihre finanzielle Hilfe in beruflich schwierigen Situationen gerne annehmen, und – ganz wichtig – ich zahle das Geld mit den mir zur Verfügung stehenden Mitteln langsam wieder zurück. Als ich zuletzt schwer krank war, habe ich sie angerufen und gefragt, ob sie mich im Krankenhaus besucht. Meine Mutter war ganz verunsichert, fragte immer wieder, ob ich sie wirklich sehen wolle. Wir sind spazieren gegangen, ohne zu streiten. Heute kann sie mir Dinge sagen, die ich falsch mache, ohne daß ich mich angegriffen fühle und explodiere, sie kennt mich manchmal eben besser als ich mich selbst.

Ich gehe mit großer Freude mit ihr in schöne Konzerte und nehme mir Zeit, vorher mit ihr Essen zu gehen, weil sie sich sehr wünscht, Zeit mit ihrer Tochter zu verbringen. Es macht Spaß, denn meine Mutter ist eine witzige, kluge, schlagfertige Frau.

Auch Weihnachten reserviere ich einen Extratag für sie, und wenn sie anfängt, mir diverse Fernsehsendungen nachzuerzählen, stoppe ich sie, frage, wie es ihr geht, und erzähle von mir. Am meisten gefreut hat sie sich, als ich ihr dieses Jahr zu Weihnachten einen handgemalten Aschenbecher geschenkt habe. Sie raucht seit der Nachkriegszeit, hat keine Lust mehr, es sich abzugewöhnen, und ich hasse den Geruch von Qualm. Sie hat verstanden, daß das Geschenk eine Friedenspfeife war.«

10 Mia (Maria Theresia) (1925) und Angelika (1952)
Die Mutter lebt nach dem Krieg in einer »Frauenenklave« – die Tochter befreit sich schrittweise immer mehr

Als Angelika am Seminar teilnimmt, ist sie 51 Jahre alt, eine attraktive, schick gekleidete Frau mit einer gewissen Strenge in ihrer Ausstrahlung. Sie spricht sachlich in wohlgesetzten Sätzen. Sie ist Mutter von fünf Kindern, der jüngste ist dreizehn. Sie lebt seit drei Jahren von ihrem Mann getrennt. Ihr Verhältnis zu ihrer Mutter war immer sehr gut. Vor allem als Angelikas Kinder klein waren, war ihr die Mutter eine Stütze. In letzter Zeit empfindet sie allerdings das Verhalten ihrer Mutter als »Einmischung«. Es gibt oft Streit. Sie wünscht sich, die Mutter wäre anders, und ist entsetzt zu merken, daß sie ihre Mutter gar nicht mag. Die Mutter redet immer nur von der schrecklichen Vergangenheit und ihrer Flucht aus dem Sudentenland. Angelika weiß, daß sie ihre 78jährige Mutter nicht ändern kann, und wünscht sich, friedlicher mit ihr auszukommen.

In ihrer Erzählung der Geschichte ihrer Mutter findet Angelika eine ungewöhnliche, sehr schöne Anredeform: Als Mutter Mia redet sie ihre Tochter Angelika, also sich selbst, mit »du« an.

Und nun Mias Geschichte – in den Worten der Tochter Angelika

MIA (ANGELIKA): Ich wurde als dritte von vier Töchtern – die älteste war fünf Jahre älter als ich – in einem kleinen Ort im Sudetenland geboren. Mein Vater hieß Friedrich und war Oberlehrer, meine Mutter Hermine war Hausfrau. Wir waren arm. Mein Vater war sehr angesehen und wurde um Rat gefragt im Dorf. Meine Mutter war eine gute Frau, hat viel gearbeitet. Im Winter hat sie im Dorfweiher die Wäsche gewaschen. Mein Vater hat gern einen über den Durst getrunken.
Ich war sehr glücklich im Kreise meiner drei Schwestern. Meine beiden fünf und drei Jahre älteren Schwestern Helga und Ilse haben Matura gemacht und studiert. Meine jüngere Schwester ist fünf Jahre jünger als ich. Ich bin nur auf die Handelsschule gegangen. Wir waren frei, mit den anderen Dorfkindern immer unterwegs. Ich war ein bißchen vorlaut. Insgesamt habe ich meine Kindheit als wunderschön in Erinnerung. »Rein bleiben und reif werden ist die größte und höchste Lebenskunst«, das hat mir meine Mutter ins Poesiealbum geschrieben.
Dann kam der Krieg. Meine Eltern waren begeistert von Hitler, denn wir waren Deutsche und von den Tschechen immer unterdrückt. Und Hitler ist es gelungen, uns heim ins Reich zu holen. Ich hab' einen Freund gehabt, den ich sehr geliebt habe. Es war Krieg, und der ist gefallen. Er war ein schicker Soldat. Ich liebe Männer in Uniformen. Dann kamen die Russen und haben meinen Vater Friedrich und den Dorfpolizisten auf einen Lastwagen geladen und ins Russische mitgenommen. Wir haben nie mehr etwas von ihm gehört.
Meine Mutter Hermine ist mit uns vier Mädchen in den Westen gegangen, wir wurden in Züge gekarrt wie Vieh. Hatten kaum was zu essen. Erst kamen wir in ein Lager, dann nach B. in Franken. Wir waren dort alle fünf zusammen, dazu auch meine Großmutter Maria (Mutters Mutter) und meine drei

Tanten (Mutters Schwestern). Wir wurden auf unterschiedliche Familien im Dorf verteilt. Die Ansässigen mußten die Flüchtlinge ja beherbergen. Meine Schwestern und ich arbeiteten in einer Fabrik, meine Mutter Hermine machte für die Fabrik Heimarbeit. Ansonsten waren wir von Almosen und Gaben der Dorfleute abhängig.

Marianne: Wie alt wart ihr damals – du, deine Schwestern, deine Mutter, deine Tanten und deine Großmutter?

Mia (Angelika): Ich war zwanzig, meine Schwestern 23 und 25, meine jüngere Schwester fünfzehn. Meine Mutter Hermine war 48, ihre Schwestern einige Jahre jünger und älter, und meine Großmutter Maria war ungefähr 75.

Also, meine große Jugendliebe ist gefallen. Und dann habe ich mich in deinen Vater Karl verliebt. Er war jünger als ich, aber wir hatten uns sehr gern. Ich war bis dorthin Jungfrau, aber dann wurde ich schwanger mit dir, so daß wir geheiratet haben. Du bist ein Acht-Monats-Kind. Ich hatte zu kämpfen mit deinen Großeltern, Karls Eltern, weil ich ein armes Flüchtlingskind war und dein Vater wohl eine andere heiraten sollte.

Wir vier Schwestern, meine Mutter und ihre Schwestern, wir waren eine richtige Enklave und haben niemand von außen hereingelassen. Ich habe keinen anderen Freundeskreis aufgebaut, weil ich immer meine Schwestern hatte. Auch als ich geheiratet hatte.

Deine Geburt – du bist im Krankenhaus zur Welt gekommen, morgens um fünf. Und dein Vater Karl ist um sechs Uhr ins Wirtshaus gegangen und hat gesagt, ich brauch' 'nen Schnaps, ich krieg' 'nen Kind. – Du hättest ein Sohn werden sollen, aber ich hatte ja noch Gelegenheit, deinem Vater einen Sohn zu schenken.

Ich hab' in dem Möbelgeschäft deines Vaters mitgearbeitet. Wir haben uns das aufgebaut. Es ging uns gut. Dein Vater hat eine Existenz aufgebaut, von der ich als Kind nur hätte träumen können. Wir haben es zu einem gewissen Wohlstand gebracht. Dann wurde deine Schwester geboren. Karl, mein Mann, war zunächst sehr enttäuscht, daß es wieder nur ein Mädchen war. Aber mit zwei Kindern war es dann auch gut. War abgeschlossen.

Ich hab' dich so gut erzogen, wie ich konnte. Und dann hast du den Wunsch geäußert, wie deine Freundin mit dreizehn das Haus zu verlassen, und bist auf ein Internat gegangen. Und dort hast du dich dann eigentlich ganz prima entwickelt. Du hast im Ausland Sprachenschulen besucht und kurze Zeit als Sekretärin im Büro gearbeitet.

Dann hast du Bernd, deinen Mann, kennengelernt. Ihr habt gemeinsam den langersehnten Sohn bekommen, den ich nicht hatte. Da war dann auch dein Vater Karl höchst erfreut und zufrieden. Und als noch der zweite Sohn kam, da war das perfekt. Und du hast ja auch den passenden Schwiegersohn geheiratet, der in das Geschäft eingestiegen ist. Und ich hab' deinen Mann geliebt wie meinen eigenen Sohn.

Ja, dann hat es mir großen Kummer gemacht, daß ihr damals Deutschland verlassen habt und für zwei Jahre nach Amerika gegangen seid. Das hab' ich überhaupt nicht verstanden. Ich hab' euch aber besucht mit meinem Karl. Und da konnte ich schon verstehen, daß man sich in Kalifornien wohler fühlen kann als hier.

Es war klar, daß ihr zurückkommt, worüber ich mich wahnsinnig gefreut habe. Aber warum ihr damals noch mal zu studieren angefangen habt und vor allem, daß du noch mal schwanger wurdest, das hab' ich nicht verstanden. Das war unverantwortlich. Aber auch damit hab' ich mich abgefunden.

Dann habt ihr auch ein Haus gebaut, und das vierte Kind kam, und ich hab' gedacht, damit wird ja nun endlich Schluß sein. Als dann aber noch der Nachzügler kam – also fünf Kinder, das ist zu viel! Dennoch bewundere ich dich dafür, wie du es geschafft hast, die fünf Kinder zu anständigen Menschen zu erziehen. Ich hab' aber schon gemerkt, daß du nicht immer glücklich mit deinem Mann warst. Und als schließlich der Bruch deiner Ehe kam (weint), da hab' ich mit dir gelitten. Ich wünschte, du hättest deine Ehe aufrechterhalten können. Denn was ist man schon als Frau ohne Mann (weint).

MARIANNE: Ist dein Schwiegersohn gegangen? Ist Angelika verlassen worden mit den fünf Kindern?

MIA (ANGELIKA): Ja. Ich hab' dann eigentlich mit gelitten. Du tust mir wahnsinnig leid. Und ich bewundere auch jetzt, wie du das Verhältnis zu deinem Mann nicht in Grund und Boden geredet hast, sondern den Vater für die Kinder erhältst. Du bist halt doch meine Große, und ich hab' Achtung vor dir.
Ich wünsche dir, daß du glücklich wirst. Ich kann mich zwar überhaupt nicht an den Gedanken gewöhnen, daß du jetzt eine neue Beziehung eingegangen bist. Also diesen neuen Mann, den kann ich nicht akzeptieren. Für mich ist immer noch dein Noch-Ehemann und Vater deiner Kinder dein Mann.

Und nun beginnt die Diskussion zwischen »Mia«, den Teilnehmerinnen und mir

MARIANNE: Danke, Mia. Ich fand es ganz toll, wie du deine Tochter mit »du« angesprochen hast. Damit kam für mich sehr viel rüber. Aber nun, Mia, eine Frage: Hast du deinen Mann Karl, der dir und deinen Töchtern Wohlstand ermöglicht hat, wirklich geliebt? Oder war das eher so eine Versorgungsehe?

MIA (ANGELIKA): Wir haben sehr große Hochs und Tiefs gehabt. Ich hab' stille gehalten. Aber jetzt im Nachhinein bin ich froh und dankbar, daß wir uns haben. Wir brauchen uns. Ich könnte mir ein Leben ohne deinen Vater nicht vorstellen. (Pause)

MARIANNE: Ich finde es unglaublich beeindruckend, wie du in einer solchen Frauengemeinschaft – nach der Flucht – gelebt hast. Acht oder neun Frauen. Und wie ihr als Außenseiterinnen zusammengehalten habt. Und dennoch hast du in eine Familie vom Ort hineingeheiratet .

Mia (Angelika): Auch meine Schwestern haben in Familien im Ort eingeheiratet.
Teilnehmerin: Praktisch eine Integration.
Marianne: Und wie war das – solltest du nach zwei Mädchen nicht endlich ein Sohn sein?
Mia (Angelika): Also mein Vater hat immer gesagt – weil er von anderen Männern im Dorf schon gehänselt wurde, daß er nur Töchter gemacht hat. Und dann hat mein Vater immer gesagt, zu so einer Feinarbeit seid ihr gar nicht in der Lage!
(Lachen in der Runde)
Teilnehmerin: Wie war das für dich, als dein Vater Friedrich vor deinen Augen von den Russen abgeholt wurde und ihr dann nichts mehr von ihm gehört habt?
Mia (Angelika): (Pause)
Marianne: Wie hast du deiner Tochter davon erzählt?
Mia (Angelika): Ich hab' ihr erzählt, daß es schlimm war, vor allem für meine Mutter Hermine.
Marianne: Und du hast nicht nur deinen Vater, sondern auch deinen Geliebten verloren? Wie alt warst du da?
Mia (Angelika): Ich war zwanzig. Es fällt mir auch schwer, über die Dinge zu reden. Ich kann auch heute noch keine Filme im Fernsehen über diese Zeit anschauen. Es tut mir zu weh. – Und ich weiß auch, daß meine Tochter darüber 'ne ganz andere Meinung hat. Aber sie kann das nicht verstehen. Wenn man »heim ins Reich« geholt worden ist und wieder 'ne Perspektive hatte. Ich sollte vielleicht mal mit meiner Tochter darüber reden.
Marianne: Ja. Und zwar mit einer Tochter, die den Versuch machen wird, ohne Vorwurf zu verstehen, weshalb du und deine Eltern Nazis waren. Denn es waren andere Zeiten, und für euch war »heim ins Reich« zu kommen einfach wunderbar. Aber dann kamt ihr »heim ins Reich« als Flüchtlinge und ohne eure geliebten Männer!
Mia (Angelika): Und dann ging's immer ums nackte Überleben.

MARIANNE: Ja. Und dann Mutter Hermine mit euch vier Töchtern und die Angst, vergewaltigt zu werden.

MIA (ANGELIKA): Wir mußten uns auf dem Dachboden verstecken. Meine Mutter hat uns gesagt, sagt kein Wort, wenn die Russen kommen. Denn die haben ja die deutschen Mädels manchmal vergewaltigt. Ja, und ich kann das nicht vergessen. Meine Tochter meint immer, irgendwann müßte man mal drüber hinwegkommen, es müßte in Vergessenheit geraten und ich müßte weicher werden. Aber ich bin eben so.

MARIANNE: Du brauchtest das, um zu überleben. Meinst du, daß du mit deiner Tochter gemeinsam über das Verlorene, das nicht-gelebte Leben, das du da im Sudetenland vielleicht gehabt hättest, trauern könntest? Du hast deinen Geliebten damals nicht bekommen, aber in Karl einen guten Mann und Vater deiner Töchter in der neuen Heimat gefunden. Deine Tochter ist von ihrem Mann getrennt, hat aber jetzt vielleicht einen neuen Partner gefunden. Vielleicht trauert ihr beide deshalb jetzt gemeinsam so sehr?

MIA (ANGELIKA): Das stimmt.

MARIANNE: Aber das ist eine Trauer, die vielleicht ein bißchen zu groß ist. Denn beide habt ihr aus dem Verlust etwas Gutes gemacht.

MIA (ANGELIKA): (zustimmend) Mh.

MARIANNE: Können wir das so stehen lassen und vertrauen, daß Angelika auf dem für sie richtigen Weg ist, den du, Mia, dann auch akzeptieren kannst?

MIA (ANGELIKA): (nickt zustimmend)

In der Schlußrunde dankt Angelika allen für das Seminar, das sie weitergebracht hat. Die Auseinandersetzung mit der Mutter »steht stark an«, sagt sie. Sie ist überrascht, wie sie sich in der Rolle der Mutter gefühlt hat und ist jetzt »neugierig auf ihr Leben«.

*

Zwei Jahre nach dem Seminar schreibt mir Angelika:

»Liebe Marianne, Du fragst nach Veränderungen in meinem Tochter-Mutter-Verhältnis. Also, ich denke, daß ich mich weiterentwickelt habe und mich dank des Seminars bei jeder Konfrontation eher zurücknehmen kann und meine Mutter so lassen kann, wie sie ist. Unsere ›Zusammenstöße‹ sind seltener geworden und längst nicht mehr so hart. Aber erst vor kurzem hat es wieder mal gekracht, und ich konnte nicht umhin, ihr meine Empfindungen sehr emotional an den Kopf zu werfen. Das Weltbild meiner Mutter ist für sie das alleinige, und dadurch kracht es halt noch manchmal. Da ich aber mich ganz oft *in Liebe* auf sie einlasse und mich in sie hineinversetze, verhärten sich die Fronten nicht mehr so sehr.

Unglaublich ist aber meine eigene Entwicklung. Die Partnerschaft, die ich vor zwei Jahren noch gelebt habe, habe ich beendet – wir haben letztlich doch nicht zusammengepaßt. Ich werde unser Haus verkaufen und gehe jetzt endlich die Scheidung an. Beruflich habe ich einen neuen Start begonnen und bin in einer sehr spannenden Lebenssituation. Dabei ist mir bewußt, daß das Thema ›Verlust‹ ein großes Frauenthema in unserer Familie ist und immer wiederkehrt. Es ist auch mein Thema, und ich kann mit meiner Mutter darüber reden.

Und noch ein Nachsatz: Gerade habe ich mit meiner Mutter telefoniert. Sie meinte, ob Du nicht noch ein paar Fotos haben möchtest. Und ich mußte direkt lachen, als ich merkte wie sehr sie bei der Sache war.«

11 Ilse (1926) und Jutta (1953)
Die Tochter tritt in Mutters Fußstapfen in starker Verbundenheit und Frauensolidarität

Juttas Geschichte ihrer Mutter Ilse nehme ich besonders gern in diese Sammlung auf, weil sie endlich einmal ein Beispiel für positive Beziehungen zwischen Müttern und Töchtern über mehrere Generationen hinweg darstellt. Man kann viel darüber nachdenken, was dazu beitrug, daß die Mütter in dieser Familie gern Mutter waren. Jutta hat ihre Gedanken dazu in sehr schönen Worten am Schluß zum Ausdruck gebracht.

Jutta ist zur Zeit des Seminars fünfzig, eine große, schlanke Frau mit blonden kurzen Haaren und einem gepflegten Äußeren. Sie wirkt sehr kompetent und sicher im Auftreten, gleichzeitig strahlt sie Fürsorglichkeit und Mitgefühl aus.

In der ersten Runde stellt sie sich als Mutter von zwei Töchtern und zwei Söhnen vor, von denen zwei noch im Haus sind. Jutta ist Journalistin, hat den Beruf mit dem ersten Kind aufgegeben, arbeitet aber noch freiberuflich und ehrenamtlich. Sie ist die Älteste und die einzige Tochter ihrer Eltern mit drei Brüdern. »Ich war eigentlich mehr Junge als meine Brüder, warum, weiß ich nicht«, sagt sie. Die Mutter war enttäuscht, daß sie, das einzige Mädchen, nicht Mutters Freundin sein wollte. Jutta fühlt, daß sie von der Mutter den unausgesprochenen Lebensauftrag bekommen hat, die Benachteiligungen von Frauen in der Gesellschaft zu ihrem Thema zu machen. Ihre Mutter habe sich über diese Ungerechtigkeit geärgert, sei jedoch gleichzeitig zu sehr in den patriarchalen Strukturen gefangen gewesen. Jutta fühlt aber, daß die Mutter das, was die Tochter macht – »wie ich meine Kinder erziehe und mich frauenpolitisch engagiere« –, gut findet.

Und nun die Geschichte der Mutter Ilse – in den Worten der Tochter Jutta

ILSE (JUTTA): Ich bin Ille, so haben sie mich genannt. Ich bin in eine sehr gutsituierte Lübecker Kaufmannsfamilie hineingeboren. Ich war das jüngste von sieben Kindern. Mein ältester Bruder war schon 21, der nächste neunzehn, meine Schwestern siebzehn und fünfzehn, der nächste Bruder zwölf, und mein Bruder Walter ist vier Jahre älter als ich. Meinem ältesten Bruder war es schrecklich peinlich, daß meine Mutter in dem Alter noch mal schwanger geworden ist.

Mein Vater hatte Brüder, alles Kaufleute, die ihr Geld mit Teehandel in Indien verdient haben. Meine großen Brüder wurden auch in die Firma hineingenommen und lebten später in Indien. Meine Mutter und mein Vater sind ab und an nach Indien gereist. Meine Eltern hatten für mich eine Kinderfrau. Sie hatte immer Zeit für mich und sehr viel Musisches in mir geweckt. Ich hab' sie so geliebt, daß ich schließlich Mami zu ihr sagte. Das fand meine siebzehn Jahre ältere Schwester ganz unmöglich. Und hat gesagt, diese Frau müsse aus dem Haus. Daraufhin hat sie, meine Schwester, die Erziehung für mich übernommen. Hat mir auch Ohrfeigen gegeben. Meine musische Ader hat sie nicht verstanden. Ich hab' sehr gern Ballett gemacht, aber darüber hat sich meine Familie lustig gemacht.

Mein Vater war ein Kaufmann, aber ein ganz musischer Mensch. Er hat Cello gespielt. Ich hab' ihn sehr geliebt. Meine Mutter hatte, glaube ich, ein bißchen zu wenig Zeit für mich. Sie hat mich geliebt, hat aber nicht so richtig Zeit gehabt, meine Entwicklung zu begleiten. Meine Mutter war eine positive Frau, sie fand immer alles wunderschön. Sie war eigentlich unpolitisch, aber durch ihre positive Einstellung zu allem hat sie in den Dreißigerjahren immer gesagt, daß sie Hitler »fabelhaft« findet. Ich hab' das auch gesagt, bis eine Freundin mich auf dem Schulweg einmal groß angeschaut und gefragt hat: »Meinst Du das wirklich?« Meine großen Brüder im Ausland, in Indien, sahen die Sache natürlich auch anders.

Ich habe sehr vermißt, daß ich keine gleichaltrigen Geschwister oder Kinder um mich hatte. Mit meinem Bruder Walter war es schwierig. Er hat mich oft geärgert und mich nicht ernstgenommen. Ich war eine verträumte und ein bißchen sonderliche Jugendliche. Ich bin sehr groß, mußte immer Jungenschuhe anziehen, weil es im Krieg in meiner Größe keine Damenschuhe gab, das fand ich schrecklich. Während meiner Jugend im Krieg und gleichzeitig in der wohlhabenden Familie fand ich nirgendwo meinen Platz, meine Identität. Aber ich wußte immer, daß ich gern Mutter sein und viele Kinder haben wollte, ganz schnell hintereinander, damit die Abstände nicht wieder so groß sind.

Mein Bruder Walter ist ja, genau wie ich, in die Nazizeit hineingeboren worden. Er hat sich mit der Hitlerjugend, den Nazis, identifiziert. Und wenn meine großen Brüder, die ja im Ausland waren, darüber geschimpft haben und das unterbinden wollten, dann haben meine Eltern immer gesagt, macht ihm das nicht schlecht, die Hitlerjugend ist seins. Mein Bruder Walter hat sich dann ganz begeistert in den Krieg gemeldet, ist Soldat gewesen und kurz vor Ende des Krieges ist er vermißt oder in Süddeutschland erschossen worden.

Eigentlich kann ich mich nicht erinnern, daß er mich jemals für voll genommen hat. Das ist ein Schmerz in mir, über den ich nicht gern spreche.

Nach dem Abitur habe ich studiert und bin Geigenlehrerin geworden. Auch nach dem Krieg war ich privilegiert, ich durfte zu meinen Brüdern nach Indien reisen. Und da gab es alles, was wir nicht hatten, es war eine andere Welt. Aber ich hab' mich da nicht wohlgefühlt, weil ich gesehen habe, wie die Europäer mit den Einheimischen umgegangen sind. Ich hab' mich auch in dem reichen Elternhaus meiner Lübecker Familie nicht wohlgefühlt. Ich hab' angefangen, mich für die

Anthroposophie zu interessieren, und hab' da unter Musikern meine Freunde gesucht.

Ich wollte auf keinen Fall einen norddeutschen Kaufmann heiraten. 1951 hab' ich mit einer Freundin eine Studentenreise nach Italien gemacht und auf dieser Reise einen jungen Studenten aus Bayern kennengelernt, der auch sehr groß war und ein bißchen anders als die anderen Studenten auf der Reise. Wir haben uns verliebt. Ich war anfangs sehr zögerlich, ob er wirklich der Richtige ist. Er kam aus Nürnberg, aus einer fränkischen Fabrikantenfamilie. Die Mutter war schon früh gestorben. Er ist nur von seinem Vater und im Internat großgezogen worden. Und die Fabrik und alles waren ausgebombt. Ich wollte die Familie gerne kennenlernen. Aber sie haben nach den Kriegszerstörungen ganz anders gelebt als wir, haben in einem Schuppen gelebt, hatten nicht mal zwei gleiche Kaffeetassen und lebten sehr arm.

Und dann habe ich ihn auch meiner Familie vorgestellt. Für meine Mutter war das sehr gewöhnungsbedürftig. Sie hat gesagt, Ilse hat sich verlobt, aber ihr Mann ist nur Student.

(Lachen in der Runde)

Als wir geheiratet haben, waren wir beide 26. Wir haben zuerst in Hessen gelebt, und ich habe als Geigenlehrerin gearbeitet. Meine Eltern haben uns auch ein bißchen unterstützt. Ich bin dann gleich nach der Hochzeit schwanger geworden, das haben wir uns so gewünscht. Ich war glücklich, mit meinem Mann was aufzubauen, und war froh, nicht mehr im Norden zu sein. Ich hab' mich vor allem auf mein erstes Kind gefreut, unsere Tochter Jutta. Wir waren sehr glücklich, auch daß sich sehr schnell die weiteren Kinder angemeldet haben. Es kamen dann noch drei Söhne, insgesamt vier Kinder von 1953 bis 1959.

Mein Wunsch war es immer, eine große Familie zu haben, in der viel Hausmusik gemacht wird. Deshalb haben alle unsere Kinder schon früh ein Musikinstrument gelernt, und ich habe viel mit ihnen geübt. Aber da gab es viele Enttäuschungen, denn keines der Kinder entwickelte eine Leidenschaft für die Musik, und schon vor Ende der Schulzeit haben sie alle wieder aufgehört mit ihren Instrumenten.

In ihrer Schulzeit hat meine Tochter Jutta es mir sehr schwer gemacht. Sie war ein schwieriges und anstrengendes Kind. Ich habe nicht das Freundinnenverhältnis zu ihr gehabt, das ich mir gewünscht hätte. Sie war schlecht in der Schule und faul und hat mich überhaupt nicht an ihrem Leben teilnehmen lassen und sich auch nicht um ihre kleinen Geschwister gekümmert. Statt dessen hat sie in einer Nachbarsfamilie die Kinder gehütet und in der Familie ganz viel Zeit verbracht. Das war für mich ziemlich problematisch.

Als sie zum Studieren ging, war ich zuerst sehr traurig, aber dann hatten wir das Gefühl, sie ist auf einem guten Weg. Einige Jahre später hat sie ihren Mann kennengelernt, den Wolfgang. Der war uns gleich sehr sympathisch.

Dann hat meine Tochter es so ähnlich gemacht wie wir, sie hat auch vier Kinder gekriegt in nicht allzu großen Abständen. Das hab' ich mir für meine Tochter gewünscht, das fand ich sehr schön. Bei den ersten beiden Kindern war ich ein bißchen enttäuscht. Ich hätte ihr so gern gezeigt, wie man mit Kindern umgeht. Doch meine Tochter hat mich nicht an sie rangelassen. Aber ich glaube, sie hat es sehr gut gemacht. Beim dritten und vierten Kind war das anders, da war sie wohl selber sicherer geworden. Da bin ich zur Geburt der Kinder gekommen, hab' die großen Kinder versorgt. Das hat mir Spaß gemacht. Da hab' ich eine gute Beziehung zu meinen Enkelkindern bekommen – und das ist bis heute so geblieben.

Zeitweilig hatte ich große Angst, daß meine Tochter sich scheiden lassen würde, weil sie, obwohl die Kinder noch klein waren, andere Sachen, Seminare über Psychologie oder feministische Theologie machen wollte. Ich hab' ihr immer versucht zu sagen, wie schlimm das für die Kinder wäre. Geschiedene Ehen finde ich das Schlimmste, was es gibt. Mein jüngster Sohn hat sich scheiden lassen, da hab' ich Gürtelrose gekriegt. Er ist von seiner Frau verlassen worden. Es war alles sehr traurig. Wenn ich mich mit meiner Tochter darüber unterhalte, kann ich das nicht so gut ertragen. Sie hat einen ganz anderen Blick auf geschiedene Ehen. Deshalb hatte ich ja Angst, daß sie sich auch scheiden lassen würde.

Vor kurzem hat meine Tochter ihre silberne Hochzeit gefeiert. Und ich habe gemerkt, daß trotz des ganzen Feminismus auch eine starke Verbindung und Übereinstimmung mit ihrem Mann da ist. Seitdem kann ich von den Ängsten Abstand nehmen. Im großen und ganzen bin ich ziemlich stolz auf meine Tochter.

Meine Tochter denkt, daß sie einiges von meinen Anliegen umsetzt, vor allem was die Ungerechtigkeit zwischen Männern und Frauen und überhaupt in der Welt betrifft. Ich finde, daß meine Tochter das alles gut macht.

(Auf Nachfrage:) Ich glaube, ich habe keine Wünsche an Jutta. Ich merke nur, daß es mir manchmal zu intensiv wird. Sie will immer alles ganz genau wissen und die Wahrheit ganz genau benennen. Und das mag ich nicht so gern.

Und nun beginnt die Diskussion zwischen »Ilse«, den Teilnehmerinnen und mir

MARIANNE: Also ich finde, du hast alles Klasse gemacht, Ille! Und so zielstrebig, und dann ist es auch alles so gekommen. Du hast den Mann gefunden, die Kinder im richtigen Abstand gekriegt. – Waren vier nicht ein bißchen zuviel?

ILSE (JUTTA): Nun ja, ich hab' zwanzig Jahre meines Lebens für die Kinder geopfert.

MARIANNE: Aha. Also das ist ein Opfer? Es waren also doch zu viele?

ILSE (JUTTA): Wir wollten ja Kinder. Es wären ja sogar fünf geworden, wenn das letzte keine Fehlgeburt gewesen wäre.

MARIANNE: Und das war nicht zuviel?

ILSE (JUTTA): Das war natürlich viel. Aber Kinder sind für mich was ganz Wichtiges. Ich hab' mich dafür geopfert.

MARIANNE: Und deine Tochter?

ILSE (JUTTA): Ich hab' meine Tochter immer bedauert, als ihre Kinder klein waren. Doch sie sagt, das Leben mit Kindern ist anstrengend, aber es macht Spaß.

MARIANNE: Stimmt das? Oder macht Jutta sich in deinen Augen da etwas vor?

ILSE (JUTTA): Nein, ich glaube, sie ist robuster und belastbarer als ich. Wir sagen immer: Wir haben unsere ganze Kraft bei ihr verbraucht, und deshalb ist sie auch so gut geraten.

Wir haben goldene Hochzeit gefeiert, und da waren alle Kinder und dreizehn Enkelkinder da, und alle waren sehr liebevoll zu uns. Wir hatten das Gefühl, wir kriegen ganz viel zurück.

Als Jutta ihren fünfzigsten Geburtstag gefeiert hat, hat sie nur Frauen eingeladen, alle Frauen, die in ihrem Leben wichtig für sie waren, aber keine Männer, auch nicht ihren Vater und ihre Brüder. Da hab' ich eine Rede gehalten, und es waren nur Frauen da. Und ich hab' mich richtig wohlgefühlt, es war ein sehr schönes Fest.

MARIANNE (in die Runde): Was meint ihr, ist hier alles in Ordnung? Ich finde ja.

TEILNEHMERIN: Nein. Ich spür' noch unerfüllte Wünsche bei Ilse.

ILSE (JUTTA): Also nachdem ich zwanzig Jahre meines Lebens für die Kinder geopfert hatte, habe ich mich endlich wieder der Anthroposophie zugewendet. Ich mache Eurythmie. Ich glaube, manchmal wünsche ich mir, daß mein Mann auch so wäre wie die anthroposophischen Männer.

MARIANNE: Aha!

ILSE (JUTTA): Aber ich bin auch sehr stolz auf meinen Mann. Wir sind ja dann doch nach Norddeutschland zurückgegangen, und er ist norddeutscher geworden als mancher Einheimische. Er ist ein ganz anderer geworden, als der, den ich geheiratet hatte. Aber ich glaube, so geht es ihm mit mir auch, das gehört wohl dazu. – Aber so ein bißchen anthroposophischer, das würde mir guttun.

MARIANNE: Und wünscht sich deine Tochter Jutta auch ein bißchen was in dieser Richtung?

ILSE (JUTTA): Bei ihrem Mann? – Ja, vielleicht!

MARIANNE: Also in dem Punkt seid ihr euch wieder ähnlich? Da könnt ihr euch gegenseitig unterstützen.

ILSE (JUTTA): Das ist ein bißchen schwierig. Weil ich ja schon finde, daß Männer manche Sachen einfach besser können und Mütter in die Familie gehören. Und Jutta macht halt sehr viel anderes. Leider will sie mit den Anthroposophen nichts zu tun haben. Sie hat mich mal zum meditativen Tanzen mitgenommen. Das war ganz nett, aber bei den Anthroposophen ist es natürlich viel besser und wirklich wertvoll.

MARIANNE: Aber ihr müßt ja auch nicht dasselbe machen! Du machst Eurythmie mit den anthroposophischen Männern, und Jutta tanzt meditativ mit den feministischen Frauen!

(Lachen in der Runde)

ILSE (JUTTA): Ja, und das möchte ich auch noch sagen: Ihr Wolfgang tut mir manchmal ein bißchen leid bei den ganzen Frauensachen, die Jutta da so macht.

(Lachen in der Runde)

MARIANNE: Ihr habt es geschafft, eine wirklich schöne Mutter-Tochter-Beziehung hinzukriegen, finde ich. Kraftvoll, aber sehr patriarchal! (Lachen) Es kann eben auch in dieser traditionellen Form der Ehe ein kraftvolles Frauenleben geben, vorausgesetzt wir sind ehrlich zu uns selbst und der Mann akzeptiert es und würdigt uns.

JUTTA: Ich möchte noch mal als Jutta sprechen: Meine Mutter hat immer gesagt, sie hat zwanzig Jahre ihres Lebens für die Kinder geopfert. Ich glaube, das war gar kein Opfer. Aber sie muß das immer wiederholen, denn sie meint, nur wenn sie arbeitet und sich opfert, ist sie was wert. Sie kann nicht sagen, es war schön, denn dann wäre sie nichts wert. Eigentlich hat sie aber ausgestrahlt, daß das Leben mit Kindern zwar anstrengend ist, aber Freude macht. Deshalb hatte ich auch Lust, selber Kinder zu kriegen. Und von meinen Brüdern haben zwei auch vier Kinder. Dafür bin ich ihr am allerdankbarsten, daß sie uns mitgegeben hat, wie schön es ist, mit Kindern zu leben, und daß es sich lohnt, dafür auf etwas zu verzichten. Nicht auf alles, aber auf manches.

MARIANNE: Und dafür gebührt uns Müttern Achtung, Würdigung, Anerkennung, nicht nur von den Männern, sondern von der ganzen Gesellschaft. Und wo das geschieht, geht es uns auch gut.

Ich danke euch beiden, Ilse und Jutta!

*

Zwei Jahre später schrieb mir Jutta in einem Brief:

»Nach dem Seminar ging es mir grundsätzlich gut. Allerdings hatte ich das Gefühl, dem Leben meiner Mutter beim Erzählen nicht richtig gerecht geworden zu sein. Nachdem ich mich ganz in sie hineinversetzt hatte, wurde ich recht ausführlich, und dann verging die Zeit sehr schnell. Sonst hätte ich aus Ilses Perspektive sicher noch ausführlicher von den Sorgen erzählt, die sie während der Schulzeit mit ihrer Tochter hatte und von dem Familienleben mit den kleinen Kindern.

Jetzt, nach zwei Jahren, beim Lesen ihrer Geschichte, die ich damals selbst erzählt habe, denke ich, ja, es paßt.

Für mich war das Seminar ein bestätigender Abschluß eines Prozesses, Klarheit in das Verhältnis mit meinen Eltern zu bringen. In den Jahren vorher hatte ich einige für mich problematische Fragen in Briefen an meine Eltern oder auch nur an meine Mutter angesprochen und erläutert. Zum Teil sind diese Briefe gut angekommen, zum Teil auf eine gewisse Verständnislosigkeit gestoßen. Das konnte ich aber gut aushalten, denn die Briefe haben einmal dazu beigetragen, in mir selber Klarheit über die Beziehung zu meinen Eltern zu schaffen, und zum anderen habe ich ihnen damit eine Grundlage angeboten, mich und meine Beweggründe zu verstehen. Ich selber konnte diese Fragen danach loslassen.

So war es auf gute Weise möglich, innerhalb eines Jahres zunächst die goldene Hochzeit meiner Eltern mit ihnen zu feiern, dann meinen fünfzigsten Geburtstag als ein großes Frauenfest und nicht zuletzt die eigene silberne Hochzeit mit Familie und Freunden.

Kurz darauf fand das Seminar statt. Insgesamt hat es mir Freude gemacht, mich dabei noch einmal auf andere Weise mit dem Leben meiner Mutter und überhaupt von Müttern zu beschäftigen, denn das, was Mütter tun, ist es wert, daß wir uns intensiv damit auseinandersetzen.«

12 Babett (1922) und Dorothea (1955)
Die Mutter hält fünfzig Jahre bei einem ungeliebten Mann aus, die Tochter weint noch immer mit ihr

Dorothea ist eine attraktive, gepflegt aussehende Frau, mit einer fürsorglichen, gefühlvollen Ausstrahlung, einer warmen, sympathischen Stimme. Sie hat Humor und bringt uns oft zum Lachen. Sie ist verheiratet, hat drei Kinder und ist zur Zeit der Seminarteilnahme fünfzig Jahre alt.

Ihre Mutter ist achtzig geworden und leidet an der Alzheimer Krankheit. In der Vorstellungsrunde erzählt Dorothea, daß ihre Mutter auf dem Hof des Vaters nur als Arbeitskraft gesehen wurde. Auch die drei Kinder – Dorothea ist die älteste – mußten viel arbeiten. Sie hat das Gefühl, jahrelang die Mutter ihrer Mutter gewesen zu sein »von der Verantwortung und der inneren Verpflichtung her, obwohl wir emotional kaum eine Beziehung haben«. Sie haßte ihre äußerlich zurückhaltende Mutter, die aber »letztendlich die Fäden in der Hand« hatte. Die Mutter lebt mit dem über achtzig Jahre alten Vater immer noch auf dem Hof, zusammen mit Dorotheas Bruder und dessen Familie. Es gab viel Streit, und einmal mußte sie die Mutter für fünf Jahre zu sich nehmen, weil »die Situation so eskalierte, daß mein Bruder meine Mutter wahrscheinlich umgebracht hätte«.

Es war für Dorothea eine äußerst schwierige Zeit, unter der auch ihr Familienleben litt. Ihrer Schwester wirft sie vor, ihr in jener Zeit nicht beigestanden zu haben. Dorothea glaubt, sich inzwischen mit der Mutter ausgesöhnt zu haben, »auch wenn es schwer war«. Sie möchte nun auch eine Versöhnung mit ihrer Schwester erreichen.

Beim Vorlesen des fiktiven Briefes an die Mutter weint Dorothea. Sie schreibt: »Ja, du bist meine Mama. Es schwingt so eine Zärtlichkeit, so eine Liebe, so ein Vertrauen mit, die ich dir nicht hab' zeigen können und die ich gebraucht hätte und lange Zeit vermißt habe.«

Und nun Babetts Geschichte – in den Worten der Tochter Dorothea

BABETT (DOROTHEA): Ich bin als Sternzeichen ein Stier, vielleicht hat das mir das Überleben ermöglicht. Ich bin geboren in einem kleinen Ort in der Nähe von A. in Oberfranken. In meinem Elternhaus waren fünf Kinder, ich bin die zweite. Es waren drei Mädchen und zwei Jungen. Meine Eltern hatten eine kleine Landwirtschaft direkt am Wald. Dahinter war ein kleiner Berg, und das war mein Leben. Alle Bäume, alle Blumen hab' ich gekannt.

Mein Vater war ein ganz schwieriger, jähzorniger Mensch. Wenn einer von uns aufmüpfig war, dann hat es was gesetzt. Meine Mutter hat immer versucht, es auszugleichen und ganz gütig zu sein. Wir hatten grad das Nötigste zum Überleben. Nicht einmal Puppen haben wir gehabt. Die mußte ich dann aus Sachen aus dem Wald herstellen. Wenn wir mit dem Vater mit den Ochsen aufs Feld gegangen sind, dann mußten wir, die Lies und ich, den Pflug tragen, und er ist mit den Ochsen vorneweg gelaufen, um uns zu zeigen, wo es langgeht.

Den Wilhelm, den einen Bruder, den hab' ich sehr gern gemocht. Das war so ein Künstler, der konnte schön malen, hat auch ein Instrument gespielt. Er ist eingezogen worden in den Krieg. Er lag in Coburg. Das war nicht weit. Und ich versteh' es heute noch nicht, weshalb ich nicht mit dem Fahrrad nach Coburg gefahren bin und hab' den Wilhelm besucht. Werf' ich mir noch heute vor, daß ich nicht Abschied genommen hab' von ihm. Und dann ist er gestorben.

Ja, im Krieg haben wir den Hitler nicht gemocht. Haben Flüchtlinge versteckt, den Hitlergruß boykottiert. Haben Sorge gehabt, daß wir so über die Runden gekommen sind.

Nach dem Krieg bin ich in die Schuhfabrik in A. Und irgendwann kam dann der Schoss (oberfränkisch für Georg). Der hat eine Frau gebraucht für einen großen Hof. Der war ja eigentlich mit Lina befreundet. Aber das ist dann in die Brüche gegangen.

(Auf Nachfrage:) Der Schoss hat vielleicht zu lange überlegt. Und bis er dann so weit war, hat die Lina nein gesagt.

MARIANNE: Also du warst seine zweite Wahl?

BABETT (DOROTHEA): Ja. Und weil meine beiden Brüder im Krieg gefallen sind und meine Schwester Anna verheiratet und weggezogen war, hätte ich den Hof übernehmen sollen. Aber der Schoss hat ja daheim selber einen großen Gutshof in A. gehabt. Und es war die Frage, zieht er zu mir oder ich zu ihm. Dann haben wir uns schließlich geeinigt, daß wir seinen Hof übernehmen, und 1953 haben wir geheiratet. Und ich bin dann auf seinen Hof gezogen. Und sechs Wochen nach der Heirat hab' ich gemerkt, das halt ich hier nicht aus, da werde ich verrückt. Und da bin ich wieder nach Hause zu meinen Eltern.

Inzwischen hat aber meine andere Schwester den Hof überschrieben gekriegt und mit ihrem Mann schon alles übernommen. Ich war daher nur geduldet. Da bin ich in die Porzellanfabrik in A. gegangen als Porzellanmalerin. Und mit dem Mann meiner Schwester bin ich nicht klargekommen. Der hat sie mies behandelt und immer geschlagen, und ich hab' dem mal eine runtergehauen.

Ja, und dann mußte ich weg aus meinem Elternhaus und wieder zurück auf den Hof von Schoss. Wo sollte ich denn sonst hingehen? Da war die Schwiegermutter inzwischen gestorben, und es gab nur noch den Schwiegervater, der auch Bürgermeister war. Das war ein umgänglicher Mensch, mit dem bin ich klargekommen. Das alles habe ich meiner Tochter nie erzählt, sie hat das erst letztes Jahr von ihrem Vater, dem Schoss, erfahren.

Also, mein Mann, der hat mich nur geheiratet, weil er 'ne Arbeitskraft gebraucht hat. Von Liebe war da nicht viel zu spüren. Und einen Stammhalter sollte ich ihm bringen. Und irgendwann bin ich dann schwanger geworden. Aber er hat keine Rücksicht drauf genommen. Ich war hochschwanger im November und mußte helfen, die Futterrüben einzukellern. Und mit dem hochschwangeren Bauch war ich unten im Keller, mußte die Rüben auffangen. Keiner von den Männern hat das gemacht.

Und dann kam meine Tochter einen Monat zu früh, die Dorothea. Die ist auf dem Küchentisch geboren. Das Kind hatte eine doppelte Nabelschnurumschlingung gehabt, und es mußte sehr schnell gehen, daß sie rauskam. Und es hätte auch anders ausgehen können. Obwohl es alles so schwer war, hat keiner darauf Rücksicht genommen. Ich mußte gleich wieder raus und weiterarbeiten.

Ein knappes Jahr später ist endlich der gewünschte Stammhalter geboren, das war dann mein Heinz. Und etwa fünf Jahre später kam meine Jüngste, die Annelies. Meine Große sagt mir immer, ich hätte ihr leid getan. Die saß dann in der Küche an einem großen Tisch. Daneben lag das Kind in einem Laufstall, sie war ganz allein (weint). Wir haben uns dann Hilfe geholt. Die Gretel, die Nachbarin, die ist jeden Tag gekommen und hat auf die Kinder aufgepaßt und sie großgezogen. Für Dorothea war das eine Ersatzmutter.

Ich glaube, ich hätte das Leben da in diesem Haus nicht überlebt, wenn ich nicht die Hilfe von überall gehabt hätte. Das war 'ne gute Frauengemeinschaft. Und der Schoss war ein knochiger, sturer Bauer, der nur den einen Blickwinkel hatte, seinen Hof erhalten, und seinen Tieren sollte es besser gehen als mir, seiner Frau.

Meine Tochter war für mich Unterstützung. Die hat mir viel abgenommen. Ich bin auch oft krank gewesen und hatte dann auch wohl eine ganz schwere Depression im Klimakterium. Das hat keiner erkannt. Und wenn die Dorothea nicht so stur gewesen wäre – manche haben gesagt, die hat einen Saukopf wie ihr Vater –, da wäre ich auch untergegangen.

Zwischendrin gab es auch manche gute Zeiten. Das war so Anfang der Siebzigerjahre. Da haben wir dann endlich einen eigenen Fernseher gehabt. Und in der Zeit, wo die ersten Holocaust-Filme im Fernsehen liefen, wollte ich das meinen Kindern zeigen. Ich war ja gegen Hitler, aber der Schoss als Gutsbesitzer war dafür. Wir haben viel gestritten und geheult. Aber ich wollte meinen Kindern die Aufarbeitung dieses Themas, dieser Geschichte mitgeben, das war ich ihnen schuldig, glaube ich.

Nach der Volksschule hat meine Tochter Zahnarzthelferin gelernt, hat aber da schon gemerkt, daß das nicht das Wahre ist für sie. Sie wollte weitermachen. Vielleicht ist sie ein wenig so wie ich. Was hat sich der Schoss da aufgeregt! Die haben einen stetigen Kampf miteinander gehabt. Weil er immer gedacht hat, sie heiratet ja eh, braucht keine Ausbildung. Für ein Madl so einen Haufen Geld ausgeben, hat er gemeint. Aber die hat sich durchgesetzt. Die ist gegangen.

Ja, und jetzt – ich kann es ihr ja nicht so zeigen –, aber sie hat mich in den ganzen Jahren gut unterstützt. Jetzt bin ich schon achtzig, und es interessiert mich gar nicht mehr alles so. Irgendwie leb' ich jetzt in meiner eigenen Welt. Ich wünsche ihr, daß sie ihren Weg weitergeht. Und für mich wünsche ich – ja, alle, die so um mich rum waren, die mich unterstützt und gehalten haben, all die Jahre – die sind alle gestorben. Heuer ist die Gretel, die Ersatzmutter meiner Tochter, gestorben mit 87. Sie war ja vielleicht mal die Geliebte vom Schoss, er hat ihr mehr gegeben als mir. – Also, die gehen alle. Und ich glaub', auch für mich ist die Zeit zu gehen.

Und nun beginnt die Diskussion zwischen »Babett«, den Teilnehmerinnen und mir

MARIANNE: Da ist viel Trauer in dir, Babett, nicht wahr?
BABETT (DOROTHEA): (zustimmend) Mh.
MARIANNE: Hast du gelebt, was du gewollt hast?
BABETT (DOROTHEA): Nein.
MARIANNE: Hast du wenigstens von dem, was du nicht gelebt hast, deiner Tochter was mitgegeben?
BABETT (DOROTHEA): Ja.
MARIANNE: Und wie hätte dein Leben anders sein können?
BABETT (DOROTHEA): Daß ich auf den Hof vom Schoss zurückgegangen bin, das hab' ich mir nie verziehen. Ich hätte es anders gewollt.
MARIANNE: Deine Tochter fühlt das auch so?
BABETT (DOROTHEA): (zustimmend) Mh.
MARIANNE: Eigentlich dürfte deine Tochter das nicht so sagen, denn dann wäre sie ja nicht auf die Welt gekommen! – Also Babett, kannst du nicht den Schmerz allein tragen, ohne ihn deiner Tochter aufzubürden?
BABETT (DOROTHEA): (zögernd) Mh.
MARIANNE: Ich verstehe, Babett, daß du nicht anders konntest als in deiner Schwiegerfamilie zu leiden – schließlich hattest du an deinen Eltern auch so ein Vorbild von einem despotischen Mann und einer Frau, die sich ihm unterwirft. Aber du kannst jetzt deiner Tochter sagen, daß sie das nicht wiederholen muß. Und sie kann dir dein Leiden auch nicht abnehmen. Das ist Vergangenheit. Verlangst du das von ihr noch?
BABETT (DOROTHEA): Ja. (Lange Pause)

Marianne: Schau mal, Babett: Deine Dorothea hat so viel für dich getan. Sie hat dir vor allem ihr Mitgefühl gegeben. Sie hat hier geweint. Kannst du ihr nicht endlich sagen: Es war genug. Es reicht. Ich danke dir.

Babett (Dorothea): (erstaunt) Mh?

Marianne: Nimmt Dorothea das an?

Babett (Dorothea): (nachdenklich) Ja.

Marianne: Schön! – Denn die Tränen gehören zu dir, Babett, nicht zu Dorothea.

Teilnehmerin: Hilft es dir, wenn Dorothea weint?

Babett (Dorothea): Ich merke das ja gar nicht. Weil ich in meiner Welt lebe, und das ist genug.

Marianne: Ja, das ist auch richtig so. Und Dorothea kann verstehen, daß sie dein Leben nicht mehr verändern kann. Und du hast eine wunderbare Tochter, Babett, die jetzt hier sitzt.

Babett (Dorothea): Ja, das finde ich auch!

Marianne: Und auch die anderen Kinder sind okay.

Babett (Dorothea): Ja, das Lebendige und das Verrückte …

Marianne: Und das trotz Schoss! Was du mit dem gelebt hast, war vielleicht nicht nur grauenhaft. Es war schwer, aber du hast es geschafft.

Babett (Dorothea): Das sehe ich auch. Fünfzig Jahre mit diesem Mann, das ist 'ne Leistung! Soll mir erst mal eine nachmachen!

(Lachen in der Runde)

Marianne: Und Dorothea kann diese Tränen umwandeln.

Teilnehmerin: Einfach in Dankbarkeit, zum Beispiel

Dorothea: Ja, da bin ich auf dem Wege. Ich bin meiner Mutter auch wirklich dankbar.

Marianne: Und du kannst dir selbst auch dankbar sein dafür, was du für sie getan hast, und auch deine Schwester – die haben wir jetzt ganz vergessen.

Dorothea: Da hab' ich gestern von euch hier in der Runde einen wichtigen Gedanken mitgenommen: Eine hat gesagt: Meine

Schwester hatte 'ne andere Mutter. Das stimmt! Und vielleicht gehe ich einfach mal hin zu meiner Schwester und schaue mir ihr Bild von unserer Mutter an.

TEILNEHMERIN: Ich hab' noch eine Idee. Diese Tränen sind vielleicht nur so ein Durchgangsstadium, das auch notwendig ist, weil vorher ja diese Ablehnung war. Deshalb sind Tränen auch ganz kostbar, so als Möglichkeit, jetzt zu sagen: Es ist gut.

In der Schlußrunde sagt Dorothea, daß sie das Gefühl hat, eine Heilung der schwierigen Beziehung zu ihrer Mutter geschafft zu haben. »Das erfüllt mich ganz. Das hat Marianne, aber das haben wir alle bewirkt.« Andere Aspekte ihrer Mutter treten jetzt für sie ans Licht. Sie will sich daranmachen, das Leben der Mutter zu erforschen, um ihre Person, ihre Mütterlichkeit wertzuschätzen. Als Babett hat sie in unserer Frauenrunde erfahren, wie die Mutter geachtet wurde. »Auch der Humor, die Pfiffigkeit, das Frechsein gehören dazu und tun gut«, sagt sie.

Dorothea schlägt zwei neue Wortschöpfungen vor: »Vorbildnerin«, die jede von uns für die andere sein kann, und »Neubegier«, die unsere Sehnsucht nach Veränderung beschreibt.

*

Zweieinhalb Jahre nach dem Seminar berichtet Dorothea:

»Beim Wiederlesen der Geschichte meiner Mutter hat es mich noch einmal ganz stark berührt, daß es mir wirklich durch das Seminar möglich war, mich auszusöhnen mit mir selber, mit meiner Lebensgeschichte und mit meiner Mutter.«

13 Petronella (1930) und Gudrun (1953)
Mutter und Tochter sind krebskrank

Gudrun ist eine schlanke Frau mit verhärmtem, traurigem Gesichtsausdruck, doch ihr Blick ist offen und interessiert. Ihre Körperhaltung ist ein wenig steif. Sie spricht klar, mit rheinischem Tonfall.

In der Vorstellungsrunde sagt sie: »Ich bin 51, verheiratet, habe drei Töchter, 26, 25 und 17 Jahre alt. Ich bin halbtags berufstätig als Krankenschwester. Mein Problem mit der Mutter kann ich nicht so erkennen, aber ich wünsche mir, mein Problem mit den Töchtern vielleicht bewältigen zu können. Denn es gibt massive Probleme mit der ältesten und der jüngsten. Ja, vielleicht fällt mir im Verlauf der Stunden ein, daß ich Probleme mit der Mutter habe, die auch noch gelöst werden können.« Auf Nachfrage fügt sie hinzu, daß ihr Mann Krankenpfleger ist.

Und nun Petronellas Geschichte – in den Worten der Tochter Gudrun

PETRONELLA (GUDRUN): Ich bin Petronella, geboren als Zwillingsschwester 1930. Mein Zwilling ist Maria. Das ist auch die wichtigste Schwester für mich. Ich hab' noch sieben ältere Geschwister: Gertrud 1919, Wilhelm 1920, Anna 1922, Liselotte 1924, Peter 1924 (ist gefallen im Krieg), und als letzter vor uns Zwillingen Alfons 1928. Mein Vater hieß Hubert. Er ist 1891 geboren und 1973 gestorben. Meine Mutter ist Else. Ihr Geburtsjahr kann meine Tochter nicht sagen. Sie ist 1948 gestorben.

Mein Vater war Kleinbauer, im Ersten Weltkrieg schwer kriegsbeschädigt. Meine Mutter ist bei der Zwillingsgeburt schon krank gewesen. Und sie hat sich von Jahr zu Jahr gehangelt – weil sie das noch erleben wollte mit uns. Und als ich achtzehn war, ist sie dann gestorben, am Herzinfarkt.

Die Geschwister konnten was lernen, während bei mir feststand, daß ich meinen Vater im Alter zu versorgen hätte. Ich machte also nur eine kleine Hauswirtschaftslehre in einem Kloster. Dadurch daß mein Bruder Alfons aber heiratete und klar war, daß ihm mit seiner Frau dann auch im elterlichen Haus die Aufgabe zufiel, seinen Vater zu versorgen, war ich frei.

Und ich lernte dann auch auf einem dörflichen Tanz einen Mann kennen, der allerdings für damalige Verhältnisse weit entfernt lebte und immer mit 'nem Rad kam. Der hatte selbst eine Landwirtschaft und sagte schon ziemlich bald zu mir: Entweder ich hab' Chancen bei dir, oder ich kann nicht mehr kommen, weil das für ihn zu anstrengend war, diese Fahrerei. Er mußte ja auch das Vieh noch versorgen. Ja, und da hab' ich ganz schnell ja gesagt. Und 1952 haben wir geheiratet. Er heißt Peter.

Ich zog dann zu ihm. Das war in einem Ort an der belgischen Grenze. In der Familie meines Mannes lebten noch der Vater, seine Mutter und ein unverheirateter Bruder mit im Haus. Der Vater war sehr jähzornig und bestimmend. Die Mutter sehr ruhig und liebevoll, aber auch schon damals alt, denn mein Mann hatte auch sehr viele Geschwister, nur Brüder, so viele wie ich. Einige sind im Krieg geblieben, und einige waren schon verheiratet.

Und ja, 1953 wurde unsere älteste Tochter Gudrun geboren, 1954 der Sohn Hubert, 1956 der Sohn Wolfgang, 1960 die Tochter Ulrike und 1968 die Tochter Susanne. Zwischen Ulrike und Susanne war noch eine Fehlgeburt.

Ja, das Leben war geprägt von sehr harter Arbeit. Denn es war eine kleine Landwirtschaft, wo mein Mann immer nebenher arbeiten gehen mußte als Waldarbeiter. Er hat es sein Leben lang bedauert, daß er nie einen richtigen Beruf gelernt hat. Das hat ihm der Vater seinerzeit verleidet. Er hat gesagt, du mußt die Landwirtschaft weiterführen, und mein Mann hat sich dann breitschlagen lassen. Er hat sich auch noch gegen seinen Vater durchsetzen müssen, daß er bestimmte Dinge in der Landwirtschaft selbst entscheiden durfte.

Und ich mußte da von Anfang an genauso mitarbeiten, im Feld, im Stall und alles, da wurde keine Rücksicht genommen, ob ich hochschwanger war oder nicht. Und dann ist 1967 mein Schwiegervater gestorben, ich glaub', da hab' ich ein bißchen aufgeatmet.

Bei allen Schwierigkeiten in der Familie, also auch wenn es dicke brenzlig wurde, kam meine Schwester Maria. Die ist so wirklich mein Zwilling und gehört irgendwie zu mir dazu. Sie hat eine Ausbildung als Krankenschwester gemacht und ist dann später ins Kloster gegangen. Und das war ganz furchtbar für mich. Aber das hat sich dann im Laufe der Jahre gelockert, und sie ist sehr oft in unserer Familie gewesen, und sie hat mich sehr oft in schwierigen Lagen unterstützt. Vor allem weil sie Krankenschwester war, konnte sie mir auch bei Krankheiten immer Unterstützung geben.

Die Mutter meines Mannes hat die Kinder ein bißchen gehütet. Aber die ganze Arbeit lag immer auf mir. Und so mußte ich auch schon früh Arbeit auf die Kinder übertragen. Angefangen mit der Gudrun, so wie das Alter es ermöglichte, mußte man kleine Arbeiten verrichten, und je älter man wurde, um so wichtigere Arbeiten wurden es.

Als unsere Tochter Gudrun dann so zehn, zwölf war, da haben ich und mein Mann Peter auch schon mal kleinere Reisen unternommen. Erst war es mal ein Wochenende, dann waren es mal drei oder vier Tage. Und da mußten die Kinder dann auch die Landwirtschaft übernehmen. Voll. Reisen war auch immer, was ich mir gewünscht hatte. Ich wollte Leute kennenlernen, und ich hab' auch oft gesagt, ich hätte gern noch Sprachen gelernt. Aber das war ja in dem dörflichen Milieu überhaupt nicht möglich. Ich hatte nie einen Autoführerschein, mein Mann auch nicht, und somit waren wir auch ziemlich unflexibel, kamen nirgendwo so richtig hin.

Dann gab's natürlich auch enorme finanzielle Probleme. Ich

mußte oft anschreiben lassen. Mein Mann wollte die Landwirtschaft vergrößern, verbessern, neue Geräte anschaffen. Alles mußte auf Pump gekauft werden. Und so war alles sehr schwierig. Aber ich hab' dennoch versucht, immer unser Haus auch offen für andere aus der Familie zu halten. In den Sommerferien kam meistens die Schwester Anna mit drei Jungens zu uns. Oder es gab auch schon mal Fremde.

Also, ich hatte immer ein offenes Herz für alle und hab' eigentlich auch die Kinder nicht so gegängelt. Gudrun durfte schon früh ausgehen. Ich wollte nur immer wissen wo sie hingeht und mit wem. Gudrun ist dann schon mit achtzehn Jahren nach Bonn gegangen, weil sie was Gescheites lernen wollte. Die Gudrun hatte damals schon einen festen Freund im Dorf, hat dann aber einen anderen Mann kennengelernt in Bonn und hat ihn 1976 geheiratet.

(Auf Nachfrage): Er ist der Thorsten. Sie haben drei Mädels Elisabeth 1979, Inga 1981 und Johanna 1988. Insgesamt habe ich dreizehn Enkel und einen Urenkel, und es ist noch ein Urenkel unterwegs.

(Auf Nachfrage): Gudrun hat da als Krankenschwester gearbeitet. Ihr Mann war auch Krankenpfleger, und so haben sie sich kennengelernt. Und heute bin ich 75. Und, ja, ich bin kränklich. Hatte vor drei Jahren Krebs, und jetzt kommen so Zipperlein dazu. Aber ich laß' mich nicht hängen. Ich bin sehr interessiert, was meine Kinder und Enkelkinder machen. Ich wohne mit meinem Mann noch immer in dem Haus seiner Eltern. Aber neben mir wohnt die zweite Tochter mit ihren Kindern. So bin ich auch nicht mit meinem Mann alleine. Und die Gudrun wohnt halt in Bonn.

Gudrun ist auch krank geworden vor fünf Jahren, auch Krebs. Hat sich aber erholt. Ja, was soll ich jetzt sagen – ja. Sie macht sich ein bißchen Sorgen um mich, sagt, daß ich mir nicht so viel aufbürden soll. Und ich mache mir Sorgen um Gudrun, daß sie sich zuviel zumutet. Sie hat ja einen anstrengenden Job. Sonst, glaube ich, hat sie ihr Leben im Griff.

Und nun beginnt die Diskussion zwischen »Petronella«, den Teilnehmerinnen und mir

MARIANNE: Wie ist die Ehe zwischen Gudrun und Thorsten? Wie siehst du das?

PETRONELLA (GUDRUN): Ich sehe es als normale Ehe, ähnlich wie meine. Mit Höhen und Tiefen.

MARIANNE: Was ist jetzt in deinen Augen das Problem zwischen Gudrun und ihrer ältesten und ihrer jüngsten Tochter?

PETRONELLA (GUDRUN): Ja, ich selber erfahre ja gar nicht, daß es überhaupt Probleme gibt. Die Gudrun versucht, mich zu schonen, weil ich ja selbst auch nicht mehr so fit bin. Und sie denkt auch, daß mich das alles nur unnötig belastet. Sie hat mir noch nichts erzählt.

MARIANNE: Ja, dann müssen wir vielleicht doch jetzt einmal Gudrun fragen. Vielleicht aus einer distanzierten Position, vielleicht wie eine Freundin, die uns erzählt, wie es der Gudrun mit den Töchtern geht?

GUDRUN: Ja, die Elisabeth, die Älteste hatte 'ne psychische Krise in der Pubertät, und die ist ja nun schon 26 und immer noch nicht richtig genesen davon. Und Johanna, die Jüngste, jetzt auch, die ist siebzehn.

MARIANNE: Was heißt das, psychische Krise, wie hat sich das geäußert?

GUDRUN (Pause, weint): Selbstmorddrohung. Ständig aufbegehren. Sie hat sich von mir unverstanden gefühlt.

MARIANNE: Ist da was gewesen in der Frühzeit? War Elisabeth ein gewünschtes Kind?

GUDRUN: Ich steckte damals noch voll im Beruf, und die Entscheidung zur Schwangerschaft, die fiel mir ein bißchen schwer. Weil ich wußte, wenn ich das erste Kind kriege, muß ich mein Berufsleben erst einmal aufgeben.

MARIANNE: Wann war deine Krebserkrankung?

GUDRUN: 2000.

MARIANNE: Und wann ging das mit Elisabeth los?

Gudrun: Das war schon vorher, 1996 vielleicht.
Marianne: Und wie leben die beiden Töchter jetzt?
Gudrun: Elisabeth lebt in Berlin. Hat hier noch eine Ausbildung gemacht und dann die Trennung gesucht (weint).
Marianne: Wie geht es ihr jetzt mit der Trennung?
Gudrun: Die räumliche Trennung gefällt ihr schon. Aber richtig glücklich ist sie immer noch nicht.
Marianne: Woher weiß das Gudrun?
Gudrun: Weil sie das selbst gesagt hat. – Ja vielleicht ist es, daß ich innerlich zuviel klammere. Ich weiß es nicht.
Marianne: Was sagt Thorsten, dein Mann, dazu?
Gudrun: Der hält sich da immer zurück. Ist ruhig.
Marianne: Okay. Könnte es da noch aus deiner Vergangenheit Belastungen geben?
Gudrun: Ja, das war schon irgendwie zuviel. Ich hatte ja die ganze Verantwortung für meine Geschwister. Und ich hatte auch immer viel Angst. Wenn Gewitter war. Und dann schlug es bei uns ein im Haus. Denn die Verantwortung lag ja immer bei mir.
Marianne: Ja, da kann man ja eigentlich gar keine Kinder wollen. Dann hat man ja wieder die Verantwortung. Das ist ja noch schlimmer als für die kleinen Geschwister.
Gudrun: Ja, aber ich habe mich immer sehr über meine Kinder gefreut.
Marianne: Wolltest du einen Sohn haben?
Gudrun: Nö, als das dritte Kind noch anstand, dachte ich, hoffentlich wird es ein Mädchen. Da weißte Bescheid.
(Lachen in der Runde)
Marianne: Noch mal eine sehr direkte Frage an dich – wie von einer Freundin: Was wäre passiert, Gudrun, wenn deine Tochter Elisabeth es geschafft hätte, sich umzubringen?
Gudrun: Ja, sie hat es nicht so richtig versucht. Die hat da nur so ein paar vage Andeutungen gemacht
Marianne: Hat sie mal so ein bißchen der Mutter gedroht? Was will sie denn von der Mutter haben, die Elisabeth?

Gudrun: Ja, die Mädels, vor allem die Jüngste, werfen mir vor, ich hätte zuwenig Vertrauen und würde soviel kontrollieren. Als die Älteste in der Schule war, da war das mit den Drogen ja so ein Thema. Da hab' ich vielleicht auch zu oft davon geredet und mir Sorgen gemacht.

Marianne: Also, Gudrun ist eine, die sich übermäßig sorgt? Und die Tochter sagt, hör doch bloß auf, dich zu sorgen?

Gudrun: Ja, die Jüngste auch. Und die Älteste hat gesagt, als die Jüngste geboren wurde – so eine alte Schwester! Da war sie acht.

Marianne: Wie – war das eine Kritik, daß du so spät Mutter wurdest?

Gudrun: Ja, diese Kritik, die ist auch so geblieben.

Marianne: Aber das ist ja eine Anmaßung! Es steht deinen Töchtern überhaupt nicht zu, über ihre Mutter so zu urteilen!

Gudrun: Ja, denke ich auch oft, aber ich will das nicht so knallhart sagen.

Marianne: Das wäre aber mal nötig, daß du das endlich tust, daß du eine richtig erwachsene Mutter wirst! Deine Kinder dürfen dir nicht auf dem Kopf rumtanzen! Sie dürfen dir nicht das Gefühl geben, schlecht oder nicht gut genug gewesen zu sein.

Teilnehmerin: Vielleicht hatten sie diese Kritik an dir, weil sie dich mehr als eine Schwester gesehen haben, weil du ja auch in ihnen vielleicht deine Geschwister gesehen hast, die du früher betreut hast.

Marianne: Und Petronella hat ja in Gudrun auch vielleicht gar nicht eine Tochter, sondern wieder eine Zwillingsschwester gesehen, die ihr beistehen muß!

Gudrun: Ja, so waren eben die Strukturen.

Marianne: Und was heißt das? Vielleicht meint deine Tochter Elisabeth: Du, Mutter Gudrun, hättest dich mehr wehren müssen gegen diese ganzen Zumutungen und Überforderungen in deiner Kindheit und Jugend. So?

Gudrun: Ich weiß gar nicht, ob sie das so genau weiß.

MARIANNE: Also du verheimlichst das alles auch vor den Töchtern?

GUDRUN: Ja – man redet schon mal so 'n bißchen, aber daß ich ihnen das so knallhart gesagt hätte, daß mir das zuviel war, das habe ich meinen Kindern gegenüber nicht gesagt.

MARIANNE: Wie haben die reagiert bei deiner Krebserkrankung?

GUDRUN: Ja, die waren alle total bestürzt. Vor allem bei der Jüngsten ist ihr Problem daraus entstanden – meint sie. Das waren Verlassenheitsängste – sie war ja erst zwölf. Sie hat gedacht, ich muß sterben. Hat ja jeder erst gedacht.

MARIANNE: Dann ist das Liebe. Dann hat Johanna ganz tiefe Liebe für dich und hat gesagt: Ich geh' erst, Mama. Bleib du am Leben, ich sterbe für dich. So was gibt es!

GUDRUN: Ich glaube, das ist ein bißchen arg hypothetisch.

MARIANNE: Gut. Ich meine auch nur das Unbewußte, das manchmal so reagiert. – Aber deine Töchter sind starke Frauen, alle drei, nicht wahr?

GUDRUN: Ja, in gewisser Weise schon, aber ...

TEILNEHMERIN: Und Johanna war ja damals auch grad in einem Alter, in dem man sich wahrscheinlich auch ein bißchen reiben oder abnabeln möchte. Und das ist ja quasi mit dir gar nicht möglich gewesen, weil deine Töchter ein schlechtes Gewissen hatten, dich zu belasten.

GUDRUN: Das stimmt. Jeder hat gesagt, laß die Mama in Ruhe, die muß sich erholen und so weiter. Mit mir reiben war wirklich schwierig, weil ich auch immer Sorgen hatte, daß ich das alles gut abschließen kann. Und ja, vielleicht habe ich sie auch ein bißchen vernachlässigt, weil ich mit mir selbst beschäftigt war.

TEILNEHMERIN: Aber das war für sie dann ein unheimlicher Konflikt. Denn deine Tochter Johanna wollte dich ja als Mutter nicht verlieren, aber auf der anderen Seite ist es doch wichtig, in der Pubertät ein bißchen zu rebellieren. Diese Wut gegen die Mutter, also gegen dich, die ist ja auch ganz normal.

GUDRUN: Ja, und die hat sie mehr gegen sich selbst gerichtet.

MARIANNE: Und das ist ein Zeichen von Liebe. Und es wäre jetzt ganz wichtig, daß ihr nicht in diesem Schmerz versinkt, was alles schiefgegangen ist. Denn das haben die Töchter wahrscheinlich auch ganz tief in sich drin. Sondern daß ihr jetzt mal wieder in die Kraft kommt und daraus etwas macht in dieser Krise.
Und deine Mutter Petronella ist da natürlich jetzt auch keine Stütze. Die ist auch krank. Hast du jemand als Stütze, Gudrun?

GUDRUN: Sagen wir mal so, mein Mann und ich, wir arbeiten dran. Dabei ist aber sein Naturell schwierig.

MARIANNE: Und deine Schwestern, kannst du bei denen was loswerden?

GUDRUN: Eigentlich nein. Eine meiner Schwestern ist schon Witwe mit vier Kindern, der kann ich ja auch nicht mein Herz aufladen.

MARIANNE: Doch, natürlich ginge das! Wenn ich einer Schwester meine eigene Not zumute, mache ich ihr ein Geschenk. Denn ich gebe ihr die Möglichkeit, sich stark zu fühlen.

GUDRUN: Gut. Das kann ich vielleicht mal in 'nem kurzen Moment machen, aber meine verwitwete Schwester hat einfach zuviel, um sich auch noch meine Probleme aufzuhalsen. Sagen wir mal, wenn, dann geht es noch immer am besten mit der jüngsten Schwester. Die hat nicht soviel Streß.

MARIANNE: Gudrun, das können alles Muster sein, daß du nie klagen durftest, nie protestieren durftest, nicht einmal um Hilfe bitten durftest, sondern alles immer mit dir selbst ausmachen mußtest. Du nimmst vielleicht immer weiter Rücksicht und holst dir nicht die Hilfe, die du brauchst. – Wäre Therapie irgendwas für dich? Hast du so was schon mal gemacht?

GUDRUN: Ja, ich hab' schon mal eine hinter mir, aber die hat mir nichts gebracht.

MARIANNE: Okay. Man muß sorgfältig suchen, bis man jemand findet – ich würde sagen, es müßte eine Frau sein, die gut mit dir arbeiten kann, die solche Themen mal angeht. Denn du mußt wirklich wieder zu Kräften kommen. Dann sind deine Töchter und was die machen, nicht mehr so wichtig. Die sind erwachsen. Du bist jetzt dran!

TEILNEHMERIN: Als du gesagt hast, du konntest für deine jüngste Tochter nicht dasein, als du den Krebs hattest, da dachte ich, du mußt doch jetzt selbst sehen, daß du überlebst. Du mußt mal für dich selber sorgen.

MARIANNE: Wo hast du denn mal in deinem Leben liebevoll Aufnahme gefunden, um dein Herz zu entlasten?

GUDRUN: Am Anfang unserer Ehe schon.

MARIANNE: Beim deinem Mann Thorsten. Der war ja auch von Beruf Krankenpfleger. Aber der eigene Partner ist sehr schnell davon überfordert.

GUDRUN: Ja. Und dann hab' ich mit meiner jüngsten Schwester so in den letzten zehn Jahren vielleicht geredet – weil sie ja nun auch älter ist.

MARIANNE: Würdest du den Mut aufbringen, dir eine richtig gute Therapeutin zu suchen? Aber dann nicht gleich wieder sagen, das war nichts und ich wurschtele allein weiter, sondern mal so lange zu suchen, bis du jemand gefunden hast?

GUDRUN: Ja, wenn es so eine gäbe.

MARIANNE: Natürlich gibt's die. Sag mal Gudrun, möchtest du leben? (Eindringlich:) Willst du leben?

GUDRUN: (sehr bewegt) Ja. Natürlich!

MARIANNE: Das ist nicht so natürlich! Es gibt Menschen, die wollen nicht mehr leben. Du sagst aber, du willst leben.

GUDRUN: Ja klar (weint). Ich möchte doch meine Enkelkinder erleben.

MARIANNE: Das ist ein guter Grund zu leben!
Wenn du willst, kann ich dir eine gute Therapeutin nennen. Eine Frau, die dich versteht in all deiner verborgenen Trauer. Und die die Kraft mit dir sucht. Was war dein Krebs, Brust?

GUDRUN: Nein, Eierstockkrebs. (Pause)

MARIANNE: Jetzt möchte ich noch einmal zu Petronella spre-

chen: Hast du noch Kontakt zu deiner Zwillingsschwester Maria?
PETRONELLA (GUDRUN): Ja, es gibt viele Kontakte. Sie lebt noch im Kloster, aber unter sehr gelockerten Bedingungen.
MARIANNE: Gut. Und dann noch eine Frage: Du und deine Zwillingsschwester, ihr seid ja die letzten Kinder eurer Mutter Else gewesen. Seid ihr eigentlich noch gewollt?
PETRONELLA (GUDRUN): Ja, was heißt gewollt – früher ging das ja nicht ...
MARIANNE: Und eure Mutter Else ist nach eurer Geburt so richtig krank geworden?
PETRONELLA (GUDRUN): Meine Tochter Gudrun kann das nicht so genau sagen. Sie glaubt aber, daß sie schon vor der Schwangerschaft krank war.
MARIANNE: Weißt du, Petronella, deine kranke Mutter Else könnte ein ganz wichtiges Modell in eurer Familie sein. Du, Petronella, und deine Zwillingsschwester Maria, ihr habt immer eine kranke Mutter gehabt, die nur gelebt hat, um euch noch groß werden zu sehen, und die dann gestorben ist, als ihr achtzehn wart. Das ist eine schwere Bürde! Deine Schwester ist Krankenschwester geworden – übrigens wie deine Tochter Gudrun, die hier sitzt! Und vielleicht hättest du, Petronella, dann auch nicht in diese Landwirtsfamilie deines Mannes Peter eingeheiratet und so wahnsinnig geschuftet, wenn deine Mutter weitergelebt hätte.

Also vielleicht kannst du mit deiner Tochter Gudrun mal deine Mutter Else, Gudruns ungekannte Großmutter, genauer anschauen. Wie hast du, Petronella, um sie getrauert? Gudrun könnte dich mal darauf ansprechen, was du da wirklich empfunden hast. Ja? Und dann könntet ihr beide sagen: Das bin ich nicht! Ich sterbe nicht, wenn meine Töchter erwachsen werden! Das ist nur so ein Gedanke.

Und nun noch mal zu Gudrun: Du hast genug für andere Menschen getan. Du hast einen helfenden Beruf, hast für alle in der Familie gesorgt. Jetzt bist du dran!

GUDRUN (mit gesenktem Kopf): Mh.
MARIANNE: Und übrigens: Wenn du für dich sorgst, gibst du deinen Töchtern ein gutes Modell. Wenn man für sich selbst sorgt, sich pflegt, physisch, emotional und was für die Seele tut, heißt das, daß man sich selbst liebt. Manchmal muß man sogar »knallhart« sein und Dinge ansprechen, anstatt sie zu verschweigen. Das kostet vielleicht ganz viel Mut, wenn man das gar nicht gewohnt ist. Aber in kleinen Schritten kann man das lernen.
TEILNEHMERIN: Ich hatte das Gefühl, als Gudrun von ihren Töchtern sprach, daß das gar nicht Töchter, sondern Geschwister waren. Wenn die Töchter das auch so empfunden haben, kann das ihre Vorwürfe bedingt haben.
MARIANNE: Ja, und die Vorwürfe kannst du zurückweisen. Denn für Töchter ist das Überheblichkeit. – Gudrun, es ist unglaublich mutig, was du uns hier offenbart hast. Und wie schwer es dir gefallen ist, das haben wir alle gespürt. Du bist eigentlich nur gekommen, um für deine Töchter was Gutes zu tun, und nun (eindringlich): *Tu was für dich!*

In der Schlußrunde sagt Gudrun, daß sie sehr viel mitgenommen habe. Und ich füge hinzu: Laß es gut wirken!

*

Ein Jahr nach dem Seminar schrieb mir Gudrun:
»Ich bin jetzt in psychotherapeutischer Behandlung in einer Gemeinschaftspraxis von zwei Frauen. Eine führt Gespräche mit meinem Mann, und gelegentlich gibt es Gespräche zu viert.

Mir geht es insgesamt etwas besser. Ich habe die Situation weitgehend akzeptiert. Johanna wohnt jetzt schon mehr als sechs Monate in einer therapeutischen Jugendwohneinrichtung und hat sich etwas stabilisiert. Mit Elisabeth, der ältesten Tochter, gibt es zarte Versuche, kleinere Aussprachen zu führen.«

Mütter der Jahrgänge nach 1931
Mütter der Wohlstandsjahre

Die Mütter dieser Gruppe sind in ihrer Mehrzahl noch in der Nazizeit geboren, hatten also als Kinder den Krieg miterlebt, einige sind Nachkriegskinder. Ich habe sie in einer Altersgruppe zusammengefaßt, weil alle in den Sechziger- oder Siebzigerjahren Mutter wurden (dazu gehören auch Ulrike und Ursula als Mütter aus den beiden Mutter-Tochter-Paaren im nächsten Kapitel). Trotz ihrer unterschiedlichen Kindheitserfahrungen gleichen sich diese Frauen als Mütter, denn sie waren die erste Generation, für die es selbstverständlich war, eine Ausbildung zu bekommen, einen Beruf zu erlernen *und* eine Familie zu gründen. Das hieß allerdings nicht, daß sie alle Beruf und Muttersein vereinbaren konnten. Doch als Vorstellung löste dieses Bild das traditionelle, noch in den Fünfzigerjahren vorherrschende Bild der Nur-Mutter ab.

Dazu kam in den Sechzigerjahren die Einführung der »Pille« und damit die Möglichkeit, Schwangerschaften erheblich leichter zu kontrollieren als zuvor. In dieser Gruppe haben daher auch die meisten Frauen nur ein oder zwei Kinder.

Sie gründeten ihre Familien in einer Zeit des wachsenden Wohlstands, des »Wirtschaftswunders«. Für ihre Töchter war eine qualifizierte Schul- und Berufsausbildung und danach eine adäquate Berufstätigkeit nun eine Selbstverständlichkeit.

Nicht zuletzt durch die Frauenbewegung der Siebzigerjahre änderte sich das Selbstbild des Frau- und Mutterseins sehr stark. Die herkömmliche Rollenaufteilung zwischen Frauen und Männern wurde in Frage gestellt und die Väter aufgefordert, sich an der Kindererziehung und im Haushalt zu beteiligen. Frauen wollten selbstbestimmt ihr Leben in die Hand nehmen und nicht mehr wie ihre Mütter das Leben »verpassen«. Emanzipation und Selbstverwirklichung sind die Schlagworte der Frauenbewegung.

Frausein wurde nicht mehr definiert durch die Mutterschaft, die Single-Frau ersetzte die »alte Jungfer«. Auch war Mutterschaft nicht mehr gebunden an die Ehe. Unverheiratete Paare konnten Kinder haben, Scheidungen wurden normal. Die Pflicht, zusammenzubleiben, »bis der Tod euch scheidet«, galt immer weniger.

Das Modell der traditionellen Familie verblaßte. Doch in den Köpfen der Frauen sind die Bilder von der »richtigen« Frau und Mutter sowie dem »starken« Mann weiterhin vorhanden. Auch in dieser Gruppe finden sich noch Frauen, die eine »Mußehe« eingingen oder sogar wegen einer vorehelichen Schwangerschaft aus ihrer Herkunftsfamilie verstoßen wurden.

Dazu kam, daß auch die sexuelle Revolution und die größere Freiheit, sich für oder gegen die Mutterschaft zu entscheiden, ab den Sechzigerjahren für die Frauen eine Kehrseite hatten. Herrad Schenk formuliert es so: »Früher standen die Frauen unter dem Druck, unbedingt Mutter werden zu müssen (›eine kinderlose Frau ist keine richtige Frau‹) – heute stehen sie, wenn sie Mütter sind, unter dem Druck, eine ›gute Mutter‹ sein zu müssen.«[3] Und dieser Druck hat sich seit den Sechzigerjahren durch die zunehmende Psychologisierung der Kindererziehung noch verschärft: Weil sie sich für die Mutterschaft entschieden haben, wird ihnen eine viel größere Verantwortung für das Wohlergehen der Kinder zugeschrieben

---

[3] Herrad Schenk, *Wieviel Mutter braucht der Mensch*, Köln 1996, S. 192

als früher, obwohl sich die äußeren Rahmenbedingungen für Mütter eher verschlechterten (fehlende Betreuungsplätze, Kleinfamilienstruktur, Diskriminierung von Müttern am Arbeitsplatz und vieles mehr). Mütter nehmen diese Verantwortung voll auf sich mit der Konsequenz, bei jedem »Fehler« sich selbst zu bezichtigen, als Mutter »versagt« zu haben. Ich werde auf diese Thematik im Schlußkapitel noch näher eingehen.

Und wie erzählen die Töchter dieser Gruppe von Müttern das Leben ihrer Mütter? Es kann an der zufälligen Zusammensetzung der Teilnehmerinnen meiner Seminare liegen, es kann aber auch sein, daß diese Töchter, die als Seminarteilnehmerinnen um die dreißig sind, generell eine deutlich schärfere Auseinandersetzung mit ihren Müttern führen. Mir scheint, sie messen sie an dem unerfüllbaren Anspruch, den die Mütter selbst an sich richten, eine perfekte oder wenigstens gute Mutter sein zu wollen.

Die Töchter dieser Gruppe machen jedenfalls, so scheint es mir, ihren Müttern viel heftiger den Vorwurf, nur an sich gedacht und ihre Mutteraufgaben vernachlässigt zu haben. Auch die Tatsache, ein Einzelkind geblieben zu sein, kann zu Vorwürfen führen. Die Töchter brechen oft den Kontakt zu den Müttern ab in der Erwartung, daß sich ihre Mütter ihrer »Fehler« bewußt würden und sich »besserten«.

14 Gisela (1936) und Inga (1961)
Die emanzipierte Mutter und die lesbische Tochter

Inga ist eine große, sportliche Frau mit zornigem, unwirschem Gesichtsausdruck, blitzenden Augen. Sie spricht schnell mit lauter, hoher Stimme, oft in abgehackten Sätzen. Zur Zeit der Seminarteilnahme ist sie 41 Jahre alt.

In der Vorstellungsrunde stellt sie sich als Lesbe vor, »leider seit zwölf Jahren alleinlebend«. Sie ist Lehrerin. Bis zum Tod ihres Vaters vor vierzehn Jahren war sie mit der Mutter sehr verbunden. Danach kam es zu einem Bruch. Sie machen sich gegenseitig Vorwürfe. Die Mutter sagt: »Du hast mich zwanzig Jahre lang gequält.« Inga erwidert: »Du kannst die Familie nicht zusammenhalten.« Sie klagt, daß die Mutter nicht einmal Weihnachten zu feiern versteht.

Inga hat zwei jüngere Brüder, die in anderen Städten leben, auch Inga ist vor zwei Jahren in eine andere Stadt gezogen. Sie gesteht: »Mir fehlt die Familie.« Nach einer zehnjährigen Therapie ist Inga zu der Einsicht gekommen, daß ihre Mutter »wirklich krank und müde« ist und nicht mehr streiten will. Inga will ihr keine Vorwürfe mehr machen, aber bestimmte Bemerkungen der Mutter können sie immer noch tief verletzen, so zum Beispiel: »Ach, kannst du dein Leben mal wieder nicht meistern!«

Während Inga das erzählt, kommen ihr die Tränen. Sie sagt: »Ich glaube, ich habe sie mehr lieb als sie mich.« Sie sagt, sie sei das ungeliebte Kind, das »schwarze Schaf«. Einmal hatte sie vier Jahre lang »Kontaktsperre« mit der Mutter, sie haben sich nicht gesehen.

Inga wünscht sich Frieden, Verständnis füreinander. Sie glaubt, daß der Groll auf ihre Mutter auch ihre Frauenbeziehungen beeinträchtigt: »Ich gebe mehr, als ich bekomme. Mir fehlt eine Frau, die zu mir paßt. Da steckt auch meine Mutter dahinter.«

In ihrem mit der linken Hand geschriebenen »Brief an die Mutter« schreibt Inga zum großen Erstaunen von uns Zuhörerinnen: »Liebe Mama, du bist so doof. Ich hasse dich. Ich könnte dich an die Wand klatschen. Warum hörst du mir nicht zu? Warum bist du so schwach? Trotz allem wünsche ich mir Frieden. Ich vermisse dich. Hab mich doch lieb. Deine Inga.«

Wie sehr Inga mit ihrer Mutter verstrickt ist, wird auch deutlich, als sie beginnt, die Geschichte der Mutter Gisela zu erzählen, und dabei am Anfang mehrmals die Generationen durcheinanderbringt. Auch im Verlauf der Geschichte steigt sie, ohne es zu bemerken, wiederholt aus der Rolle der Gisela aus. Ihr Groll auf die Mutter scheint so heftig zu sein, daß sie sich sträubt, sich in die Mutter hineinzuversetzen.

Und nun Giselas Geschichte – in den Worten der Tochter Inga

GISELA (INGA): Ich bin Gisela. Ich habe mich emanzipiert, aber meine Tochter war nie damit einverstanden. So etwas gibt es auch!
(Lachen in der Runde)
Ich bin 1936 geboren in Breslau. Mein Vater war Rechtsanwalt, meine Mutter hat nichts gelernt. Und ich weiß nur, daß sie als Mädchen nicht Fahrrad fahren durfte, weil es sich nicht gehörte, so im Reitersitz zu sitzen. Sie hatte noch einen Bruder. Über die Eltern weiß ich nichts. Und über die Eltern meines Vaters auch nichts. Und dann kam der Krieg und da mußten wir fliehen. Und wir hätten fast Gisela vergessen. Unser einziges Kind.

MARIANNE: Moment, du bist Gisela! Da bist du in einer falschen Generation!

GISELA (INGA): Ja, jetzt hab' ich mich vertan! Also, ich bin Gisela, geboren in Breslau. Mein Vater war Rechtsanwalt. Und dann sind sie geflohen. Und ich bin vergessen worden auf der Flucht.

MARIANNE: Halt mal: Du bist 1936 geboren, da gab es keine Flucht aus Schlesien. Bei Kriegsende warst du neun Jahre alt.

GISELA (INGA): Ja. Also, ich war im Krieg in einem Heim, einem Kinderheim oder so. Da weiß ich nichts drüber. Nur daß da ein Mädchen war, das alle anderen tyrannisiert hat.

MARIANNE: Halt! Da spricht wieder deine Tochter Inga. Du, Gisela, weißt das alles, hast es aber deiner Tochter nicht erzählt! – Also Gisela, dein Vater war Rechtsanwalt in Breslau. War er Nazi?

GISELA (INGA): Nein, nein. Mein Opa war immer so ein ganz honoriger Mann, sehr angesehen.

MARIANNE: Du meinst deinen Vater!

GISELA (INGA): Ach so, ja, mein Vater. Und meine Mutter ordnete sich ihm unter. Und ich bekam eine Tochter. Die hieß Barbara und dann eine Tochter, die hieß Gisela. Und dann bekam ich oder mein Mann Gabriele. Die ist halb unehelich.

TEILNEHMERIN: Ich komme überhaupt nicht mehr mit.

GISELA (INGA): Ach ja, jetzt rede ich ja als meine Oma. Also, das stimmt ja auch nicht. Also, jetzt noch mal: Mein Vater war Rechtsanwalt, und meine Mutter bekam Barbara und dann mich, die Gisela, und dann bekam ich oder mein Mann – das weiß meine Tochter nicht – eine Tochter Gabriele, halb unehelich.

MARIANNE: Was heißt das denn?

GISELA (INGA): Ja, weiß ich nicht genau. Ich weiß nur, daß sie nicht zwischen meinem Vater und meiner Mutter entstand, sondern zwischen meiner Mutter und einem anderen Mann oder meinem Vater und einer anderen Frau.

MARIANNE: Diese Unterscheidung ist aber wichtig!

GISELA (INGA): Ja, als ich mit meiner Tochter Inga mal darüber gesprochen habe, war ich sehr erstaunt, daß sie überhaupt was davon wußte. Ich hab' ihr dann so flip-flap eine Antwort gegeben, und damit war das fertig. Das war ja tabu.

TEILNEHMERIN: Hat diese Tochter denn mit im Haushalt gelebt?

GISELA (INGA): Ja, die war voll akzeptiert.

MARIANNE: Kannte Inga die?

GISELA (INGA): Ja, meine Tochter Inga kannte die Tante Gabriele schon.

MARIANNE: Und Tante Gabriele lebt noch?

GISELA (INGA): Ja, ja.

MARIANNE: Na, dann ist das ja ganz leicht, an die genauen Informationen ranzukommen!

GISELA (INGA): Ja, ja. Ich, Inga, muß sie mal fragen. – Wir sind dann in ein Dorf bei Frankfurt geflohen, und mein Vater arbeitete wieder als Rechtsanwalt. Da hatten wir ein großes Haus. Und meine Mutter hat – ich glaub' schon im Krieg – die drei Kinder ihres Bruders mit aufgezogen. Also, da waren dann sechs Kinder. Und die konnte alles, backen, waschen, kochen. Und mein Vater, wenn er von der Arbeit kam, mußte schlafen, da mußte alles still sein, durften wir nicht mucksen. Wir durften auch nicht streiten. Mein Vater legte meiner Mutter fünf Mark auf die Treppe als Haushaltsgeld. Ich weiß nicht, ob alle Jubeljahre mal oder irgendwie einmal die Woche – keine Ahnung. Und damit mußte sie auskommen. Dann hab' ich angefangen, Leichtathletik zu machen.

MARIANNE: Moment. Diese drei Kinder, die deine Mutter mit aufgezogen hatte, das waren deine Cousins oder Cousinen?

GISELA (INGA): Ich weiß das nicht.

MARIANNE: Deine Tochter, die Inga, weiß das nicht. Könnte sie aber rauskriegen.

GISELA (INGA): Ja. – Also, ich habe dann viel Sport gemacht, Leichtathletik war meine Welt. Und ich hab' Englisch studiert. Und da lernte ich meinen Mann kennen. Auf 'ner Studentenverbindung. Also der Hajo, der war ja ein ganz toller Hecht, der konnte fechten und hatte da so 'nen Schmiß. Der studierte Veterinärmedizin. Also, wir haben uns ganz toll verliebt. Auf 'ner Wiese ist es passiert. Und dann – also danach wußte ich, ich war schwanger. Und da wollte Inga kommen.

Und mein Mann war Einzelkind. Der hatte 'ne Mutter – also, die waren Flüchtlinge aus Pommern, die nach Ostfriesland gekommen waren. Und das war ganz furchtbar. Ich mußte dann mit ihm in das kleine Haus hinterm Deich ziehen. Nach eineinhalb Jahren wurde ich wieder schwanger. Und mein Mann war noch in der Ausbildung und kam nur am Wochenende. Das war grauenhaft. Also, ich war restlos überfordert. Ich wußte gar nicht, wo ich morgens anfangen und abends aufhören sollte. Das zweite Kind war ein Junge, Thorsten. Und dann hab' ich – Gott sei Dank – eine nette Freundin in der Straße gehabt. Die hat mich so ein bißchen unterstützt. Aber ich war weit weg von zu Hause, von meinem Sport, und ich konnte dann nicht mal zu Ende studieren und mußte da diese Kinder großziehen.

Und ja, wir sind dann nach Wilhelmshaven gezogen. Da bekam mein Vater – äh, mein Mann, der Hajo – eine Stelle als Veterinär-Oberrat. Meine Tochter wurde eingeschult, und 1967 bin ich noch mal schwanger geworden, da kam Carsten.

Also meine Tochter war ganz prima. Die hat auf die Jungs aufgepaßt und so. Wir hatten eine Mietwohnung, und es ging uns gut. Mein Mann arbeitete, und ich hatte mein Tennis, meinen Sport und die Kinder, und es ging wunderbar zehn Jahre.

Dann haben wir ein Haus gebaut auf Rat meines Vaters, denn mein Mann hätte das wohl nicht gemacht. Das war 'ne schlimme Zeit. Wir haben viel selbst mit geholfen. Und waren beide berufstätig. – Ach, das hab' ich vergessen, ich hab' dann im Fernstudium mein Realschullehrerexamen nachgeholt.

Und bei uns war immer die Schwiegermutter, die Rose. Das war mir schon zuviel. Sie hatte ihren Mann im Krieg verloren und kümmerte sich um die Kinder. Besonders Inga war ihr absolutes Lieblingsenkelkind. Sie war ja auch 'ne Hilfe, aber ich weiß gar nicht, ob ich die eigentlich mochte. Also mir hat sie immer vorgegaukelt, daß sie mich liebte. Aber ich war mir da manchmal nicht so sicher.

MARIANNE: Hat sie deinen Mann, also ihren Sohn, geliebt?

GISELA (INGA): Ja, sehr, Affenliebe war das.

MARIANNE: Also dann warst du ja ihre Rivalin.

GISELA (INGA): Und Inga war immer sehr ernst. Ja, hat auf die Jungs aufgepaßt. War mein großes Mädchen und immer verständig. Ja, also dann in der Pubertät war ein ganz großer Bruch. Die wollte also plötzlich länger wegbleiben und brachte auch so Jungs mit. Bis dahin war sie eigentlich nur mit Sport beschäftigt, war auch gut in der Schule. Ja. Und die ist dann mit siebzehn auch ausgezogen. Das war für uns alle 'ne Entspannung. Ich hab' sie immer Terroristin genannt. Also, sie war immer so dagegen, nichts war ihr recht. Wir wußten gar nicht mehr, wie wir sie bändigen sollten. Das Verhältnis entspannte sich, als sie ihr Studium als Lehrerin anfing. Da hatte sie dann auch mal für vier Jahre einen Freund. Ich finde ihr Leben schwierig, sehr schwierig.

Und dann plötzlich, als sie 33 war, erzählte sie mir, sie hätte sich in eine Frau verliebt. Sie war nahezu euphorisch und sagte, jetzt würde in ihrem Leben alles zusammenpassen plötzlich. Ja, und da habe ich nur gesagt: Ja, ach, die Inga!

MARIANNE: Hast du das erwartet?

GISELA (INGA): Nein, überhaupt nicht. Ich war ziemlich überrascht. Aber was soll ich dazu sagen. Die Hauptsache, meine Tochter wird glücklich. Also, ich hatte selbst schwule Freunde, die in meinem Haus verkehrten. Und das war ja nun für mich kein Weltuntergang. Ich habe mich gefreut, und sie hat auch immer wieder erzählt von ihren Frauen, die sie da kennenlernte.

Und dann war ja mein Mann gestorben. Also, meine Tochter war 29, und der Hajo ist ganz plötzlich innerhalb von drei Monaten an Pankreaskrebs gestorben. Und ach so, ich habe vergessen, daß ich wieder angefangen hatte zu arbeiten, das waren erst so kleine Sportkurse nachmittags, und später habe ich eine halbe Stelle bekommen an einer Hauptschule. Ich hab' da viel mit meinem Mann gerungen und hab' mich auch vor meinen Kindern mit ihm gestritten. Sie sollten das alles mitkriegen. Ich verdiente mein eigenes Geld und hatte erst ein Mofa und dann ein Auto. Hab' mich da so langsam rausgewurschtelt.

Aber mein Mann hat das eigentlich halb über sich ergehen lassen, halb hat er zugestimmt. Ich hab' meinen Mann schon geliebt, er mich auch, denke ich, ja. Er ist auch mal fremdgegangen. Ich dachte, er kriegt ein Kind mit 'ner anderen. Also, da bin ich schon fast zusammengebrochen. Das war ganz schlimm. Da habe ich mich ans Bett meiner Tochter gesetzt. Die war damals erst fünfzehn oder sechzehn.

Und ich hab' dann auch ein Verhältnis gehabt, so mit einem oder zweien oder sogar dreien. Von zweien weiß meine Tochter genau. Aber das hat uns noch nicht auseinandergebracht.

Nur ganz zum Schluß, da wollte ich mich eigentlich trennen von meinem Mann, mal so auf Probe für drei Monate. Aber das haben wir dann nicht mehr gemacht, weil er so krank wurde und ziemlich bald danach starb.

Ich hab' dann noch acht Jahre in dem Haus gelebt. Und ich hatte auch Freunde, mehrere, so immer hintereinander, ein Jahr oder ein paar Monate. Die konnten Hajo nicht das Wasser reichen. Er war intelligent, sportlich, gebildet und ein fröhlicher Mann, ein erotischer Mann. Also, da kam nichts drüber über ihn.

MARIANNE: Lebst du immer noch allein?

GISELA (INGA): Also dann wurde ich depressiv, wurde traurig. In Norddeutschland, da ist der Winter lang. Und man wird als Frau auch nicht mehr eingeladen, weil die anderen Frauen Angst haben, man würde ihnen die Männer wegnehmen. Das war schon hart! Ja, und ich habe mich da eigentlich auch nie so wohl gefühlt. Ich kam ja aus Hessen, da ist es viel wärmer, da sind die Menschen nett, und da gibt's Wein.

Ach so, ich hatte mich verliebt. Ich hatte mit einem Mann ganz lange korrespondiert. Dessen Frau kannte ich noch. Die war gestorben. Und das hat sich schließlich so entwickelt, wir haben uns verliebt. Und dann bin ich da hingezogen, aber in eine eigene wunderschöne große Wohnung.

Zu meiner Tochter noch mal: Meine Tochter ist eine ganz schwierige Frau. Sie hat ständig berufliche Brüche und hat ihr Leben lang gelitten, daß sie keine Partnerin, erst keinen Partner, findet. Ich kann ihr dazu nichts sagen, und ich habe auch keine Lust mehr dazu. Sie ist für mich heute eher belastend mit ihren Sorgen. Sie will sich auch immer mit mir auseinandersetzen. Ich kann das nicht mehr. Meine Kinder, die Jungs, haben sich früher so viel gestritten, und ich will das nicht mehr. Ich bin jetzt alt und krank, habe eine verschleppte Borreliose seit zwei Jahren.

Ich wünsche mir, daß Inga glücklich wird, daß sie eine Frau findet. Sie hat das ja jetzt beruflich ganz schön hingekriegt, hat eine Stelle an einer Schule. Und mir wünsche ich, daß sie mich in Ruhe läßt, daß wir einfach ein bißchen Frieden finden. – Also ja, so war das alles.

Und nun beginnt die Diskussion zwischen »Gisela«, den Teilnehmerinnen und mir

MARIANNE: Also sie nervt dich, deine Tochter?
GISELA (INGA): Ja, also, ich hab' immer furchtbare Angst. Wir sind zwei Stunden zusammen, und schon streiten wir uns. Ich weiß nicht, es ist so schwierig.
TEILNEHMERIN: Was will Inga denn von dir, ihrer Mutter?
GISELA (INGA): Ja, gute Frage. Gar nicht so leicht zu erklären. Sie macht mir immerzu Vorwürfe, daß ich was falsch mache mit ihr. Ich habe ihr mal gesagt, daß sie mich zwanzig Jahre lang gequält hat. Das hat sie mir natürlich sehr übelgenommen.
TEILNEHMERIN: Womit hat sie dich denn gequält, die Inga? Sie hat doch auf die beiden Jungen aufgepaßt.
GISELA (INGA): Ja, aber die will immer mehr von mir. Und ich kann ihr das nicht geben. Ich hatte mein Leben, ich mußte mich emanzipieren, ich hatte meinen Beruf, meine Kinder und meinen Mann und meinen Sport.
TEILNEHMERIN: Fühlt sie sich zu kurz gekommen, die Inga?
GISELA (INGA): Ja, ich glaube schon. Sie sollte ja auch gar nicht kommen, eigentlich. Ich wollte zu Ende studieren.
MARIANNE: Und das ist wahrscheinlich das Entscheidende! Du hast mit dem flotten Hajo Liebe gemacht, aber wolltest doch noch kein Kind!
GISELA (INGA): Ich habe ihr mal ein Buch gegeben: »Ich hab' dich nicht gewollt, mein Kind!« Das hab' ich später zurückgenommen und mich entschuldigt und gesagt, das stimmte gar nicht.
MARIANNE: Aber das stimmt doch, Gisela! Steh dazu!
GISELA (INGA): Wir haben uns schon geliebt, also. Ich hab' die Kinder schon geliebt.

MARIANNE: Ja, weil das so sein muß, weil man sie lieben muß. Aber die Liebe ist nicht ganz echt, da stimmt was nicht. Vor allem bei Inga.

GISELA (INGA): Ja, ich hätte auch gut ohne Kinder leben können.

MARIANNE: Na klar!

GISELA (INGA): Ich hatte damals ein Angebot als Rundfunksprecherin, und das konnte ich ja nicht wahrnehmen, ich mußte ja dann heiraten.

MARIANNE: Jetzt die Frage hier an die Runde. Wenn Inga ein ungewolltes Kind ist und das von der Mutter Gisela ganz offen ausgesprochen wird, welches Recht hat Inga dann eigentlich, ihrer Mutter einen Vorwurf zu machen? Was meint ihr?

TEILNEHMERIN: Sie kann doch froh sein, daß sie lebt!

(Lachen der Teilnehmerinnen)

MARIANNE: Und daß sie nicht abgetrieben wurde, sondern hier sitzt! Und Gisela hat das alles auf sich genommen!

INGA: Also dann soll ich auch noch dankbar sein?!

MARIANNE: Na klar! Für das Leben!

INGA: Ich hatte das Glück, meine Oma hat mich abgöttisch geliebt. Sie war eine warme, weiche Frau. Ich war quasi ihr zweites Kind.

MARIANNE: Gut für Inga, aber – zurück zu Gisela – für dich, Gisela, war deine Schwiegermutter eine Rivalin! Also: Die Inga hat kein Recht, dir, Gisela, einen Vorwurf zu machen. Du hast ja sogar dafür gesorgt, daß deine Schwiegermutter dein Kind liebevoll umsorgen durfte, was ja selten ist. Andere Mütter lassen das gar nicht zu.

INGA: Also, meine Vorwürfe laufen immer in die Richtung, warum hast du mich nach der Operation nicht – also ich spreche jetzt als Inga.

MARIANNE: Nein, bitte als Gisela.

GISELA (INGA): Ja, also ich hatte meiner Tochter versprochen, sie nach einer Operation zu besuchen. Da konnte ich aber nicht. Ich konnte nicht, ich hatte keine Zeit. Dann hab' ich ihr versprochen, sie auf Mallorca zu besuchen, wo sie gearbeitet hat, aber ich hatte da auch keine Zeit.

MARIANNE: Also ich finde, das sind alles Lappalien, nebensächliche Sachen, die dir Inga da vorwirft. Es geht doch um was Existentielles, daß Inga ein ungewolltes Kind ist.

TEILNEHMERIN: Ja, und daß Gisela nicht dazu steht.

GISELA (INGA): Doch, ich stehe dazu. Ich sage, ich habe zwölf Jahre Hauptschule als Lehrerin hinter mir, fünfzehn Jahre Familie und Mann und Kinder, und jetzt bin ich dran. Ich bin nicht nur eure Mutter. – Und das findet Inga auch legitim.

MARIANNE: Ach so. Also, worum kämpft ihr noch?

INGA: Weiß ich nicht. Ich will immer mehr. Ich will immer mehr, immer mehr.

MARIANNE: Spricht jetzt Inga?

INGA: Ja. Ja, ich will immer noch mehr.

MARIANNE: Bitte wieder als Gisela: Deine Tochter will immer noch mehr. Eigentlich will sie ein gewolltes Kind sein! Aber das ist nicht mehr möglich!

INGA: Mit meinen Brüdern hat sie das gekonnt.

MARIANNE: Genau! Aber die sind Söhne. Das ist auch noch wieder anders.

GISELA (INGA): Ja, mit Jungs ist das einfacher. Meine Mutter ist eine – äh, ich, Gisela, bin eine Jungensfrau. Mit ihnen kann ich gut. Mit Männern konnte ich immer, aber mit Inga nicht.

MARIANNE: Du, Gisela, hast ungewollt ein Kind bekommen. Das ist geschehen. Da kann man drüber heulen, da ist Trauer angesagt. Vielleicht noch Wut oder Groll. Aber alles das muß wieder aufhören. Und dann schaue ich, was ich draus machen kann.

TEILNEHMERIN: Aber wieso soll die Inga nicht traurig darüber sein, wenn die Mutter verspricht, daß sie ins Krankenhaus kommt?

INGA (mit schriller Stimme): Das werd ich der *nie* vergessen!

MARIANNE: Hört ihr Ingas heftige Reaktion? Also in der Vergangenheit ist was passiert, und Inga will es nie vergessen. Da stimmt was nicht!

INGA: Sonst bin ich gar nicht nachtragend. Aber bei ihr – ganz extrem.

MARIANNE: Um so schlimmer!

INGA: Ich hab' einen Traum gehabt nach diesem Krankenhausaufenthalt. Da hab' ich sie mit Messern traktiert. Das war ein Blutrauschtraum. So voller Haß war ich. Hab' ich ihr auch erzählt.

MARIANNE: Das ist ein sehr bedeutsamer Traum. Meine Assoziation dazu ist, daß deine Mutter so fühlte, als du als Neugeborenes in ihrem Arm lagst und sie das Gefühl hatte, daß damit ihr Leben versaut war. Da wollte sie dich weghaben, als Baby.

INGA: Vielleicht – weiß man nicht. Also, ich finde es aber trotzdem ...

MARIANNE: Ich rede noch mal zu Gisela: Deine Tochter will sich ganz einfach nicht in dich reinversetzen, will immer noch zornige Tochter sein!

INGA: Ne, jetzt ja nicht mehr. Ich mußte ja 42 werden, um das jetzt eben zu begreifen, daß ich von ihr keine – Also, ich spreche jetzt als Inga, ich will nicht mehr Gisela sein. Also, ich habe keine Partnerin, und deshalb will ich immer noch von ihr Verständnis, Trost, Zuspruch!

MARIANNE: Aber das kriegst du nicht! Deine Mutter da draußen kann dir das nicht geben. Nur du selbst kannst dir Trost und Verständnis geben. Das ist dann die »Mutter in dir«. Um die geht es.

INGA: Ja, ich weiß. Ich muß mich selbst lieben. Meine letzte Freundin zum Beispiel. Die hat mich total süß versorgt. Leider haben wir uns sonst überhaupt nicht verstanden.

MARIANNE: Eben, weil das ja wieder nur eine Versorgung von außen war. Du warst nicht dir selbst eine gute Mutter.

TEILNEHMERIN: Die »Mutter in mir«, wer ist das denn? Wenn ich mir sage, meine Mutter ist so, wie sie ist, und ich muß den Mangel, den ich hatte, tragen. Das ist doch schrecklich!

MARIANNE: Ingas Mutter hatte nicht nur Mängel und Fehler. Sie hat ihre Tochter leben lassen. Und das ist viel, sehr viel! Diese andere Mutter kann Inga in sich selbst finden.

INGA (nachdenklich): Ich glaub', da ist so was Nährendes, wie die Göttin, die in uns allen ist. Ich komme auch gut klar so mit dem Alleinleben. Es fehlt nur eben die andere Hälfte. Aber das muß ich mir selbst holen.

MARIANNE: Ja! Wir haben alle in uns das kleine Kind, das manchmal so traurig guckt, weil sie von ihrer Mutter nicht genug kriegt. Bei mir ist es die kleine »Nanni«, so wurde ich als Kind genannt. Und ich hab' gelernt, diese Kleine in den Arm zu nehmen. Denn nur ich kann ihr das geben. Niemand anderes.

TEILNEHMERIN: Also ist das so, daß dir diese Kleine eigentlich leid tut?

MARIANNE: Ja. Und zwar als Teil in mir. Ein anderer Teil, die Erwachsene, die Frau Doktor Krüll, die weiß genau, was der kleinen Nanni fehlt, und das gebe ich ihr dann.

TEILNEHMERIN: Ja, ich denk' mir, wenn ich immer nur sage: Ich brauche, ich brauche, dann muß ich mal fragen: Was kann ich geben – gerade auch diesem eigenen traurigen Kind.

INGA: Ja. Ich hab' jetzt in meiner Küche ein Bild von mir von früher aufgehängt. Da hatte ich so ganz dicke Zöpfe. Ich gucke zwar ziemlich traurig, aber ich mag das Bild jetzt.

MARIANNE: Und das ist die »Mutter in dir«, die diese kleine, traurige Inga liebevoll ansieht. Und diese »Mutter in dir« kann und weiß noch viel mehr. Die ist deine eigene Mütterlichkeit, die jede von uns in sich trägt, ob wir selbst Mutter sind oder nicht. Und wenn du die beiden wirklich in dich reinholst, dann, denke ich, wirst du auch einer Partnerin draußen begegnen. Nicht eine, die deine Bedürftigkeit füllen soll, sondern eine, die genauso kraftvoll ist wie du. Und dann geht die Post ab!

INGA: Also noch mal: Welche beiden meinst du nun? Die Mutter in mir, und wer ist die andere?

MARIANNE: Na, die, die du als Foto an der Wand aufgehängt hast, die kleine Inga mit den Zöpfen.

INGA: Also wenn die sich in den Arm nehmen.

MARIANNE: Ja! Und wenn du sie anguckst und liebhast, nimmst du sie ja in den Arm. Und das ist es. Das mache ich auch mit meinem inneren Kind, der kleinen Nanni. Ich umarme sie und bin dann die »Mutter in mir«.

TEILNEHMERIN: Sprichst du der dann Mut zu, oder was machst du mit der?

MARIANNE: Also das Wichtigste ist, daß ich sie wahrnehme, ganz liebevoll. Aber eben nicht wie meine Mutter, die ich hatte! Sondern ich bin jetzt selbst eine Mutter mit Erfahrungen, die meine wirkliche Mutter nie machen konnte. Es ist das Mütterliche, worum es geht.

Ich danke dir, Gisela, und Inga für eure wunderbare, kraftvolle Geschichte! Inga kriegt als Hausaufgabe: Familienforschung zu betreiben, um noch mehr über Giselas Eltern zu erfahren, und zwar ohne daß du, Gisela, davon was weißt. Diese »Halbschwester« Gabriele zum Beispiel könnte für euch beide Bedeutung haben. Inga kann ihre Energien darauf lenken, dich zu verstehen, anstatt dir Vorwürfe zu machen.

*

Drei Jahre später schrieb mir Inga:

»Die Beziehung zu meiner Mutter ist nach wie vor schwierig, daher haben wir keinen Kontakt zueinander, und ich bin damit sehr einverstanden, so muß ich mich für mein Leben nicht rechtfertigen und habe meinen Seelenfrieden. Ich habe ihr verziehen, das heißt, ich erkenne an, daß sie versucht hat, mir ihr Bestes an Erziehung zu geben, was ihr möglich war. Sie hat mich symbolisch in die Obhut meines verstorbenen Vaters gegeben. So können wir an ihn denken und sind aus unserer Verstrickung heraus, die von Eifersucht, Konkurrenzdenken und Kontrollbedürfnissen ihrerseits geprägt war.«

15 Ulla (1938–2002) und Beate (1978)
Die Mutter nimmt ein Geheimnis mit ins Grab

Beate ist eine kleine, kräftige Frau mit dunklen, kurzen Haaren und einem verschmitzten Lachen im Gesicht. Sie spricht sehr schnell mit ein wenig Trotz in der Stimme. Zur Zeit der Seminarteilnahme ist sie 27 Jahre alt, Studentin, verheiratet und hat einen fünf Monate alten Sohn.

Ihre Mutter ist mit 64 Jahren nach dreizehnjähriger Erkrankung an Krebs gestorben. Die Krankheit wurde diagnostiziert, als Beate zwölf war. »Und von dem Tag an war sie eigentlich nicht mehr für mich da. Das ist, was ich so mit mir rumschleppe, daß meine Mutter nicht ehrlich zu mir gewesen ist.« Beate hat einen älteren Halbbruder, das Kind ihrer Mutter. »Und der ist in die Ehe gekommen, und das hat mir keiner gesagt.« Beate ist »nur mal so drüber gestolpert« und war dann sehr verletzt. »Ja, ich hab' sie gefragt, warum sie mir das nicht sagen konnte.«

Sie fühlte immer, daß die Mutter diesen Sohn mehr liebte als sie, »weil der ja von dem Mann ist, den sie mehr geliebt hat als meinen Vater. Mein Vater war nur der Versorger.« Beates Vater lebt noch. Eine Versöhnung mit der Mutter »hat irgendwann mal kurzfristig stattgefunden«. Aber kurz darauf ist die Mutter gestorben. Beate weint, als sie sagt: »Mein Wunsch wäre, sie einfach gehen zu lassen und zu sagen, das ist jetzt gut.«

Beim Erzählen der Geschichte ihrer Mutter veränderte sich Beates Sprechweise auf höchst ungewöhnliche Weise: Die quicklebendige, muntere Beate verwandelte sich plötzlich in eine verschlossene Frau, die buchstäblich keine Worte mehr fand.

Und nun Ullas Geschichte – in den Worten der Tochter Beate

ULLA (BEATE): (spricht mit sehr vielen und langen Pausen) Ich bin Ulla, geboren am 10. November 1938, geboren in der Reichskristallnacht. Meine Mutter heißt Änne und ist 1913 geboren, mein Vater heißt Gerhard. Meine Tochter weiß nicht, wann er geboren ist, aber er ist 1942 in Stalingrad gefallen. Ich habe eine jüngere Schwester Hildegard, 1940 geboren. Wir lebten in K. am Niederrhein, zusammen mit meinen Großeltern mütterlicherseits.

An meinen Vater kann ich mich nur sehr dunkel erinnern. Ich weiß nur, daß der einmal noch nach Hause gekommen ist und sein Bruder, der Pastor war, ihn im Kloster verstecken wollte. Aber er hat gesagt, ich muß zurück zu meinen Kameraden. Und daraufhin ist er 1942 bei Stalingrad gefallen, nein, nicht gefallen, er ist an Fleckfieber gestorben. Er war Beamter von Beruf. Meine Mutter ist Verkäuferin gewesen. Wir sind evakuiert nach Bayern, allerdings habe ich meiner Tochter Beate nie erzählt, wann das war.

Als kleines Mädchen mußte ich immer auf meine jüngere Schwester aufpassen bzw. mußte mich um sie kümmern, denn meine Mutter mußte ja arbeiten und Geld verdienen und sich gleichzeitig noch um ihre Eltern kümmern, die pflegebedürftig waren. Ich kann mich erinnern, daß ich immer den schweren Zinkeimer mit Wasser nach oben tragen mußte, obwohl ich das noch gar nicht konnte. Und meine Knie taten mir weh, aber meine Schwester Hildegard war immer so krank, daß sie meiner Mutter gar nicht helfen konnte.

Ich selbst bin von Beruf Stenotypistin. Ich bin vorher bei Nonnen in einer Haushaltsschule gewesen. Ich hab' dann später bei der Caritas gearbeitet. Und dort hab' ich auch den Vater meines ersten Kindes kennengelernt. Der war allerdings verheiratet. Thomas ist von 1965, unehelich. Der Vater heißt Egon. Ich selber bin sehr christlich, das heißt katholisch, erzogen worden und bin aufgrund der Tatsache, daß das 1964 nicht Usus war, daß man ein Kind kriegte, von meiner Mutter aus der Stadt verwiesen worden. Das heißt, ich mußte K. verlassen. Bin von da aus dann nach H. gezogen.

MARIANNE: Und der Mann?

ULLA (BEATE): Der Mann ist weiter verheiratet geblieben.

MARIANNE: Hat er für das Kind gezahlt, hat er den Thomas anerkannt?

ULLA (BEATE): Anerkannt wohl nicht, aber er hat kurzfristig gezahlt.

MARIANNE: Hast du ihn geliebt?

ULLA (BEATE): (lange Pause) Jedenfalls hab' ich das Beate nie erzählt. Beate würde sagen: ja.

MARIANNE: Also auch Hoffnung oder Wunsch, daß er sich scheiden läßt und dich heiratet?

ULLA (BEATE): Ja.

MARIANNE: Kannst du sagen, wo und wie das passiert ist?

ULLA (BEATE): Nein. Meinen jetzigen Mann hab' ich 1974 über eine Kontaktanzeige in einer Kirchenzeitung kennengelernt. Er heißt Günther. Das hat Beate aber auch erst nach meinem Tod erfahren. Wir haben 1974 geheiratet. Danach hatte ich noch zwei Fehlgeburten. Und dann ist meine Tochter Beate 1978 geboren.

MARIANNE: Und Thomas war immer bei dir?

ULLA (BEATE): Ja. Günther hat ihn als meinen Sohn akzeptiert. Er trägt auch meinen Namen, weil ich den Namen meines Mannes angenommen habe. Und Thomas wußte auch nichts. Für Thomas ist Günther sein Vater.

MARIANNE: Er war doch aber schon neun!

ULLA (BEATE): Ja, trotzdem. Sein Papa war dann eben einfach da.

MARIANNE: Aber er weiß, daß er einen anderen Vater hat.

ULLA (BEATE): Nein, damals nicht, 1974 nicht. Jetzt schon. – Mein Mann ist der Jüngste zu Hause, ist immer mittags noch zu seiner Mama gefahren und dann erst zu mir. Meine Mutter Änne hat meinen Partner, den Günther, nicht akzeptiert. Der war ihr zu dick. Meiner Tochter und meinem Sohn hab' ich nie gesagt, daß sie nur Halbgeschwister sind. Ich weiß, daß meine Tochter über das Familienstammbuch gestolpert ist. Und sich dann gewundert hat über die Daten, die nicht zusammenpaßten. Das hat mir mein Mann erzählt.

Als meine Tochter in die Pubertät kam, bin ich ins Krankenhaus gekommen. Da haben sie zum ersten Mal bei mir Krebs festgestellt. Brustkrebs. Von dem Tag an war ich nicht mehr viel zu Hause. Ich konnte mich auch nicht mehr richtig um sie kümmern. Das heißt, ich hab' ihr immer Essen gemacht, aber ich war nicht für sie da.

Sie hat mich immer geärgert, angegriffen. Wollte auch nie helfen. Sie hat immer das gemacht, was sie wollte. Und sie hat nie gesagt zu mir: Mama, ich hab' dich lieb. Mein Gefühl war, daß sie ihren Papa liebt.

Meine Tochter hat eine kaufmännische Ausbildung gemacht. Sie ist gleichzeitig ausgezogen und hat mir gesagt, daß sie sich verlobt hat und noch im Oktober heiraten will. Und dann ist der auch noch acht Jahre älter! Sie hat mich nicht gefragt, sie ist einfach gegangen! Und mein Sohn Thomas war schon lange aus dem Haus gewesen. Er hatte mal hier eine und da eine, und inzwischen ist er auch verheiratet. Die Frau hat auch ein Kind in die Ehe mitgebracht, einen Sohn. (Lange Pause)

MARIANNE: Warum fällt es dir so schwer, zu reden, Ulla? Oder kommt mir das nur so vor?

ULLA (BEATE): Weil ich einfach über viele Sachen nicht rede.

MARIANNE: Willst du uns was verbergen?

ULLA (BEATE): Ich hatte einen ganz bösen Streit mit meiner Tochter – kurz bevor ich gestorben bin. Es ging um die Soße über die Kartoffeln. Das hat sie total aufgeregt, daß ich ihr die Soße über die Kartoffeln geschüttet habe, ohne sie zu fragen.

MARIANNE: Das hat die Beate aufgeregt?

ULLA (BEATE): Ja, und dann ist sie aufgestanden und gegangen. Ich hab' gesagt, man kann doch über alles reden. Aber sie ist einfach ausgeflippt und gefahren. Und dann ist sie wieder gekommen und hat halt auch gesagt, warum sie gegangen ist. Und daß sie enttäuscht ist darüber, daß ich ihr das nicht gesagt habe mit dem Thomas. Und daß sie das gar nicht schlimm findet, daß Thomas ihr Halbbruder ist, denn das ist nun mal ihr Bruder, ob halb, ganz oder ein Viertel. Und den liebt sie ja. Sie ist nur einfach enttäuscht, daß sie von anderen Leuten darauf angesprochen worden ist, daß das ja gar nicht ihr Bruder ist.

Und nun beginnt die Diskussion zwischen »Ulla«, den Teilnehmerinnen und mir

MARIANNE: Und dann bist du gestorben. Wieviel später?

ULLA (BEATE): Ja, so ein Vierteljahr später. Ja, für meinen Mann wohl sehr plötzlich, für meine Tochter weniger, die hat das wohl gespürt, aber auch ein bißchen verdrängt.

MARIANNE: Ihr habt euch nicht mehr gut verabschieden können?

ULLA (BEATE): Ich hab' ihr in den letzten Tagen noch sagen können, daß sie mein bestes Pferd ist im Stall. Aber mehr hab' ich nicht mehr gesagt.

MARIANNE: Und wann hat Beate dann ihr Kind bekommen?

ULLA (BEATE): Das war im September 2004, der ist jetzt fünfeinhalb Monate. Ich bin 2002 gestorben. (Pause)

MARIANNE: Ja, und was willst du uns noch erzählen, Ulla?

ULLA (BEATE): Ich hab' mir das nie verziehen mit dem ersten Kind. Ich hab' gedacht, mit dieser Krebskrankheit bin ich dafür bestraft worden, daß ich ein uneheliches Kind bekommen habe. – Das Verhältnis zu meiner Schwester Hildegard ist auch erst besser geworden, nachdem meine Mutter gestorben ist, das war 1998.

TEILNEHMERIN: Wie war denn das Verhältnis zu deiner Mutter Änne, als du wieder geheiratet hast? War es besser?

ULLA (BEATE): Ja, wir waren oft da, aber den Günther fand sie immer irgendwie zu dick und hat ja nichts geschafft, der ist ja nur Einzelhandelskaufmann – es war jedenfalls nicht der Richtige.

MARIANNE: Du hast die Maßstäbe deiner Mutter voll übernommen, oder? Hast sie aber nie erfüllen können, weil du dieses Kind gekriegt hast?

ULLA (BEATE): Die hat mich rausgeschmissen, aber wollte es eigentlich nicht. Aber ich bin dann einfach gegangen.

MARIANNE: Also, das war gar kein Rausschmiß, sondern du bist selber gegangen?

ULLA (BEATE): Ja, sie wollte, daß ich gehe, aber irgendwie dann auch wieder nicht – so.

MARIANNE: Das klingt, als ob ihr beide, du und deine Mutter, trotzig wart? Und dann hinterher das selber bedauert habt, aber nicht zurückkommen konntet?

ULLA (BEATE): (zustimmend) Mh.

MARIANNE: Was wäre denn gewesen, wenn du mit dem Thomas zu deiner Mutter Änne zurückgekommen wärst? Also deinen Stolz aufgegeben hättest?

ULLA (BEATE): Ich glaube, sie hätte ihn dann umsorgt.

MARIANNE: Genau. Denn sie ist ja allein geblieben und hat nicht wieder geheiratet, die Änne, oder?

ULLA (BEATE): Nee, nee.

MARIANNE: Hatte Beate Kontakt zu Änne, zu ihrer Großmutter?

ULLA (BEATE): Ja, die hatte Kontakt. (lange Pause)

MARIANNE (in die Runde): Ich hänge so ein bißchen in der Luft – geht es euch auch so? Will die Ulla nichts erzählen? Was ist los mit ihr?

TEILNEHMERIN: Also ich hab' das Gefühl, die Beate fühlt sich schlecht, weil sie im Streit mit ihrer Mutter auseinandergegangen ist. Eigentlich hätte sie es gern regeln wollen, hat es aber nicht geschafft, mit ihr zu sprechen.

MARIANNE: Ulla, hast du gespürt, daß du bald sterben mußt?

ULLA (BEATE): Ich wollte nicht mehr leben. Ich hab' mich aufgegeben. Ich wollte nicht noch mal Chemo kriegen und wollte auf keinen Fall ein Pflegefall werden. Ja, da kam die Lungenentzündung wahrscheinlich gar nicht so schlecht. Aber ich wollte auch eigentlich noch bei der Hochzeit meiner Tochter dabeisein. Aber das habe ich nicht mehr geschafft. Ich konnte einfach nicht mehr.

MARIANNE: Hat Beate mitgekriegt, daß du eigentlich gern zur Hochzeit kommen würdest?

ULLA (BEATE): Ja. Die hat mir das noch Freitag morgens im Krankenhaus gesagt, und in der Nacht vom Samstag auf Sonntag bin ich eingeschlafen.

MARIANNE: Was wünschst du der Beate – jetzt von da oben? (Lange Pause)

ULLA (BEATE): Es geht nicht.

MARIANNE: Was hindert dich, Ulla? (Pause)

ULLA (BEATE): Ich, ich kann's nicht ausdrücken. Ich kann's nicht sagen.

MARIANNE: Ist es was Gutes, was du nicht sagen kannst?

BEATE: Ja. Ich kann grad selber nichts – als Beate.

MARIANNE: Ich finde alles so seltsam! – Also, Ulla, du hast da auf dem Foto eine ganz starke Ausstrahlung für mich. Da bist du eine ganz lebenszugewandte Frau.

ULLA (BEATE): Ja, ich hab' immer gern gefeiert.

TEILNEHMERIN: Hat Günther gern mitgefeiert?

ULLA (BEATE): Ja, aber ich mußte den immer treten.

(Lange Pause)

MARIANNE: Mir fallen noch deine beiden Fehlgeburten ein vor der Beate. Was war da los?

ULLA (BEATE): Der Arzt hat gesagt, ich hab' ein zu schwaches Bindegewebe.

MARIANNE: Hattest du das bei der Beate auch?

ULLA (BEATE): Ja. Ich war auch ziemlich schwach.

MARIANNE: Und warst du dann froh, daß sie da war – richtig glücklich?

ULLA (BEATE): Ja. (Pause)

MARIANNE: Ich hänge irgendwie völlig in der Luft, ganz komisch.

TEILNEHMERIN: Ja, Beate ist so eloquent und Ulla so ganz das Gegenteil!

MARIANNE: Warst du denn wirklich so beschämt, ein uneheliches Kind zu haben? Hast du den Thomas versteckt?

ULLA (BEATE): Nein.

MARIANNE: Also du warst eine alleinerziehende Mutter – nach dem Vater soll niemand fragen. So?

ULLA (BEATE): Ja, so. Ich hab' da auch nie was drüber erzählt. Thomas weiß auch nichts drüber. Er weiß den Namen, aber sonst nichts.

TEILNEHMERIN: War denn Günther einverstanden mit deinem Sohn? Wie war eure Beziehung?

ULLA (BEATE): Ich hab' meinen Mann geliebt. Er hat mich auch geliebt. Und er war immer so stolz, in seinem Alter – er war 38 – noch eine so flotte junge Frau, so schlank, an seiner Seite zu haben. Das war ich dann nicht mehr, bedingt durch meine Krankheit.

TEILNEHMERIN: Du sprichst so viel von Scham. Aber du, Ulla, erscheinst mir als eine sehr starke Frau. Du hast da mal neben der Spur getreten, aber dann stehst du dazu.

MARIANNE: Und du wußtest auch, du hättest zur Mutter gekonnt, bist aber aus Trotz oder Stolz nicht zurückgegangen.

TEILNEHMERIN: Du hast auch viel geschafft, hast noch den Mann bekommen, der deinen Sohn akzeptiert hat, dann noch ein weiteres Kind. Du hast doch eigentlich alles geregelt gekriegt.

BEATE: Ich rede jetzt mal als Beate: Ich glaube, ich hab' hier zu sehr meine eigene Wahrnehmung als Beate wiedergegeben. Es ist sehr schwer für mich, in dieses Schamgefühl da reinzugehen. Ich glaub' nur, daß es so war. Also ich kann das nicht nachempfinden.

TEILNEHMERIN: Ulla hat ja alles verschwiegen, deshalb hat sie bestimmt Schamgefühle gehabt. Das muß sehr schlimm gewesen sein für sie.

MARIANNE: Ich vermute da noch 'ne andere Geschichte in der

Vorgeneration. Gibt's da Geschwister, Nachfahren in K., wo du, Ulla, ja auch gewohnt hast, bis du 1965 gehen mußtest?

BEATE: Ich weiß das nicht. Ich glaub', die Geschwister von Ullas Mutter sind alle tot.

MARIANNE: Aber Ullas Schwester Hildegard, Beates Tante, kann noch was wissen, und auch dein Günther, von dem hat Beate ja schon viel erfahren. – Wie war das für dich, daß Beate sich mehr zu ihrem Vater Günther gewandt hat?

ULLA (BEATE): Das war so ein Selbstläufer. Dadurch daß ich ihr nicht viel erzählt habe, hat sie mir auch nicht mehr vertraut und immer ihr eigenes Ding gemacht. Ich hatte ja auch nie Zeit, war ja nie da, war immer mit mir selbst und meiner Krankheit beschäftigt. Die Beate hat halt immer drauf gewartet, daß ich mal was von mir erzähle.

MARIANNE: Man kann natürlich auch sagen, Beate hatte gar kein Recht, mehr zu erfahren. Das ist schließlich deine Sache. Warum sollst du kein Geheimnis behalten dürfen? Und der Thomas ist doch Klasse geworden – mit Frau und Kind jetzt.

ULLA (BEATE): Also ja, der ist ein gestandener Mann.

MARIANNE: Das Nichtwissen hat ihm also nicht geschadet. Er hat einen wunderbaren Stiefvater gekriegt. Also warum hat Beate da so gedrängelt? Hatte sie dazu ein Recht?

TEILNEHMERIN: Ich finde: ja.

MARIANNE (lachend): Ich ja auch, aber ich versuche nur, mal so ein bißchen provokativ zu fragen.

ULLA (BEATE): Ich finde schon, daß Beate ein Recht hatte, weil ich es ja auch von ihr erwartete, daß sie mir viele Dinge von sich erzählte, was sie dann aber auch nicht getan hat. Wenn sie verliebt war oder was mit ihrem Freund war. Sie hat mich immer vor vollendete Tatsachen gestellt. Ich heirate jetzt, ob dir das paßt oder nicht.

MARIANNE: Das ist für mich Trotz. Übrigens genauso wie du, Ulla, damals mit deiner Mutter, als die dich aus dem Haus getrieben hat. Beate hat da offensichtlich was wiederholt. Schade. Denn das hättet ihr so schön hinkriegen können.

Ulla (Beate): Vielleicht hätten wir das ja auch noch geschafft – ich bin halt gestorben. (Bewegung in Beates Stimme)

Marianne: Ja. Und Beate kann zu dir Kontakt aufnehmen, wo immer du jetzt bist. Und noch mal was heilen. Und vielleicht auch wirklich noch mal um Verzeihung bitten, daß sie dir so auf die Pelle gerückt ist mit ihren Fragen. Und du, Ulla, guckst auf deinen Enkel. – Wie heißt er?

Beate: Jan Friedrich.

Marianne: Also Jan Friedrich wird ganz viel von der Ulla erfahren, denn Beate wird ihm irgendwann alle diese Geschichten erzählen, wie das war mit seinem Onkel Thomas und so. Das hättest du ja auch irgendwann getan, wenn du weiter gelebt hättest. Und so lebst du dann weiter – als Oma.

Beate: Bitte noch nicht!

Marianne: Ich meine nicht dich, sondern die Ulla! Ulla lebt dann weiter als Oma von Jan Friedrich.

Beate: Ach so, ja!

Marianne: Ist das was?

Beate (mit munterer Stimme): Ja, das ist noch mal was. Und ich werde mal mit Hildegard Kontakt aufnehmen. Da wäre ich nicht drauf gekommen. – Das ist ja eben das Problem, daß ich über diese Großelterngeneration nicht so viel weiß. Ich weiß, wie ich meine Großmutter erlebt habe, daß sie sehr dominant war, immer gemotzt hat und mich immer doof fand, weil ich immer so frech gewesen bin. Aber sonst weiß ich nichts.

Marianne: Mit Liebe und Neugier kannst du auf deine Tante Hildegard zugehen und sie bitten, dir Fotos und sonstwas alles zu zeigen, Orte aufzusuchen. Vielleicht ist sie bereit, was zu erzählen aus der frühen Zeit. Es wäre auch gut, noch mehr über Gerhard, den bei Stalingrad gestorbenen Vater von Ulla und Hildegard zu erfahren, vielleicht gibt es da Briefe. – Du kannst auch noch Egon, den Vater deines Halbbruders ausfindig machen, wenn es für dich wichtig ist, diesen Teil des Lebens deiner Mutter kennenzulernen. – Viel Glück und Erfolg bei der Spurensuche, Beate!

*

Ein Jahr später schreibt Beate, daß sie Abschied nehmen konnte und ihre »Mama so lassen kann, wie sie war. Es ist mir klar geworden, daß sie mir sehr fehlt.« Sie hat ihre Tante befragt, aber nicht viel erfahren. Sie meint, daß sie noch weiter suchen wird, aber »erstmal ein Stück versöhnt« ist. Sie berichtet auch, daß sie einen zweiten Sohn bekommen hat.

16 Carla (1938-1992) und Judith (1965)
Der unerfüllte Kinderwunsch der Tochter und die von der Mutter übernommene Traurigkeit

Judith ist eine sympathische, zum Zeitpunkt des Seminars vierzigjährige Frau mit einer festen, tiefen Stimme. Sie wirkt locker, aufmerksam, gescheit. Ihre Ausdrucksweise ist präzis, sie spricht ziemlich schnell.

In der Vorstellungsrunde berichtet sie, daß sie verheiratet ist »ohne Kinder, mit unerfülltem Kinderwunsch«. Sie arbeitet in einem technischen Beruf. Vor dreizehn Jahren starb ihre Mutter sehr plötzlich, Judith war 27 Jahre alt. »Das war für mich und für unsere ganze Familie der totale Schock.« Sie hatte ein »enges, aber andererseits auch nicht so enges Verhältnis« zu ihrer Mutter, einer »sehr liebevollen Frau, vielleicht etwas zu viel«. Judiths Problem ist, so glaubt sie, daß sie sich noch immer nicht von ihr verabschiedet hat. Anfangs war Judith »fast depressiv«, hat viel geweint. Jetzt hat sie Angst davor, wieder in diese Schmerzgefühle hineinzugehen. Sie wünscht sich, daß etwas wieder ins Fließen kommt, »nicht mehr so total erstarrt« ist. Judith hat vor zwei Jahren den Mann geheiratet, mit dem sie schon zehn Jahre zusammen ist. Sie möchte, daß etwas »irgendwie in Gang kommt«, und bedauert, daß ihre Mutter ihren Mann nicht mehr kennengelernt hat.

Judiths Geschichte mit ihrer Mutter ist deshalb so anrührend, weil Judiths Trauer um die Mutter etwas anderes verdeckt, was im Verlauf unserer Diskussion deutlich wird. Beeindruckend ist Judiths Gefühl von Befreiung, als ihr diese Zusammenhänge klar werden. Sehr auffällig ist auch die völlig veränderte Sprechweise, als Judith in die Rolle ihrer Mutter tritt. Ihre Stimme wird düster, und sie findet kaum Worte. Meine vielen Nachfragen machen eine klare Abgrenzung zwischen dem Bericht und der Diskussion daher nicht möglich.

Und nun Carlas Geschichte – in den Worten der Tochter Judith

CARLA (JUDITH): Ich heiße Carla, bin 1938 als einziges Kind geboren. Mein Vater heißt Friedrich, ist 1906 geboren, war Kaufmann. Meine Mutter Johanna ist 1905 geboren, war Buchhalterin. Wie sich meine Eltern kennengelernt haben, weiß ich nicht – das heißt, meine Tochter vermutet, daß ich es nicht weiß. Ich sag' jetzt mal als Judith: Ich weiß, daß sie 1938 geheiratet haben, und zwar als Mußehe, weil Carla unterwegs war.

Jetzt wieder als Carla: Ich habe mir sehr Geschwister gewünscht, hab' aber keine bekommen. Meine Mutter war auch kränklich und später schwerer krank. Wir haben zunächst in Wittstock in Ostdeutschland gewohnt. Da bin ich geboren und hab' meine ersten Lebensjahre verbracht. Mein Vater war im Krieg, aber ich glaube nicht an der Front. Meine Mutter war zu Hause. Sie hatte drei Geschwister. Die hatten Kinder, meine Cousins und Cousinen, die waren so Geschwisterersatz für mich. Ich hab' mein ganzes Leben die Verbindung gehalten.

Und dann sind wir an den Rhein gezogen. Meine Tanten sind alle im Osten geblieben, später nicht erreichbar durch die Mauer. Der Krieg war furchtbar. Wir hockten im Keller und hatten furchtbare Angst.

Bin gern zur Schule gegangen, aufs Gymnasium. Hatte immer

Freundinnen und war ein sehr fröhliches Kind und eigentlich immer beliebt. – Ich hab' eine Ausbildung als Arzthelferin gemacht.

MARIANNE: Wie war die Ehe deiner Eltern?

CARLA (JUDITH): Glaube nicht, daß sie gut war. Vater im Krieg und in Gefangenschaft. Meine Mutter Johanna starb, als ich mit Judith schwanger war. Mein Vater hat dann relativ schnell eine andere Frau geheiratet.

MARIANNE: Wie hast du deinen Mann kennengelernt?

CARLA (JUDITH): Weiß meine Tochter nicht. Wir haben 1961 geheiratet. Mein Mann Georg, geboren 1936, Ingenieur. Ich war Arzthelferin. Hab' ich gern gemacht. 1963 wurde meine älteste Tochter Astrid geboren, dann 1965 Judith, dann längere Zeit eine Familie zu viert.

MARIANNE: Und du hast deiner Tochter nie erzählt, wie ihr euch kennengelernt habt, auch nichts von deiner Kindheit?

CARLA (JUDITH): Nein. Ich hab' sehr wenig erzählt. (Pause) Ich hab' mich um die beiden Kinder gekümmert. Hab' noch ein bißchen dazu gearbeitet, so stundenweise. War vielseitig interessiert, hab' Kontakt zu Menschen gesucht, hab' Kinder total geliebt, hab' mich ehrenamtlich engagiert. (Pause)

MARIANNE: Judith oder Carla: Du erzählst ziemlich durcheinander und dann sehr langsam. Sonst sprudelt Judith, wenn sie redet. Aber jetzt scheint es ihr so schwer zu fallen.

TEILNEHMERIN: Vor allem du sagst – mit Grabesstimme –, daß du eine ganz fröhliche Frau warst! Das glaube ich dir nicht!

(Lachen der Teilnehmerinnen)

MARIANNE: Carla, was hattest du für eine Beziehung zu deiner Tochter Judith, zu deinen Kindern?

CARLA (JUDITH): Ich hatte die Kinder sehr gern.

MARIANNE: Hast du deinen Mann geliebt?

CARLA (JUDITH): Also zu Beginn schon. Ich glaube aber, daß wir uns dann irgendwie entfremdet haben. Vielleicht hab' ich mich zu sehr den Kindern gewidmet und zu wenig die Partnerschaft gepflegt. (Pause)

MARIANNE: Dein weiteres Leben?

CARLA (JUDITH): Als die Kinder größer wurden, hab' ich mir noch ein Kind gewünscht. Und das haben wir auch bekommen, 1973 Birte. War unser Nesthäkchen. War ein wunderbares Kind. Und auf Birte hab' ich mich dann am meisten konzentriert und sie auch sehr gefördert. Und ab da würde ich sagen, daß unsere Ehe noch mal deutlich schlechter wurde. Wir haben uns irgendwie arrangiert, aber sie war nicht gut. (Pause)

MARIANNE: Was ist dann noch passiert bis zu deinem Tod, die zwanzig Jahre? Was hat Judith gemacht?

CARLA (JUDITH): Judith hat studiert. War ich auch sehr stolz drauf. War auf alle meine Töchter stolz. Fand das wunderbar, wie sie ihr Leben entwickelt haben. Meine älteste Tochter hat eine Stelle gehabt, Birte war in einer Ausbildung. Alle drei waren auf dem Weg. (Pause)

MARIANNE: Wie war dein Leben in deinen letzten Jahren?

CARLA (JUDITH): Mit meinem Mann nicht so gut. Aber wir hatten auch eine gute Ebene. Über die wichtigsten Sachen haben wir uns immer verständigt. So eine Linie gehabt. Wir haben auch schöne Reisen zusammen gemacht. Aber auf meine Töchter habe ich mich mehr konzentriert.

MARIANNE: Warst du krank?

CARLA (JUDITH): Also immer wenn ich was hatte, hab' ich das niemandem gesagt. Hab' ja auch weiterhin bei einem Arzt gearbeitet, hab' da auch Medikamente bekommen, aber niemandem was gesagt.

MARIANNE: Was für Medikamente?

CARLA (JUDITH): Gegen Bluthochdruck. Hoher Cholesterinspiegel, mein Übergewicht seit meiner dritten Tochter. Und das ist nicht mehr weggegangen.

MARIANNE: Wie bist du gestorben?

CARLA (JUDITH): Ich bin am Wochenende zu einer Freundin gefahren. Und da ging es mir schon nicht gut. Und am nächsten Tag bin ich mit meinem Mann und Freunden spazierengegangen. Und dann bin ich umgefallen. (Pause)

16 Carla und Judith

MARIANNE: Was wünschst du deiner Tochter Judith?

CARLA (JUDITH): Meiner Judith wünsche ich, daß sie weiter ihren Weg macht. Einmal habe ich meinen Töchtern Briefe geschrieben, und in dem an Judith stand drin, daß sie uns immer besondere Freude gemacht hat und daß sie von meinen drei Töchtern diejenige sei, die mir am ähnlichsten ist. Und daß mich das sehr freut und daß ich sicher bin, daß sie ihren Weg macht (weint). Und daß ich ihr das Beste wünsche.

MARIANNE: Daß sie um dich trauert, ist das auch gut?

CARLA (JUDITH): Ich glaube, sie hat genug um mich getrauert.

MARIANNE: Eben, eben! Ich frage dich, Carla: Was meinst du von da oben, von wo du runterguckst: Was hat Judith für eine Trauer? Warum weint sie immer noch nach dreizehn Jahren?

CARLA (JUDITH): Vielleicht – (Pause) – den Zugang zu mir, den sie nicht hatte?

MARIANNE: War das der Zugang zu einer anderen Carla, die nicht so fröhlich ist wie auf den Fotos, die Judith mitgebracht hat? Judith sagt, daß du ein fröhlicher Mensch warst. Warum schafft Judith es denn nicht, da anzuknüpfen? Vielleicht weil du deine Schattenseiten verborgen oder verdrängt hast? Du bist ein ungewolltes Kind. Die Johanna hat dich gar nicht gewollt, mußte heiraten. Das sind sehr oft Menschen, die eine Tendenz haben zu irgendwas Suizidalem, Tödlichem.

Und deiner Tochter Judith hast du gar nichts über diese Geschichte erzählt, wußtest möglicherweise selber nicht, wie du entstanden bist. Du hast alles verdrängt. Und dann hattest du keine Geschwister, nur die Cousins und Cousinen. Und dann bist du mit deinen Eltern auch noch aus der Heimat weggezogen, die Geschwister der Mutter mit ihren Familien blieben zurück. Vielleicht wollte deine Mutter das gar nicht und ist deshalb krank geworden. Und dann starb sie auch noch, als du mit deiner Tochter Judith schwanger warst! – Lauter traurige Geschichten, die du irgendwie verkraftet hast, aber vielleicht so schlecht, daß du nicht gut auf dich aufgepaßt hast.

CARLA (JUDITH): (zustimmend) Mh.

MARIANNE: Du hast so viel entsetzlich Trauriges durchgemacht, hast das aber selbst gar nicht so richtig wahrgenommen, oder?

CARLA (JUDITH): Ich glaube, ich hab' das alles so ausgeblendet – ich, Carla. Ich sah so fröhlich aus, alle mochten mich. Ich konnte so gut mit Menschen umgehen.

MARIANNE: Genau! Und deine Tochter Judith, liebe Carla, die hat – vielleicht damals als Kind noch nicht, aber jetzt nach deinem Tod – diese verdrängten Gefühle von dir aufgenommen. Deshalb ihre Tränen. Vielleicht hat sie sie geweint für dich, weil du Tränen nicht zulassen konntest. – Aber daß Judith noch heute da drin hängt, ist unnötig, überflüssig!

CARLA (JUDITH): (zustimmend) Mh.

MARIANNE: Das alles ist jetzt vorbei. Das war dein Leben, Carla. Du konntest es nur schaffen, indem du alles verdrängt hast. Und ich sage dir, daß du ein vorehelich gezeugtes Kind bist, ist gar nichts Schlimmes. Heute ist das fast normal! Das war damals 1938 eine Katastrophe. Schande, Scham für deine Mutter Johanna. Und das hast du, Carla, als Lebenslast getragen.

CARLA (JUDITH): Und dann war meine Mutter ja auch schon ziemlich alt. Mitte dreißig.

MARIANNE: Genau. Aber Johannas Schwestern haben zu ihr gehalten, das war gut. Es wäre total wichtig, daß Judith da noch mehr rauskriegt. Das ist ja nicht so lange her, da leben sicher noch Leute. Und es gibt ja jetzt keine Mauer mehr zwischen Ost und West. Denn Carla, diese Geschichte deiner Eltern, die ist der Angelpunkt für dein Leben und deinen Tod.

TEILNEHMERIN: Du hast gestern erzählt, daß du da in der Geburtsurkunde deiner Mutter eine Entdeckung gemacht hast.

JUDITH: Ja, das war diese Tatsache, die ich gerade erst gestern entdeckt habe. Daß meine Mutter ein halbes Jahr nach der Heirat von Johanna und Friedrich geboren ist. Ich wollte eigentlich nur Johannas Geburtsdatum und Beruf nachgukken. Ich hab' die Geburtsurkunde schon länger gehabt. Aber wegen der altdeutschen Schrift habe ich sie nicht richtig gelesen.

MARIANNE: Also das ist ja auch unglaublich! Daß Judith, eine gescheite, intelligente Frau dieses Tabu ihrer Mutter »Ich darf nichts darüber wissen« noch zwei Generationen später übernommen hat und sich nicht mal bemüht hat, die altdeutsche Schrift zu entziffern.

JUDITH: Ich hab' das, glaube ich, erst gar nicht für möglich gehalten. Wäre gar nicht auf die Idee gekommen, das mal zu fragen.

MARIANNE: Ja. Das ist die Loyalität, die wir mit den Tabus in der Familie haben. Auch da, wo sie existentiell sind. Für Carla hätte dieses Wissen eine enorme Bedeutung gehabt. Aber sie hatte nicht den Mut, dieses Geheimnis zu lüften. Das wäre heilend gewesen. Vielleicht wäre sie dann nicht einmal so früh gestorben.

CARLA (JUDITH): Meinst du, daß meine Tochter Judith sozusagen mehr über diese Sache trauert als über meinen Tod?

MARIANNE: Natürlich. Deshalb ist Judiths Trauer nach dreizehn Jahren so unangemessen.

JUDITH: Ja, ich spür' das auch jetzt als Judith, daß ich eigentlich gar nicht so traurig bin. Ich kann es auch sehr annehmen und sagen, sie hat ihr Leben gehabt und sehr intensiv. Und dieser Kollaps war sozusagen die Konsequenz.

MARIANNE: Richtig.

JUDITH: Wenn das ihre Entscheidung war, mit ihrem Leben so umzugehen, aus welchem Grund auch immer, dann ist das so. Und ich als Tochter habe unglaublich viel bekommen.

MARIANNE: Oh ja! Wie du da sitzt, so eine wunderbare, tolle Frau!

JUDITH: Das ist, was ich ihr mehr gegönnt hätte – für sie.

MARIANNE: Ja, Carla hätte länger leben sollen, um sich an dir zu freuen. Und ich denke – vielleicht dürfte ich das nicht so direkt sagen, aber ich riskier's mal: Deine Kinderlosigkeit hat vielleicht auch damit zu tun.

Judith: Ja, ja, das habe ich auch schon mal gedacht.

Marianne: Und das ist eigentlich noch irrationaler: Was Carla vielleicht gar nicht genau gewußt hat, daß sie ein ungewolltes Kind war, das hast du übernommen als Gefühl, kein Kind haben zu dürfen! – Eigentlich seltsam, weil du ja die zweite bist und Astrid, deine ältere Schwester, die erste.

Judith: Astrid ist ein Papakind. Ich bin wie meine Mutter. Das sagen alle.

Marianne: Das erklärt wieder ganz viel! Du warst ja auch deiner Mutter besonders nah, hat sie dir in dem Brief da geschrieben. Und nicht vergessen: Carlas Mutter Johanna ist gestorben, als sie mit dir, Judith, schwanger war. Da ist noch eine Verbindung. Tod und Geburt sind vielleicht in deiner Seele verknüpft.

Ich rede jetzt zu dir, Judith: Mein Gefühl ist, daß du in tiefster Liebe, Verbundenheit und Loyalität all den Schmerz von Großmutter und Mutter übernommen hast. Und das alles vollkommen unbewußt!

Judith: Also, das ist ja eigentlich nicht so gut, oder?

Marianne: Sagen wir mal, du, Judith, hast Zeit genug, was zu tun, was ganz Kraftvolles draus zu machen, in deinem Beruf oder sonstwo. – Ich habe meine Mutter auch relativ früh verloren. Jetzt empfinde ich das als Kraft. Zum Beispiel wenn ich ein Buch über sie schreibe. – Und ich danke ihr dafür.

Teilnehmerin: Ich kenne diese Traurigkeit auch. Wenn ich so Liebesfilme sehe, dann heule ich sofort. Ich weine so gern. Und mein Vater war auch ein ungewolltes Kind.

Marianne: Das kann bei dir tatsächlich genauso sein. Weinen kann heilen. Aber wenn dich die Traurigkeit beeinträchtigt, dann könntest du so ein Gefühl umwandeln in Kraft. Es gibt unendlich viele Formen der Umwandlung.

In der Schlußrunde sagt Judith: Ich fand's sehr intensiv, sehr vielseitig bei euch, aber auch bei mir. Mein Wunsch hat sich ziemlich schnell erfüllt. Ich hab' auch heute nacht ganz stark die Mutter in mir gespürt, hatte 'ne totale Resonanz und das Gefühl, daß das fließt. Wenn ich mich darauf einlasse, brauche ich gar keine Angst vor Kontakt zu haben. Ich glaube, das ist eine echte Quelle. Diese Entdeckung (daß die Mutter Carla vorehelich gezeugt wurde, M. K.) und dann die Geschichte der Mutter zu erzählen, als ob ich sie bin, fand ich relativ schwierig. Deshalb hab' ich das so gedeckelt erzählt. Ich war das gar nicht. Aber offensichtlich ist da etwas Größeres, das sehr stark greift.

Und komischerweise hatte ich auch ganz stark den Eindruck, daß sie eine ganz tolle und lebenslustige Frau war, daß es da aber ein Geheimnis und einen großen Schatten gibt. Also vielleicht ist es das schon, was ich entdeckt habe, vielleicht aber auch noch was anderes. Und ich hab' auch wirklich Lust, mehr herauszufinden, indem ich Menschen befrage, die meine Mutter kannten.

*

Ein Jahr nach dem Seminar berichtet Judith:

»Während des Seminars habe ich intensiven Kontakt zu meiner Mutter gespürt. Das war für mich eine wichtige Erfahrung, die ich lange vermißt hatte. Die Erstarrung unserer Beziehung hat sich damit etwas gelöst, und zwar weniger durch eine echte Entspannung als vielmehr durch die Gewißheit, daß meine Traurigkeit von anderen Dingen herrührt und daß sich die Dinge noch mehr lösen können.

Auf die Frage, die sich am meisten aufdrängte, habe ich schnell eine Antwort bekommen: Meine Mutter wußte, daß sie unehelich gezeugt wurde. Sie hat es mir nur nicht erzählt. Die Frage, ob es noch andere Geheimnisse und Schatten in ihrem Leben gab, ist damit aber noch unbeantwortet. Es bleiben also viele Fragen, die ich noch nicht beantworten konnte und die für mich ein wichtiges Thema sind. Ich hoffe, daß sich die Beziehung zu meiner Mutter und ihrer Familie durch weitere Arbeit – in welcher Form auch immer – weiter entspannen wird und Kräfte, die nach wie vor gebunden sind, freigesetzt werden.«

17 Elisabeth (1934) und Anke (1960)
Die Tochter, ein Einzelkind, spielt mit dem Vater das »Mutter-ärgern-Spiel«

Anke ist eine zierliche, attraktive Frau mit langen blonden Haaren, schick gekleidet. Sie spricht mit tiefer, ausdrucksstarker Stimme. Sie ist 44 Jahre alt, als sie an dem Seminar teilnimmt, von Beruf Informatikerin und in einer Unternehmensberatung tätig, will sich aber demnächst verändern. Nach einer über zehnjährigen Beziehung lebt sie jetzt als Single.

Gleich zu Anfang der Vorstellungsrunde sagt sie, daß sie eine Vatertochter ist und sich mit ihrem 77jährigen Vater gut versteht. Ein Schlüsselerlebnis, an das sie sich erinnert, ist das Spiel »Mama ärgern«. Obwohl sie ihm ähnlich ist, findet sie auch vieles an ihm »anstrengend« und möchte nicht so werden. Ihre Mutter regt sie oft nur auf. »Sie sitzt manchmal wie eine Qualle auf mir, weil sie meint, ich kann nicht glücklich sein ohne Mann.« Anke meint, daß sich die Mutter »hauptberuflich« Sorgen macht.

Als Ankes Beziehung wegen eines anderen Mannes auseinanderging, sagte die Mutter: »Ich wußte das schon immer«, und fügte den Satz hinzu: »Meinst du nicht, ich wäre früher auch gern mal abgehauen?« Als Anke mit 27 anfing zu studieren, riet die Mutter ab, während der Vater sie unterstützte. Hinterher war sie aber stolz auf die Tochter.

Von der Mutter hat sie, so meint Anke, ihre »Verklemmtheit« mitbekommen, weil die Mutter sich als Kind nie nach anderen Menschen umdrehen durfte. »Männer wollen immer nur das eine« war auch einer der vielgehörten Sprüche. Anke ist empört, daß die Mutter in Anwesenheit fremder Leute sagt: »Der Mann für meine Tochter muß auch noch geboren werden.« Sie fragt sich, ob sie sich das gefallen lassen muß. Sie hört von ihr scheinbar nur Vorwürfe.

Anke weiß nicht sehr viel von ihrer Mutter. Mit der Schwester der Mutter kann sie besser, das heißt über alles Mögliche reden, mit der Mutter nicht. Versucht Anke, mit der Mutter über Probleme zu reden, kommen immer nur Bemerkungen wie: »Ach, du hast es so schwer«, nie normale Tips, Hinweise, ein Erfahrungsaustausch, wie Anke es von anderen Menschen kennt. Anke sorgt sich, was wird, wenn der Vater stirbt. Sie möchte wissen, was sie noch machen kann, auch wenn sie weiß, daß sie die Mutter nicht ändern kann. Eigentlich hat sie eine Mutter »wie im Buche«, wenn sie nicht »wie eine Qualle auf mir säße«.

Und nun Elisabeths Geschichte – in den Worten der Tochter Anke

ELISABETH (ANKE): Ich kann mich sehr kurz fassen, weil ich glaube, daß meine Tochter ganz vieles gar nicht weiß. Ich bin 1934 geboren, jetzt 69. Mein Vater ist an Tuberkulose gestorben, als ich zwölf war. Der hat in einer Brauerei gearbeitet. Wir waren drei Geschwister, ein älterer Bruder, eine ältere Schwester, ich war die jüngste. An meinem Vater hab' ich abgöttisch gehangen. Der hat mich allerdings auch sehr streng erzogen. Als kleines Mädchen wollte ich immer alles gucken. Und er hat gesagt, man dreht sich nicht um, man guckt Leute nicht an. Aber ich habe ihn trotzdem sehr geliebt. Nachdem mein Vater gestorben war, durfte meine Mutter in der Brauerei arbeiten, weil sie ja die drei Kinder zu versorgen hatte.

Aber dann war es so, daß mein größerer Bruder in die Welt hinausging, studieren durfte, später im Leben was geworden ist. Und der war weg und kriegte immer das Geld. Und dann gab's meine ältere Schwester. Die hat nie 'nen Mann gehabt. Sie ist erst in einen Haushalt ins benachbarte Ausland gegangen, dann später ist sie Krankenschwester geworden. Sie ist jetzt auch Rentnerin wie ich. Und ich war halt die Kleine, und ich wußte nur, ich wollte auch von zu Hause weg.

Meine ältere Schwester war böse zu mir, hat mir in den Mund gespuckt. Sie war irgendwie immer die Stärkere. Die ist ja eben auch wenigstens weggegangen von zu Hause, und ich bin immer dageblieben. Ich hab' meine Mutter gehaßt, glaube ich – glaubt meine Tochter.

Und während des Krieges – da weiß meine Tochter nicht so viel drüber. Ich mußte zu Fuß mit meiner Mutter von der Kinderlandverschickung in die fünfzig Kilometer entfernte Stadt zurück gehen. Und dann mußte ich auch mit meiner Mutter in einem Bett in einer kleinen Einzimmerwohnung leben, weil meine Schwester schon im Ausland war und mein Bruder sowieso so weit weg war. Und da wußte ich nur, ich will da raus, und habe beschlossen, daß ich nach Amerika auswandere, weil – das war damals der Traum.

Und dann hab' ich aber meinen Mann kennengelernt. Ich weiß nicht warum, ich fand ihn wahrscheinlich toll. Der sah aus wie Hardy Krüger und fuhr Motorrad, und dann gab es das sozusagen wilde Leben. Ja, und dann, wie das so war, haben wir auch irgendwann geheiratet. Ich wollte ja eigentlich nach Amerika auswandern, war auch schon auf dem Konsulat gewesen und hatte irgendwelche Papiere. Ich wollte nie heiraten. Aber ich habe geheiratet, weil wir von der Mutter meines Mannes Geld bekommen sollten. Wir wollten ja zusammenwohnen, und ich wollte auf jeden Fall von zu Hause raus. Dafür mußte man ja eine Wohnung haben. Und das Geld haben wir von der Mutter meines Mannes gekriegt, aber nur unter der Bedingung, daß wir heirateten. Und das haben wir dann auch getan.

Fünf Jahre nach der Hochzeit kam meine Tochter. Das war ein Wunschkind. Und dann war ich die typische Ehefrau und war die Mutter aus dem Bilderbuch. Ich bin immer berufstätig gewesen. Ich hab' auch abgetrieben. Es gab nach meiner Tochter noch ein Kind. Ich hab' abgetrieben, weil ich nicht asozial werden wollte, weil wir nicht genug Geld hatten für ein zweites Kind.

Meine Mutter war aber dann jeden Mittag bei mir. Also ich hab' halbtags gearbeitet als Verkäuferin, und meine Mutter war jeden Mittag da und hat mit uns gegessen. Und jeden Tag nachmittags mußte sie wieder gehen. Sie war früher auch noch öfter da. Aber irgendwann hat mein Mann gesagt, er wolle sie nicht mehr sehen. Also wenn er von der Arbeit kam um halb fünf, da mußte sie wieder gehen. Der Abschied (bis zum nächsten Tag!) war jedesmal mit einem unendlichen Geweine verbunden.

Und dann war es auch so, ich hab' ihr Kleider gekauft. Denn meine Mutter ist immer zu mir gekommen mit Kleidern, in denen Löcher drin waren, damit die Nachbarn sehen sollten, wie schlecht ich mich um sie kümmere. Meine Tochter, glaube ich, hat das alles als sehr merkwürdig empfunden, wenn sie aus der Schule kam, als sie zehn oder zwölf war, und immer saß das heulende Elend meiner Mutter da. Das war auch für meine Tochter nie 'ne Oma, sondern immer eine Frau, die »sie nicht alle hatte«.

Eine ganz andere Rolle nahm die Mutter meines Mannes ein. Sie hat versucht, viele Jahre ihre Familie zusammenzuhalten. Mein Mann hatte vier Brüder, er war der älteste. Ich glaube, deshalb hab' ich ihn auch geheiratet, weil ich darin so was wie einen Vaterersatz gefunden habe, und mit der Familie gab es eine enge Verbindung, es gab ein gemeinsame Parzelle, wo man jeden Sonntag hinging, und alle hatten Kinder. Ich glaube, meine Tochter hat da eine sehr schöne Kindheit gehabt.

Also sie war für mich – ich habe sie schon geliebt, aber nur bis zur Pubertät. In der Pubertät war es der Horror. Da hat meine Tochter dermaßen gegen mich rebelliert. Sie war immer sehr mit meinem Mann verbunden. Da gab es das Spiel »Mama ärgern«, was regelmäßig betrieben wurde mit irgendwelchen Sachen, wo ich sagte, das mag ich nicht.

Dann irgendwann war ich im Krankenhaus und habe eine Totaloperation machen lassen. Da war ich sechs oder sieben Wochen im Krankenhaus. Meine Tochter hat mich nicht einmal besucht. Sie hat mir später erzählt, sie wußte davon gar nichts so richtig. In der Zeit hat sie aber Kämpfe mit meinem Mann ausgefochten in der Richtung, daß er ihr gezeigt hat, daß er doch schlauer ist als sie. Sie wollte nicht abwaschen. Das mochte ich ja auch nicht. Das hab' ich ja alles nur machen müssen, weil ich eine Familie hatte. Und wie die dann alleine mit meinem Mann zu Hause war, hat sie das auch nicht gemacht. Und da hat mein Mann dann das ganze Geschirr weggeschlossen. Als meine Tochter von der Schule nach Hause kam, hat sie keine einzige Tasse mehr vorgefunden. Meine Tochter hat mir später erzählt, daß mein Mann ihr gezeigt hat, daß er genauso schlau und stark ist wie sie. Und damit hat meine Tochter Respekt vor meinem Mann bekommen, was sie vor mir nie hatte. Ich hab' immer versucht, meiner Tochter alles recht zu machen, ich glaube, auch heute noch, und erreiche damit eigentlich das Gegenteil.

Sobald sie konnte, mit achtzehn, ist meine Tochter ausgezogen. Nach einer längeren Berufstätigkeit hat sie studiert im Alter von 27. Und am Ende ist meine Tochter auch noch in eine größere Stadt »ausgewandert«. Ja, und ich hab', glaube ich, das Gefühl, daß meine Tochter eigentlich so Dinge gemacht hat, die ich auch hätte machen wollen. Ich habe ja immer gesagt, meine Tochter soll es besser haben als ich. – Aber ja.

Ich finde ihr Leben jetzt eigentlich bewundernswert. Aber ich kann mir nicht vorstellen, daß sie glücklich ist, weil ich glaube, man muß einen Mann haben, um glücklich zu sein (weint). Und da bohre ich immer wieder nach. Obwohl, was sie macht, da bin ich eigentlich neidisch drauf, das würde ich auch gerne machen. Wenn ich sie mal besuche, dann erlebe ich mich selber als junge Frau. Dann werde ich auch ganz anders. Ich wünsche mir eigentlich von meiner Tochter, daß sie meine

Ratschläge annimmt, obwohl sie glaubt, daß ich ihr keine geben kann.

Und ich hab' große Angst, daß mein Mann stirbt. Was dann ist, weiß ich nicht. Meinem Mann geht es nicht so gut. Und dann ist auch noch im Raum, daß es diese ältere Schwester gibt, die ihr Leben lang quasi neben mir war und die mich sehr, sehr, sehr unter Druck setzt. Meine Tochter sagt immer, ich soll mich befreien.

Und nun beginnt die Diskussion zwischen »Elisabeth«, den Teilnehmerinnen und mir

MARIANNE: Deine Schwester lebt im selben Haus?
ELISABETH (ANKE): Nein, aber in der gleichen Stadt und kommt immer zum Putzen und putzt bei mir den Keller, der ist, glaube ich, sauberer als die Küche. Weil das irgendwie auch 'ne Form von Liebe ist – scheinbar –, die da abgeht.
MARIANNE: Das ist ja wie damals mit deiner Mutter, die für deine Familie das Essen kochte!
ELISABETH (ANKE): Kann sein.
MARIANNE: Wie geht es dir, Elisabeth?
ELISABETH (ANKE): Ich sorge mich, ich habe eigentlich ständig Angst. Das kommt wahrscheinlich vom Krieg.
MARIANNE: Sagt das jetzt Anke oder Elisabeth?
ELISABETH (ANKE): Ich glaube, Elisabeth.
MARIANNE: Und wessen Tränen waren das da vorhin? Ankes?
ELISABETH (ANKE): (spricht als Anke) Ich glaube, Elisabeth hat in vielen Teilen ein anderes Leben gelebt als ich, Anke, heute. Sie hat zwar das Beste draus gemacht. Ihr Mann – jetzt bin ich wieder Elisabeth: mein Mann – war immer ein guter Mann, er hat mich nicht geschlagen. Was es aber gab, war eine große Sprachlosigkeit in der Ehe. Unter der habe ich sehr gelitten. Mein Mann hat einmal drei Monate nicht mit mir geredet. Das hat meine Tochter auch so am Rande mitgekriegt. Die Art der Auseinandersetzung – es gab keine.

MARIANNE: Er hatte ja auch eine Tochter, mit der er reden konnte!

ELISABETH (ANKE): Über unsere Ehe hat er natürlich nicht mit ihr geredet, aber dennoch war es wohl eine Art Konkurrenzsituation. Buhlen um Liebe und Zuneigung. Er wollte immer 'nen Jungen haben, und so hat er die Tochter auch erzogen. Er war derjenige, der zu meiner Tochter gesagt hat: Mach das! Wo ich mich immer gesorgt habe.

MARIANNE: Ich habe den Eindruck, daß jetzt wieder die Tochter spricht! Was fühlst du, Elisabeth, für deine Tochter, außer daß du dir Sorgen machst? Was wünschst du ihr? Einen Mann? Soll sie weiblicher sein?

ELISABETH (ANKE): Ich wünsche mir, daß sie glücklich ist. Aber dazu braucht sie doch einen Mann. Heiraten braucht sie ja deswegen nicht, das wollte ich ja auch nie. Ich wollte auswandern. Und meine Tochter ist ja »ausgewandert«. Was ich vermutlich auch nicht so schön finde, was ich ihr aber neide irgendwie.

MARIANNE: Du wolltest nach Amerika. Deine Tochter ist nur ins Rheinland »ausgewandert«! Aber sie hatte einen Vater, der sie unterstützt hat. Du hattest keinen! Du hast ihr den Vater überlassen.

TEILNEHMERIN: Also, Elisabeth, ich glaube, du kannst nur glücklich sein, wenn du dir Sorgen machst. Du kannst dich nicht einfach zurücklehnen und sagen, mir geht es gut.

MARIANNE: Ach ja. Aber das ist auch schwer, wenn deine Tochter Anke immer noch mit deinem Mann das »Mama-ärgern-Spiel« spielt. Das ist irgendwie gemein.

ELISABETH (ANKE): (nachdenklich) Mh.

MARIANNE: Also ich spreche jetzt zu Anke: Das ist eine Dreieckskonstellation. Was macht dein Vater, wenn du irgendwas gegen deine Mutter sagst, feixt er sich dann eins? Oder?

ANKE: (zustimmend) Mh.

MARIANNE: Das ist ein bißchen so wie damals, als du abwaschen solltest. Aber du bist jetzt kein Kind mehr. Du, Anke, bist eine erwachsene, gestandene Frau.

ANKE: Das stimmt, daß ich das Spiel manchmal weiterspiele.
MARIANNE: Gut, und darum geht's. Da wäre ein Weg zur Versöhnung mit der Mutter, wenn du damit aufhörst.
ANKE: Mh.

Leider wurde an dieser Stelle die Diskussion beendet. Viele Fragen hätten wir Elisabeth/Anke noch stellen können.

In der Schlußrunde sagt Anke, daß sie sich auf den Weg machen wolle. Mit der Teilnahme am Seminar habe sie schon den ersten Schritt gemacht. Sie will noch mehr über die Vergangenheit wissen.

*

Zwei Jahre später antwortet Elisabeth/Anke in einem Brief auf meine Fragen:
MARIANNE: Kannst du, Elisabeth, dir vorstellen, mit deiner Tochter sozusagen von Frau zu Frau zu sprechen, wenn sie dir Fragen mit echtem Interesse, mit »Liebe und Neugier« stellen würde?
ELISABETH (ANKE): Ja, ich wünsche mir das sogar. Aber dazu müßten die passende Atmosphäre und der richtige Zeitpunkt sein. Und da meine Tochter so weit weg wohnt, ist das schwierig.
MARIANNE: Würdest du ihr Ereignisse aus deiner Kindheit erzählen?
ELISABETH (ANKE): Ja, schon.
MARIANNE: Elisabeth, warum war deine Mutter so depressiv?
ELISABETH (ANKE): Weiß ich auch nicht, aber ich bin es auch oft. Meine Tochter hat schon gesagt, werde bloß nicht so wie Oma. Nein, das will ich auch nicht, denn ich fand es furchtbar.
MARIANNE: Anke könnte mal nachforschen, was es da in der Ehe deiner Eltern gab. Ich vermute, daß da viel verschwiegen worden ist.
ELISABETH (ANKE): Die Daten sind bekannt, aber nichts über die Ehebeziehung.

MARIANNE: Würdest du, Elisabeth mit deiner Tochter Anke eine Reise machen – zum Beispiel in die USA?!
ELISABETH (ANKE): Ja, aber nicht jetzt, denn ich kann meinen Mann nicht allein lassen.

Und in ihrem Begleitbrief zwei Jahre nach dem Seminar schreibt Anke:
»Liebe Marianne,
... Und damit gleich zu meinen Gefühlen: Da ist immer ein Gefühl des permanenten schlechten Gewissens gegenüber meinen Eltern. Inzwischen gegenüber beiden. Das Spiel ›Mama ärgern‹ spiele ich inzwischen nicht mehr. Aber ich habe immer das Gefühl, für die Langeweile, die meine Eltern jetzt haben, verantwortlich zu sein. Am Telefon versuchen sie abwechselnd, sich mit mir gegen den anderen zu verbünden, was ich inzwischen sofort erkenne und abweise. Dennoch belastet es mich.

Aber da hätten sie eigentlich selber für sorgen müssen, zum Beispiel mit mehr Kindern! Es ist emotional sehr anstrengend als Einzelkind und auch ohne sonstige Familienmitglieder zu sein. Aber es war, denke ich, ein typisches Wirtschaftswunderpaar. Alles sollte in geregelten Bahnen verlaufen.

Ich war jetzt das zweite Mal hintereinander über Weihnachten nicht bei meinen Eltern. Da ich beruflich ständig pendele, bin ich froh, mal hier bei mir zu sein. Meine Einladung, hierher zu kommen und (sehr komfortabel) in der Wohnung eines Freundes (der nicht da ist) zu übernachten, haben meine Eltern nicht angenommen. Und da habe ich gedacht, nun gut, dann nicht.

Also es bleibt: Ich sehe einiges vom Verstand her klarer, emotional bin ich immer noch belastet. Gleichzeitig ärgere ich mich manchmal über alles, was ich nicht gemacht habe, ›weil es sich nicht gehört‹. Aber nun gut: Ich bin gewohnt, meinen Weg allein zu gehen, deshalb fällt mir das Single-Leben auch nicht schwer, bzw. ich suche nicht intensiv nach einer Beziehung, obwohl es natürlich fehlt. Liebe Grüße, Anke«

18 Irmgard (1939) und Michaela (1968)
Die ohne Vater aufgewachsene Mutter wollte ein Kind, nicht aber den Mann

Michaela ist eine 35jährige große, etwas hagere Frau mit kurzen, blonden Haaren. Sie spricht mit fester, klarer Stimme. Sie arbeitet als Sachbearbeiterin in einem Verlag. In der Vorstellungsrunde sagt sie, daß sie in einer Partnerschaft lebe und sich frage, ob »Familienplanung« für sie anstehe. Sie hätte gern ein Kind. Dazu, meint sie, muß sie das Verhältnis zu ihrer Mutter »klarer kriegen«. Sie ist Einzelkind. Ihre Eltern ließen sich scheiden, als sie neun war. Sie blieb mit ihrer Mutter allein. »Der Vater hat mich mit der Last allein gelassen.« Sie hat seit Jahren keinen Kontakt zu ihrer Mutter, weil sie ihr »den Boden unter den Füßen wegzieht«. Sie fühlt sich aber »schuldig, wenn die Mutter unglücklich schaut«. Die Mutter ist 65 und lebt allein.

Beim Schreiben des »Briefes an die Mutter« mit der linken Hand ist Michaela wieder Kind geworden und schreibt: »Liebe Mama, ich verspreche dir, daß ich mir ganz viel Mühe geben werde, damit du dich nicht um mich kümmern mußt. Bitte hab mich auch lieb. Ich tue doch nichts. Deine Michaela.«

In der Rolle der Mutter spricht Michaela mit trockenem, nüchternem Tonfall, man spürt die Kälte in der Beziehung zwischen Mutter und Tochter. Um so mehr freute mich ihre Rückmeldung zwei Jahre später!

Und nun Irmgards Geschichte – in den Worten der Tochter Michaela

IRMGARD (MICHAELA): Ich bin Irmgard, 1939 geboren in Hannover. Meine Mutter ist Maria, Jahrgang 1920, und kommt ursprünglich aus Ostpreußen. Mein Vater Bernhard, geboren 1912 in Hannover, wurde eingezogen, kurz nachdem sie sich kennengelernt haben. Er kam nicht zurück, ich habe deshalb von ihm nicht viel mitbekommen.
Ja, meine Mutter Maria hatte eine schwere Kindheit. Sie kam aus Ostpreußen und war Nachzüglerkind aus der ersten Ehe ihrer Mutter. Als ihre Mutter nach dem Tod meines Großvaters zum zweiten Mal geheiratet hat, war sie der Mutter zuviel, und sie kam in ein Heim. Und dann kam meine Mutter mit vierzehn oder fünfzehn zuerst zu Verwandten nach Frankfurt, dann nach Hannover. Da hat sie meinen Vater Bernhard kennengelernt. Wie und wo weiß meine Tochter auch nicht.
MARIANNE: Hatte sie weiter Kontakt zu ihrer Mutter und dem Stiefvater?
IRMGARD (MICHAELA): Das weiß ich nicht – das weiß meine Tochter leider nicht. Sie weiß nicht, ob Maria ihre Mutter noch einmal wiedergesehen hat. Die ist in Ostpreußen geblieben.
Mein Vater Bernhard ist im Krieg an einem Gehirntumor gestorben. Deshalb wurde meine Mutter auch nicht als Kriegswitwe anerkannt. Nach dem Krieg habe ich noch einen Bruder Werner bekommen, einen unehelichen. Aber mit dem Mann ist meine Mutter nicht zusammengezogen. Sie hatte wenig Geld, hat nichts gelernt. Sie hat nachts Zeitungen ausgetragen und andere Arbeiten gemacht, um meinen Halbbruder und mich großzuziehen. Ich mußte mich auch viel um meinen Bruder kümmern. In der Schulzeit dachte ich, ich wollte wie mein Vater die weite Welt sehen. Mein Vater war Matrose bei der Kriegsmarine. Eigentlich war er Bäcker.
Nach dem Volksschulabschluß habe ich eine Ausbildung gemacht als Notariatsgehilfin. Habe in Hamburg gearbeitet und

war dann ein Jahr als Au-pair-Mädchen in Frankreich. Mit Ende zwanzig bin ich zurückgekommen.

Ich hab' dann eben den Vater meiner Tochter geheiratet, Herbert. Meine Mutter sagt immer, es wäre Torschlußpanik gewesen. Wir haben uns beim Gericht kennengelernt, er hat dort gearbeitet und ist Rechtspfleger geworden. Ja, und ich muß sagen – ich hab' mir zwar immer ein Kind gewünscht, aber eigentlich nicht einen Mann. Doch dann wurde ich schwanger.

MARIANNE: Warst du vor der Heirat schwanger?

IRMGARD (MICHAELA): Nein. Ich habe 1966 geheiratet, und 1968 ist Michaela geboren. Als sie geboren war, haben wir die ersten Ehejahre bei meiner Mutter im Haus gewohnt. Sie hatte ein Haus von meinem Großvater in Hannover. Aber das war ohne Bad, mit Kohleheizung. Meine Mutter Maria war immer krank.

Ich hatte große Angst, daß ich das nicht richtig mache mit der Michaela. Und meine Mutter sagte, du machst was falsch. Ich wollte es perfekt machen, aber irgendwie ging das nicht. Es war nicht so gut, daß wir da gewohnt haben in den ersten vier Jahren.

Ich hab' dann mit meinem Mann ein Haus gebaut. Ich kannte mich mit den finanziellen Sachen viel besser aus als mein Mann, Bausparvertrag und so. Ich hab' meine Arbeit aufgegeben und meinem Mann im Büro geholfen. Und eigentlich hab' ich beide bedient. Meine Tochter ist genau wie ihr Vater. Ich hab' das immer mitgemacht, weil ich dachte, ich wäre im Unrecht, wenn sich mein Mann beschwert hat.

Und dann wollten wir eigentlich noch ein zweites Kind, aber das hat nicht geklappt. Meine Mutter hat gesagt, der Herbert, der wäre impotent – also, so einen Ausdruck würde ich selbst ja nie verwenden. Ich hatte auch keinen Spaß daran, für meinen Mann zu kochen. Der hat dann gesagt, ich hätte immer Tomatensoße ans Kotelett getan.

(Lachen in der Runde)

Ja, und dann hat mein Mann eine andere Frau kennengelernt, ist fremdgegangen. Na ja, und schließlich ist er bei uns ausgezogen. Ich konnte ja nicht arbeiten wegen der Michaela. Ja gut, und eigentlich war das auch ganz schön mit der Michaela. Die hatte 'ne nette Brieffreundin, da bin ich mitgefahren und hab' die besucht. Das war 'ne nette Familie.

(Auf Nachfrage:) Michaela war damals zwölf oder dreizehn. Und dann hat Michaela so Elefanten gesammelt. Und ich hab' dann auch Elefanten gesammelt.

Und als sie vierzehn war, hatte sie so psychische Probleme, so Zwangsgedanken. Dann hat sie auch mal gesagt, sie würde sich umbringen wollen. Und da war ich mit ihr in einer Erziehungsberatungsstelle – also ich fühlte mich völlig überfordert. Ich hab' gesagt, das Wichtigste ist, daß das in der Schule niemand erfährt und auch die Oma nicht, weil die ja auch schon krank war.

(Auf Nachfrage:) Meine Mutter wohnte in einem anderen Stadtteil. Aber ich hatte eben immer das Gefühl, ich müßte mich um sie kümmern, weil es ihr ja auch so schlecht ging und sie so unzufrieden war. Und die Männer haben sie alle so schlecht behandelt und so. Und dann hab' ich irgendwie gemerkt, sie hat mich auch ganz schön in der Hand. Na ja, gut. Die Michaela war ja nach Frankfurt gegangen zum Studieren. Ich hab' dann berufliche Fortbildung gemacht, Seminare besucht. Ich hab' auch viele Reisen gemacht, viel gesehen, viele Fotos gemacht. Und eigentlich war das alles ganz schön. Einen Mann wollte ich nicht – hab' ich mal probiert, aber …

Ja, und dann hat die Michaela, nachdem sie ein Jahr im Ausland war, sich mit mir gestritten. Sie ist umgezogen, und ich hab' gedacht, sie kann das doch nicht alleine schaffen. Sie hat mir geschrieben, sie wollte jetzt erst mal ihre Ruhe haben, und mir nicht mal gesagt, wo sie wohnt. Ja, das ist jetzt fünf Jahre her.

Inzwischen bin ich in Rente. Letzten Sommer hab' ich ihr aus der Antarktis eine Weihnachtskarte geschickt. Aber so richtig trau' ich mich nicht. Ach, und außerdem ist mir das auch viel zu anstrengend mit der!

Ja, ihr Leben – ich finde, sie ist ja ganz tüchtig so. Also eigentlich hab' ich aber keine Meinung zu ihrem Leben. Ich bin froh, daß sie mich nicht braucht – glaub' ich (lacht). Und sie hat ja auch früher immer gesagt, sie hätte mich zwar lieb, aber den Papa hätte sie noch lieber. Das hat mich schon sehr gekränkt. Also im Grunde bin ich total sauer auf sie! – Ich würde das nie so sagen. Was wollte sie denn von mir? Ich konnte doch nicht anders. Als wenn ich 'ne Rabenmutter gewesen wäre!

MARIANNE: Was ist dein Wunsch für Michaela?

IRMGARD (MICHAELA): Vielleicht schafft sie es ja, es anders zu machen als ich. Und vielleicht ist das ja gut, daß wir keinen Kontakt haben, weil ich irgendwie auch 'ne Last für sie bin.

Ohne Überleitung steigen wir in die Diskussion mit »Irmgard« ein

MARIANNE: Weißt du eigentlich, Irmgard, daß die Michaela sich ein Kind mit ihrem Partner wünscht?

IRMGARD (MICHAELA): Nein.

MARIANNE: Wie wäre das, wenn du das wüßtest?

IRMGARD (MICHAELA): Na ja, ich würde dann das Kind irgendwie für mich haben wollen. Ich denke, das, was Michaela gehört, gehört auch mir.

MARIANNE: Kannst du dir vorstellen, daß Michaela noch mit dem Kinderkriegen zögert, weil sie nicht möchte, daß du dir das Kind krallst?

IRMGARD (MICHAELA): Ich will nur, daß es der Michaela gutgeht!

TEILNEHMERIN: Willst du das wirklich?

MARIANNE: (zur Teilnehmerin) Zumindest sagt sie das. Das müssen wir ihr abnehmen! – Irmgard, du hast gesagt, daß du den Vater deiner Tochter geheiratet hast. Wolltest du den Herbert gar nicht als Partner?

Irmgard (Michaela): Ich erleb' das so, daß ich eigentlich gar nicht wußte, wie 'ne Beziehung geht.

Marianne: Denn dein Vater Bernhard war ja als Soldat weg. Da fehlte dir ein Vorbild.

Irmgard (Michaela): Na ja, ich fand meinen Mann, den Herbert, ja schon irgendwie ganz nett, sonst hätte ich ihn ja nicht geheiratet. Und das mit dem Hausbau, das hab' ich ja alles gemanagt. Er kam von seiner Mutter direkt zu mir. Aber als er sich dann in seinem Beruf etabliert hatte, da fehlte ihm vielleicht was.

Marianne: Und du warst ja immer noch sehr stark mit deiner Mutter Maria verstrickt, die alles besser wußte.

Irmgard (Michaela): Ja.

Teilnehmerin: Irmgard, gibt es in deinem Leben irgend jemand, von dem du sagen würdest, den hab' ich so richtig gern gehabt, von ganzem Herzen?

Irmgard (Michaela): (lange Pause) Na ja, ich war ja Au-pair-Mädchen, und diese Familie, die mochte ich gern.

Teilnehmerin: Klingt nicht sehr leidenschaftlich!

Marianne: Vielleicht konntest du, Irmgard, nie etwas leidenschaftlich fühlen. Da war ja immer die Mutter, die dir sagte, was du fühlen solltest.

Irmgard (Michaela): Genau! – Aber ich möchte gar nicht so drüber nachdenken, über mein Leben. Ich versuche jetzt, meine Reisen zu genießen.

Marianne: Sehr gut! Da mach weiter. Das war ja auch schon dein Wunsch als Kind: In die weite Welt reisen wie dein Vater, der Matrose! Und ich finde, von Michaela kannst du verlangen, daß sie honoriert, daß du ein so selbständiges, eigenständiges Leben führst, oder?

Teilnehmerin: Das finde ich auch!

Marianne: Denn du bedrückst sie nicht, du akzeptierst, daß sie keinen Kontakt mit dir hat. Michaela wünscht sich, daß es anders wäre. Du auch?

Irmgard (Michaela): Aber ich kann's ja nicht besser.

18 Irmgard und Michaela

Marianne: Was könnte Michaela tun, für dich und für sich?

Irmgard (Michaela): (lange Pause) Na ja, der Wahrheit ins Auge sehen.

Marianne: Sehr gut. Also Irmgard, du könntest ihr sagen: Meine liebe Michaela, du kriegst keine bessere Mutter! Ich bin, wie ich bin. Und es war nicht alles nur schlecht. Da war auch sehr viel Fürsorge, sehr viel Liebe.

Irmgard (Michaela): Michaela sieht das aber ganz anders! (Lachen in der Runde.)

Marianne: Was glaubst du, Irmgard, sieht Michaela anders?

Irmgard (Michaela): Sie findet, daß ich bei ihr riesengroßen Schaden angerichtet habe.

Teilnehmerin: Also Irmgard, das machen alle Töchter, daß sie nur die negativen Seiten der Mutter sehen.

Marianne: Und alle Mütter verteidigen sich und sagen, daß sie doch das Beste gewollt haben! – Deinen Zorn, Michaela, kann ich verstehen. Es gibt bessere Eltern, als Irmgard und Herbert es für dich waren. Aber, jetzt wieder zu Irmgard gesprochen: Guck dir deine Michaela an. Die ist doch Klasse! Und du, Irmgard, du findest das doch auch, nicht wahr?

Michaela: Noch mal als Michaela: Ich habe trotz der Defizite einiges erreicht, aber auch einen hohen Preis dafür bezahlt.

Teilnehmerin: Irmgard, was für ein Vaterbild hast du eigentlich der Michaela vermittelt?

Irmgard (Michaela): Von meinem Mann? – Ja, ich mußte mich immer um die Michaela kümmern. Als wir geschieden waren, habe ich ihr alles erzählt, wie der mich betrogen hat und so. Ich konnte gar nicht verstehen, daß Michaela ihn lieber hatte als mich. Ich fühle mich schon schlecht damit, daß das alles nicht geklappt hat mit der Beziehung und so.

Marianne: Und das hat Michaela verstanden. Sie hat dich ja auch getröstet. Hast du nicht gespürt, daß sie dich auch liebgehabt hat?

Irmgard (Michaela): Also, eigentlich hat mich ja auch nie jemand so richtig liebgehabt. Deshalb kann ich das auch so irgendwie verstehen, daß die Michaela meint, nicht genug gekriegt zu haben.

MARIANNE: Mit der Liebe ist das so wie mit dem nicht bis oben gefüllten Glas: Man schaut immer nur auf das halbleere Glas, und das halbvolle, das immer auch da war, sieht man nicht. Das wäre übrigens für Michaela mal interessant, genauer herauszubekommen, wie du, Irmgard, deiner Mutter Maria denselben Vorwurf gemacht hast. Und die hatte es ja noch viel schwerer als du – sie wurde als Kind ins Heim gesteckt, hat dann den eigenen Mann im Krieg verloren, ein uneheliches Kind geboren und sich allein mit euch durchgeschlagen.

IRMGARD (MICHAELA): (zustimmend) Mh.

MARIANNE: Also, so ein Blick zurück, das nimmt manchmal den Vorwurfsdruck weg. Denn wenn wir in Vorwürfen hängen bleiben, führt das zu den Wiederholungen in der nächsten Generation. Und manches ist eben auch Schicksal, das wir nur so hinnehmen müssen.

TEILNEHMERIN: Ich möchte dich noch was fragen, Irmgard. Wenn du zufälligerweise deiner Tochter begegnen würdest, was würdest du dir wünschen, was dann passiert?

IRMGARD (MICHAELA): Na ja, ich trau' mich ja nicht so richtig. Michaela hat mir immer viel Halt und Stütze gegeben. Ich würde schon darauf warten, daß Michaela anfängt.

TEILNEHMERIN: Was ist deine Idealvorstellung?

IRMGARD (MICHAELA): Also ich finde, ich hab' auch den Anspruch, geliebt zu werden. Ich meine, wer hat sich denn dem Kind so gewidmet. Nach der Scheidung war sie da für mich. Da hat sie mich getröstet. – Das hat sie mir zwar übelgenommen, aber ich finde …

MARIANNE: Für sie als Kind war das eine Überforderung. Aber das hat ihr auch viel Kraft gegeben. Sie kann das jetzt wiederum an andere weitergeben. Wir Töchter dürfen der Mutter mal Vorwürfe machen. Aber dann müssen wir irgendwann wieder damit aufhören, weil es vorbei ist. Wir können ja nicht mehr in die Vergangenheit zurück.

IRMGARD (MICHAELA): (zustimmend:) Mh.

MARIANNE: Und du, Irmgard, hattest Gründe. Du hast schwer gekämpft – wie übrigens auch deine Mutter Maria. Und deine Michaela hat was daraus gemacht. Und darauf darfst du stolz sein.

IRMGARD (MICHAELA): Ich konnte ja damals nur zur Volksschule. Und das ist schon ein bißchen ungerecht, daß die Kinder jetzt das so einfach haben.

MARIANNE: Ja, das tut weh. Aber aus deinen unerfüllten Wünschen hast du ihr eine Vision mitgegeben, die Michaela aufgenommen hat. Und das ist dann doch wieder gerecht, oder?!

IRMGARD (MICHAELA): Mh.

MARIANNE: Und Michaela holt sich, was sie braucht, die ist jetzt hier in diesem Seminar! Sie kann mal gucken, ob sie sich dir von einer noch ganz anderen Ecke her wieder annähern kann. Vielleicht hat sie ja auch nur Angst davor, daß du sie vereinnahmst.

IRMGARD (MICHAELA): Mh.

MARIANNE: Die Angst ist unnötig, denn Michaela ist kein kleines Kind mehr, sondern diese gestandene Frau, wie sie hier vor uns sitzt. Sie kann jetzt besser als ihre eigene Mutter für sich sorgen.

IRMGARD (MICHAELA): Mh.

MARIANNE: Und das wäre jetzt so eine Aufgabe für Michaela. Wenn sie das hinkriegt, dann könnt ihr mit eurer Kontaktpause aufhören und dann fließt es wieder.

In der Schlußrunde sagt Michaela:
Ich habe gemerkt, ich war gut in meiner Mutter, konnte mich in sie hineinversetzen und ihre Position verstehen. Und es hilft, sich ihre Geschichte anzuschauen. Aber trotzdem ist der Schmerz dadurch nicht weg. Das ist eine Sache. Aber das andere ist, ihr das nicht mehr zum Vorwurf zu machen, sondern die Schmerzen auszuhalten, die das noch heute bedeutet.

MARIANNE: Sind das Schmerzen von heute?

MICHAELA: Ne, das sind die Schmerzen von damals. Aber ich hab' sie noch immer in mir. Daß mir das noch so weh tut, daß ich keine Mutter hatte, die Freude an mir hatte.

MARIANNE: Und wie hast du überlebt?

MICHAELA: Durch meinen Vater, als der noch zu Hause war, durch meine Großmutter väterlicherseits, durch meinen Opa, auch durch die Schule, also daß es auch andere gab.

MARIANNE: Und auch das hat deine Mutter zugelassen!

MICHAELA: Ja gut, das stimmt.

MARIANNE: Sie hat dich gelassen, weil sie spürte, daß sie dir nicht alles geben konnte.

MICHAELA: Ja, sie hat sich auch bemüht – das schon, das sehe ich auch. Da kann ich auch dankbar sein, aber –

MARIANNE: Laß das *Aber* weg! Es reicht. Das ist das halbvolle Glas. Du kannst den Schmerz umwandeln in eigene Kraft. Und was heute noch fehlt – hol's dir! Entweder direkt von der Mutter oder aus deinem Umfeld. Nimm dich, die kleine Michaela, selbst in den Arm, wenn der Schmerz wieder kommt. Aber sei auch sicher, daß es nie aufhört, nur immer weniger wird, wenn du weiter dranbleibst. Das wäre die Aufgabe.

*

Zwei Jahre später schreibt mir Michaela in Antwort auf meine Frage, welche Auswirkungen das Seminar für sie hatte:

»Generell muß ich sagen, daß ich zwar deinen Ansatz und deine Methode interessant fand, aber daß das Seminar mich eher überfordert hat, statt mir zu helfen, mit der ›Mutter in mir‹ besser klarzukommen. Gegen die Angst vor Vereinnahmung durch meine Mutter, die dumpfen Schuldgefühle ihr gegenüber und den Schmerz, nicht wirklich geliebt worden zu sein, hat es eigentlich nichts ausrichten können.

In den zwei Jahren habe ich mich durch die gute Beziehung mit meinem Lebensgefährten und im Verlauf von Krisen und Therapie allerdings deutlich mehr von der Verstrickung mit meiner Mutter gelöst und führe ein zufrieden(er)es Leben. Meine Mutter und ich haben jetzt losen brieflichen Kontakt miteinander, und es gibt keine Vorwürfe mehr – näher will ich sie allerdings (noch) nicht wieder an mich heranlassen.«

Bei der Überarbeitung des Textes fielen Michaela allerdings noch neue Fragen ein, und sie entdeckte weitere Verbindungen und Parallelen zwischen sich und ihrer Mutter:

»Mir ist aufgefallen, daß ich über die Geschichte meiner Großmutter Maria und ihre Herkunft sehr wenig weiß, ebensowenig wie über den Vater von Werner, ihrem Sohn, meinem Onkel. Meine Großmutter Maria erzählte kaum etwas.

Ich würde meine Mutter gern mal fragen, ob sie die Mutter ihrer Mutter, also ihre Oma, jemals kennengelernt hat bzw. ob es überhaupt Kontakt zu ihren Großeltern in Ostpreußen gab.

Vielleicht hat Maria, nachdem sie ins Heim gegeben worden und vor allem als sie dann nach Frankfurt geschickt worden war, ihre eigene Mutter nie wiedergesehen??? Maria kam ja ins Heim, weil ihre Mutter zum zweiten Mal heiratete und es ihr zuviel wurde, sich um Maria zu kümmern.

Also möglicherweise hat der Kontaktabbruch zwischen meiner Mutter und mir einen Vorläufer in dem nicht bestehenden Kontakt zwischen meiner Oma (Mutters Mutter) und ihrer Mutter ...

Und hat meine Großmutter vielleicht erst geheiratet, als sie (mit achtzehn!) mit meiner Mutter schwanger war? War das wie die Ehe meiner Eltern auch keine ›Liebesehe‹?

Eine Parallele zwischen mir und meiner Mutter sehe ich auch darin, daß sie wie ich ihren abwesenden (in ihrem Fall verstorbenen) Vater idealisierte. In ihrem Fall war er der schmucke Seemann, der die Weltmeere bereiste ...

Tja, sonst beschäftige ich mich mit meiner Familiengeschichte nicht, aber wenn ich einmal anfange, finde ich es schon sehr spannend.

Der Kontakt zu meiner Mutter ist sehr distanziert, so daß ich befürchte, daß es erst mal keine Gelegenheit geben wird, sie zur Familiengeschichte zu befragen.«

19 Annegret (1952) und Marlies (1968)
Ein Kind wird Mutter, und die Tochter macht was daraus

Marlies ist eine große, blonde Frau, flott gekleidet und zur Zeit des Seminars 38 Jahre. Sie wirkt selbstbewußt und spricht mit kräftiger, forscher Stimme. Sie ist Finanzbeamtin, zur Zeit im Erziehungsurlaub mit zwei kleinen Töchtern und erwartet in wenigen Monaten ihr drittes Kind.

In der Vorstellungsrunde sagt sie, daß das Verhältnis zu ihrer Mutter überhaupt nicht gut sei: »Sobald ich sie sehe oder höre, habe ich eine unbändige Wut.« Sie leidet darunter. Ihre Mutter war erst sechzehn bei ihrer Geburt. »Ich war ein ›Unfall‹, und sie mußte meinen Vater dann heiraten. Der war auch erst neunzehn.« Sie lebten im Haus der Eltern des Vaters. »Das war oft sehr problematisch mit Alkohol, Fremdgehen und Aggression.« Die Mutter hatte eine Affäre mit einem Mann. Marlies wußte davon, sollte aber dem Vater nichts sagen. Marlies versuchte, die Mutter »ein bißchen zu beschützen«.

Kurz vor Marlies' vierzehntem Geburtstag zog die Mutter mit diesem Mann zusammen und ließ ihre Tochter bei dem häufig trinkenden, jähzornigen Vater zurück. »Und ich hab' halt immer um die Zuneigung meiner Mutter gebuhlt, bin aber irgendwie nie richtig gelandet.« Die Mutter trennte sich wieder von dem Mann und war danach mit einem anderen zusammen.»Und sie hopst jetzt ganz chaotisch durchs Leben, und ich fühle mich auf eine Art auch sehr verantwortlich. Bei uns sind die Rollen oft so ein bißchen getauscht.«

Als die Mutter der Mutter vor einem halben Jahr starb, konnte Marlies mit ihrer Mutter Sterbebegleitung machen.

»Und irgendwann hab' ich versucht, mich mit ihr darüber zu unterhalten, aber da ist sie in Tränen ausgebrochen. Sie sagte, sie suche ihre Mutter. Und dann hab' ich gesagt, dann suchen wir eben alle unsere Mutter.« Marlies erkennt Ähnlichkeiten mit der Mutter, erschrickt dabei und hat Angst, daß ihre Töchter auch einmal so viel Wut auf sie haben könnten. – Marlies ist verheiratet mit einem »wunderbaren« Ehemann. Sie sagt: »Also keine Wiederholung. Weil bei mir alles so chaotisch war, liebe ich das jetzt, das ist mir so wichtig.«

Und nun Annegrets Geschichte – in den Worten der Tochter Marlies

ANNEGRET (MARLIES): Ich bin Annegret, bin 1952 geboren, habe eine Schwester Katharina, 1951 geboren. Die ist schon verstorben bei einem Unfall, als sie 29 war. – Mein Vater ist Emil, 1914 geboren, meine Mutter Sophia 1916. Meine Eltern haben beide sehr problematische Elternhäuser gehabt. Die Mutter meiner Mutter Sophia ist sehr früh gestorben unter dramatischen Umständen. Es gab Erbgeschichten. Die Familie zwang sie, in schlechten wohnlichen Verhältnissen zu leben. Kälte und Armut. Und der Kummer darüber hatte ihren schlechten Gesundheitszustand und schließlich den frühen Tod zur Folge. Aber meine Tochter weiß da nichts Genaues. Die Mutter meiner Mutter ist gestorben, als meine Mutter Sophia ungefähr zwölf Jahre alt war. Sie hat sich dann um ihre beiden Brüder kümmern müssen und um ihren Vater, meinen Großvater. Sie haben in einer kleinen rheinischen Stadt gelebt.

Mein Vater Emil war aus Oberschlesien. Seine Mutter konnte sich nicht so um ihn kümmern. Sie hat auch auf verschiedenen Bauernhöfen zu Kriegszeiten gearbeitet und hat ihn dann auf irgendeinem Hof gelassen bei Leuten, die ihn auch gerne haben wollten. Also, er ist so quasi als Adoptivsohn aufgewachsen.

Marianne: War Emils Mutter nicht verheiratet?

Annegret (Marlies): Doch.

Marianne: Warum hat sie ihren Sohn abgegeben?

Annegret (Marlies): Weiß ich nicht – weiß meine Tochter nicht. Also, die war arm und hat ihren Sohn, den Emil, auf dem Hof gelassen. Da ist er sehr gut aufgenommen worden und hatte auch immer noch Kontakte zu seinen Adoptivgeschwistern oder wie man sagt.

Meine Eltern haben sich kennengelernt nach dem Krieg. Mein Vater Emil war in Gefangenschaft, und die haben sich Briefe geschrieben. Meine Mutter an einen unbekannten Soldaten. Also, nachdem er aus der Gefangenschaft gekommen ist, da haben die beiden sich getroffen und sich liebengelernt und geheiratet.

Marianne: Also erst sehr spät. Wann?

Annegret (Marlies): 1949, glaube ich. Meine ältere Schwester Katharina ist dann geboren worden, dann ich. Wir waren der Stolz meiner Eltern. Wir waren Kinder, die sie sich gewünscht haben, und wir Töchter waren der ganze Stolz von meinem Vater. Wir haben in ärmlichen Verhältnissen gelebt. Mein Vater hat in der Fabrik gearbeitet, meine Mutter war Hausfrau. Wir haben einen Garten gehabt, den wir beackert haben, und sind auch immer Fahrrad gefahren, haben bis zum Schluß keinen Führerschein gemacht. Oder sind auch nicht großartig gereist, haben aber ganz oft Sachen nach Polen geschickt. Wir waren sehr bescheiden, auch sehr beliebt im Dorf. Haben immer einen großen Wert auf Familie gelegt.

Marianne: Waren die Adoptiveltern von Emil Deutsche oder Polen in Oberschlesien?

Annegret (Marlies): Irgendwie – das waren Polen. Also meine Tochter, die Marlies, die war mit meiner Mutter Sophia sogar mal da in Polen und hat die da besucht.

Marianne: Also wie ging es weiter mit dir, deiner Schwester und euren Eltern?

Annegret (Marlies): Meine ältere Schwester Katharina, die war so vom Typ her sehr strebsam in der Schule, sehr vorsichtig. Ich war eher so der Haudegen, war rebellisch, immer so das Vaterkind. War sehr verschmust. Ich bin gerne ausgegangen, war kein Kind von Traurigkeit. Hab' dann nach der Schule mit fünfzehn eine Ausbildung gemacht als Floristin und hab' auf einer Party einen Dieter kennengelernt und bin schwanger geworden. Das war dann ein großes Drama im Dorf. Meine Eltern waren völlig aufgewühlt, wußten gar nicht, was sie tun sollten.

Und ich bin dann mit meinem Freund, dem Dieter, abgehauen nach Frankreich. Und wir haben uns da ein paar Wochen durchgeboxt, sind dann zur Botschaft gegangen. Und da haben uns dann Dieters Eltern dort in Frankreich eingesammelt und nach Hause gebracht. Ich noch mit Decke über dem Kopf ins Haus, damit ich da nicht gesehen wurde. Meine Eltern waren sehr traurig darüber.

Wir haben dann 1968 geheiratet. Dieter war noch keine zwanzig Jahre alt. Und im gleichen Jahr ist dann auch meine Tochter Marlies geboren worden. Wir sind in die Familie meines Mannes gezogen, ein paar Ortschaften weiter. Die waren etwas jünger und auch moderner, Führerschein und so. Die lebten in einem Mehrgenerationenhaus, also da waren auch noch die Eltern von den Eltern meines Mannes und wurden gepflegt. Also, es war auch ein relativ chaotisches Haus, mit Jähzorn und Alkohol. Und es war ein bißchen schwierig.

Meine Eltern haben sich total gefreut auf die Marlies. Und die Eltern meines Mannes auch. Und wir haben da gelebt in diesem Haus, hatten keinen eigenen Raum. Und das ging alles so ein bißchen durcheinander. Und ich hab' dann relativ schnell auch wieder angefangen zu arbeiten. Meine Eltern und meine Schwiegereltern haben sich sozusagen die Marlies geteilt. Bei meinen Schwiegereltern hat sie auch im Schlafzimmer geschlafen. Ich war mit meinem Mann dann ein paar Wochen auf Reisen. Da war die Marlies fünf Wochen alt. Da hab' ich sie auch schon bei meinen Eltern abgegeben. 1974 haben wir angefangen umzubauen in dem Haus und haben uns eigene Räume geschaffen. Da hat die Marlies dann auch ein eigenes Zimmer gehabt, war aber nach wie vor an den Wochenenden eigentlich bei meinen Eltern.

Mit meinem Mann habe ich mich so gar nicht verstanden. Wir hatten sehr viele Auseinandersetzungen. Mein Mann hat sehr oft getrunken, kam dann auch in Schwierigkeiten, ist nachts nicht nach Hause gekommen und lag am nächsten Morgen mit einem Schädelbasisbruch im Krankenhaus. Er ging ab und zu in den Puff. Und es wußten immer alle. Dazu muß ich sagen, ich neige auch zu Dramen. Wir haben uns dann irgendwie gestritten, und ich habe mich sterbend gestellt, wenn wir irgendeine Prügelei hatten oder so. Es hat also auch sehr laut gescheppert – da flogen richtig die Fetzen. Es war so, daß ich immer so das Opfer war und daß mein Mann – ja – der Bösewicht war und meine Tochter auch versucht hat, mich ein bißchen vor ihm zu schützen.

Ich selber hab' lange eine Affäre gehabt. Da war die Marlies noch ganz klein, drei Jahre. Aus dem gemeinsamen Freundeskreis. Mit dem hab' ich mich dann heimlich getroffen und so. Und da habe ich meine Tochter auch ab und zu mitgenommen. Hab' dann aber vorher gesagt, das darfst du dem Papa nicht sagen.

Ich hab' 1978 ein Ladenlokal aufgemacht im Nachbardorf, hatte meinen Meister gemacht als Floristin. Wobei mein Mann und meine Schwiegereltern mich unterstützt haben. Doch nach der Eröffnung des Ladenlokals habe ich die Familie verlassen. Mein Vater hat es meinem Mann und meinen Schwiegereltern gesagt. Ich bin einfach weg mit Gunther, dem Mann, mit dem ich auch schon so lange eine Affäre hatte. Der Mann hat auch eine Frau zurückgelassen mit einem kleinen Kind. Der hat also noch geheiratet, als er schon mit mir was hatte. Dann bin ich mit meinem Freund Gunther zusammengezogen. Zunächst heimlich. Ich hatte zwar mein Ladenlokal, aber keiner wußte genau, wo ich wohne.

19 Annegret und Marlies

Marianne: Und Marlies mit dir?

Annegret (Marlies): Nein. Die habe ich zurückgelassen bei meinen Schwiegereltern. Ja, und meine Tochter hat gesagt: »Ich hasse dich.« Das hab' ich ihr auch immer zum Vorwurf gemacht, nachher. Aber irgendwann hatten wir dann auch wieder Kontakt zu meiner Tochter. Der Kontakt war nicht so toll, es gab immer Konflikte zwischen meinem Freund und ihr. Wir haben mal einen Urlaub probiert, aber das war die absolute Katastrophe. Weil – es ging uns halt sehr gut, und wir hatten das Gefühl, wir würden Marlies was bieten. Und irgendwie hat sie das nicht dankbar angenommen, war undankbar und so. Der Gunther hat das dann boykottiert. Wenn die Marlies kam, ging er aus dem Raum oder woanders hin.

Ich hab' den Gunther 1985 geheiratet. Kurze Zeit später stellte sich aber heraus, daß alles Geld, das wir zur Verfügung hatten, Augenwischerei war, daß er sehr hohe Wettschulden gemacht hat. Und auch mal Alkoholprobleme hatte. Er hat auch eine Affäre gehabt mit einer zwanzig Jahre jüngeren Frau, so daß es dann zur Trennung gekommen ist und der Gunther mit der anderen Frau lebt und ich alleine bin.

(Auf Nachfrage:) Die Scheidung war 2001.

Aktuell bin ich 53. Habe immer noch mein Ladenlokal. Aber inzwischen ist das, was immer so schön war, schon Makulatur, ist alt und marode. Ich hab' mir mein Leben auch nicht so vorgestellt. Hab' mich kaputtgearbeitet, meine Knochen sind alt. Ich kann das auch alles nicht mehr so. Ich hab' auch Existenzängste. Bin eben alleine. Ich rauche sehr viel. Ich hab' mich so in den letzten Jahren schon ziemlich verlebt. Aber irgendwie sehe ich das nicht so wirklich, daß ich eigentlich da so ein bißchen orientierungslos herumhopse.

Marianne: Sprichst du da oder deine Tochter Marlies?

Annegret (Marlies): Die Marlies.

Marianne: Was würdest du sagen, Annegret?

Annegret (Marlies): Ich bin froh, und ich bin stark. Und ich hab' einen Freund zur Zeit, der ist zwanzig Jahre jünger, eigentlich der Abklatsch von Gunther und meinem ersten Mann. Das Gleiche in grün noch mal. Und ich weiß es auch schon ganz lange. Seit ich ihn kenne, bin ich dabei, mich von ihm zu trennen. Ich sag' das auch immer, und dann mach' ich das aber doch nicht.

Je nachdem ob ich mit ihm Kontakt habe oder nicht, melde ich mich auch mal bei meiner Tochter oder auch eben nicht. Also, ich bin im Grunde genommen eigentlich sehr chaotisch. Bei mir gibt es nicht Frühstück, Mittag, Abendessen oder so.

Meine erwachsene Tochter erfüllt mich mit Stolz. Eigentlich hätte ich auch gern ein wenig besseren Kontakt. Ich habe große Schuldgefühle ihr gegenüber, kann ich auch ganz klar artikulieren. Ich hab' auch schon viele Dinge an mir erkannt, also das mit der Makulatur und mit dem Verniedlichen. Ich möchte gern vielen Leuten gefallen. Aber das fällt mit immer schwerer, weil auch ich älter werde und nun so ein bißchen an äußerem Glanz verliere. Und der innere, der kommt eigentlich im Moment noch nicht so richtig hoch. Das ist sehr schwierig, ich hab' aber Hoffnung.

Ja, meine Tochter, finde ich, hat sehr, sehr viel geschafft. Ja, auf sie bin ich sehr stolz. Hätte gern mehr Kontakt, aber irgendwie bekomme ich das gar nicht so hin. Also irgendwie will ich meine Tochter auch gar nicht. – Ich suche auch eigentlich gar keinen Kontakt. Irgendwas lehne ich ab. Weil die Art von Kontakt, den ich mit meiner Tochter haben will, mit dem kommt sie so irgendwie nicht klar.

Ich hab' mal mit meiner Tochter eine Familienaufstellung[4] gemacht. Da habe ich bei ihr auf dem Schoß gesessen. Also ich glaube, ich suche jemand, wo ich endlich mal ankommen

---

[4] Eine Methode der Gruppen- und Familientherapie, bei der die KlientInnen aus der Gruppe StellvertreterInnen für ihre Familienmitglieder auswählen und sie dann so zueinander im Raum aufstellen, wie sie die Beziehungen in ihren Familien wahrnehmen. Meist ergeben sich dabei tiefe Einsichten über die innere Dynamik der jeweiligen Familie.

kann. Ich glaube, daß meine Tochter das so gar nicht mehr will.

MARIANNE: Erstaunlich, daß du mit ihr eine Aufstellung gemacht hast. Das ist ein sehr schönes Zeichen, daß du deiner Marlies vertraust. – Was wünschst du ihr?

ANNEGRET (MARLIES): Ich schwanke unglaublich zu sehen, daß sie was lebt, was ich mal früher hatte, was meine Tochter aber ja gar nicht kennt, so Frühstück, Mittag, Abendessen und Eltern und Hund und Katz und Maus und um acht ins Bett, vielleicht so extrem dieses Familienleben. Ich wünsche ihr auch, daß sie sich gefunden hat. Weil sie vorher so Freunde hatte, die sehr aggressiv waren, und sie hat sich auch anfangs nicht gelöst und hatte da so die Opferrolle. Und jetzt hat sie schon einen anderen Mann gewählt.

Und nun beginnt die Diskussion zwischen »Annegret«, den Teilnehmerinnen und mir

MARIANNE: Ja, danke, Annegret! Du hattest es nicht leicht. Vor allem diese ungewollte Schwangerschaft. Die hat dir ja ziemlich viel versaut. Du warst sechzehn! Du hättest ja auch ganz viel in deinem Leben machen können wie deine Tochter, die jetzt Beamtin ist.

ANNEGRET (MARLIES): Ja, ich hätte auch die Möglichkeit gehabt zu studieren. Aber das war nicht so mein Ding. Ne. Also beruflich hab' ich alles erreicht. Habe meinen Meister gemacht. Ich habe schon immer geguckt, wo ich bleibe.

TEILNEHMERIN: Welche Ähnlichkeit hast du, Annegret, mit deiner verstorbenen Schwester Katharina?

ANNEGRET (MARLIES): Die ist in dem Jahr, 1980, gestorben, in dem ich ausgezogen bin. Die Katharina war ganz anders, sehr häuslich, solide. Mädchengymnasium, war sehr strebsam.

MARIANNE: Also noch mal zurück: Deine Tochter wünscht sich, mehr Liebe von dir zu bekommen. Verstehst du das?

ANNEGRET (MARLIES): Meine Tochter ist sehr, sehr aggressiv. Wir können im Moment nicht mal drei Worte miteinander austauschen, ohne daß meine Tochter 'ne absolute Wut hat.

MARIANNE: Was meinst du denn, was in der Marlies vorgeht?

ANNEGRET (MARLIES): Ich glaube, die Marlies will mit aller Gewalt alles ganz anders machen. Sie möchte gern die Tochter sein, aber hat keine Lust, sich nur immer meine Probleme anzuhören.

MARIANNE: Sie ist ja jetzt selbst Mutter und ist gerade wieder schwanger. Das heißt, sie braucht jetzt ihre Energien in diese Richtung und nicht zu dir zurück. Und du sitzt da mit dem Gefühl, daß dein Leben eigentlich verpfuscht ist.

ANNEGRET (MARLIES): Ich sag' nicht direkt, daß mein Leben verpfuscht ist. Ich suche halt meine Mutter!

MARIANNE: Richtig! Die Liebe deiner Mutter Sophia, was war mit der?

ANNEGRET (MARLIES): Meine Mutter hat sich so durchs Leben gebissen. Hat keine Gefühle zugelassen, war ziemlich emotionslos. Und an ihr prallte auch so vieles ab. Sie hat aufgrund ihrer Geschichte vieles gar nicht zulassen können. Mußte nur funktionieren. Und sie hatte auch ein viel besseres Verhältnis zu meiner Schwester Katharina als zu mir.

TEILNEHMERIN: Hast du vielleicht deinen Haß gegen deine Mutter verdrängt?

ANNEGRET (MARLIES): Ach, vielleicht habe ich da meine Mutter aus ihrer Erstarrung befreien wollen!

MARIANNE: Ja, das kann gut sein. Manchmal ist es so, daß Kinder ganz schlimme Sachen machen, um den Eltern Abenteuer zu liefern, die diese sich selbst nicht erlauben. Daß du, Annegret, ungewollt schwanger geworden bist und dann die dramatische Flucht nach Frankreich gemacht hast, auch die Geschichten mit den anderen Männern ...

ANNEGRET (MARLIES): Ich sage ja auch. Eigentlich hab' ich mich sehr wohl gefühlt. Auch mit meinem Vater.

MARIANNE: Ja, dein Vater hat seine beiden Töchter geliebt. Ihr wart Wunschkinder. Aber deine Mutter Sophia hat ihre Mutter sehr früh verloren. Vielleicht hat sie das so erstarrt und gefühllos gemacht. Sie konnte dir nicht genug Liebe geben. Und dann hast du versucht, die Liebe von dem Dieter zu kriegen. Aber da wurdest du schwanger! Und dann mit dem Kind ging es nicht mehr. Auch nicht mit Dieter. Der war nicht so wie dein Vater Emil.

ANNEGRET (MARLIES): Ja. Im Grunde genommen brauche ich eben total viel Energie, rumzulaufen, um jemand zu finden, der sich um mich kümmert. Also, und da nehme ich auch vieles in Kauf.

MARIANNE: Eben, zum Beispiel solche seltsamen Männer! Keiner ist wie dein Vater.

ANNEGRET (MARLIES): Ja. Und dann komme ich damit zum Beispiel zu meiner Tochter, und die hält sich die Ohren zu.

MARIANNE: Also von deiner Tochter darfst du nicht zuviel erwarten. Sie kann dir nicht die Mama ersetzen, die du nicht hattest. Da muß sie sich wehren.

ANNEGRET (MARLIES): Und das mache ich ihr zum Vorwurf.

MARIANNE: Das darf Marlies nicht zulassen. Was kann Marlies aber trotzdem für dich tun, was ihr leicht fällt, was keine Überforderung für sie ist?

TEILNEHMERIN: Ich hab' eine Frage, wie stehst denn du, Annegret, zu deinen Enkelkindern? Magst du sie?

ANNEGRET (MARLIES): Doch, das gibt mir auch sehr viel Kraft. Gerade wo jetzt meine Mutter gestorben ist. Aber ich möchte auch nicht verpflichtet sein. Meine Tochter sucht auch immer mal ihre Mutter. Das weiß ich auch. Sie hat mich gefragt, wenn sie im Sommer ein paar Tage allein ist, ob ich ihr dann helfen kann. Ich weiß nicht, ob mir das nicht zuviel ist.

MARIANNE: Mußt du genau prüfen. – Wie ist deine Mutter Sophia gestorben?

ANNEGRET (MARLIES): Vor einem halben Jahr an einer Thrombose. Zuvor hat sie nach zwei Schlaganfällen in einem Altenheim gelebt, aber sie war nur gehbehindert, geistig ganz fit. Ich habe sie regelmäßig alle ein bis zwei Wochen besucht und sie auch gelegentlich abgeholt.

MARIANNE: Das ist ja noch gar nicht lange her. – Und was hast du sonst noch für Interessen? Du bist schließlich noch jung, erst 53!

ANNEGRET (MARLIES): Ja, aber ich habe Ängste und kann nicht allein sein. Ich weiß nicht ...

MARIANNE: Nun, wir können dir, Annegret, von hier aus nicht helfen. Nicht du sitzt hier, sondern deine Tochter.
Ich rede jetzt mal mit Marlies: Hast du vielleicht immer noch das Gefühl, du mußt deine Mutter retten, weil sie durch deine Geburt ins Unglück gestürzt ist, heiraten mußte und dann gefangen war?

MARLIES: Ja, sie tut mir leid.

MARIANNE: Das ist die Liebe der Tochter. Aber die kannst du auch noch anders zeigen, ohne Schuldgefühle. Deine Mutter hat das Leben, das sie hat. Und du hast deins. Und sie ist stolz auf dich. Das ist genug! Du hast ihr genug gegeben. Jetzt bist du dran mit deiner Familie!

MARLIES: (zustimmend) Mh.

MARIANNE: Manchmal muß die Tochter der Mutter Grenzen setzen, nämlich wenn die Mutter sich selbst in ihrem Leben keine Grenzen setzen kann, eben so chaotisch ist. Eine gute Mutter setzt ihrem Kind Grenzen, weil das dem Kind guttut. Und du, Marlies, kannst dich von der »Mutter in dir« abgrenzen. Das ist vielleicht der wichtigste Schritt, um dich innerlich zu stärken. Also nicht nur vor Mitleid zerfließen, sondern klar zu dir selber stehen und zu den Aufgaben, die du jetzt als Mutter deiner Kinder hast. Vielleicht ist das für deine Mutter hart. Aber es könnte heilsam sein für euch beide.

MARLIES: (zustimmend) Mh.

MARIANNE: Und dann begegnest du ihr als Erwachsene. Es könnte sein, daß sich dann ganz viel auch bei deiner Mutter verändert. Annegret ist eine starke Frau. Du kannst ihr noch viel mehr zumuten! Vielleicht muß sie jetzt auch erst noch den Tod ih-

rer Mutter verarbeiten und findet dann zu einem Neuanfang für ihr Leben. – Schick sie mal in eins meiner nächsten Seminare!
(Lachen der Teilnehmerinnen)

In der Schlußrunde sagt Marlies: »Es war für mich ganz toll. Einerseits bin ich noch ziemlich durcheinander, aber das setzt sich noch irgendwann. Eigentlich ist es mir auch ganz lieb, mal durcheinander zu sein, weil das ja in der Regel auch sein Gutes hat! Das hat mich bestärkt, daß ich auf dem richtigen Weg bin.

Ich gehe nach Haus mit viel Frauen-Power. Ich hab' mitgekriegt, wie sich starke Frauen für andere aufgeopfert haben. Das hat mein Frausein so berührt. Ja, und auch zu hören, wie es den anderen geht, das ist spannend wie ein Krimi. Das meine ich nicht abwertend, sondern ja, so ist das Leben. Und wie das so die Generationen durchzieht. Also, was ich meiner Mutter vorwerfe – das wird alles auf einmal so relativ.«

*

Ein Jahr später schreibt Marlies, die inzwischen ihr drittes Kind, einen Jungen, geboren hat:
»Das Seminar hat mir geholfen, meine eigene Geschichte in einem universellen Zusammenhang zu sehen. Das ist nicht nur spannend, sondern hilft, eigene Verflechtungen vielleicht ein bißchen besser zu analysieren und weniger verhaftet zu sein. Konkret heißt das, daß sich das Verhältnis zu meiner Mutter deutlich entspannt hat. Ich bemühe mich, meine Erwartungen an meine Mutter – an eine Mutter, wie ich mir eine Mutter vorstelle – zu lösen. Dadurch bin ich weniger enttäuscht und eher in der Lage anzunehmen, was kommt. Und da kommt mehr, als ich zuvor gedacht hätte.

Gleichermaßen versuche ich auch, mich nicht mehr für sie verantwortlich zu fühlen. Diese Freiheit unterstützt unsere gegenseitige Beziehung, in der zunehmend die andere sein darf und kann, wie sie ist. Das ist sehr schön, und ich hoffe, wir sind damit noch nicht am Ende, auch wenn es immer mal wieder Momente gibt, in denen es ›kracht‹, ich mir doch etwas wünsche, was sie mir nicht geben kann. Aber mittlerweile bin ich besser in der Lage, dies zumindest nachträglich zu analysieren und dadurch etwas zu entkräften. Also: Wir sind auf dem Weg ...«

20 Annette (1946) und Jana (1964)
Die haltlose Mutter hat ihre Kinder »ausgesetzt«, die Tochter sucht ein positives Mutterbild, um selbst gute Mutter sein zu können

Jana, zur Zeit des Seminars 41 Jahre alt, ist eine ausgesprochen schöne Frau mit langen blonden Haaren. Ihr Blick ist manchmal mißtrauisch, doch ihr Lachen warmherzig und fröhlich. Sie wirkt lebhaft, ein wenig nervös, spricht schnell, hin und wieder abgehackt, wie wegwerfend.

Jana ist Mutter von drei Söhnen zwischen fünf und neun Jahren. Ihr Mann ist Niederländer. Sie ist Krankenschwester, arbeitet zur Zeit als Reitpädagogin. Sie hat einen Zwillingsbruder, mit dem sie in engem Kontakt steht.

In der Vorstellungsrunde sagt Jana, daß sie zwei Mütter habe. Zu ihrer biologischen Mutter Annette hat sie keinen Kontakt. »Sie hat uns Kinder ausgesetzt«, sagt sie. Die zweite Frau des Vaters war als Stiefmutter unnahbar. Sie und ihr Bruder waren acht Jahre alt, als sie aus dem Heim in die neue Familie kamen. Jana hat eine gute Beziehung zur Mutter des Vaters, die jetzt 91 Jahre alt ist.

Jana sagt von sich: »Mit meinem zweiten Kind habe ich mich selbst als Mutter geboren.« Sie wünscht sich, eine Mutterfigur für sich selbst zu finden und mit sich selbst in Einklang zu kommen.

Jana betont, daß sie nichts mehr mit ihrer Mutter zu tun

haben will. Ich bitte sie, dennoch den Versuch zu machen, die Geschichte ihrer biologischen Mutter in der Ichform zu erzählen. Sie ist mit Vorbehalten dazu bereit, weil sie sich nicht vorstellen kann, daß das möglich ist. Sie erzählt auch nur stockend, meist erst auf Nachfragen. Wir Zuhörerinnen in der Runde sind sehr betroffen von Janas Erzählung, vor allem weil ihr Auftreten nichts von ihren schlimmen Kindheitserlebnissen verrät.

Und nun Annettes Geschichte – in den Worten der Tochter Jana

ANNETTE (JANA): Ich bin Annette, 1946 in B. im Ruhrgebiet geboren. Wie meine Eltern heißen, daran erinnert sich die Tochter nicht.

MARIANNE: Auch nicht, wann und wo sie geboren sind?

ANNETTE (JANA): Null. – Ich als Annette kenne meinen Vater nur trinkend und mit Frauen. Meine Mutter auch so.

MARIANNE: Aber nicht mit Frauen!

ANNETTE (JANA): (lacht) Nee mit Männern. Ich hab' auch einige Geschwister von verschiedenen Vätern. Jana weiß nicht, wie viele. Es gibt aber einige, schätze so zwischen fünf und sechs.

MARIANNE: Deine Mutter hat fünf bis sechs Kinder, von denen Jana nichts weiß??

ANNETTE (JANA): Ja, ja.

MARIANNE: Sind die jünger als du oder älter?

ANNETTE (JANA): Das weiß die Jana nicht. Meine Eltern kamen mit mir nicht zurecht, deshalb gehörte ich zu diesen Kindern, die häufig und relativ früh weggegeben wurden. Ich war im Erziehungsheim, in Pflegefamilien. Ich weiß, daß ein paar Geschwister immer mit den Eltern gelebt haben und ein paar auch immer wieder weggegeben worden sind. Man kam mit mir halt nicht so gut zurecht. In der Schule auch nicht. Hatte auch keinen Schulabschluß. Männer waren für mich auch sehr wichtig.

MARIANNE: Was war mit deinem Vater, weißt du da was?

ANNETTE (JANA): Weiß ich – weiß Jana – nichts.

MARIANNE: Aber eine Zeitlang hast du mit Vater und Mutter zusammengelebt.

ANNETTE (JANA): Ja. Und da war eine Oma.

MARIANNE: Wessen Mutter?

ANNETTE (JANA): Weiß Jana auch nicht. Wahrscheinlich Mutter meiner Mutter.

MARIANNE: Haben die in einem Haus zusammengewohnt?

ANNETTE (JANA): Ja, Oma und meine Eltern. Meine Mutter ist auch sehr jung Mutter geworden. Schon minderjährig, so mit siebzehn.

MARIANNE: Mit dir?

ANNETTE (JANA): Nein, mit einem anderen Kind. Und da hat die Oma auch mithelfen müssen mit der Kindererziehung.

MARIANNE: Und du hast wie lange da in dem Haus mit ihnen gewohnt?

ANNETTE (JANA): Intermittierend. Mit dem Schuleintritt haben sich auch Fürsorger eingeschaltet, und ich und meine Geschwister wurden dann vermehrt rausgenommen und wieder reingesteckt. (Pause)

MARIANNE: Was kannst du noch erzählen?

ANNETTE (JANA): Ja, ich hatte ja keine Berufsausbildung. Ich habe versucht rauszukommen und endlich frei zu sein von Familie und Schule. Und ich habe eben viele Männerbekanntschaften gehabt. Und irgendwann habe ich dann den Rolf kennengelernt. Meine Familie war allgemein bekannt in der Stadt. Wir hatten nicht das beste Image. Und Rolf hatte wohl Mitleid mit mir.

MARIANNE: Ist das der Vater deiner Kinder?

ANNETTE (JANA): Ja. Wir haben geheiratet. Ich bin schwanger geworden. Der Rolf hat gesagt, das schaffen wir. Obwohl seine Eltern völlig dagegen waren gegen unsere Heirat, weil sie mich immer als berechnend eingeschätzt haben. Rolf hat sich gegen seine Eltern gestellt und mich in dem Jahr, als unsere Zwillinge Jana und Kim geboren sind, geheiratet. Seine Eltern sind nicht gekommen, meine Eltern auch nicht. Und so fing das bessere Leben an. Wir hatten 'ne eigene Wohnung.

MARIANNE: Was macht er? Wie alt ist er?

ANNETTE (JANA): Bauingenieur. Er ist 1944 geboren, war damals zwanzig. Ja, und die ersten zwei Jahre waren so ganz nett. Dann ging mir das auf den Keks. Ich habe mein Leben halt genossen. Ja, ich hab' eben viele Männer gehabt. Mein drittes Kind von einem Italiener, dem Nachbarn über uns.

MARIANNE: Während du mit Rolf verheiratet warst, hast du dieses Kind gekriegt?

ANNETTE (JANA): Ja. Wenn der Rolf arbeiten war, bin ich auf Tour gegangen. Und daß ich da die Kinder hatte und die allein in der Wohnung waren – war mir egal.
(Auf Nachfrage:) Das war ein Mädchen, Marion. Die ist 1965 geboren.

MARIANNE: Also nur ein Jahr nach den Zwillingen?!

ANNETTE (JANA): Ja. Das war natürlich unangenehm, denn Rolf war schon ziemlich sauer. Und ich hab' versprochen, mich zu ändern und mich bemüht, mich mehr um die Kinder zu kümmern. Aber ich hab' ja auch niemanden gehabt. Und wenn Rolf dann arbeiten gegangen ist, bin ich auch aus dem Haus gegangen und hab' mir wieder einen Mann gesucht.

MARIANNE: Und wo war in dieser Zeit deine Mutter?

ANNETTE (JANA): Weiß ich nicht, weiß meine Tochter nicht. Meine Tochter glaubt, daß meine Mutter nicht mehr da war für mich. Ich brauchte sie auch nicht mehr. Ich hatte ja mein eigenes Leben.

Meine Schwiegermutter, die hat mich oft genervt. Manchmal stand sie plötzlich in der Tür und hat mich bei der Fürsorge verpetzt, daß ich die Kinder nicht versorgt habe. Als Rolf dann mal 'ne Fortbildung gemacht hatte, für eine Woche, war das total gut, da konnte ich alle Männer in meine Wohnung lassen. Die Nachbarn haben sich dann öfters wegen Ruhestörung beschwert und daß die Kinder so oft alleine waren. Und deshalb sind wir dann auch dreimal umgezogen.

TEILNEHMERIN: Und wo waren dann Jana und ihre Geschwister??

ANNETTE (JANA): Na zu Hause. Die waren im Zimmer nebenan, eingeschlossen. Na ja, und dann hatte ich mal einen Typen kennengelernt, bin mit dem zusammen nach Rotterdam abgehauen. Da habe ich Jana und Kim mitgenommen, weil das ja die richtigen Kinder von Rolf sind, und da hatte ich immer ein Druckmittel, um Geld zu kriegen. Na ja, und als ich kein Geld mehr hatte, hat er mir welches gegeben. Ich hab' die Kinder irgendwo gelassen, und er hat sie dann abgeholt. Und dann hab' ich 'nen netten Spanier kennengelernt, und da ist dann Tobias entstanden. Der ist 1967 geboren.

Na ja, und dann sind die Kinder größer und lauter geworden. Und schließlich sind auch die Nachbarn gekommen, und die Polizei wurde eingeschaltet, und Rolf wurde öfter von der Arbeit abgeholt, weil der Verdacht bestand, daß die Kinder alleine waren. Das fand ich total nervig. Mir war alles zuviel. Diese ewigen Gespräche mit der Fürsorge und Caritas. Ich hatte 'ne gute Freundin, die hat mich dann gedeckt, die hat ein bißchen aufgeräumt. Und so konnte ich mit den Männerbekanntschaften weitermachen. Ich hab' die dann als Freund meiner Freundin ausgegeben, wenn Rolf früher kam oder die Schwiegermutter. Ich bin dann auch nicht mehr so viel weg, weil Rolf sich scheiden lassen wollte. Das wollte ich nicht.

MARIANNE: Hast du dafür Geld genommen von den Männern?

ANNETTE (JANA): Nein – so denkt die Tochter. Ja, und mein Mann hat das vierte Kind, den Tobias, auch akzeptiert. Er hat es noch mal mit mir versucht. Doch der Druck von außen wurde immer größer. Ich hab' das alles nicht mehr geschafft, und es ging mir alles auf den Keks. Ja, und da hab' ich den Tobias und die Marion ins Heim gegeben. Ich wollte es nur mit den Zwillingen noch mal versuchen.

Ich hab' dann einen ganz netten Typen kennengelernt, der war vier Jahre jünger. Mit dem bin ich durch die Kneipen gezogen, wobei ich die Zwillinge immer mitgenommen habe. Und wenn ich kein Geld hatte und mein Mann die Kinder abgeholt hat, hat er die Rechnung bezahlt. Und dann hab' ich die Zwillinge vors Heim gestellt und bin einfach abgehauen.

Ja, und meinem Mann wurde es auch zuviel, und er wollte sich scheiden lassen. Zu dem Termin bin ich nicht erschienen, und irgendwann ist er dann schuldlos geschieden worden. Ich hab' die Zwillinge ein paarmal aus dem Heim abgeholt in der Hoffnung, Druck auf ihn auszuüben. Ich bin verurteilt worden wegen Vernachlässigung von Schutzbefohlenen. Es war mir alles egal. Mit dem Typen hat das auch nicht lange gedauert. – Und dann habe ich meinen richtigen, meinen zweiten Mann kennengelernt und den geheiratet. Hab' noch zwei Kinder bekommen.

ANNETTE (JANA): (auf Nachfrage) Die Scheidung war 1970. Jana kennt die letzten zwei Kinder nicht. Will überhaupt keinen Kontakt zu mir oder meiner neuen Familie kriegen. Soweit Jana weiß, bin ich noch mit dem Mann zusammen. Aber wie, das weiß sie nicht.

MARIANNE: Also du bist jetzt knapp sechzig. Wie kann Jana sich vorstellen, wie dein Leben jetzt ist?

ANNETTE (JANA): Also schwierig. Sie vergleicht mich vielleicht mit anderen Sechzigjährigen. Und wenn sie eine Frau sieht, denkt sie vielleicht, die könnte jetzt ihre Mutter sein.

MARIANNE: Hast du eine Vorstellung, wieso Jana dich nicht sehen will, jetzt?

ANNETTE (JANA): Das mußt du Jana fragen!

(Leises Lachen in der Runde)

MARIANNE: Also die Frage an dich, Annette: Warum meinst du, daß Jana dich nicht sehen will?

ANNETTE (JANA): Das ist schwierig. Ich glaube, sie findet, daß ich über mein Leben nicht genug nachdenke. Und ich bin ja nicht gut mit ihnen umgegangen. Allerdings bin ich mit Tobias auch nicht gut umgegangen, und mit dem habe ich Kontakt.

MARIANNE: Hast du auch mit Marion Kontakt?

ANNETTE (JANA): Ja. Marion ist aus dem Heim wieder rausgeholt worden und bei meiner Mutter aufgewachsen. Und Tobias war ja noch so jung, und dann ist er in eine Pflegefamilie gekommen. Der hat jetzt zwei Kinder.

MARIANNE: Woher weiß Jana das?

ANNETTE (JANA): Weil Jana irgendwann mal Marion wiedergesehen hat.

MARIANNE: Wart ihr alle am selben Ort?

ANNETTE (JANA): Ja. Immer alle in der Nähe. Marion war auch sehr eng mit ihrem Vater.

MARIANNE: Mit diesem Italiener?

ANNETTE (JANA): Nein, mit Rolf, meinem Mann. Marion weiß nicht, daß er nicht ihr Vater ist.

(Auf Nachfrage:) Rolf weiß es. Aber meine Tochter Jana hat das alles nicht von ihm, sondern aus der Jugendakte. Einen Vaterschaftstest hat mein Mann nie gemacht.

MARIANNE: Also Jana hat ganz viel an Informationen eingeholt und damit Geheimnisse aufgedeckt, die die anderen Kinder nicht wissen?

ANNETTE (JANA): Wahrscheinlich.

MARIANNE: Hat Marion auch Kinder?

ANNETTE (JANA): Sie hat zwei Kinder.

MARIANNE: Und Kim, der andere Zwilling?

ANNETTE (JANA): Der hat drei Kinder.

MARIANNE: Also Annette, ich zähle mal deine Enkelkinder, das sind schon mal neun, von denen Jana weiß. Und vielleicht hast du sogar noch mehr. Also als Sechzigjährige hast du eine Riesenfamilie!

Ich finde es total interessant und irgendwie bewundernswert, wie du dein Leben bewältigt hast. Denn wenn man deinen Hintergrund anschaut – Jana weiß da zwar nicht viel –, muß es doch schlimm für dich gewesen sein: Mit siebzehn schwanger zu werden, einen Säufer zum Vater, der vielleicht auch noch gewalttätig war, eine haltlose Mutter, die dich total vernachlässigt hat – schrecklich! Da ist es ja kein Wunder, daß du in deinem Leben auch so haltlos geworden bist und geradezu süchtig nach Männern gesucht hast, die dir Halt geben sollten. Und es gab sogar einen, der dich geheiratet und gehalten hat, der Rolf. Und hast so wunderbare Kinder – von denen die eine Tochter hier sitzt. Hat Jana eigentlich jetzt zu ihrem Vater Rolf Kontakt?

ANNETTE (JANA): Ja, durch die Enkelkinder. Aber ein Austausch zwischen Tochter und Vater findet nicht statt.

MARIANNE: Warum nicht?

ANNETTE (JANA): Mein Mann ist – also, das ist schwer zu sagen. Vielleicht sollte ich jetzt mal als Jana sprechen.

MARIANNE: Okay.

JANA: Also, meinen beiden Eltern ist das Sorgerecht entzogen worden. Wir Zwillinge kamen ins Heim. Und als mein Vater wieder geheiratet hat, hat er das Sorgerecht wieder bekommen, und wir sind dann wieder zu ihm gekommen, als wir achteinhalb waren. Und als wir zehn waren, bekamen wir eine kleine Schwester. Rolf hat alles, was ihn an seine erste Frau erinnert hat, vernichtet.

TEILNEHMERIN: Also für mich sieht es so aus, als ob er Annette, seine erste Frau, wirklich geliebt hat, nicht nur aus Mitleid.

JANA: Er ist über-sozial. Er hat zu ihr gesagt, wir schaffen das. Er wollte immer so die partnerschaftliche Familie haben.

MARIANNE: Und du, Annette, hast ja in der Zeit auch ganz gut mit ihm gelebt.

ANNETTE (JANA): Ich hatte eben viel Freiheit. Mein Mann war von morgens bis abends weg, und ich mußte nur abends für ihn da sein.

MARIANNE: Hattet ihr denn noch Sex miteinander?

ANNETTE (JANA): Nein.

MARIANNE: Warum nicht? Was phantasiert Jana?

ANNETTE (JANA): Wenn mein Mann halt nach Hause kam, hab' ich die bürgerliche Annette gespielt, die Mutter von Kindern und Ehefrau.

MARIANNE: Aber dazu gehört doch auch der Sex, ihr wart doch ganz jung.

ANNETTE (JANA): Ja, das hatte ich ja am Vormittag mit anderen Männern, da brauchte ich ihn nicht dazu.

MARIANNE: Sind das jetzt Janas Phantasien, oder gibt es dafür Anhaltspunkte?

TEILNEHMERIN: Das entspricht ja auch dem Vorurteil von Rolfs Mutter, die gesagt hat, daß Annette ihn nur benutzt hat.

MARIANNE: Ach ja! Annette: Hat Jana das Vorurteil deiner Schwiegermutter übernommen?

ANNETTE (JANA): Vielleicht.

MARIANNE: Noch mal eine Frage an Annette: Jana wünscht sich Versöhnung mit sich selbst. Sie will eine Mutterfigur finden. Was glaubst du, was dahinter steht?

ANNETTE (JANA): Ja, ich denke, daß sie nicht weiß, was Muttersein ist.

MARIANNE: Jana glaubt, du warst für sie keine Mutter. Aber immerhin hast du deine Zwillinge ja am Leben gehalten und sie nicht in die Gosse geschmissen, was auch manchmal passiert in solchen Verhältnissen!

JANA: (in scharfem Ton) Als Jana sehe ich das aber ganz anders. Wir hatten als Zwillinge die Aufgabe, dieser Frau ihre Freiheit zu ermöglichen. Und sie hat ihre Freiheit genutzt. Und ob man ein Kind in die Gosse schmeißt oder von morgens bis abends alleine läßt, da sehe ich keinen Unterschied!

MARIANNE: Jana, ich höre deine Stimme, deinen Zorn, die Verzweiflung, die Empörung. Ja, das war ganz schlimm für dich als Kind.

Können wir uns aber auch in die Annette von damals hineinversetzen? Mit siebzehn schwanger von Rolf. Sie wollte ihre Freiheit, aber doch noch keine Kinder, schon gar nicht Zwillinge, oder? – Aber halt mal, da kommt mir eine Idee: Warst du, Annette, denn überhaupt schwanger von Rolf oder etwa von einem anderen??

JANA: Ich hab' mal vom Vater gehört, wie er gesagt hat: Ihr seid ja gar nicht meine! Ich als Jana glaube das aber nicht. Weil ich meiner Oma väterlicherseits so ähnlich bin.

MARIANNE: Noch mal eine Frage an dich, Annette: Sieht deine Tochter dich, ihre Mutter, nur mit den Augen von Rolfs Mutter, die dich total abgelehnt hat?

JANA: Also, ich rede jetzt als Jana: Ich sehe meine Mutter nicht nur negativ. Ich hab' mich da schon mit ausgesöhnt. Mit all den Gefühlen, die ich in mir habe, fällt es mir natürlich schwer, über sie nachzudenken. Aber ich kann die Dynamik verstehen, daß eine Frau, die in einer solchen Konstellation groß wird, im Prinzip nichts anderes schafft. Diese Frau hat mich auf die Welt gebracht. Ich bin gerne auf dieser Welt. Dafür bin ich ihr dankbar.

TEILNEHMERIN: Hat denn Annette mal versucht, mit dir Kontakt aufzunehmen?

JANA: Ja. Aber wegen Geld. Ein ganz kurzes Gespräch: Hallo, hier ist deine Mutter. Und dann hat sie Geld verlangt.

MARIANNE: Du weißt natürlich, Jana, daß Geld Liebe bedeutet, nicht wahr?

JANA: Na klar.

MARIANNE: Also, in der Distanz ist Versöhnung irgendwie gelungen. Aber eine Begegnung geht nicht?

JANA: Doch, die würde schon gehen, aber ich möchte den Zeitpunkt dafür bestimmen.

MARIANNE: Das ist verständlich, jetzt brauchst du diese Distanz. Schöner wäre es, wenn du die dafür nötige Energie woanders hinlenken könntest. Und zu eurem Vater Rolf mußt du auch noch eine Loyalität aufrechterhalten – das ist wirklich enorm anstrengend und schwierig!

JANA: Na ja, er ist mein Vater ...

MARIANNE: Und wie ist deine Ehe, Jana?

JANA: Ich habe einen liebevollen Mann, der mich sehr gut unterstützt und mich als guter Freund begleitet. In seiner holländischen Familie bin ich die böse Schwiegertochter, da ich den einzigen Sohn nach Deutschland »entführt« habe.

MARIANNE: Schade, daß du nicht wenigstens bei deiner Schwiegermutter ein positives Mutterbild gefunden hast.

JANA: Ich glaube, ich werde mein Leben lang auf der Suche sein nach meiner Mutter und immer die falsche finden.

(Großer Protest in der Runde)

MARIANNE: Vielleicht kannst du diesen Weg der Suche nach der Mutter noch anders gestalten. Vielleicht nicht so direkt, sondern mit einem inneren Bild.

JANA: Das glaube ich auch. Ich muß mein Mutterbild aus ganz anderen Quellen, zum Beispiel der Natur, herholen. Als ich einmal in den Bergen war, ganz hoch oben, da fühlte ich mich so geborgen, da war Mütterlichkeit rundherum.

TEILNEHMERIN: Und du hast es geschafft, nicht in so ein Milieu wie das von Annette abgerutscht zu sein!

JANA: Eigentlich hat mein Leben erst angefangen mit der Geburt meiner Kinder. Ich hab' mich vorbereitet, aber was dann kam, hab' ich mir nicht vorstellen können. Bei meinem ersten Sohn – da ging das fast ins Psychotische rein. Das waren alles die Erinnerungen als Kleinkind, die kamen beim ersten Kind alle wieder hoch. Das ist ja alles gespeichert. Ich hörte das Schreien des Kleinen, und es war das Schreien, das ich selbst gehabt hab', als ich damals den ganzen Tag allein gewesen war. Und dann ging das über in eine Depression. Meine Oma, Rolfs Mutter, und mein Mann und mein Zwillingsbruder waren mir da aber eine große Hilfe.

MARIANNE: Wunderbar, wie du deine Traumatisierungen zu verstehen suchst und nicht auf deine eigenen Kinder überträgst, wie es deine Mutter gemacht hat! Wichtig ist es, daß du weiter suchst und nicht aufgibst.

TEILNEHMERIN: Gib dir Wertschätzung, was du alles geleistet hast und daß du deinen Kindern ein Leben geben kannst, das du selbst nicht hattest!

JANA: Ja, da will ich hin.

MARIANNE: Und ich behaupte, du hast diese Kraft auch von deiner Mutter. Vielleicht brauchst du irgendwann mal nicht mehr die Distanz zu ihr. Dann kannst du diese Kraft auch noch anzapfen. Du bist auf dem richtigen Weg.

Jana konnte nicht bis zum Schluß des Seminars bleiben. Zum Abschied bekam sie von uns allen eine »Gute-Wünsche-Dusche«, das heißt, sie saß in unserer Mitte, und jede von uns sagte ihr einen bestärkenden, lobenden, liebevollen und von Herzen kommenden Satz. Sie konnte es fast nicht aushalten. »Das ist zuviel des Guten«, meinte sie am Schluß.

*

Eineinhalb Jahre später berichtete Jana über die Auswirkungen des Seminars:

»Für mich war es ein sehr interessantes Seminar und ein guter Gedankenaustausch.

Bezogen auf meine Lebenssituation sehe ich keine Auswirkungen, die habe ich aber auch nie erwartet. Ich hatte bereits im Vorfeld nie die Hoffnung oder das Bestreben, eine Aussöhnung mit meiner Mutter zu erreichen. Ich denke, daß es auch nicht immer geht, sondern daß andere Wege gesucht werden müssen, die zur eigenen Befriedigung dienen. Nicht jede Mutter-Tochter-Beziehung kann positiv umgewandelt werden.

Durch meine Kinder werde ich weiterhin die Erfahrungen machen können, was eine Mutter ausmacht. Dadurch wird der Verlust, den ich selber spüre, verstärkt, doch hilft es mir, ein imaginäres Mutterbild inhaltlich zu füllen und meinen Weg zu gehen.

Im Seminar hat mich das anwesende Mutter-Tochter-Paar (Ursula und Grit) sehr beeindruckt. Ihre Art des Umganges und der Auseinandersetzung miteinander hat mich zutiefst berührt. Dadurch, daß ich an ihren persönlichen Gesprächen und Diskussionen teilhaben konnte, konnte ich erahnen, wie positiv und tiefgehend eine Mutter-Tochter-Beziehung sein kann. Solche Momente nutze ich, um mein inneres Glas zu füllen.«

Zwei Mutter-Tochter-Paare:
Ulrike – Sarah und Ursula – Grit

Grundsätzlich sind meine Seminare nicht für Mütter-Töchter-Paare ausgeschrieben. Denn es geht ja darum, daß jede Teilnehmerin für sich die eigene Mutterbeziehung betrachtet, indem sie die Lebensgeschichte der Mutter in der Ichform erzählt und mit den anderen Frauen in der Gruppe austauscht. Wenn – wie bei Ursula und Grit – die eigene Mutter neben der Tochter sitzt und sich ihre Lebensgeschichte, wie sie von der Tochter erzählt wird, anhört, entsteht eine völlig andere Dynamik, als wenn sie allein ist. Die Tochter nimmt in einer solchen Situation offensichtlich mehr Rücksicht auf die Mutter und spricht die Konflikte nicht so offen an. Für die Mutter ist die Dynamik nicht ganz so heikel, denn sie erzählt der Tochter ja die Geschichte von deren Großmutter. Doch auch hier kann es schwierig sein, wenn sie brisante Familienthemen anspricht.

Wenn ein Mutter-Tochter-Paar unter den Teilnehmerinnen ist, haben alle übrigen nicht nur großen Respekt vor dem Mut der beiden Frauen, sie sind auch sehr engagiert dabei, die Wiederholungen von Ereignissen und Mustern in den drei Frauengenerationen aufzufinden und Kraftquellen zu entdecken. Für das Mutter-Tochter-Paar ist dies immer – wie auch hier in den beiden Beispielen – von großem Gewinn.

Die nun folgenden zwei Geschichten gehören zusammen, denn Sarah und Ulrike haben beide getrennt voneinander an einem meiner Seminare teilgenommen, zuerst die Tochter Sarah, dann – auf Empfehlung von Sarah – auch die Mutter Ulrike. Das freute mich natürlich sehr, weil daraus zu entnehmen war, daß Sarah für sich gute Erfahrungen gemacht hatte.

Hier zunächst die Geschichte von Ulrike, erzählt von der Tochter Sarah, danach Ulrikes Geschichte ihrer Mutter Charlotte. Beide, Ulrike und Sarah, haben ihre Geschichten ausführlich miteinander diskutiert, wie aus den Kommentaren hervorgeht, die sie mir eineinhalb respektive zwei Jahre später schickten.

21 Ulrike (1947) und Sarah (1976)
Die Tochter mit zwei Müttern in einer lesbischen Lebensgemeinschaft der Mutter

Sarah ist 28 Jahre alt, als sie an dem Seminar teilnimmt; sie spricht mit kräftiger Stimme, ihr Gesichtsausdruck ist energisch, fast finster, doch ihre Augen blitzen. Sie ist stark übergewichtig.

In der Vorstellungsrunde stellt sie sich als Sozialpädagogin vor, die seit sechs Jahren mit einem Freund zusammenlebt. Ihren weiblichen Vorfahren, »den Powerfrauen Mutter, Oma und Uroma«, fühlt sie sich ähnlich. Aber sie sind, wie sie sagt, »zu rational, zeigen manchmal nur schwer Gefühle«. Sarah fragt sich, ob sie Kinder möchte, will ihnen aber »auf keinen Fall zumuten«, daß sie ihr ähnlich werden. »In der Kälte«, sagt sie, will sie kein Kind großziehen.

Ihre Eltern ließen sich auf Betreiben der Mutter scheiden, als Sarah drei Jahre alt war. Sie hat einen drei Jahre älteren Bruder, der ihr fremd, »sehr fern« ist. Sie sagt, daß sie in ihrem Leben mit ihm nichts wirklich zu tun hat. Zwei Jahre nach der Trennung begann die Mutter eine lesbische Beziehung zu einer Frau, mit der sie nunmehr seit 22 Jahren zusammenlebt.

Sarah war damals fünf. Die Freundin der Mutter war sehr jung und auf Sarah und deren Bruder eifersüchtig. Sarah hat viele Konkurrenzkämpfe mit ihr ausgefochten. Nach außen wurde eine Fassade aufrechterhalten: »Wir Kinder haben immer erzählt, daß sie eine Tante war.« Grund dafür war auch, daß die Mutter als Lehrerin berufliche Schwierigkeiten befürchtete. In der Pubertät war das für Sarah sehr schwierig. Jetzt ist die Frau der Mutter für Sarah eine »zweite Mutter«. Auf ihre Mutter ist sie stolz, daß sie es geschafft hat, ihre Liebe zu leben. Sie hat ihre Partnerin nun auch geheiratet.

Und nun Ulrikes Geschichte – in den Worten der Tochter Sarah

ULRIKE (SARAH): Ich bin geboren 1947 als das dritte Kind, nein, als das fünfte eigentlich. Meine Mutter ist in Schlesien groß geworden und wurde dort als junge Frau zur Arbeit auf einem Bauernhof verpflichtet. Dort hat sie mit einem der Söhne eine Beziehung angefangen und ihn geheiratet, als sie schwanger wurde. In den Kriegsjahren wurden vier Kinder geboren. Das jüngste, eine Tochter, starb, wenige Monate alt, in den Kriegswirren an einer Infektion. Kurze Zeit später starb auch das dritte Kind, ein Sohn, durch einen Unfall im Haushalt. Er war in einen Waschzuber mit heißem Wasser gefallen und ist an diesen Verbrühungen in den Armen meines Vaters gestorben.

Die junge Familie wurde in den letzten Kriegstagen vertrieben und ist in Westdeutschland gelandet. Mein Vater war damals schon magenkrank. Er hat sich auf der Flucht in einen Graben gelegt und gesagt, laß mich hier, ich will sterben. Meine Mutter hat ihn dann sozusagen huckepack weiter getragen, bis sie in den Westen kamen.

Mein Vater hat eine Anstellung als Verwaltungsangestellter gefunden. Die Familie wurde auf einem Hof einquartiert, wo auch andere Flüchtlingsfamilien untergekommen waren. Dort kam ich zur Welt. Wir haben also sehr beengt gewohnt. Ich selbst habe in einem Gitterbettchen in der Küche geschlafen. Da war es allerdings schön warm. Drei Jahre nach mir ist dann meine jüngste Schwester geboren worden.

Ich bin auf einem Ursulinenkloster zur Schule gegangen in einem Ort, der sieben Kilometer entfernt war. Meine Schwestern sind auch dort in die Schule gegangen. Und es war von Anfang an klar, daß aus uns richtig was werden soll. Wir haben dann auch alle, wie sich das gehört, studiert.

MARIANNE: Ihr habt alle studiert! Hattet ihr denn Geld?

ULRIKE (SARAH): Also, mein Vater war eben Verwaltungsangestellter. Meine Mutter hat geschneidert, auch so zwischendurch für andere Leute. Wir hatten Schweine und Hühner. Und meine Mutter hat sich den ganzen Tag im Garten abgerackert.

MARIANNE: Das ist ganz erstaunlich, daß die Kinder dann studiert haben!

ULRIKE (SARAH): Ja, also die drei Töchter sind Lehrerinnen geworden. Ich und meine Schwestern Grundschullehrerinnen, und mein Bruder ist Ingenieur.

MARIANNE: Ihr wart also gar nicht so arme Leute.

ULRIKE (SARAH): Waren sie mal. Also meine Großeltern waren Bauern in Schlesien gewesen. Und es war meinen Eltern ganz wichtig, daß wir andere Chancen haben und richtig was werden sollten. Ich bin dann nach Dortmund gegangen und hab' dort meinen zukünftigen Ehemann kennengelernt, der mich dadurch fasziniert hat, daß er ein unheimlich gebildeter, weltgewandter, intelligenter Mensch war. Ja, so einer, der wußte, wo es langgeht und wo er hin will. Er hat mir die große weite Welt Dortmund gezeigt und wie man in so einer unübersichtlichen Universität studiert. Und hat mich so an die Hand genommen, und ich hab' zu ihm aufgeschaut. Ich war zu dem Zeitpunkt sehr schüchtern und unsicher und wußte noch gar nicht, wie es langging.

Ich hatte aber eigentlich noch nicht vor, ihn zu heiraten. Dann hatte er einen Autounfall, ist dabei fast ums Leben gekommen. Und an seinem Krankenbett habe ich festgestellt, wie furchtbar diese Vorstellung für mich war, daß er hätte sterben können. Und in dem Moment war mir klar, daß ich ihn heiraten würde. Das habe ich dann auch getan.

Mein Mann war zu dem Zeitpunkt auch Lehrer. Er hatte dann Anfang der Siebzigerjahre vor, Soziologe zu werden. Hat das in Gießen angefangen. Zu der Zelt war er viel weg. 1973 habe ich meinen Sohn bekommen, Sebastian. War ein absolutes Wunschkind von uns beiden. Ja, aber ich war mit ihm dann eigentlich die ganze Woche allein, weil mein Mann in Gießen war und nur zum Wochenende nach Hause kam. Ich selber arbeitete wieder halbtags als Grundschullehrerin. Drei Jahre später kam dann meine Tochter Sarah, auch Wunschkind und wie erhofft ein Mädchen.

Da war es aber schon so, daß ich eigentlich für mich die Entscheidung getroffen hatte, daß die Ehe, so wie sie war, nicht weitergehen konnte, weil er so viel weg war und wir uns auch schon sehr entfernt hatten. Mein Mann wiederum hatte gerade zu dem Zeitpunkt beschlossen, daß er doch keine Karriere machen, sondern lieber seiner Familie nahe sein wollte. Aber da war es für mich schon zu spät, und wir haben uns dann getrennt 1981. Die Kinder sind beide bei mir geblieben, und wir haben vom ersten Tag unserer Trennung, bis die Kinder selbständig waren, alles, was die Kinder betraf, gemeinsam besprochen und entschieden. Jetzt kann ich mit meinem Exmann überhaupt nichts mehr anfangen, fühle mich richtig unwohl in seiner Gegenwart.

Schwierig war, daß ich nach der Trennung eine neue Beziehung angefangen habe, mit einer Frau, die dann auch bei uns eingezogen ist. Sie war ziemlich eifersüchtig auf meinen Exmann, obwohl ganz klar die Beziehung beendet war. Aber sie konnte es nicht ertragen, wenn wir uns trafen, um über die Kinder zu reden. Das haben wir dann auch heimlich getan. Das Zusammenleben mit meiner neuen Partnerin und meinen

Kindern war erst sehr harmonisch und auch oft sehr lustig, da meine Partnerin eine sehr lebenslustige, fröhliche Frau ist. Auf der anderen Seite hat sie sehr, na ja, cholerische Seiten. Kann auch mal mit Dingen schmeißen und auch schon mal 'ne Ohrfeige verteilen. Da hat es dann, vor allem als meine Tochter in die Pubertät kam, ziemlich gekracht. Und ich stand immer dazwischen, weil mir meine Kinder sehr, sehr wichtig waren, mir aber auch meine Liebe sehr, sehr wichtig war. Ich hab' versucht, zwischen den Sturköpfen zu vermitteln, bekam aber trotzdem Vorwürfe von beiden Seiten: »Du verbündest dich mit deiner Tochter.« »Du verbündest dich mit deiner Frau.« Und irgendwie hab' ich's keinem recht gemacht.

Ja, mein Sohn hat sich ziemlich rausgehalten. Er ist zwar manchmal explodiert, hat aber sonst alles in sich hineingefressen. Das hat mir große Sorgen gemacht, weil ich immer dachte, der arme Junge muß mal ersticken an der ganzen Wut, die in ihm ist. Bei meiner Tochter mußte ich mir da weniger Sorgen machen, die hat eher viel zuviel rausgelassen. Das war auf andere Weise genauso belastend für mich. Da war also, so ab ihrem dreizehnten Lebensjahr, wirklich nur noch Unfrieden im Haus. Viel Streit, viel Geschrei, Türenschlagen. Wir hatten auch gute Momente, wo ich dann auch zu meiner Tochter sagen konnte: »Eigentlich schreien wir uns die ganze Zeit nur an, weil wir uns so liebhaben.«

Meine Tochter hat dann mit siebzehn gesagt, daß sie ausziehen möchte, weil sie das Gefühl hatte, daß das Ganze eher schädlich für unsere Beziehung sei. Das hab' ich überhaupt nicht wahrhaben wollen. Und ich dachte, meine kleine Tochter, das geht doch nicht, die kann doch nicht ausziehen. Ich hab' noch einen Versuch gestartet und bin mit ihr allein eine Woche in Urlaub geflogen. Das ist so fürchterlich in die Hose gegangen, daß ich damals gesagt habe: »Du hast recht, es ist besser, wenn du ausziehst.«

Das hat sie dann mit achtzehn getan. Ich hab' sie sehr schweren Herzens bei diesem Schritt begleitet und ihr auch geholfen beim Umzug. Ich hab' befürchtet, daß sie es nicht schafft. Ich war dann erleichtert, daß sie ihr Abitur doch gemacht und keine Drogen genommen hat und auch nicht auf der Straße gelandet ist.

Unsere Beziehung ist deutlich besser geworden, nachdem sie ausgezogen ist. Sie hat eine Zeitlang sehr intensiv versucht, mit mir über uns und unsere Beziehung und die Vergangenheit zu reden. Das haben wir in Ansätzen auch getan. Aber es gab Punkte, die für mich so schmerzhaft waren, daß ich dann irgendwann auch abblocken mußte. Mittlerweile ist es so, daß ich meiner Tochter sagen kann, daß ich stolz auf sie bin, wie sie ihr Leben lebt, auch wenn es in vielen Dingen ganz anders ist als meins. Und ja, ich sehe, daß sie studiert hat und auch in ihrem Beruf sehr erfolgreich ist. Allerdings wenn sie kommt und ihren Finger auf Wunden legt, wo ich lieber nicht hingukken möchte, ist sie mir zu anstrengend. Dann meint sie auch noch, mir sagen zu müssen, daß ich doch viel glücklicher sein könnte und mich nicht immer so kaputtrackern müßte.

MARIANNE: Du bist immer noch berufstätig?

ULRIKE (SARAH): Ja, ich bin Schulleiterin inzwischen. Und habe in den letzten zehn Jahren gemerkt, daß ich weit über meine Kräfte gehe und eigentlich immer erst dann aufhöre zu arbeiten, wenn ich fast umfalle. Und erst habe ich immer gesagt, ich brauche keine Therapie. Aber mittlerweile habe ich festgestellt, daß das doch ganz hilfreich ist und mache das jetzt auch. (Pause)

MARIANNE: Dein Wunsch für Sarah?

ULRIKE (SARAH): Also, ich wünsche mir, daß sie auch irgendwann erkennt, daß man nicht alles haben kann und daß man Abstriche machen und nicht immer nach den Sternen greifen muß.

MARIANNE: Und das tut sie, die Sarah?

ULRIKE (SARAH): Ja schon. Sie ist wenig bereit, sich auch mit der Hälfte zufriedenzugeben. Und ich habe festgestellt, daß man auch mit einem bißchen Glück ganz gut leben kann. Und daß man auch schon mal einen Teil seiner Hoffnungen und Wünsche aufgeben muß irgendwann.

Und nun beginnt die Diskussion zwischen »Ulrike«, den Teilnehmerinnen und mir

TEILNEHMERIN: Also mich würde interessieren, welche Wünsche und Hoffnungen du selber aufgegeben hast.
ULRIKE (SARAH): Also eigentlich würde ich mir wünschen, auch mal fünfe gerade sein lassen zu können und mal weniger Last auf meinen Schultern haben zu müssen. Und daß meine Partnerin sich mal ganz um mich kümmert. Aber na ja, man kann halt nicht alles haben.
TEILNEHMERIN: Aber die Therapie ist ja dann vielleicht ein Weg, dich selber ernst zu nehmen.
ULRIKE (SARAH): Ja, ich war vor sieben Jahren so schwer krank, daß ich auch daran hätte sterben können. Ich mußte fünfzig werden, um zu begreifen, daß es da auch noch was anderes gibt, als nur zu schuften.
MARIANNE: Du hast dich immerhin schon von deinem Mann getrennt. Und jetzt geht es um deine Lebensgefährtin: Da hast du das Gefühl, daß du mehr für sie tust als sie für dich?
ULRIKE (SARAH): Also ich finde schon, daß ich eine glückliche Beziehung habe. Und es gibt Dinge, die natürlich noch schöner wären.
MARIANNE: Hat deine Tochter irgendwas dagegen, daß du mit ihr zusammenlebst?
ULRIKE (SARAH): Inzwischen nicht mehr. Das war mal ganz anders, weil da so viel Eifersucht war. Aber inzwischen erlebe ich, daß meine Tochter voller Liebe für meine Partnerin ist und uns wirklich von Herzen wünscht, daß ich mit ihr glücklich bin. Sie hat halt eine andere Vorstellung davon, wie ich glücklich zu sein habe.
TEILNEHMERIN: Deine Tochter Sarah hat irgendwas erzählt von Kälte. Was fällt dir denn dazu ein?

Ulrike (Sarah): Also ich bin halt voll in meinem Beruf, und es kostet mich alle Kraft, die ich habe. Wenn ich Feierabend habe, dann bin ich froh, wenn ich mit niemandem reden muß. Und wenn dann meine Tochter Ansprüche an mich stellt und mit mir über ihre Erfahrungen in der Kindheit reden möchte, dann ist mir das einfach zu anstrengend.

Teilnehmerin: Das ist das, was deine Tochter unter Kälte bei dir meint?

Ulrike (Sarah): Da müßt ihr mal meine Tochter fragen!

(Lachen in der Runde)

Marianne: Ulrike, ich habe da noch eine ganz andere Frage: Wie siehst du deine Tochter jetzt auch so körperlich, äußerlich. Findest du, daß sie mit ihrem Körper irgend etwas ausdrückt, was auch vielleicht eure Beziehung irgendwie betrifft? Auf den Fotos siehst du sehr schlank aus. Deine Tochter aber ist übergewichtig. Siehst du, Ulrike, da einen Zusammenhang?

Ulrike (Sarah): Also erst mal finde ich mich überhaupt nicht schlank, sondern total fett. Das fand ich schon immer.

Marianne: Echt? Das sieht man auf den Fotos nicht.

(Zustimmung der Teilnehmerinnen)

Ulrike (Sarah): Ich finde das ganz furchtbar, wie meine Tochter aussieht. Also, ich habe die erste Diät mit meiner Tochter schon gemacht, als sie noch die Flasche bekam, weil ich ganz klar wußte, daß ich niemals eine übergewichtige Tochter haben möchte. Und sie war auch als Kind schon ganz pummelig, und ich hab' ihr auch immer wieder gesagt in ihrer Kindheit, daß sie furchtbar aussieht. Sie hat jede Diät mitgemacht, aber die haben offensichtlich alle nichts gefruchtet. Im Gegenteil. Ja, ich hab' jahrelang versucht, ihr das nahezulegen, bis sie mir irgendwann gesagt hat, daß sie das sehr verletzt. Da habe ich mir gesagt, na gut, ich sag's nicht mehr. Ich denk' es aber noch.

Marianne: Ihr seid da verstrickt miteinander?

Ulrike (Sarah): Ja. Ich denke schon, daß ich daran nicht unbeteiligt bin.

MARIANNE: Du warst damals ja auch in einer schwierigen Lage mit deinem Mann. Sarah kann deine Geschichte sehr genau und bildhaft erzählen. Aber weiß sie, wer du damals eigentlich warst?

ULRIKE (SARAH): Also, bis ich meinen Mann geheiratet hatte, wußte ich selber nicht so genau, wer ich bin. Es ging mir selber auch gar nicht gut. Ich bin während meines Studiums in eine tiefe Depression geraten. Wollte mir das Leben nehmen.

MARIANNE: Oh!

ULRIKE (SARAH): Mußte erst mal lernen, wer ich bin. Als ich das gelernt hatte, habe ich meinen Mann verlassen.

MARIANNE: Und vielleicht könnte Sarah noch mehr über sich lernen, wenn sie sich in diese Mutter reinfühlt, die du damals warst.

ULRIKE (SARAH): Das hat sie ausführlich in ihrem Studium getan. Da hab' ich ihr gut helfen können, weil ich ihre Depression gut verstehen konnte.

MARIANNE: Sarah war auch depressiv?

ULRIKE (SARAH): Ja, als sie ihre Diplomarbeit schreiben wollte. Da ging gar nichts mehr. Deshalb habe ich sie sechs Wochen lang bei mir aufgenommen, und sie hat ihre Diplomarbeit geschrieben, und dann war es gut. Da hab' ich sie sehr gut verstanden.

MARIANNE: Also ihr versteht euch beide gut im Leiden?

ULRIKE (SARAH): Na ja, zumindest verstehe ich ihren Druck, den sie hat – immer perfekt sein zu müssen und immer leisten zu müssen –, besser als den Spaß am Leben, den sie so hat.

TEILNEHMERIN: Aber du bist dagewesen für sie, wenn sie dich brauchte. Also an den entscheidenden Punkten warst du da, oder?

ULRIKE (SARAH): Also es gibt einen Punkt, wo ich nicht da war, wo ich auch große Schuldgefühle habe, das hab' ich ihr auch gesagt. (Pause) Ja, das war, als ich und meine Lebensgefährtin herausgefunden haben, daß mein Sohn meine Tochter mißbraucht. (Pause) Also, als es dann herausgekommen war, hab' ich sie allein gelassen. Ich habe so getan, als wäre das auch ihre Schuld. Ich habe so ein wohlmeinendes Gespräch geführt mit meinem Sohn und meiner Tochter, daß sich das ja wohl nicht gehört. Und ansonsten habe ich getan, als wäre nichts gewesen.

TEILNEHMERIN: Und das hat dir deine Tochter vorgeworfen?

ULRIKE (SARAH): Also meine Tochter hat mir gesagt, daß sie nicht denkt, daß ich sie davor hätte bewahren können, weil ihr Bruder immer genau wußte, wann sie allein zu Hause waren. Aber viel schlimmer war, daß ihr niemand das Gefühl gegeben hat, nicht daran schuld zu sein. Da hat sie sich allein gelassen gefühlt. Und mich hat das furchtbar schockiert. Mir war immer klar, daß das nicht ihre Schuld war, aber mir war nicht klar, daß ich ihr das nicht gesagt habe.

MARIANNE: Und Sarah hat diese Geschichte mit ihrem Bruder auch nicht gleich erzählt, sondern erst jetzt in der Diskussion! Das kommt mir vor, als wollte sie dich, Ulrike, noch immer schonen.

ULRIKE (SARAH): (nachdenklich) Mh.

MARIANNE: Da kommt mir noch ein anderer Gedanke: Ulrike, dein Sohn hat vielleicht mit diesem Mißbrauch seiner Schwester auch etwas ausagiert, was aus seiner unterdrückten Wut her kam. Du hast ja gesagt, daß er viel runtergeschluckt hat nach der Trennung. Daß das so eine Art Rache war.

ULRIKE (SARAH): Ja, er war furchtbar eifersüchtig, weil er ja vorher der Prinz war. Er hat sie eigentlich von Säugling an immer verprügelt und gesagt, ich bring' sie um. War wahrscheinlich auch eine Form von Machtkampf.

MARIANNE: Genau. Und du, Ulrike, warst – aus was für Gründen auch immer – nicht fähig, das zu erkennen. Ich sehe da Hintergründe in deiner Kindheit. Du mußtest ja auch als Kind ganz viel runterschlucken und für deine Mutter dasein in den schweren Jahren nach der Flucht. Weiß Sarah, was du da alles durchgemacht hast?

ULRIKE (SARAH): Ja, mein Vater hat mich auch mal angefaßt.
MARIANNE: So ist das meistens, daß auch schon in der Vorgeneration Ähnliches passiert ist. Und da hast du, Ulrike, die Augen zugemacht. Und vielleicht jetzt auch noch. Das ist vielleicht die Kälte, die deine Tochter meint. Du hast schon als Kind gelernt, daß du mit dem Kopf, mit der Rationalität am besten überlebst. In der Schule ging es dir gut damit, auch jetzt noch als Schulleiterin. Aber deine Tochter will dir zeigen, daß da noch was anderes ist, auch mit deiner Lebensgefährtin. Bloß, das geht Sarah nichts an! Deine Tochter kann sich dazu ihre Meinung bilden, zu deinem Leben. Sie kann sich das angukken, auch noch mehr Geschichten sammeln, die deine Vergangenheit betreffen. Aber mehr nicht! Und die kleine Sarah, die unter der Kälte gelitten hat, die ist auch hier. Aber diese kleine Sarah kann von der erwachsenen Sarah auf den Schoß genommen und getröstet werden! Und Sarah schafft das, denn sie ist stark. Und es geht jetzt nicht mehr um Vergangenes, sondern um Sarahs Zukunft.

Ach ja, und Sarah fragt sich ja auch, ob sie Kinder kriegen will. Ich finde, sie braucht keine Angst zu haben, »kalt« zu sein. Denn auch du, Ulrike, bist ja eine ganz warmherzige Frau. Du durftest es nur nicht zeigen, sondern mußtest deine Wärme unter dem Mantel der Rationalität verbergen. – Ist das so okay für dich, Sarah?
SARAH: Ja.

In der Schlußrunde sagt Sarah:
Ich hab' erleichtert festgestellt, wie aktuell unwichtig diese ständige Suche nach der bedingungslosen, akzeptierenden Liebe meiner Mutter für die erwachsene Sarah heute ist. Das ist allein das Thema der kleinen Sarah. Ich hab' mit meinem Freund telefoniert und dabei festgestellt: Ich habe einen lieben Partner, von dem ich genau das bekomme, was ich von meiner Mutter immer erhofft und nie bekommen habe. Mir ist noch mal so klar geworden, daß es in meinem Leben heute

andere Menschen gibt, die sehr heilsam für mich sind, auch wenn es immer 'ne Weile dauert, bis ich das annehmen kann. Es war sehr erleichternd, mir bewußt zu machen, was das für Verstrickungen waren, die ich hinter mir lassen kann. Das hat mir eigentlich so die Schwere genommen.

MARIANNE: Weiter so! Mach es dir leicht!

SARAH: Ich habe so gemerkt, daß ich mir immer noch selber im Weg stehe. Eure Rückfragen haben mir auch sehr viel gebracht, weil jede ihre eigene Mutter eingebracht hat. Das fand ich spannend. Ich werde mich mit meiner Mutter hinsetzen und sie noch mal nach ihrer Kindheit fragen. Ich hoffe, es wird mir gelingen, ohne daß sie gleich wieder denkt: Oh, schon wieder will sie mich ausfragen!

MARIANNE: Bereite dich innerlich darauf vor: mit Liebe und Neugier!

SARAH: Ja, aber meine Mutter hat 55 Jahre lang ihre Biographie verschlossen gelassen, weil da so viel Schmerz ist.

MARIANNE: Und das hast du zu respektieren als ihre Art, damit umzugehen. Und ich finde, da ist schon eine wunderbare Offenheit zwischen euch. Deine Mutter ist eine mutige, tolle Frau.

SARAH: Na klar respektiere ich das. Ich gucke mal, daß wir einen Weg finden, den wir beide gehen können.

*

Zwei Jahre nach dem Seminar schrieb mir Sarah:

»Ich habe an dem Mutter-Tochter-Seminar teilgenommen, um dort meiner Mutter zu begegnen, die mir in meinem Leben immer so fern erschienen war. Jahrelang hatte ich nach ihrer Nähe und Anerkennung gesucht. Die kleine Sarah in mir sehnte sich stets nach der bedingungslosen Liebe ihrer Mutter und befürchtete, daß dieser Wunsch immer unerfüllt bleiben könnte.

Durch das Seminar konnte die erwachsene Sarah von dieser verzweifelten Suche loslassen und den Blick darauf richten, daß es in ihrem Leben andere Menschen gibt, die sie so annehmen und lieben können, wie sie ist. Und als ich nun endlich davon losgelassen hatte, wurde mir doch noch alles geschenkt, wonach ich jahrelang gesucht hatte:

Nachdem meine Mutter etwa ein Jahr später auch an einem Seminar teilgenommen hatte, konnten wir wie befreit mit Liebe und Neugier aufeinander zugehen. In einer unbeschreiblichen Nacht haben wir alles besprochen, beweint, geklärt, was uns bis dahin verbunden und getrennt hat. In dieser Nacht entstanden eine Nähe und Verbundenheit und beiderseitige Gewißheit unserer Liebe zueinander, die uns bis heute verbindet.

Auch wenn wir mal eine Zeitlang nicht in persönlichem Kontakt sind, fühle ich mich meiner Mutter so verbunden und zugehörig, daß ich das Gefühl habe, endlich dort angekommen zu sein, wo ich herkomme. Und auch die kleine Sarah ist in der Liebe und Wärme ihrer Mutter geborgen und sicher. Heute nehme ich meine kleine Sarah bei der Hand und sehe mich in einer Reihe von Müttern und Töchtern meiner Familie stehen und schöpfe ganz viel Kraft aus der Verbundenheit und Liebe zwischen uns.

Alle Trauer, aller Vorwurf sind aus meinem Herzen verschwunden und haben einer tiefen Dankbarkeit Platz gemacht für das, was meine Mutter mir auf meinen Lebensweg mitgegeben hat. Ich habe den Wunsch, daß es ihr gelingen möge, sich selbst mit dem gleichen Verständnis, der gleichen Nachsicht und Wärme zu begegnen, wie sie ihrer eigenen Mutter und auch mir inzwischen begegnen kann.«

Und nun folgt die Geschichte von Charlotte, die Ulrikes Mutter und Sarahs Großmutter ist.

22 Charlotte (1917) und Ulrike (1947)
Die Stärke der Frauen in den beiden Weltkriegen, die ihren Töchtern – und der Enkelin! – den Weg bereiten

Wie in vielen anderen Familien haben auch in Ulrikes Vorgenerationen die Mütter das Überleben der Familien gewährleistet. Flucht, Vertreibung, Mangel, Not – das Szenarium scheint sich bei den Frauen dieser Generationen ständig zu wiederholen.

Ulrike kann sich sehr gut in das grausame Schicksal ihrer Mutter hineinversetzen. Offensichtlich gibt es in dieser Familie eine schöne Erzähltradition zwischen den Generationen. Denn auch Ulrikes Tochter Sarah konnte ja die Geschichte ihrer Mutter mit vielen Details wiedergeben.

Besonders spannend ist es nun, beide Geschichten miteinander zu vergleichen. Was hat Sarah über die Kindheit ihrer Mutter erinnert, was hören wir jetzt von Ulrike dazu? Wo legen Mutter und Tochter unterschiedliche Schwerpunkte?

Ulrike ist eine sportliche Frau mit kurzen, grauen Haaren und 57 Jahre alt, als sie an dem Seminar teilnimmt. Sie spricht gewählt und sehr reflektiert. Ihre Stimme ist warm und energisch. In der Vorstellungsrunde gibt sie mit dem ersten Satz bekannt, daß sie mit einer Frau zusammenlebt, jedoch lange verheiratet war und zwei Kinder, »davon eine Tochter«, hat. Sie ist Lehrerin, seit fünfzehn Jahren Schulleiterin. Die Mutter ist 87 und lebt in einem Pflegeheim.

Obwohl Ulrike, wie sie meint, immer die »gehorsame Tochter« war, wurde sie von der Mutter »nicht oder weniger geliebt als die kleine Schwester«. Ulrike hatte vor wenigen Monaten einen Zusammenbruch, der mit einer Auseinandersetzung mit der Mutter zusammenhing. Anschließend war sie krank. In einer Kur hat sie viel bearbeitet: »Ich bin inzwischen soweit, daß ich denke, daß ich nichts mehr von meiner Mutter erwarten kann. Ich will mit dem, was ich bekommen habe, zufrieden sein und das Beste draus machen, nicht unter dem Mangel ständig leiden.« Sie sagt, daß sie nicht das Bedürfnis habe, die Beziehung zu ihrer Tochter Sarah zu thematisieren, »weil wir inzwischen ein sehr gutes Verhältnis haben«.

Und nun Charlottes Geschichte – in den Worten der Tochter Ulrike

CHARLOTTE (ULRIKE): Also, ich bin im September 1917 geboren, und zwar als viertes Kind meiner Mutter. Ich hatte zwei ältere Schwestern und einen Bruder. Aber die hatten einen anderen Vater als ich. Der erste Mann meiner Mutter war gestorben. Und meine Mutter hatte eine Landwirtschaft ganz weit im Osten im Warthegau. Und sie mußte ganz schnell wieder heiraten, weil sie ja drei Kinder hatte und die Landwirtschaft. Ja, und als erstes Kind mit diesem zweiten Mann wurde ich geboren. Mein Vater ist noch kurz nach meiner Geburt in den Ersten Weltkrieg gezogen und dann ganz bald gefallen. Ich hab' also meinen Vater gar nicht erlebt. Und meine Mutter hat dann wieder ganz schnell geheiratet, weil sie ja in wirtschaftlicher Not war ohne Mann.

MARIANNE: Hatte sie noch weitere Kinder mit ihrem dritten Ehemann, also hattest du noch jüngere Halbgeschwister?

CHARLOTTE (ULRIKE): Ja. Noch drei.

MARIANNE: Also deine Mutter hatte insgesamt sieben Kinder? Alles Halbgeschwister von dir?

CHARLOTTE (ULRIKE): Ja. Zu meinen älteren Stiefgeschwistern hatte ich immer einen guten Kontakt. Zu den jüngeren nicht.

Nach dem Ersten Weltkrieg wurde das Gebiet, wo wir wohnten, polnisch. Und weil sie den Betrieb hatten, sind die Eltern dageblieben und nicht geflohen. Aber es war keine gute Zeit. Die Polen waren ziemlich brutal zu uns. Wir Kinder mußten immer wieder aushalten, daß man uns erniedrigte, beschimpfte. Wir durften in der Schule und in der Öffentlichkeit nicht deutsch sprechen. Und der Lehrer hat es uns auch ganz schön spüren lassen, daß wir Deutsche waren, die den Krieg verloren hatten. Wenn meine Mutter mal 'ne Entschuldigung schreiben mußte, dann mußten wir ihr das auf Polnisch vorschreiben, denn sie konnte nur ein bißchen sprechen, aber nicht schreiben. Wenn wir mit einer deutschen Entschuldigung gekommen wären, hätten wir eine Tracht Prügel bekommen. Ich hab' da ganz schön drunter gelitten.

Als ich dann mit der Schule fertig war, hätte ich gern eine Lehre als Schneiderin gemacht wie meine ältere Schwester, aber mein Stiefvater hat das nicht geduldet. Der war überhaupt sehr unfreundlich und schlecht zu mir. Der hat mich in einen Laden geschickt, da wurde ich Verkäuferin. Das hat mir Spaß gemacht, aber war nicht das, was ich wollte.

Ich bin dann 1936 mit neunzehn von zu Hause weg, hatte eine Adresse in der Tasche von einer Tante in Köln. Und da wollte ich hin. Aber unterwegs sind wir aus dem Zug herausgeholt worden, und man hat mich gefragt, ob diese Tante in Köln überhaupt Landwirtschaft hätte. Und dann haben sie mich festgehalten und gezwungen, auf einem Bauernhof als Helferin zu arbeiten. Damals im Dritten Reich brauchte man Arbeitskräfte in der Landwirtschaft. Das war in Südschlesien. Ich war ganz verzweifelt, mußte aber bei diesem Bauern schwer arbeiten, und die Leute waren nicht freundlich zu mir.

Aber der zweitjüngste Sohn auf dem Hof, der hat mir gut gefallen. Sah gut aus, war so ein Fröhlicher, ein Charmeur. Ja, der hat sich auch an mich rangemacht. Das war das einzig Positive in der Zeit, mit dem auszugehen. Der spielte dann auch im Dorf die Geige, wenn da zum Tanz gerufen wurde. In den hab' ich mich verliebt. Aber leider bin ich sehr schnell von ihm schwanger geworden. Und dann hab' ich gesagt, jetzt mußt du mich auch heiraten. Und das hat er dann auch gemacht.

Aber ich hab' ziemlich schnell gemerkt, mein Traummann

war er nicht. Erst mal war er sehr krank, magenkrank. Seine Mutter hat schon immer gesagt: »Der Hermann, der hat nichts gelernt, weil wir immer gedacht haben, der stirbt ja sowieso bald, da lohnt es nicht, wenn der 'ne Ausbildung macht.« Aber er war ehrgeizig und hat sich in der Verwaltung hochgearbeitet. Erst war er in der Molkerei, dann im Landratsamt angestellt. Der hat sich seinen Weg gesucht.

Wir haben dann immer noch auf dem Hof meiner Schwiegereltern gewohnt, und ich hab' da gearbeitet, auch als das Kind kam. Die haben keine Rücksicht genommen. Das Kind war dann oft sich selbst überlassen und krabbelte da so auf dem Hof rum.

(Auf Nachfrage:) Nein, das war nicht die Ulrike. – Ich fand das ganz schrecklich, unter welch schlimmen Bedingungen wir da gelebt haben. Ich hab' dann immer zu meinem Mann gesagt: »Wir müssen hier weg.« Aber er wollte nicht. Dazu hat er keinen Mumm gehabt.

Ich bin dann alleine los in die nächste Stadt. Hab' eine Wohnung gesucht. Ich hab's durchgesetzt, wir sind nach J. gezogen, und er hat dann im Landratsamt gearbeitet, das fand ich ganz gut. Da ist auch mein zweites Kind geboren, ein Sohn. Und über dieses Kind hab' ich mich sehr gefreut. Das erste war ja so gar nicht gewollt. Aber nun war ich stolz.

Inzwischen war ja nun Hitler an der Macht, und dann begann der Krieg. Als die Bombenangriffe kamen und die Russen und die Polen immer näher rückten, da wurde es brenzlig. Man hatte einen Fluchtplan ausgearbeitet. Und mein Mann gehörte zu den Organisatoren. Inzwischen hatte ich auch schon das dritte Kind. Das war auch wieder ein Sohn. Und sehr schnell danach das vierte Kind, eine Tochter.

Und dann kam diese erste Flucht in die Tschechei. Wir mußten in null Komma nichts alle Sachen packen. Wir hatten ja nun vier Kinder, sind mit dem Bus gefahren worden und haben uns im Wald aufgehalten unter ganz schlimmen Bedingungen. Und da ist meine Tochter sehr krank geworden, sie war ja erst ein paar Monate alt. Sie hat sich unterwegs bei einem anderen Kind angesteckt, vielleicht bei dem Kind, das ich in den Kinderwagen gelegt hatte, weil die Mutter es nicht mehr tragen konnte. Da waren ja ganz schreckliche Verhältnisse in der Zeit. Jedenfalls ist meine Tochter ziemlich bald, nachdem wir zurückkamen, gestorben.

Nicht wenig danach ist auch mein Sohn gestorben, der jüngere. Der war erst drei Jahre alt. Und zwar hatte ich Wäsche gewaschen und hatte der ältesten Tochter aufgetragen, sie sollte auf den kleinen Bruder aufpassen. Ich hatte den Topf mit der kochend heißen Wäsche auf den Boden gestellt und die beiden Kinder haben so rumgespielt. Und dann ist mein Sohn in den großen Topf gefallen und hat sich ganz schwer verbrannt. Es gab ja keine Ärzte im Dorf. Mein Mann hat alles versucht. Peterle ist im Arm meines Mannes gestorben nach drei fürchterlichen Tagen.

Wir sind dann nicht mehr lange in unserer Wohnung geblieben, denn es wurde wieder so heftig, daß wir fliehen mußten. Mein Mann hat gesagt: »Da ist jetzt ein Treck geplant mit Flüchtlingen, da gehen wir mit.« Wir sind zu Fuß losgegangen, mit dem Kinderwagen voller Sachen. Aber schon an der Stadtgrenze sind wir von Soldaten aufgehalten worden. Die russischen Soldaten haben uns alles weggenommen. Wer 'ne Uhr hatte, mußte die hergeben und genauso Federbetten. Sie haben uns alles weggenommen, und wir sind nur mit dem nackten Leben davongekommen.

Meinem Mann ging es unterwegs so schlecht, daß er eines Tages am Straßengraben saß und sagte: »Geh alleine weiter mit den Kindern, sieh zu, daß du durchkommst, ich schaff's nicht mehr.« Da wollte der mich richtig im Stich lassen! Aber ich hab' alles drangesetzt, ihn weiter zur Flucht zu bewegen, bin zu Bauern gelaufen und habe ihm Honig und Milch geholt. Und dann hat er sich weitergeschleppt.

So sind wir nach Westdeutschland gekommen, wieder in irgendeinem Dorf ausgeladen und abermals in die Landwirtschaft gesteckt worden. Das fand ich wieder ganz schrecklich, aber wir waren ja froh, daß wir ein Dach über dem Kopf hatten. Wir sind auf einen großen Gutshof gekommen, große Landwirtschaft. Dort haben wir ein kleines Zimmerchen gekriegt ohne fließendes Wasser und ohne eigene Toilette. Ja, wir haben da acht Jahre lang gelebt unter erbärmlichen Bedingungen. Aber mein Mann hat es wieder geschafft, in der Verwaltung des nächsten Ortes angestellt zu werden.

Und ganz bald, neun Monate nachdem wir angekommen waren, hab' ich dann wieder eine Tochter – Ulrike – bekommen, das war natürlich zur denkbar ungünstigsten Zeit. Denn wir hatten ja selbst kaum genug zu leben. Und dann wieder ein Kind. Das war schon ganz schön hart. Da hab' ich Hilfsarbeiten gemacht. Ich mußte mein Kind viel allein lassen. Aber wir hatten nette Nachbarn, die haben sich um das Kind gekümmert und auch um die letzte Tochter, die hab' ich dann drei Jahre später bekommen.

Aber nach acht Jahren waren wir dann soweit, daß wir gebaut haben, praktisch mit unserer eigenen Hände Arbeit. Und wir sind in den Ort gezogen, wo mein Mann in der Verwaltung tätig war. Da ging's ziemlich gut bergauf. Ich hab' immer einen großen Garten gehalten, damit wir genug zu essen hatten. Mein Mann hat auch gut verdient, aber er war ja auch der einzige Verdiener für eine sechsköpfige Familie.

Für mich war der Gedanke immer wichtig, aus all dem Elend herauszukommen, die Ungerechtigkeit, die mir widerfahren war, hinter mir zu lassen und was aus meinem Leben zu machen, ein eigenes Haus zu haben. Vor allem war mir ganz wichtig, daß meine Kinder eine gute Ausbildung haben. Mein Mann wollte das gar nicht so gerne, aber ich habe mich immer durchgesetzt. Die Kinder wurden aufs Gymnasium geschickt, und die Mädels haben auch alle Abitur gemacht.

Ja, und das habe ich ja alles geschafft. Leider ist meine Ehe dann ziemlich schlecht geworden. Ich bin überzeugt, daß mein Mann mich betrogen hat mit einer Sekretärin. Er wollte immer gerne ausgehen. Ich hab' das nicht so gerne – ich habe immer schwer geschuftet und war dann viel zu müde, um noch auszugehen. Das hat er nicht verstanden.

Ich habe, als die Kinder alle aus dem Haus waren, immer noch weiter meinen großen Garten versorgt. Dafür hatte mein Mann gar kein Verständnis für. Er wollte, daß wir zusammen schwimmen gehen und ausgehen und das Leben genießen. Aber das wollte ich nicht. Ich konnte auch nicht aufhören mit dem Arbeiten. – Ach, mein Mann ist später sehr krank geworden. Und den hab' ich gepflegt, fast bis er gestorben ist. Mein drittes Kind, diese Ulrike, die hat dafür gesorgt, daß er ins Pflegeheim kam, als es zu Hause gar nicht mehr ging. Da ist er eine Woche später gestorben.

Ich habe weiter allein in dem Haus gelebt und immer noch weiter meinen Garten gemacht. Ich hab' so lange gemacht, bis es gar nicht mehr ging. Und dann hab' ich mich auch wieder durchgesetzt und gesagt: »Ich will in dasselbe Pflegeheim, wo Vati gestorben ist.« Denn da fand ich die Leute so nett.

Da lebe ich jetzt heute noch und finde es gut, daß ich so bedient werde, gar nichts mehr machen muß. Und meine drei Töchter kümmern sich auch um mich, besuchen mich jede Woche. Der Hans, das ist mein Lieblingssohn, der kommt nicht so oft, weil er so weit weg wohnt. Die jüngste, die kommt auch, obwohl sie besonders wenig Zeit hat. Überhaupt haben meine Töchter wenig Zeit, weil sie ja alle Lehrerinnen geworden sind. Da dachte ich immer, Lehrerinnen haben ganz viel Zeit.

(Lachen der Teilnehmerinnen)

Eigentlich geht es mir sehr gut, obwohl ja hier ganz viele kranke Leute sind. Denen geht es viel schlechter als mir.

(Auf Nachfrage:) Die Ulrike war immer so eine rebellische. Schon als junges Mädchen hat sie mit meinem Mann gekämpft, weil der immer noch so überzeugt war von dem Hitler. Und da haben sie schrecklich viel gestritten. Und Ulrike hat dann auch einen Mann geheiratet, den wir überhaupt nicht gewollt haben. Der war körperbehindert. Und die Ehe ist ja auch nach dreizehn Jahren auseinandergegangen, Gott sei Dank.

Sie lebt mit 'ner Freundin zusammen. Ich glaube, da ist irgendwas komisch an dem Verhältnis. Aber es scheint ihr ganz gutzugehen. Und dann ist es ja auch in Ordnung.

Mit der Ulrike hab' ich mich eigentlich nicht so ganz verstanden. Die war immer aufmüpfig, und sie hat sich immer wieder durchgesetzt gegen mich. Aber sie scheint ja ganz glücklich zu sein. Ich würde ihr wünschen, daß es ihr gutgeht.

Und nun beginnt die Diskussion zwischen »Charlotte«, den Teilnehmerinnen und mir

TEILNEHMERIN: Schrecklich! Ich finde das ganz schrecklich! So viel Schreckliches mit der Flucht!

CHARLOTTE (ULRIKE): Ja, und ich habe euch noch gar nicht alles erzählt, was ich erlebt habe. Gewalt, Mord und Totschlag.

MARIANNE: Wahrscheinlich auch Vergewaltigung.

CHARLOTTE (ULRIKE): Meine Kinder haben auch viel aushalten müssen.

MARIANNE: Wie schrecklich. Aber was du geleistet hast, Charlotte, ist enorm. Und dann noch mit einem gar nicht so geliebten Mann. Aber sich zu trennen war ja in der Generation praktisch unmöglich.

CHARLOTTE (ULRIKE): Ich hatte ja auch nichts gelernt, hätte mich ja nicht allein versorgen können.

MARIANNE: Und das dann mit dem Hintergrund Flucht, Verlust. Das war ein schweres Leben.

TEILNEHMERIN: Also, das hat mich so beeindruckt, wie der Mann dann nicht mehr weiter wollte und die Charlotte dann nicht nur die Kinder, sondern auch noch den Mann hinter sich herzog. Der jedenfalls keine Stütze war.

CHARLOTTE (ULRIKE): Aber die Ulrike hat ihren Vater immer sehr bewundert. Der hatte so ein sicheres Auftreten als Verwaltungsangestellter. Dort hatte er was zu sagen, alle achteten ihn und grüßten ihn im Ort.

MARIANNE: Das war ja dann viel später. – Meine Frage ist: Charlotte, woher hattest du die Kraft, all das durchzuhalten. Du hast deinen Vater nie gekannt, deine Mutter hat gleich wieder geheiratet, noch weitere Kinder bekommen, deine Halbgeschwister. Du mußt einen sehr guten Draht zu deiner Mutter gehabt haben. Diese Frau, deine Mutter, hat ja auch unendlich viel geleistet. Den ersten Mann verloren – woran ist der gestorben?

CHARLOTTE (ULRIKE): Weiß Ulrike nicht.

MARIANNE: Und dann den zweiten Mann, deinen Vater, der fiel, und dann noch mal einen gefunden! Da gehört was zu! Deine Mutter, Charlotte, war eine sehr starke Frau!

CHARLOTTE (ULRIKE): Ja, glaub' ich, aber die hatte natürlich auch nicht viel Zeit für mich. Und sie ist auch ganz plötzlich gestorben. Da war ich schon nicht mehr zu Hause. An einer Lungenentzündung. Ich war in Schlesien, aber noch nicht verheiratet.

MARIANNE: Generationen von starken Müttern!

CHARLOTTE (ULRIKE): Ich denke, das war auch so meine Pflicht, mich durchzuboxen. Und ich wollte auch immer was erreichen. Ich hab's für mich ja nicht geschafft. Hab' keinen Beruf, bin nicht bis Köln in den Westen gekommen, hab' nicht den Mann gekriegt, den ich besser hätte haben wollen. Aber ich wollte es wenigstens meinen Kindern verschaffen.

TEILNEHMERIN: Und das hast du ja auch geschafft.

CHARLOTTE (ULRIKE): Ja. Ich hab' sogar durchgesetzt, daß sie alle Lehrerinnen geworden sind. Und sie sind sogar alle drei Schulleiterinnen geworden!

(Staunen bei den Teilnehmerinnen)

MARIANNE: Und darauf bist du stolz?

CHARLOTTE (ULRIKE): Ja, aber ich laß' sie das nicht merken.

(Lachen in der Runde)

Mein Mann, der hat ja immer so ein Bohai darum gemacht und allen erzählt, was die Töchter machen.

TEILNEHMERIN: Und eigentlich hast *du* das alles für sie gemacht!

MARIANNE: Schätzen sie das, was du für sie geleistet hast? Auch die Ulrike?

CHARLOTTE (ULRIKE): Ja, das tun sie.

MARIANNE: Möchtest du, daß Ulrike dir das noch deutlicher sagt?

CHARLOTTE (ULRIKE): Ach ne, da kann ich nicht so gut mit umgehen, wenn sie drüber reden.

MARIANNE: Daß sie immer zu dir kommen, das zeigt es ja auch.

CHARLOTTE (ULRIKE): Ja. Wenn ich Geburtstag habe, dann kommen sogar alle drei Töchter und spielen Flöte im Altersheim! Das ist schon toll. Das ist mir auch wichtig. Da bin ich schon stolz. Aber mit den Gefühlssachen, da kenn' ich mich nicht so aus.

MARIANNE: Das ist auch nicht nötig. Die Hauptsache, du hast das Gefühl, daß du abschließen kannst, wenn du sterben mußt.

CHARLOTTE (ULRIKE): Also, ich bin schon noch oft sehr traurig, was ich alles hab' aushalten müssen. Da weine ich schon manchmal noch drüber. Und ich weine auch manchmal noch heute drüber, daß ich nicht Schneiderin werden durfte. Das kann ich nicht vergessen. Und all die Ungerechtigkeiten, die ich hab' aushalten müssen. Meine Kinder sagen dann immer: »Mutti, du hast doch so viel geschafft – hör doch mal auf damit.«

MARIANNE: Die wollen dich damit trösten. Aber viel besser wäre es, wenn die wirklich mit dir mitfühlen, nicht? Hier jetzt im Kreis haben wir alle gemerkt, daß die Ulrike ein ganz ehrliches und tiefes Mitgefühl für dich hat. Vielleicht kann die Ulrike dir das noch mehr zeigen.

CHARLOTTE (ULRIKE): Wir haben ja mal 'ne Reise nach Polen gemacht in all diese Orte. Das fand sie, die Ulrike, ganz wichtig.

Ja, die hat ganz komische Sachen gemacht. Die ist ans Grab meiner Mutter gegangen. Ganz allein. Also, solche Sachen laß' ich nicht so hochkommen! Und die hat ganz viel aufgeschrieben, Fotos gemacht.

MARIANNE: Ich glaube, das ist dann auch für die Ulrike ganz wichtig, denn damit hat sie dich sozusagen in ihr Herz genommen mit allem, was du durchgemacht hast.

ULRIKE: Also jetzt möchte ich mal aus der Rolle aussteigen. Das ist für mich nämlich jetzt auch ganz wichtig. Das ist so der Punkt, den ich jetzt endlich erreicht habe. Ich kann mit meiner Mutter mitfühlen. Ich hab' es immer schon geschätzt, war ihr immer dankbar, weil mir schon bewußt war, was sie da geleistet hat. Aber ich kann es jetzt auch gefühlsmäßig viel besser und kann auch aufhören zu jammern.

Allerdings: Für mich als Ulrike bedaure ich das nach wie vor, daß mir vieles entgangen ist an Liebe, an Zuwendung von meiner Mutter. Sie hat es in der Form gegeben, wie sie es konnte. Und ich denke, sie hat selbst viel zuwenig davon gekriegt, um etwas weiterzugeben. Von daher kann ich auch Frieden schließen. Ich hab' es immer ganz schwer ausgehalten, wenn sie uns von den schlimmen Sachen erzählt hat, weil sie es auch mit ganz viel starker Kraft gesagt hat. Es kam so ganz heftig aus ihr raus. – Meine Mutter war mal in einer psychiatrischen Klinik, weil sie unter all diesem Druck wahrscheinlich zusammengebrochen ist. Wir machen uns eigentlich große Sorgen, daß sie wieder in so ein Tief rutschen könnte. Wir haben all die Jahre danach versucht, es ihr so positiv wie möglich zu machen, ihr Freude zu machen, es ihr recht zu machen. Wir sind sehr folgsame Kinder. Und wenn sie anrief und sagte, sie hat zu viele Zucchini im Garten – bin ich hingefahren, obwohl ich gar keine Zeit hatte. Und von daher hab' ich große Angst davor, das Thema noch mal anzusprechen.

MARIANNE: Dann laß es! Oder ganz behutsam. Es kann sein, daß es so genug ist.

ULRIKE: Sie ist jetzt auch seit einem guten halben Jahr so ruhig geworden, so ausgeglichen. Bis dahin hat sie immer gekämpft mit den alten Erinnerungen.
MARIANNE: Das ist schön.
ULRIKE: Auf jeden Fall ist es gräßlich, was Menschen so aushalten müssen. Und sie ist ja nicht die einzige in dieser Generation!

In der Schlußrunde sagt Ulrike, daß sie die Methode, die Geschichte der Mutter in der Ichform zu erzählen, »wirklich gut und heilsam« findet, weil sie das dann »ein Stück weit selber erlebt«. Und so einer Mutter«, fährt sie fort, »kann man dann auch eigentlich keine Vorwürfe mehr machen, daß ich nie einen Gute-Nacht-Kuß gekriegt habe, daß sie mich nie in den Arm genommen hat. Das sind dann irgendwie einfach so Lappalien.« Sie sagt: »Das ist wohl die Liebe für die ›Mutter in mir‹.«

*

Zweieinhalb Jahre später schrieb mir Ulrike:

»Liebe Marianne, wir haben es geschafft. Die gemeinsame Bearbeitung war noch einmal ein Geschenk für uns. Ganz gleich ob du unsere Geschichte veröffentlichen wirst, wir waren erfolgreich.

Mein Beweggrund, an dem Mutter-Tochter-Seminar teilzunehmen, war der Wunsch, meine Beziehung zu meiner Mutter zu klären. Ich hatte mein Leben lang mit dem Gefühl gelebt, als Kind zu wenig Liebe erfahren zu haben und damit keine wirklich tragfähige Basis zu haben.

Schon während des Seminars war mir klargeworden, daß meine Mutter Großes geleistet hat, als sie ihre Familie immer wieder beschützte und für ihre Kinder alle ihre Kraft einsetzte. Ich konnte anerkennen und dankbar werden und begreifen, daß sie unter den Bedingungen ihres Lebens gar nicht mehr leisten konnte.

Ich fühle mich heute ausgesöhnt mit meiner Mutter, obwohl es keine Möglichkeit gab, mit ihr über dieses Thema zu sprechen. Ich kann das Kind in mir heute selbst an die Hand nehmen und es beschützen.

Ich denke, daß ich dadurch befähigt wurde, mich meiner Tochter zuzuwenden und trotz aller Angst auf unsere gemeinsame Geschichte zu schauen. Ich habe heute keine Vorwürfe mehr gegen meine Mutter in mir, sondern viel Dankbarkeit. Mir selbst habe ich noch nicht wirklich verzeihen können. Daß meine Tochter mir so viel Verständnis, Liebe und Wärme entgegenbringt, ist ein großes Geschenk.

Unsere Beziehung ist heute so innig, wie ich es mir immer gewünscht habe. Sarah ist eine wunderbare Frau – warm und liebevoll, klug und lebenstüchtig. Für unsere Beziehung und für mich selbst wünsche ich mir, diesen Satz sagen zu können: ›Das ist meine Tochter, die *auch durch mich* so werden konnte.‹«

In meinem Brief hatte ich Ulrike gefragt, wie ihre Mutter Charlotte das Verhältnis zwischen Ulrike und deren Kindern sieht. Und Ulrike antwortete:

»Charlotte würde – wenn sie sich zu diesem Thema überhaupt äußern würde – sagen: Die Kinder meiner Tochter Ulrike sind gut geraten. Beide haben einen ordentlichen Beruf und meistern ihr Leben. Mein Mann war immer sehr stolz darauf – ich auch. Doch ich sage das nicht so laut. Ich freue mich aber natürlich. Ulrike kann jedenfalls sehr zufrieden sein. Sie scheint sich mit ihren Kindern auch ganz gut zu verstehen, jedenfalls erzählt sie mir oft von ihnen, was sie so machen und wie es ihnen geht. – So gehört sich das auch in einer Familie. Wir haben uns für unsere Kinder auch immer eingesetzt.«

23 Ursula (1940) und Grit (1967)
Tochter Grit und Mutter Ursula nehmen gemeinsam
am Mütter-Töchter-Seminar teil – die Tochter erlebt ihre
Mutter und Großmutter neu

Es folgen nun die zwei Geschichten von Tochter Grit und Mutter Ursula, die gemeinsam an einem Seminar teilnahmen. Grit stieg also in die Rolle ihrer Mutter Ursula, während diese neben ihr im Kreis der anderen Frauen saß. Und Ursula mußte sich ihre eigene Lebensgeschichte aus dem Mund ihrer Tochter anhören. Erst danach erzählte sie die Geschichte von Frieda, ihrer eigenen Mutter, wobei Grit viel Neues über die Kindheit und Vorgeschichte von Mutter und Großmutter erfuhr.

Auch für die anderen Teilnehmerinnen ist es immer sehr spannend, eine solche Doppelgeschichte zu hören. Aber, wie schon erwähnt, sind meine Seminare nicht für Mutter-Tochter-Paare angelegt. Um die Dynamik aufzufangen, die hier entsteht, wäre ein anderer Rahmen mit viel mehr Zeit erforderlich. Bei Ursula und Grit ist allerdings in der kurzen Zeit viel in Bewegung geraten, was ihnen, wie beide betonen, gutgetan hat.

Grit ist eine 38jährige Frau mit energischer, lauter Stimme. Sie wirkt ernst und durchsetzungsfähig. Sie sitzt im Seminar neben ihrer Mutter, beide schauen sich gelegentlich an, man spürt die Spannung zwischen ihnen, aber auch die Zuneigung und Liebe. Es besteht wenig äußerliche Ähnlichkeit zwischen Tochter und Mutter.

Grit ist verheiratet, hat einen vierjährigen Sohn und eine zweijährige Tochter. Sie ist Lehrerin und hat auch schon mehrere Jahre in einer psychiatrischen Klinik als Sport- und Bewegungstherapeutin gearbeitet. In der Vorstellungsrunde sagt sie, daß sie sehr froh ist, mit ihrer Mutter hier zu sein. Es gäbe keine wirklichen Probleme zwischen ihnen, aber viele Mißverständnisse und die Schwierigkeit, sich gegenseitig abzugrenzen. Grit wünscht sich, mehr Anerkennung von der Mutter zu bekommen.

Beim Verlesen ihres »Briefes an die Mutter« weint sie: »Liebe Mama, ich finde es sehr mutig von dir, daß du mit mir hier bist. Manchmal bin ich sehr wütend auf dich. Manchmal spüre ich deine Unsicherheit, das tut mir leid. Deine Griti. Ich wünsche mir mehr Gelassenheit im Umgang mit dir.«

Grit bittet darum, in der Runde der Teilnehmerinnen vor ihrer Mutter »dranzukommen«, damit sie die Geschichte ihrer Mutter unbeeinflußt und nur nach dem Stand ihres momentanen Wissens erzählen kann. Schon gleich am Anfang wird deutlich, wie wenig sie bislang von der Vorgeschichte ihrer Mutter wußte.

Und nun Ursulas Geschichte – in den Worten der Tochter Grit

URSULA (GRIT): Ich bin Ursula, geboren 1940. Mein Vater heißt Bruno. Sein Geburtsjahr weiß ich nicht – weiß meine Tochter nicht. Und der Name meiner Mutter fällt mir auch nicht ein! – Ich bin jetzt als Grit ganz betroffen!
(Mutter Ursula will ihr helfen)
MARIANNE (wehrt ab): Warte nur, der Name fällt dir gleich ein!
URSULA (GRIT): Ich weiß auch nicht, wie meine Eltern sich kennengelernt haben.
MARIANNE: (korrigiert) Meine Tochter Grit weiß nicht, wie sie sich kennengelernt haben. Und ihr fällt auch der Name meiner Mutter nicht ein!
URSULA (GRIT): *Frieda*! Jetzt fällt es meiner Tochter ein: Meine Mutter heißt Frieda. Meine Eltern haben in Pommern gelebt. Hatten dort einen eigenen Gutshof mit Landwirtschaft. Meine Eltern waren sehr fleißig und erfolgreich. Das muß eine sehr glückliche Zeit gewesen sein. Sie hatten auch Hilfe auf dem Hof, und wir Kinder haben geholfen. Ich habe einen jüngeren Bruder, Eberhard, der ist – das weiß meine Tochter wieder

nicht – wohl vier Jahre jünger, und zwei ältere Schwestern, die Sophie und die Meta, und einen ältesten Bruder Lothar, der ist 1984 verstorben. Er ist ungefähr 1934 geboren.

Der Krieg kam, und mein Vater hat beide Beine verloren. Die mußten scheibchenweise abgeschnitten werden sozusagen. Er konnte dann also selbst nicht mehr sehr viel machen. Er hat einen Rollstuhl gehabt mit einem Hund davor. Und meine Mutter und meine Geschwister mußten dann sehr viel machen.

MARIANNE: War das eine Kriegsverletzung?

URSULA (GRIT): Weiß ich nicht – weiß meine Tochter nicht. – Die beiden mußten mit ihren Kindern dann flüchten aus Pommern. Und auf der Flucht ist Eberhard geboren.

MARIANNE: Da war der Vater schon im Rollstuhl?

URSULA (GRIT): Also das nimmt meine Tochter an. Ich selber bin auch mit geflohen. Meine Tochter weiß aber nicht viel davon, wie ich mich da gefühlt habe. Eberhard ist unterwegs geboren und war in gewisser Weise auch Mittelpunkt auf dieser Flucht da.

Dann sind wir in ein kleines Dorf gekommen bei Stendal in Brandenburg. Und in diesem Dorf waren wir dann die Flüchtlinge und haben erst mal in einer Notunterkunft gewohnt. Später ist es dazu gekommen, daß mein Vater dort in diesem Dorf zum Bürgermeister gewählt wurde. Wir haben einen eigenen Hof bekommen, auch eine eigene Landwirtschaft gehabt, auch ein Pferd, um den Acker zu bestellen. Aber mein Vater konnte selbst nichts machen. Mein Vater hat dirigiert, was zu tun ist. Meine Mutter mußte sehr, sehr viel arbeiten, den ganzen Haushalt, mußte uns versorgen und dann auch noch den Hof mit machen.

Wir hatten es in dem Ort nicht leicht – das hatte auch was mit der Geschichte der DDR zu tun, also mit Enteignung und LPG-Bildung (Landwirtschaftliche Produktionsgenossenschaft). Wir waren nicht gut angesehen als Flüchtlinge, die nun auch noch den Herrschaften was wegnehmen sollten.

23 Ursula und Grit

Meine Erinnerung ist so, daß alles immer sehr eng war, und im Grunde genommen wurde nur gearbeitet, ausschließlich. Und meine Mutter ist manchmal am Tisch vor Erschöpfung eingeschlafen. Der Eberhard hatte am Tisch keinen Platz. Deshalb hat er immer auf dem Schoß meiner Mutter gesessen und gegessen.

Ich erzählte meiner Tochter, daß ich meine Kindheit immer als fröhlich erlebt habe. Also, wir waren klein, mein Bruder Eberhard und ich, wir haben es schöner gehabt als Sophie, Meta und Lothar, weil die als Ältere schon sehr viel mehr arbeiten mußten. Als Jugendliche, kann ich mich erinnern, bin ich verantwortlich gewesen einzukaufen. Jeder hatte so seine Aufgaben. Und jedes Jahr bekamen wir Schwestern neue Kleider. Das war immer ein großes Ereignis.

Meinem Vater war es immer wichtig, daß wir gut angezogen waren, daß wir nach außen hin gut dastanden. Daß wir nicht aussahen wie die Flüchtlingskinder. Deshalb haben wir sehr viel gearbeitet, um den anderen zu zeigen, wir sind auch was wert. Meinem Vater war auch die Ausbildung sehr wichtig. Also, ich bin auf die Oberschule gegangen. Ich hab' die Oberschule aber dann nicht abgeschlossen. Die Leistung hätte ich gehabt. Aber ich mußte dann weggehen. Das hatte irgendwas mit dem Bürgermeisterposten zu tun oder mit dem – also, da gab es irgendwelche Probleme. Die Leistung hatte ich gehabt, aber ich konnte nicht abschließen.

Mein Vater hat dann dafür gesorgt, daß ich eine Banklehre anfangen durfte, und die hab' ich auch erfolgreich abgeschlossen. Wobei ich am Ende meiner Ausbildung dann schwanger wurde. Ich habe meinen Mann kennengelernt über Helga, die auch in der Ausbildung war, das war ihr Bruder. Mein Mann hat Helga besucht, und dann hab' ich ihn da kennengelernt. Und ja ...

Marianne: Wer war dein Mann?

Ursula (Grit): Günter, geboren 1937. Selbstverständlich haben wir dann geheiratet, 1962. Meine Tochter Sibylle ist 1963 im

Februar geboren. – Wobei ich mir nicht sicher war, ob Günter wirklich derjenige war, den ich heiraten wollte. Denn das war ein ganz schmucker toller Mann, aber er war auch ein Filou oder Windhund. Aber ich hab' ihn schon sehr gemocht.

Als ich dann schwanger war, bin ich zur Mama gegangen, zur Frieda. Und sie hat gesagt, egal wie, Mädchen, wir kriegen das Kind auch alleine groß. Du mußt ihn nicht heiraten. Und ich hab' ihn dann aber doch geliebt und auch geheiratet.

Also, Sibylle ist 1963 geboren. Mein Mann ist auch Offizier geworden. Er mußte auf die Offizierschule in Stralsund. Das war ziemlich weit weg.

Marianne: Also in der Volksarmee.

Ursula (Grit): Ja, in der NVA (Nationale Volksarmee). Meine Tochter weiß nicht genau, ob schon direkt zur Geburt, aber er war dann weg. Ich habe in Stendal gewohnt in der Nähe der Bank, wo ich ja auch gearbeitet habe. Hatte ein Zimmer gemietet. Sibylle war sehr häufig krank. Ja, und dann ist mein Mann fertig geworden mit dem Offiziersstudium, und wir sind dann nach Usedom gezogen und haben in einem kleinen Häuschen gelebt, ganz in der Nähe vom Strand an der Grenze nach Polen. Und da ist 1967 dann Grit geboren. Die Zeiten sind sehr glücklich gewesen dort. Ich habe da dann nicht mehr gearbeitet. Als Grit zwei Jahre alt war, sind wir nach Rostock gezogen, dorthin ist mein Mann versetzt worden.

Grit war für mich meine kleine Tochter. – Meine erwachsene Tochter Grit hat jetzt selber zwei Kinder. Ich helfe ihr, wo ich kann.

Und jetzt weiß ich – weiß meine Tochter nicht mehr weiter, sie hat nämlich Schwierigkeiten, weiter aus der Muttersicht zu erzählen!

Marianne: Und genau darum geht es! Vor allem, wenn die Mama neben dir sitzt!

Ursula (Grit): Also ich versuch's mal! Meine Tochter hat vier Berufsausbildungen und hat auch in den verschiedensten Bereichen schon gearbeitet. Die hat auch ein Studium abgeschlossen. Aber ich hab' immer um sie Sorge gehabt – also, sie ist eben immer meine kleine Tochter gewesen. Ich hab' sie viel unterstützt. Ich hab' mich sehr aufgeopfert für sie. Bei ihren vielen Umzügen – sie ist so zehn- oder zwölfmal umgezogen – hab' ich immer geholfen. Habe ihr auch geholfen, als sie ihr erstes Kind bekommen hat, da war ja alles so neu für sie.

Die ersten Tage habe ich auch dort gewohnt. Das war für mich sehr schön, aber auch erschreckend zu sehen, daß sie das alles gar nicht so richtig kann. Ich habe ihr alles gezeigt, aber sie wollte es immer anders machen. Und dann habe ich ihr gesagt, daß sie keine gute Mutter ist. Und ja, wir haben sehr viel gestritten und uns mißverstanden. Ich passe immer auf, was ich sage, damit ich nicht das Falsche sage und meine Tochter mich nicht wieder gleich zurechtweist. Und ich will doch immer nur das Gute für sie. Und ich hab' doch auch meine Lebenserfahrung gemacht. Warum kann sie das nicht aufnehmen? – Ich wünsche ihr für die Zukunft, daß sie alles gut macht, alles richtig macht.

Und nun beginnt die Diskussion zwischen »Ursula«, den Teilnehmerinnen und mir

(Und wir rufen uns noch einmal in Erinnerung, daß die »echte« Mutter Ursula neben der Tochter Grit sitzt!)

MARIANNE: Ihr wohnt nicht in einer Stadt?

URSULA (GRIT): Nein, aber ich bin immer für meine Tochter da. Sie soll ja arbeiten gehen und was leisten. Und wenn sie morgens anruft und sagt, eins der Kinder ist krank, dann bin ich mit meiner Reisetasche da.

MARIANNE: Und du bist nicht berufstätig.

URSULA (GRIT): Ich habe eine sehr verantwortungsvolle Aufgabe gehabt als Personalleiterin zu DDR-Zeiten. Ich hab' dann nach der Wende schwere Zeiten gehabt, habe Umschulung gemacht, mußte sogar noch Englisch lernen. Bin sehr entwürdigt worden. Hab' dann wieder einen Arbeitsplatz gefunden, wo ich aber immer wieder gedemütigt wurde, auch finanziell. Aber ich hab' eine Aufgabe gehabt, und deswegen habe ich das auch durchgehalten.

MARIANNE: Und Günter, dein Mann, als Offizier?

URSULA (GRIT): Günter hat nach der Wende weitergearbeitet, nicht als Offizier, aber es ging alles weiter. Jetzt ist er seit drei Jahren Rentner.

MARIANNE: Und die Beziehung mit Günter ist okay?

URSULA (GRIT): Es gibt ein paar Probleme, Günter hat ein paar gesundheitliche Probleme, aber ich hoffe, er wird weiter so mitgehen können. Denn ich will jetzt auch was erleben. Ich fahre sogar nächstes Jahr nach Amerika.

MARIANNE: Sehr gut! Und deine beiden Töchter, wie findest du die?

URSULA (GRIT): Also, meine große Tochter hat einen sehr verantwortungsvollen Job und leistet sehr viel. Ja, meine kleine Tochter, die schafft das nicht.

MARIANNE: Und sie ruft dich dann.

URSULA (GRIT): Ja, das tut sie auch. Das stimmt. Ich biete mich aber auch immer wieder an. Und es ist ja auch schwer, wenn die Kinder krank sind und so. Das ist für sie eine große Erleichterung. Und ich hab' dann ja auch meine Aufgabe. Aber ich muß schon sagen, sie schafft es nicht.

MARIANNE: Denkt Grit das auch so?

URSULA (GRIT): Nein, Grit denkt, sie schafft es allein. Aber wenn ich nicht komme, kann sie nicht mehr so viel leisten in ihrem Beruf. Es gab Zeiten, wo sie mich nicht gerufen hat.

MARIANNE: Und dann empfindest du das als Ablehnung?

URSULA (GRIT): Ja. – Na ja, das ist auch schon 'ne Ablehnung, wenn Grit dann immer mit mir streitet und sagt, ich soll mich nicht soviel einmischen.

MARIANNE: Was könnte Grit tun, damit du dich wohlfühlst?

URSULA (GRIT): Ich würde mich wohlfühlen, wenn Grit es schaffen würde, mich – wenn ich ihr schon soviel helfe – mich darin zu würdigen, und mich einfach machen lassen würde.

23 Ursula und Grit

Teilnehmerin: Also, dein Lebensgefühl ist, ich werde nicht gewürdigt in dem, was ich tue?

Ursula (Grit): Nee – mein Lebensgefühl ist, ich muß helfen, es muß ja immer überall ordentlich sein, nach außen hin schön sein. Also wenn man sich nicht an mein System hält, also nicht so die Wäsche aufhängt, wie ich das mache, dann wird die Wäsche nicht ordentlich. Also, ich komme, ich hab' ja einen eigenen Schlüssel – (sehr laut und heftig:) Und wenn ich was sehe, auch wenn meine Tochter gar nicht zu Hause ist ...

Marianne: Stop! Ich höre jetzt Grit schimpfen mit der Stimme von Ursula. Denn das ist nicht, was Ursula sagen würde. – Was würde Ursula sagen?

Ursula (Grit): Die arme Grit, hat es schon wieder nicht geschafft, bevor sie zur Arbeit ging. Die kann das ja gar nicht schaffen mit den zwei Kindern. Und ich koche ihr noch schnell Mittag. Und Grit kann ja eben das alles nicht ...

Marianne: Halt! Da ist wieder dieser Satz, der Grit so kränkt: Sie kann nicht! – Natürlich kann deine Tochter, das hat sie ja oft genug bewiesen! Sie hört diesen Satz als Kritik, daß du sie nicht gut genug findest.

Grit: Ich rede jetzt als Grit: Ja. Es gibt bestimmte Sätze, die mich so verletzen.

Marianne: Na klar. Und Ursula hat das unter Umständen gar nicht gemerkt.

Ursula (Grit): Das hab' ich als Ursula auch oft schon gesagt. Ich weiß manchmal gar nicht, wie ich mit Grit reden soll.

Marianne: Das ist auch schwer für Ursula. Die hat die alten Maßstäbe von ihren Eltern übernommen, damals nach der Flucht, mit dem kranken Vater und der Mutter, die das alles aufgefangen hat. Daher stammen deine Vorstellungen von Ordnung.

Teilnehmerin: Du hast das ganz tief verinnerlicht.

Teilnehmerin: Also, ich finde, du bist 'ne totale Power-Frau, mit ganz viel Kraft.

URSULA (GRIT): Ja, ich habe noch so viel Kraft. Aber ich kann eigentlich gar nicht mehr. Und ich geh' so an meine Grenzen.

MARIANNE: Na klar! Ursula, du bist jetzt 'ne Oma. Das ist jetzt anders! – Ich bin auch Oma. Da verändert sich was. Und dann braucht man als Tochter auch nicht zu denken, das ist immer noch dieselbe Frau. Nee! Die ist jetzt Oma. Und wenn Grit mal diese andere Stimme der Mutter hören würde, die sagt, ich will dir ehrlich helfen, dann könnte sich das Bild der »Mutter in ihr« umwandeln, und sie könnte ihrer Mutter Ursula anders begegnen.

URSULA (GRIT): Ja, aber – ich bin jetzt Ursula – ich habe ja noch so viel Kraft. Und ich möchte ja auch mit meinen Enkeln zusammensein.

MARIANNE: Gut, das ist aber eine andere Sache. Ich will als Oma auch meine Enkelkinder sehen, und sie sollen mich sehen. Das ist total wichtig für meine Seele. Und dafür nehme ich viel in Kauf. Auch so manche Kontroverse. Aber wenn es meine Würde betrifft, spreche ich es aus, ich darf da nichts runterschlucken. Und darum geht es dann. Ich habe als Frau im Alter einen Anspruch auf meine Würde. Wenn die Kinder bis dahin nur eine flotte Mutter erlebt haben, die alles mitmacht – irgendwann hört das auf. (Pause)

TEILNEHMERIN: Ursula, hast du irgendwelche Sehnsüchte, die du mal gerne leben würdest?

URSULA (GRIT): (sehr leise und voller Gefühl) Ich möchte mit meinem Günter zusammen alt werden, aktiv bleiben. Ich habe Angst davor, daß ich weiter aktiv sein kann und Günter nicht. Und deswegen schone ich Günter.

TEILNEHMERIN: Schläfst du noch mit Günter zusammen?

URSULA (GRIT): Ja, aber ich glaube, er versteht es nicht so, wie ich es gerne hätte.

TEILNEHMERIN: Siehst du dich selbst als dominant?

URSULA (GRIT): Nein.

TEILNEHMERIN: Und wie würde Grit dich sehen?

URSULA (GRIT): Grit würde sagen, daß ich sehr dominant bin. Daß ich meinem Günter und meiner Grit wenig Raum lasse.
MARIANNE: Ja, das ist Grits Bild, deins ist anders. Und das ist völlig okay. – Aber jetzt noch eine heikle Frage an Dich, Ursula: Wenn du alle Wünsche frei hättest, würdest du dir wünschen, lieber ganz allein, ohne Günter zu leben?
URSULA (GRIT): Nein. Auf keinen Fall. Ich möchte lieber die ganze Familie zusammenhaben. Das ist ganz klar. – Ich kann natürlich mit meiner Freundin wo hinfahren, das ist ja was anderes. Aber ich will mit meinem Günter zusammensein.
MARIANNE: Alles klar. Das klingt sehr ehrlich!
URSULA (DIE MUTTER): Ich fand es sehr spannend, das alles von Grit zu hören.
MARIANNE: Auch ein bißchen schmerzhaft?
URSULA: Schmerzhaft würde ich nicht sagen. Es stimmt ja, was Grit gesagt hat. Ich sehe das auch so. Ich muß das vielleicht auch noch verarbeiten. Es hat mich nicht verletzt, nein.
MARIANNE: Und deine Geschichte hören wir dann morgen!

Bevor Ursula am nächsten Morgen mit der Geschichte ihrer Mutter Frieda beginnt, berichten beide von einer heftigen Auseinandersetzung am Vorabend im Hotel, bei der es wieder Mißverständnisse und Verletzungen gab. Nachdem dann aber Ursula die Geschichte ihrer Mutter Frieda erzählt hatte, fühlte sich Grit, wie sie sagte, »einfach leicht«.

In der Schlußrunde beglückwünschen sich beide. Grit sagt: »Dieser Knoten, der ist einfach nicht mehr da. Und ich bin auf dem Weg, diese andere Mutter in mir zu suchen.« Einschränkend fügt sie hinzu: »Es wird immer wieder Schwierigkeiten geben, weil wir beide so sind, wie wir sind«, meint dann aber: »Es wird leichter werden.«

Und Ursula sagt unter Tränen der Rührung: »Ich bin beeindruckt, so was erleben zu dürfen. Und daß meine Tochter mich hierher geschleppt hat, also das ist so gut. Da war sie mutig.« Auch sie glaubt, daß es wieder Schwierigkeiten geben wird, aber daß es eben auch gut ist, die Wut aufeinander einfach mal rauszulassen. »Das ist gut, wenn man dazu bereit ist.«

*

Ein halbes Jahr später berichtet Grit:
»In den letzten Monaten ging es mir mit meiner Mutter gut, obwohl wir auch etwas weniger Kontakt haben. Manchmal hat es mich fast verwirrt, daß wir uns nicht mehr so häufig sprechen. Meine Mutter ist nun oft in der abwartenden Position, das heißt, daß sie nur noch selten anruft, um einfach mal zu hören, wie es uns so geht. Das muß ich nun tun, und wenn ich dann erschöpft abends im Bett liege, denke ich mit einem schlechten Gewissen an meine Eltern, daß ich mich mal wieder nicht gemeldet habe. Und manchmal reagiert meine Mutter dann auch ›beleidigt‹, daß ich nicht an sie denke. Na ja, da muß das richtige Maß noch gefunden werden, aber wir sind auf dem richtigen Weg!«

Und nun kommt Mutter Ursula, die neben Grit sitzt, zu Wort:

24 Frieda (1908–1977) und Ursula (1940)
Die Mutter (mit beinamputiertem Mann) war »jeden Tag am Ende ihrer Kräfte«, die Tochter erstarkt daran

Ursula ist eine große Frau mit aufrechter Haltung, zur Zeit des Seminars 65 Jahre alt. Sie wirkt diszipliniert, »preußisch«, hat einen strengen, aber wachen Gesichtsausdruck. Sie spricht klar und mit Bedacht, blickt häufig zu der neben ihr sitzenden Tochter Grit.

Ursula stellt sich als Rentnerin vor, ehemalige Bankkauffrau. Sie ist verheiratet, lebt in Rostock. Sie hat zwei Töchter – Grit ist die jüngere – und mehrere Enkelkinder, an denen sie viel Freude hat. Ihre Mutter starb 1977 mit 69 Jahren. Sie wünscht sich, mehr für ihre Mutter getan zu haben, auch meint sie, sich zu ihren Lebzeiten nicht genug mit ihr auseinandergesetzt zu haben.

Und nun Friedas Geschichte – in den Worten der Tochter Ursula

FRIEDA (URSULA): Ich bin Frieda, 1908 geboren, mein Vater Richard ist 1878 geboren. Richards erste Frau hieß Margarete und ist im Kindbettfieber gestorben. Meine Mutter Anna ist die zweite Frau von Richard, sie ist älter als Richard.

MARIANNE: Wann hat er Anna geheiratet?

FRIEDA (URSULA): Das weiß meine Tochter nicht. Jedenfalls hat er 1932 die dritte Frau geheiratet, die hieß Grete.

MARIANNE: Ist deine Mutter Anna auch gestorben?

FRIEDA (URSULA): Anna ist auch gestorben – 1931. Und ein Jahr später hat er Grete geheiratet, die war etwa gleichaltrig wie er. Das war eine Versorgungsehe. Grete hat Richard dann den Haushalt geführt. Und auch für die Kinder gesorgt, die noch zu Hause waren.

MARIANNE: Da warst du, Frieda, also schon 23 Jahre alt. – Jetzt müssen wir mal Richards Kinder sammeln.

FRIEDA (URSULA): Also, Richard hatte von der Margarete eine Elsbeth, das war meine Halbschwester. Und von meiner Mutter, der Anna, hatte er vier Kinder. Ich war die älteste, dann Ewald 1910, dann kam Meta 1912, dann Gerhard 1915. Von Grete hatte er keine Kinder.

MARIANNE: Noch mal zurück: Woran ist deine Mutter Anna gestorben? Und wie alt ist sie geworden?

FRIEDA (URSULA): Anna war 55 Jahre alt. Ich habe sehr an ihr gehangen. An doppelter Lungenentzündung. Und danach ist die Meta an Kinderlähmung gestorben.

MARIANNE: Wann?

FRIEDA (URSULA): 1933. – Gerhard ist dann im Krieg geblieben. Mit Ewald fanden regelmäßige Besuche statt. Der ist später verstorben.

(Auf Nachfrage:) Meine Halbschwester Elsbeth ist bei den Großeltern väterlicherseits erzogen worden. Zu dieser Familie hatte ich auch noch immer Verbindung.

(Auf Nachfrage:) Elsbeth war vier Jahre älter als ich, sie war das erste Kind, bei der Geburt des zweiten Kindes ist Margarete, ihre Mutter, zusammen mit dem Kind an Kindbettfieber verstorben.

MARIANNE: Wie war das Verhältnis von Richard zu dieser Tochter?

FRIEDA (URSULA): Er hatte ein sehr gutes Verhältnis zu ihr. Er hat auch sehr an der ersten Frau gehangen.

MARIANNE: Was war dein Vater Richard von Beruf?

FRIEDA (URSULA): Er war Stellmacher und hatte eine Landwirtschaft dabei. Mein Vater war so ein bißchen begütert. Er hatte schon in der Gemeinde was zu sagen.

(Auf Nachfrage:) Wir lebten in einem kleinen Dorf in Pommern.

MARIANNE: Sehr tragisch dieser Hintergrund mit den vielen Verstorbenen in deiner Familie, Frieda!

FRIEDA (URSULA): Und ich hatte mehr oder weniger auch die Aufgabe, gut zu sein. Also, ich war sehr gut in der Schule, war auch gutaussehend, schlank. Und mein Vater Richard hat immer gesagt, daß ich nicht bloß Hauswirtschaft, sondern auch alles andere mit lernen sollte. So daß ich doch einen gewissen Bildungsstand hatte und auch herangeführt wurde an alles Schöne und Gute.

MARIANNE: Wie war dein Verhältnis zu deiner Mutter Anna?

FRIEDA (URSULA): Zu der Mutter Anna hatte ich ein unheimlich gutes Verhältnis. Und dann kamen ja auch die Geschwister nach und nach. Und da hatte ich mit meiner Mutter immer die Aufgabe, die Kinder zu erziehen. Sie stammte aus einem großen, sehr gepflegten Bauernhaushalt und kam nun in dieses Haus, wo schon ein Kind vorhanden war. Und sie bekam dann ein Kind nach dem anderen. Sie ist nicht dazu gekommen, sich selbst auch zu sehen.

MARIANNE: Aber sie war nicht nur Haushälterin wie Richards dritte Frau?

FRIEDA (URSULA): Nein. Meine Mutter kam aus einem großen Haus, und sie führten eine gute Ehe. Und für mich spielte das gesellschaftliche Leben im Dorf auch eine große Rolle. Ich ging zum Sport, zur Musik, und wir wurden auch immer kirchlich angehalten von Anfang an.

Und die Dorfjugend war immer zusammen, Jungen und Mädchen. Und weil ich rank und schlank war und große blaue Augen hatte, hatte Bruno schon immer ein Auge auf mich geworfen.

(Lachen der Teilnehmerinnen)

Bruno war für mich die große Liebe. Ein schlanker, sportlicher, großer Typ, vier Jahre älter als ich. Mit ihm habe ich dann – vor unserer Ehe – ganz viele sportliche Sachen gemacht. Ich sehe mich immer noch auf einem Bild – schlank und rank – in einem Gymnastikanzug, eine Schärpe um den Bauch und in einer Gruppe von Mädchen. Und ich meine, ich sah nicht schlecht aus.

(Freundliches Lachen in der Runde)

Mehr oder weniger sind wir zusammen aufgewachsen. 1932 im September haben wir dann geheiratet.

MARIANNE: Da war ja deine Mutter Anna gerade gestorben. Wie war das für dich? Die Mutter stirbt, und für dich fängt das Leben mit Bruno an?

FRIEDA (URSULA): Nun, als sich abzeichnete, daß mein Vater Richard so schnell wie möglich wieder heiraten wollte, habe ich noch im September 1932 meinen Bruno geheiratet.

Bruno hatte noch zwei Schwestern und einen älteren Bruder, Walter. Ja, als Mädchen war ich ja nun nicht diejenige, die unseren Hof erbte. Und Bruno war nicht der Erstgeborene, erbte also den Hof auch nicht. Und deshalb wurde von den Familien eine Aussteuer bereitgestellt. So waren wir in der Lage, einen Hof selbständig zu kaufen.

Bruno war sehr intelligent, hat eine Ausbildung in der Land-

wirtschaftsschule als Inspektor gemacht und auch auf Gutshöfen gearbeitet. Da haben ihn auch die Gutsherrinnen geprägt, mit denen er immer ein sehr gutes Verhältnis hatte.
(Auf Nachfrage:) Der Hof, den wir gekauft haben, war ungefähr 25 Kilometer entfernt. Das Gehöft lag alleine, und ringsum waren unsere Äcker. Wir haben dann beide hart gearbeitet. Bruno war der Kopf, der alles dirigiert hat. Wir hatten dann auch einen Knecht und eine Magd.
Ja, und da wir uns ja auch sehr gerne hatten, bekamen wir 1934 unseren Sohn Lothar, worauf wir beide ganz stolz waren. Und 1935 kam die Tochter Meta. Über unsere beiden Kinder waren wir sehr glücklich. Die wurden aufs Feld mitgenommen. Gestillt habe ich beide Kinder immer voll. Und 1939 kam Sophia. Bis zu dem Zeitpunkt war Bruno noch gesund, und er wollte mindestens zwölf Kinder haben.
So, und dann fing bei Bruno die Krankheit an. Er erklärt sich das so, er hat eine Blutstörung gehabt, und die Zehen fingen an zu faulen. Die Ärzte haben das nicht richtig abgeklärt. 1940 wurde dann meine Tochter Ursula geboren. Und bei Bruno wurden zwei Zehen abgenommen. Wir haben aber noch gut weitergewirtschaftet, bis dann der Krieg nahte. Das war sehr, sehr problematisch. Das kann ich gar nicht so hier erzählen. Das hat uns unheimlich belastet.
Wir wurden dann aus unserem Bauernhaus vertrieben. Ich war 1944/1945 schwanger, und wir sind das erste Mal mit einem Treck geflüchtet. Wir wurden beschossen und sind dann wieder zurück auf unser Gehöft. Da hat sich aber der Pole, eine Polenfamilie, schon eingenistet. Wir hatten einen schrecklichen Polen, der uns nur in ein Zimmer eingesperrt hat. Und unter diesen Umständen habe ich meinen Sohn Eberhard geboren. Das war am 31. Juli 1945, und bis Ende September habe ich im Kindbettfieber gelegen. Meine Tochter Meta hat praktisch die Familie erhalten.

MARIANNE: Deine Tochter Ursula war damals fünf Jahre alt. Hat sie das alles mitbekommen?

FRIEDA (URSULA): Ursula hat mehr Erinnerungen aus den Erzählungen der Schwester Meta. Die nächste Flucht war der Horror. Ich hatte ja einen Säugling, der mußte ernährt werden. Stillen konnte ich nicht, weil ich ja das Kindbettfieber hatte. Geholfen hat uns eine gutmütige Polenfamilie; die hat dafür gesorgt, daß wir auf der Flucht das Notwendigste zu essen hatten und Milch für Eberhard. Wir sind dann circa drei Monate auf der Flucht gewesen, von einem Waggon in den anderen und immer bei großer Kälte. Ich hab' immer nur zugesehen, daß meine Kinder nicht erfrieren. Meine Kinder mußten sehen, wie die Erfrorenen gestapelt wurden und wie teilweise noch welche lebten.

Wir sind in D. im Kreis Stendal gelandet bei einem Großbauern. Ich mußte mich als Magd verpflichten, und mein Mann Bruno war in T., ungefähr dreißig Kilometer entfernt, im Krankenhaus geblieben. Ihm wurde ein Stück Bein abgenommen. Ich kenne meinen Mann eigentlich nur mit Schmerzen, aber immer als ganz treusorgenden Ehemann und Vater seiner Kinder. Er kam dann aus dem Krankenhaus, und da er schon immer sehr resolut war, wurde er in diesem kleinen Ort D. sofort als Bürgermeister eingesetzt unter russischer Führung. Das heißt, er mußte es den Russen recht machen, aber auch den Großbauern.

Mein Mann war ein Familienmensch, der versuchte, die ganze Familie zusammenzuhalten. Er hat seinen Bruder Walter nach D. nachgeholt, auch meinen Vater Richard und meine Stiefmutter Grete, und für die alle gesorgt. Da mein Mann weiterhin mit der Krankheit zu tun hatte, weil dann auch noch das andere Bein drankam, habe ich auf meinen Namen 1952 eine Neubauernstelle übernommen, circa zehn Hektar. Und da wir sehr fleißig waren und unsere Kinder auch einbezogen haben, waren wir der Vorzeigebauernhof.

Mein Mann hat auch dafür gesorgt, daß alle Kinder Bildung bekamen. Ursula war eine gute Schülerin. Aber in diesem Wirrwarr der Umgestaltung der Landwirtschaft sollten wir als

Vorreiter in die Landwirtschaftliche Produktionsgenossenschaft gehen, um die anderen nachzuziehen. Doch wir wollten lieber alleine wirtschaften. Und es wurde Druck auf uns ausgeübt, und der betraf die Ursula. Die mußte von der Schule gehen, was wir unheimlich bedauert haben. Aber Ursula wurde sofort aufgefangen, indem sie eine Lehre in der Landwirtschaftsbank angefangen hat.

(Auf Nachfrage:) Ich, Frieda, habe das ganze Leben für meine Familie und für meinen Mann gelebt. Und ich hätte mir gewünscht, daß ich ein kleines bißchen Zeit für mich gehabt hätte. Ich habe am Sonntag von eins bis drei einen Mittagsschlaf gemacht, das war meine einzige Erholung.

MARIANNE: Ist dein Mann an seiner Krankheit gestorben?

FRIEDA (URSULA): Bruno ist 1966 verstorben, sehr krank, wurde immer weiter operiert. Es waren überhaupt keine Beine mehr da, er konnte nur so im Bett sitzen, daß der Stumpf nach unten hing. Ursula war diejenige, die das ganze Haus saubermachen und abends das Abendbrot vorbereiten mußte, wenn die anderen vom Feld kamen. Ursula hat den ganzen Einkauf gemacht. Es war nie viel Geld da, es mußte angeschrieben werden, bis wir wieder Schweine hatten, die abgegeben werden konnten. Es wurde aber akzeptiert, denn mein Mann Bruno war ein unheimlich angesehener Mann in der Gemeinde und im gesamten Umfeld. Überhaupt unsere ganze Familie. Und das ist heute noch so.

MARIANNE: Und was war dann noch mit Ursula? Die war 26, als ihr Vater Bruno starb – ungefähr so alt wie du, als deine Mutter starb!

FRIEDA (URSULA): Ursula hat 1962 geheiratet. Und Bruno war unheimlich stolz auf seine drei Töchter – sein Dreimädelhaus, wie er immer sagte.

MARIANNE: War Ursulas Mann okay?

FRIEDA (URSULA): Ja, oh ja. Das war ein lieber Schwiegersohn, der Günter. Der war handwerklich geschickt und hat uns alle Fahrräder heil gemacht.

Marianne: Und du, Frieda, hattest das alles im Griff?

Frieda (Ursula): Ja, aber mit Bruno. Bruno war der Kopf, und ich als Frieda hab' das ausgeführt.

(Auf Nachfrage:) Nachdem Bruno verstorben ist, hat 1968 mein Sohn Eberhard geheiratet. Der bekam Zwillinge, zwei Jungen. Die lebten dann auf unserem Grundstück in unserem Haus mit mir. Das ging mit uns sehr gut, da ich mich zurückgenommen habe. Meine größte Freude waren die Zwillinge.

Marianne: Wann bist du gestorben?

Frieda (Ursula): 1977, nachdem ich 1974 einen Schlaganfall bekam – da waren die Olympischen Spiele, und es gab ja diese Schießerei in München. Da hab' ich einen Schlaganfall bekommen, und meine Tochter Ursula ist gekommen. Aber ich hab' sie nicht erkannt. Ich hab' sie gefragt, wer bist du denn. Sie hat gesagt, die Ulli. Und ich hab' dann gesagt, ach so.

Aber danach hab' ich mich ganz gut erholt und mir das genommen, was ich vielleicht die ganzen Jahre nicht hatte. Ich war viel offener, ich konnte mich sogar mit meiner Tochter Ursula über Sex unterhalten. Ich hab' zu ihr gesagt: Ihr habt es jetzt schön. Ihr habt die Pille. Wenn ich mit meinem Bruno zusammengekommen bin, dann war ein Kind da!

Marianne: Wie bist du gestorben?

Frieda (Ursula): Ende Februar 1977 bin ich zu Hause an einem Gehirnschlag und Herzversagen ganz plötzlich verstorben.

(Auf Nachfrage:) Meine Ursula ist für mich eine Tochter, die ganz bewußt im Leben steht und mit ihren Kindern ein gutes und bewegtes Leben geführt hat. Ich freu' mich über meine Tochter Ursula.

Marianne: Und Frieda, wie siehst du denn jetzt aus dem Jenseits das Verhältnis zwischen Ursula und Grit, deiner Enkeltochter? Möchtest du was dazu sagen?

Frieda (Ursula): Ich sehe das als ganz normal und schön. Ja, so sehe ich das. Vielleicht laß' ich das einfach mal so stehen, jetzt als Frieda.

Marianne: Sehr klar, sehr deutlich. Wunderbar!

Zwei Mutter-Tochter-Paare

Und nun beginnt die Diskussion zwischen »Frieda«, den Teilnehmerinnen und mir

TEILNEHMERIN: Hast du deine Tochter Ursula gern gehabt?

FRIEDA (URSULA): Ich hatte alle meine Kinder gern!

MARIANNE: Das sagen alle Mütter! Aber jetzt mal ganz ehrlich: Wie war das mit Ursula?

FRIEDA (URSULA): Ursula war meine jüngste Tochter, und vielleicht hab' ich sie ein bißchen besonders gern gemocht. Zum Beispiel hatte ich den Eberhard immer auf dem Schoß, und sie saß daneben. Und da sie sehr schmächtig war, hat sie immer besondere Happen gekriegt.

MARIANNE: Also war sie eine, mit der du Mitleid hattest?

FRIEDA (URSULA): Ja. Ich mußte mich um meine Ulli kümmern.

TEILNEHMERIN: Ja, aber als Ursula sieht, wie die Mutter den Bruder auf dem Schoß hat, war sie vielleicht doch neidisch.

FRIEDA (URSULA): Nein. Das war einfach so. Meine Kinder haben alle den Eberhard verhätschelt. Auch im Dorf wurden ganz jähzornige Menschen schwach, wenn der Eberhard auf der Straße krabbelte, und haben Eberhard ein Stück Wurst gegeben.

MARIANNE: Würdest du sagen, Frieda, daß dein Verhältnis zu deiner Mutter Anna irgendwie ähnlich war wie deins zu deiner Tochter Ursula?

FRIEDA (URSULA): Das kann ich so nicht beantworten. Nein.

TEILNEHMERIN: Du sagst, daß du es ohne Bruno nicht geschafft hättest. Aber ich hab' so das Gefühl, daß Bruno auch eine große Belastung war für dich. Denn du mußtest ja das, was Bruno vorher geleistet hatte, auch noch leisten.

FRIEDA (URSULA): Ja. Ich mußte es körperlich leisten. Aber die Aufgabenverteilung zwischen uns war immer da: Bruno hat festgelegt, was in dieser Wirtschaft und dem Familienleben zu passieren hatte.

TEILNEHMERIN: Aber meine Frage zielte eher darauf: Du hast dir ja sicher auch viele Sorgen gemacht um den Bruno, seine Krankheit – daß dich das auch geschlaucht hat.

FRIEDA (URSULA): Ja, das hat mich auch geschlaucht.

MARIANNE: Ich höre aus der Frage raus: Siehst du eigentlich auch die Schattenseiten? Du versuchst, alles mit Bruno so schön darzustellen – was ja stimmt. Das sehen wir alle. Aber du hast es vielleicht doch sehr schwer gehabt?

FRIEDA (URSULA): Ich möchte es so sagen, ich war im Prinzip jeden Tag am Ende meiner Kräfte.

MARIANNE: So, das ist der Satz! Jetzt bist du ehrlich!

FRIEDA (URSULA): Ich war jeden Tag nicht nur körperlich, sondern auch seelisch am Ende meiner Kräfte.

MARIANNE: Und das ist was ganz, ganz Schlimmes, wenn man das sagen muß.

TEILNEHMERIN: Und woher hast du dir die Kraft geholt, es so lange auszuhalten?

FRIEDA (URSULA): Immer wieder in meiner Familie. Meine fünf Kinder waren alle wirklich gut geraten und hielten zusammen. Und Bruno hielt uns zusammen.

Und das muß ich auch noch sagen. Wenn es zwischen mir und Bruno Differenzen gegeben hat, dann nur weil kein Geld da war – zeitweilig. Und das mußte dann wieder beschafft werden.

TEILNEHMERIN: Ihr kamt ja auch aus einem ganz anderen Hintergrund. Mit Personal und so.

FRIEDA (URSULA): Ja. Ich habe früher nie Not gelitten.

MARIANNE: Deine Enkelin Grit ist geboren, ein Jahr nachdem Bruno gestorben ist. Also Grit hat ihren Großvater nicht mehr erlebt.

FRIEDA (URSULA): Nein. Die ältere Enkelin Sybille ja.

MARIANNE: Hättest du das gut gefunden, wenn Grit ihn noch erlebt hätte?

FRIEDA (URSULA): Oh ja! Auch wenn meine Enkel Bruno noch erlebt hätten. Denn Bruno war eine brillante Erscheinung.

MARIANNE: Ich kann nur sagen, Frieda, du hast das wunderbar

gemacht. Deine Geschichte ist ehrlich, ich spüre nichts Falsches, was irgendwo verborgen ist.

(In die Runde:) Findet ihr das auch?

TEILNEHMERINNEN: (Zustimmung)

MARIANNE: Und das ist toll. So eine Familie mit unglaublich schweren Belastungen zu erleben, die sie aber nicht auf die nächste Generation draufgestülpt hat, wie das so oft passiert.

FRIEDA (URSULA): Und die Familien meiner Kinder – die sind alle was geworden. Die Kinder meiner Tochter Ursula haben beide studiert, Sybille ist Diplomingenieur für Nachrichtentechnik und als Funkerin zur See gefahren, und Grit ist Lehrerin geworden. Auch die Kinder von Meta, Sophia und Eberhard haben alle studiert und sind alle sehr fleißig. Eberhards Zwillinge sind Architekten und bauen sehr viel.

GRIT (URSULAS TOCHTER): Aber Frieda, du mußt auch sagen, daß in allen Familien deiner Kinder viel gearbeitet wird. Die können zum Beispiel zum Geburtstag nicht mal eine Stunde länger bleiben und einen Spaziergang an die Ostsee machen. Und das stört deine Tochter Ursula.

(Lachen in der Runde)

FRIEDA (URSULA): Dafür genießt meine Tochter Ursula ihr Rentnerdasein in vollen Zügen. Mit ihrem Mann, dem Günter, macht sie alles, was sie beide für richtig halten. Aber es stimmt schon, daß alle wahrscheinlich vorgelebt bekamen, arbeitsam zu sein.

MARIANNE: Ich muß dich, Grit, noch mal fragen, weil du das mit dem Arbeiten so vehement betonst: Ist das ein Vorwurf gegen Ursula?

GRIT: Nein! Denn Ursula hat es geschafft, ein eigenes Leben zu führen. Das ist jetzt eine Anerkennung für Ursula!

(Applaus in der Runde)

MARIANNE: Werden diese Cousins, die Söhne von Eberhard, mit ihren Leistungen als Maßstab auch für Grit herangezogen?

GRIT und **FRIEDA (URSULA)** (gleichzeitig): Nein, das ist es nicht.

MARIANNE: Gut. Also, dann macht eure Mutter-Tochter-Solidarität noch stärker, ihr beide, Ursula und Grit!
URSULA: Auch dafür hat mein Vater Bruno gesorgt. Ulli, hat er zu mir gesagt – ich wurde in der Familie immer Ulli genannt –, Ulli, mach aus deinem Leben was.
URSULA: Ich möchte jetzt mal weiter als Ursula sprechen: Ich nehme hier aus dieser Runde ganz viel mit. Daß solche Familienzusammenhänge wichtig sind. Meine Schwester Meta hat die ganze Flucht aufgeschrieben und ganz viel gesammelt.
MARIANNE: Macht da weiter! Ergänzt den Stammbaum, sammelt Daten. Mir fiel auch auf, wie wenig du, Grit, von der Geschichte deiner Mutter wußtest.
GRIT: Ja. Die ganze Vorgeschichte mit Anna und so. Das wußte ich alles nicht.
MARIANNE: Und das ist für euch und eure Kinder unheimlich wichtig. Die Eltern haben Bilder im Kopf, und die Kinder nehmen die auf, das meiste unbewußt, ohne daß ein Wort darüber geredet wurde. Das ist manchmal ganz verrückt.

In der Schlußrunde sitzen beide Frauen – die Hand der anderen haltend – nebeneinander. Grit lobt ihre Mutter Ursula für den Mut, zu diesem Seminar gekommen zu sein, obwohl sie weder beruflich noch sonst mit derartigen Selbsterfahrungsgruppen bislang etwas zu tun hatte. Ursula dankt ihrer Tochter, daß sie ihr dazu verholfen hat und sie hierher »mitgeschleppt« hat. Mit Tränen der Rührung in den Augen sagt sie: »Ja, ich bin beeindruckt, so was erleben zu dürfen. Ich kannte so was nicht, und ich glaube, ich habe heute ganz viel profitiert.«

*

In ihrem Begleitbrief schrieb Ursula ein halbes Jahr nach dem Seminar:
»Grit hat mir ihre Geschichte über Ursula geschickt. Es hat

mich wieder sehr aufgewühlt, wie sie unser Verhältnis sieht. Daran habe ich noch sehr zu arbeiten. Doch mit dem jetzigen Abstand möchte ich es so formulieren, daß wir die von uns gewünschte Abgrenzung beherzigen. Es ist schon schwierig, den richtigen Umgang zu finden und Gefühle auszudrücken. Ich habe mit Grit eben darüber gesprochen, sie empfindet es auch so.

Ich möchte ein ganz normales Familienleben mit meinem Töchtern und deren Familien führen. Aber was ist richtig? Wie hast du im Seminar gesagt, man kann nie ein volles Glas geben. Ich habe den festen Willen an unseren Beziehungen zu arbeiten.«

Neue Wege zur Versöhnung

In diesem abschließenden Kapitel will ich nun die Geschichten sozusagen »quer« lesen, also anhand von einzelnen, mir wesentlich erscheinenden Themen Vergleiche herstellen. Nach einer zusammenfassenden Beschreibung der Schwierigkeiten, die die Töchter bei der Erzählung der Lebensgeschichte ihrer Mutter in der Ichform hatten, habe ich sechs Themen herausgearbeitet, die mehr oder weniger durchgängig in allen Geschichten zur Sprache kamen und die mir als wesentlich für die hier dargestellten Mutter-Tochter-Beziehungen erscheinen:
– Prägende Erlebnisse in den Kriegsjahren
– Generationenfolge von Müttern und Töchtern
– Ungewollte Schwangerschaften
– Sexualität – das große Tabu
– Männer im Leben der Frauen
– Das »verpaßte« Leben

Ich habe dabei zur Erinnerung manchmal kurze Zitate aus den Geschichten wiedergegeben oder mich auf die Namen respektive die jeder Geschichte zugewiesene Ziffer bezogen.

Mit diesen Themen wird selbstverständlich nicht alles erfaßt, was inhaltlich in den Geschichten enthalten ist, schon gar nicht etwa alles, was das Leben von Frauen in Deutschland in diesen hundert Jahren ausmachte. Und dennoch meine ich, daß hier zentrale Inhalte angesprochen sind, mit denen sich sehr viele Frauen auseinandersetzen mußten und die vielleicht auch für die eine oder andere Leserin Lebensthemen waren.

Deshalb ist es mir wichtig, in einem zweiten Abschnitt die allgemeinen gesellschaftlichen Rahmenbedingungen aufzuzeigen, innerhalb derer sich alle Geschichten abgespielt haben. Damit ist die Männerzentriertheit unserer Gesellschaft gemeint, die mit ihren Mythen von der »perfekten« Frau und Mutter und dem »starken« Mann unser aller Leben bestimmt. Für viele Teilnehmerinnen war dies eine wichtige Erweiterung ihrer Perspektive, um die Konflikte mit ihrer Mutter nicht nur als ihre individuelle Privatangelegenheit, sondern als generelles gesellschaftliches Muster zu erkennen, das der Stabilisierung der Machtverhältnisse zwischen Männern und Frauen dient.

Und schließlich darf zum Abschluß ein hoffnungsvoller Ausblick in die Zukunft nicht fehlen. Denn in Verbundenheit mit unseren Müttern und Vormüttern sind wir Frauen gemeinsam stark!

Die Erzählung der Muttergeschichte in der Ichform – ein vergleichender Überblick[5]

Als ich meine Notizen und Tonbandaufzeichnungen sichtete, um die Geschichten für dieses Buch auszuwählen, tauchte ich bei jeder Frau noch einmal tief in ihre Familiengeschichte ein. Später schickte ich ihnen die transkribierten Texte zu mit der Bitte, Änderungen und Anonymisierungen vorzunehmen, und viele Frauen bestätigten mir, daß es auch für sie kein leichtes, aber letztlich doch ein beglückendes Erlebnis war, sich wieder in das freud- und leidvolle Leben ihrer Mutter zu versenken.

Beim Wiederlesen war ich erneut fasziniert davon, wie diese Töchter am Anfang des Seminars nur das Versagen der

---

[5] Die Ziffern in Klammern verweisen auf die jeweilige Geschichte.

Mutter zu sehen vermochten und wie sie am Ende eine echte Verbundenheit »von Frau zu Frau« empfinden konnten. Eine große Hilfe war dabei zweifellos die mitfühlende Begleitung durch mich und die anderen Teilnehmerinnen, denn unsere Anteilnahme galt ja immer beiden Frauen, der Mutter ebenso wie der erzählenden Tochter.

Das war auch für uns Zuhörerinnen eine aufregende Erfahrung, denn üblicherweise bleibt man in Gesprächen immer auf der Seite der Gesprächspartnerin und wechselt nicht emotional zu der Person, über die sie spricht, schon gar nicht, wenn sie von ihrer eigenen Mutter redet! Hier war das möglich, und zwar auch in kritischer, manchmal provozierender Form. Wir konnten die »Mutter« über ihre Gefühle für ihre Tochter befragen, konnten ihr deutlich die Meinung sagen, wenn wir fanden, daß sie der Tochter Unrecht tat. Wir konnten die Tochter darauf aufmerksam machen, daß hinter manchen gräßlichen Sprüchen der Mutter vielleicht doch die Liebe verborgen war.

Trotz der großen Altersunterschiede zwischen den Teilnehmerinnen – viele hätten die Tochter respektive die Mutter der anderen sein können – entstand in jedem Seminar sehr schnell eine vertrauensvolle Atmosphäre unter den Frauen. In der Schlußrunde äußerten viele, daß sie es nie geglaubt hätten, so intime Dinge über sich selbst in einem Kreis von fremden Frauen äußern zu können, und wie wohltuend und erleichternd das für sie gewesen sei. Und wir haben herzerfrischend miteinander gelacht! Auch für mich ist es immer wieder beglückend, wie der Humor unter uns Frauen Brücken schlagen kann.

Zu Beginn der Erzählrunde meinten einige Frauen, nicht in die Rolle ihrer Mutter einsteigen zu können, weil sie zu wenig über sie wüßten. Auf meine Bitte, dennoch die Geschichte zu erzählen und die Wissenslücken mit Vermutungen oder Hypothesen zu füllen, gingen die Frauen ein und entwickelten dann häufig ein erstaunlich erfinderisches Talent in den Formulierungen: »Meiner Tochter habe ich das nie erzählt, aber sie nimmt an, daß ich ...« Oder: »Ich kann mich nicht erinnern, weil man ja solche Dinge auch gar nicht erinnern will, aber ich glaube, daß ich von meinem Onkel sexuell mißbraucht wurde.« Denn das ist es, was die erzählende Tochter vermutet.

Und wir Frauen in der Runde können der »Mutter« sagen, daß wir verstehen, wenn sie das der Tochter verschwieg, weil sie sie nicht belasten und vor allem verhindern wollte, daß es ihr ebenso ergehen könnte. »Das ist dir ja auch gelungen! Die Tochter kann ein anderes Leben führen als du«, können wir ihr versichern. Und wenn die berichtende Tochter leider doch eine ähnlich bittere Erfahrung machen mußte und deshalb ihre Mutter anklagt, sie nicht geschützt zu haben, können wir der »Mutter« sagen, daß sie es zwar nicht verhindern konnte, aber daß ihre Tochter jetzt hier im Kreis sitzt und ganz offensichtlich Formen gefunden hat, mit dem Trauma zu leben. Und daß sie, die Tochter, diese Kraft des Durchhaltens, Aushaltens, Überwindens auch von ihr, der »Mutter«, bekommen hat und daß die Tochter dafür dankbar ist. Meist fließen dann nicht nur bei der Tochter, sondern auch bei den Frauen in der Runde die Tränen. Es sind heilende Tränen, die sich manchmal sofort danach in einer Pause in überschäumende Fröhlichkeit verwandeln.

Hin und wieder allerdings fielen die erzählenden Töchter doch in ihre eigene Rolle zurück. Das geschah vor allem dann, wenn es um die gemeinsame Geschichte zwischen Tochter und Mutter ging und ihre Erinnerungen an Vergangenes zu aufwühlend waren. Es gelang uns Zuhörerinnen allerdings immer schnell, sie wieder »zurückzuholen«, und oft bekam die Geschichte dann eine andere Wendung, die die erzählende Tochter selbst überraschte.

Denn wie schon kurz in der Einleitung erwähnt, waren die Frauen verblüfft, daß in den Geschichten, die sie in der Rolle ihrer Mutter erzählten, ihre eigenen Vorwürfe gegen die

Mutter, die sie noch in der Vorstellungsrunde geäußert hatten, nicht mehr zur Sprache kamen. Als Mutter sagten sie beispielsweise nicht: »Ich habe meine Tochter nicht wahrgenommen.« Oder: »Ich habe sie nicht geliebt.« Vielmehr erklärten sie: »Ich wollte doch noch kein Kind.« Oder: »Es war für mich eine Katastrophe, daß ich schwanger wurde. Mein ganzes Leben war verpfuscht.« Die Tochter fühlte auf einmal Solidarität mit ihrer Mutter wie mit einer anderen Frau.

Eindrucksvoll war für mich und die Teilnehmerinnen auch die Veränderung der Stimme und Haltung der jeweiligen Frau während der Ich-Erzählung. Manchmal war es, als säße plötzlich eine andere Frau im Raum. Die bislang munter und hell klingende Stimme wurde dumpf und stockend. Es schien, als verwandelte sich die Tochter tatsächlich in ihre Mutter und weinte deren Tränen. Das war bei Beate mit Mutter Ulla (15) und bei Judith mit Mutter Carla (16) besonders deutlich zu sehen.

Wenn die Tochter flüssig und mit vielen Details erzählen konnte, lag dies, so schien mir, bei einigen Frauen daran, daß sie eine vertrauensvolle, innige Beziehung zu ihrer Mutter hatten, oder auch daran, daß es in ihrer Familie eine Tradition des Geschichtenerzählens gab. Frauen, die im Rahmen von Selbsterfahrung oder Therapie ihre Mutterbeziehung bereits aufgearbeitet hatten, konnten ebenfalls mit Leichtigkeit erzählen.

Große Mühe hatten dagegen die auf ihre Mutter zornigen Töchter, die sich oft selbst als Vatertochter bezeichneten. Sie hatten meist wenig Wissen über das Leben ihrer Mutter, manche konnten nicht einmal die Namen ihrer mütterlichen Großeltern erinnern. Gerade bei ihnen war jedoch die Sehnsucht nach der mütterlichen Liebe sehr stark zu spüren. Die beiden Extremfälle waren Jana, deren Mutter Annette sie vernachlässigt hatte (20), und Ingeborg, deren Mutter Antonia bei ihrer Geburt starb (5). Ingeborg wählte den Weg, ihre verstorbene Mutter zu idealisieren, Jana brach jeglichen Kontakt zu ihrer leiblichen Mutter ab.

Unterschiede in der Erzählweise entstanden auch durch die Stellung in der Geschwisterreihe der erzählenden Tochter. Nachgeborene hatten oft weniger Informationen als die Erstgeborenen, die beispielsweise die Eltern der Mutter noch in eigener lebhafter Erinnerung hatten. Manchen Töchtern gelang es erst durch unsere Nachfragen, bestimmte Themen anzusprechen, die offensichtlich in der Familie tabu waren. Dazu gehörten insbesondere vorehelich oder unehelich gezeugte Kinder wie der Bereich der Sexualität überhaupt.

Und nun die ausgewählten Themen, die sozusagen den Hintergrund für die Konflikte darstellten, die die Töchter mit ihren Müttern austrugen. Diese Zusammenfassung nach Themen soll auch dazu dienen, der Leserin bei der Fülle der Details einige Fäden an die Hand zu geben.

Prägende Erlebnisse in den Kriegsjahren

Beginnen wir mit den zeitgeschichtlichen Gemeinsamkeiten der Schicksale der Mütter durch ihre Erlebnisse in den Kriegsjahren. Manche der vor 1920 geborenen Mütter hatten schon den Ersten Weltkrieg als Kinder miterlebt und erinnerten sich an Vater oder Bruder, die als Soldaten gefallen waren, und an die schmerzvollen Gefühle ihrer Mütter. (1, 6). Edeltrauds Mutter Elfriede (3) verlor ihre Mutter im Ersten Weltkrieg durch eine Abtreibung, weil diese in jenen schlimmen Zeiten kein weiteres Kind wollte!

Und als dann der Zweite Weltkrieg begann, waren alle vor 1920 geborenen Frauen und auch viele aus den nachfolgenden Jahrgängen selbst Mütter. Sie hatten in Sicherheit und meist auch Wohlstand mit ihren Männern gelebt, waren zum Teil Nazianhänger gewesen und mußten nun erleben, wie ihre Welt zusammenbrach. Viele von ihnen wurden nicht nur in unvorstellbare Not gestürzt, sondern mußten auch die Schuldgefühle wegen ihres Mitläufertums oder gar ihrer Mitbeteiligung an der Naziherrschaft tragen.

Mütter, die beispielsweise aus Schlesien, Ostpreußen oder dem Sudentenland flüchten mußten, gerieten mit ihren Kindern auf der Flucht zwischen die Fronten, erlebten Bombenangriffe, Tod und Trennung von Familienangehörigen, sogar von eigenen Kindern. (1 bis 5, 9, 10, 22, 24) Viele Töchter waren als Kinder mit dabei, doch haben die Mütter ihre schlimmsten Erlebnisse ihren Töchtern wohl nicht erzählt. Die erzählenden Töchter hatten oft Mühe, dafür Worte zu finden.

Sodann folgte für viele ein Leben als Flüchtlinge oder Vertriebene, teilweise jahrelang in Lagern, dann in Dörfern, wo sie verachtet und erniedrigt wurden. (1 bis 3, 22)

Wir Zuhörerinnen in der Runde litten mit und gaben unserer Bewunderung für die unglaubliche Lebenskraft und Stärke dieser Mütter Ausdruck. Für die erzählende Tochter veränderte sich ihre Einstellung zu bestimmten Charakterzügen der Mutter, unter denen sie gelitten hatte, wie Härte oder Gefühllosigkeit. Christa ließ ihre Mutter Hedwig (1) sagen: »Ich hab' heimlich viel geweint. Aber man muß sich doch vor den Kindern zusammennehmen!«

Vor allem konnten wir Zuhörerinnen den Schmerz der Mütter nachempfinden über das, was sie verloren hatten: nahestehende Menschen, die Heimat und die heile Welt vor dem Krieg, nicht zuletzt auch den Glauben an den »Führer«, dessen Versprechen sie bis zuletzt vertraut hatten. (2, 7, 10)

Und wir konnten verstehen, wie sie alles daransetzten, zusammen mit ihren zurückgekehrten Männern und ihren Kindern das Verlorene zurückzugewinnen. Beeindruckend fand ich, daß einige Mütter, als die Männer fehlten, eine Solidarität mit anderen Frauen entwickelten und in der neuen Heimat beibehielten. Mutter Mia überlebte die Flucht mit ihrer Mutter, deren Schwestern und ihren eigenen Schwestern. Auch in der neuen Heimat blieben sie ein »Weiberclan«. (10)

Töchter, die alt genug waren, um den Aufbruch der Mütter ins neue Leben nach 1945 bewußt mitzuerleben, konnten lebhaft darüber berichten, welche ungeheuren Anstrengungen ihre Mütter unternahmen, um das Verlorene wiederzuerlangen. (1, 4, 9, 10, 21, 22, 24) In den meisten Familien ging es vorrangig um Materielles, was manche Töchter den Müttern zum Vorwurf machten, weil diese dadurch in den Augen der Töchter die Bedürfnisse ihrer Kinder vernachlässigt hätten. (4) In der Rolle der Mutter konnten die Töchter jetzt ein Gefühl dafür entwickeln, daß die Mütter mit ihrem Materialismus für das Wohl ihrer Kinder sorgen wollten – was eben aus ihrer Erfahrung die einzig sichere Grundlage für ein gutes Leben darstellt.

Andere Mütter erkannten die Chancen des Neubeginns und sorgten dafür, daß ihre Töchter eine schulische und berufliche Ausbildung bekamen, die ihnen selbst versagt geblieben war. Charlotte (22) ermöglichte ihren drei Töchtern, daß sie Lehrerinnen wurden, was auch Anfang der Sechzigerjahre noch keine Selbstverständlichkeit war. Frieda (24) war auf ihre erfolgreichen Kinder stolz.

Beim Erzählen der Geschichte ihrer Mutter wurde den Töchtern vor allem klar, wie anders sich ihre Mutter anfühlte, wenn sie sich in deren lebensgeschichtlichen Kontext zurückversetzten und nicht ihre eigenen, heutigen Maßstäbe anlegten, um das Verhalten der Mutter zu beurteilen. Abwertung und Herabwürdigung verwandelten sich in Hochachtung für das, was die Mutter mit ihren Möglichkeiten geschafft hatte.

Generationenfolge von Müttern und Töchtern

Für viele Frauen war es neu, sich einmal in die Generationenfolge von Müttern und Töchtern in ihrer Familie einzufühlen, also sich als Tochter in die eigene Mutter zu versetzen und die Großmutter als Mutters Mutter zu erspüren. Auch bei spärlicher Information konnten die Teilnehmerinnen die Ähnlichkeiten, aber vor allem die Unterschiede feststellen, die zwischen den beiden Müttergenerationen bestanden.

Hatte unsere Mutter sich in bestimmten Situationen genauso viel oder wenig mit ihrer Mutter auseinandergesetzt wie wir mit ihr, gab es also eine Wiederholungslinie? Oder hatte sie mit ihrer Mutter aufgrund besonderer Schicksalsschläge, anderer ökonomischer Lebensbedingungen, einer anderen Familienkonstellation eine ganz andere Geschichte mit ihr? (3, 4, 10, 16) Die Beantwortung dieser Fragen führte zu einer Erweiterung ihres Blickwinkels und damit zu einer Veränderung des Bildes von der Mutter, was die Frauen als Entlastung von ihren eigenen Schuldgefühlen und Ängsten erlebten.

Für symbiotisch mit ihrer Mutter verstrickte Töchter ist ein solcher Blick in die Vorgeneration heilsam, um zu begreifen, daß sie mit ihrer Mutter nicht eins sein müssen, sondern die Unterschiede wahrnehmen können, um sich als eigenständige Person zu fühlen. (1, 8, 12, 13)

Noch wichtiger war diese Rückbesinnung auf die Vorgenerationen für Töchter, die gegen die Mutter ankämpften oder sich durch Trennung von ihr zu lösen versuchten. (14, 16, 18) Der Weg zurück zur Mutter, den sie ja alle suchten (sonst wären sie nicht in mein Seminar gekommen!), ist manchmal leicht zu finden, wenn wir wahrnehmen, daß in der Stimme der Mutter immer auch die Stimme ihrer Mutter zu hören ist. Die Mutter meint vielleicht gar nicht uns, wenn sie uns mit Worten, Handlungen oder auch nur einem vorwurfsvollen Blick auf die Palme bringt, sondern sieht ihre eigene Mutter vor sich stehen!

Das war für die beiden Mütter-Töchter-Paare mit ihren mehrere Generationen umfassenden Geschichten besonders eindrucksvoll. Die Tochter Grit sagte: »Der Knoten ist nicht mehr da«. Und ihre Mutter Ursula staunte, daß »solche Familienzusammenhänge so wichtig sind«. (23, 24)

In ihren Kommentaren ein bis drei Jahre nach dem Seminar berichteten viele Frauen, daß ihnen der Wechsel der Perspektive hinüber in die Vorgenerationen sehr geholfen habe und sie nun auch auf der Suche nach mehr Informationen über ihre Vorfahren seien.

Für diejenigen Frauen, die mit dem Wunsch ins Seminar gekommen waren, ihre Beziehung zu ihren eigenen Töchtern zu klären oder zu verbessern, war es befreiend, die Verbindung zu ihren eigenen Müttern herzustellen. (6, 22, 24) Obwohl sie glaubten, mit ihrer Mutter keine Probleme zu haben, waren sie erstaunt, wie viele Parallelen im Verlauf des Seminars doch zu entdecken waren. So hatte Gudrun das destruktive Ausagieren ihrer Töchter bislang nicht als Folge ihrer eigenen, unterdrückten Konflikte mit ihrer Mutter Petronella wahrgenommen. (13) Nach dem Seminar holte sie sich therapeutische Hilfe und scheint einen großen Schritt vorwärts getan zu haben. Der Impuls, den sie aus dem Seminar mitgenommen hatte, gab ihr den Mut, ihre alten Verhaltensmuster aus der Erstarrung zu lösen.

Nicht in allen Fällen lösen sich damit die Spannungen auf. Wir schleppen sie schließlich schon seit Jahren oder Jahrzehnten mit uns herum. Und immer leben wir in einem Beziehungsnetz mit vielen anderen Menschen und Institutionen, das uns keineswegs darin unterstützt, unsere gestörten Beziehungen mit unseren Töchtern und Müttern zu heilen. Wir sollten aber wissen, daß es hier einen Weg gibt, auf dem wir Hilfe bekommen können. Ich werde darauf am Schluß noch ausführlich eingehen.

Ungewollte Schwangerschaften

Die ungewollte Schwangerschaft war ein anderes großes Thema im Leben der Mütter und Töchter. Ich war erschrocken festzustellen, daß etwa zwei Drittel der Frauen aus der Mütter- und Großmüttergeneration ungewollt schwanger geworden waren. Und zwar waren nicht nur die Frauen in den

24 hier ausgewählten Geschichten betroffen, sondern ich fand in allen meinen Seminaren mit insgesamt etwa 150 Frauen den gleichen Anteil.

Ohne Frage ist dies ein außerordentlich wichtiges und belastendes Thema in der Beziehung zwischen Müttern und Töchtern, das aber von den Frauen erstaunlicherweise in seiner Tragweite für die ungewollt geborenen Kinder, oft waren sie es ja selbst, nicht voll erfaßt wurde.

Wenn unsere Mutter ungewollt vorehelich – von unserem Vater oder von einem anderen Mann – schwanger wurde und eine »Mußehe« einging, dann war das für sie eine Katastrophe. Denn in den Jahren vor der sogenannten sexuellen Revolution der Siebzigerjahre war eine uneheliche Schwangerschaft für eine Frau (wohlgemerkt nicht für den Mann!) eine große Schande. Beates Mutter Ulla (15) wurde sogar noch 1965 von ihrer eigenen Mutter verstoßen, als sie einen Sohn von einem verheirateten Mann bekam. Ulla schämte sich so sehr, daß sie diese Tatsache weder diesem Sohn noch ihrer aus einer späteren Ehe stammenden Tochter Beate erzählen konnte, nicht einmal als sie im Sterben lag.

Für die meisten Mütter, so scheint es, gab es keine Alternative zur Heirat, wenn sie schwanger waren, auch wenn abzusehen war, daß die Ehe für beide eine Qual sein würde. Für die Frau war das gleichbedeutend mit dem Verlust ihrer Hoffnungen auf ein eigenes, selbstbestimmtes Leben. Oft genug entpuppte sich auch der Mann sehr schnell als unfähig, weil er ebensowenig für eine Ehe und Vaterschaft bereit war. Und selbst wenn sie sich liebten und möglicherweise auch später einmal geheiratet hätten: Die zu frühe Elternschaft war eine schwere Belastung für das junge Paar, das häufig bei den Eltern oder Schwiegereltern leben mußte. Die junge Mutter ging arbeiten und mußte das Kind in fremde Obhut geben. »Es war grauenhaft mit dem Kind in der kleinen Wohnung.« (Mutter Gisela mit Inga, 14) »Alles war zu viel!« (Mutter Mia mit Angelika, 10).

Wenn nun die Tochter ungewollt geboren wurde, vor allem wenn sie als erstes Kind weniger als neun Monate nach der Hochzeit der Eltern auf die Welt kam und damit für alle erkennbar der Grund für eine »Mußehe« war, scheint dies immer eine schwere Belastung für das Mutter-Tochter-Verhältnis bedeutet zu haben. Als ungewolltes Kind spürte die Tochter die Ablehnung oder gar den verborgenen Haß der Mutter. Was auch immer sie tat, um die Liebe der Mutter zu erringen, es reichte nicht, denn der eigentliche Grund, daß sie ungewollt gewesen war, ließ sich ja nicht rückgängig machen.

Oft wußte die Tochter nichts von ihrer unerwünschten Existenz, weil die Mutter sie mit dem Wissen nicht belasten wollte. Und wenn die Tochter dann irgendwann einmal davon erfuhr oder selbst auf die Idee kam, die Monate zwischen dem Hochzeitsdatum ihrer Eltern und ihrer Geburt nachzuzählen, dann war dies zwar manchmal eine Erleichterung, doch bleibt in der Seele der Tochter immer der Schmerz, nicht gewollt gewesen zu sein. Für Judith (16) war es außerordentlich erhellend zu erfahren, daß ihre Mutter Carla vorehelich gezeugt worden war, eine Tatsache, die sie erst während des Seminars anhand der Geburtsurkunde der Mutter bemerkte.

Wie die Tochter mit diesem Schmerz umgeht, ist sehr unterschiedlich. Meist bemühen sich ungewollte Töchter, durch Bravsein, durch Strebsamkeit und besondere Leistungen für die Mutter und die Familie die ersehnte Anerkennung für ihre Existenz zu erlangen. Sie bleiben zu Hause, während die Geschwister in die Welt hinaus ziehen. Und im Alter sind sie es, die oft die größte Verantwortung für die pflegebedürftigen Eltern übernehmen. (2, 9, 19) Noch Jahre nach dem Tod der Mutter weinen Töchter darüber, daß sie am Sterbebett der Mutter nicht von ihr erkannt wurden. (4, 6)

Oft haben sie auch im späteren Leben das Gefühl, in ihren Beziehungen zu anderen Menschen nicht wirklich »anzukommen«. (4, 9, 14, 16, 19)

Wenn ein anderes Familienmitglied (Vater, Großeltern, ältere Geschwister) sich der Tochter zuwendet, kann das Erleichterung bringen. Allerdings verschärft sich dadurch oft der Konflikt mit der Mutter, weil die Mutter sich erneut verraten fühlt. (14, 17)

Ungewollte Töchter können auch trotzig aufbegehren und sich aggressiv gegen die Mutter stellen. Damit erreichen sie aber noch weniger, daß sich ihr sehnlichster Wunsch nach Liebe und Anerkennung durch die Mutter erfüllt. Bei Inga (14) wurde dieser Zwiespalt auf herzzerreißende Weise deutlich in ihrem fiktiven Brief an die Mutter: »Ich hasse dich. Ich könnte dich an die Wand klatschen. – Trotz allem vermisse ich dich. Hab mich doch lieb.«

Schlimmstenfalls sind ungewollte Kinder suizidal. Aus dem Gefühl heraus, niemandem mehr lästig sein zu wollen, bringen sie sich um (Edeltrauds Mutter Elfriede, 3). Oder sie entwickeln Krankheiten, die quasi als Selbstmord betrachtet werden können (Judiths Mutter Carla, 16; Petronellas Mutter, 13; Beates Mutter Ulla, 15).

Doch ungewollte Schwangerschaften gab es nicht nur vor, sondern auch in der Ehe der Mütter. Ohne Verhütung Sex zu haben – sei es aus Unkenntnis oder moralischen Gründen – führte dazu, daß Mütter der älteren Generation oft ein Kind nach dem anderen bekamen. Auch wenn viele Mütter behaupteten, alle Kinder gleichermaßen geliebt zu haben, die Töchter in der Rolle der Mutter wußten es besser: Die Mutter wollte keine Gebärmaschine sein, sie wollte ein eigenes Leben führen. (4, 13, 14) Frieda, die Mutter von Ursula, sprach es der Tochter gegenüber offen aus: »Ihr habt es jetzt schön. Ihr habt die Pille. Wenn ich mit meinem Mann zusammengekommen bin, dann war ein Kind da!« (24)

Sehr späte Geburten galten übrigens auch als »Schande« und waren nicht gewollt. Rosas Mutter Mathilde war schon 43 Jahre alt, als sie als ihr sechstes Kind bekam. (4) In Mathildes Rolle sagt Rosa, daß ihr Mann »auf das da [Sex] Wert legte«, sie »eigentlich gar nicht«. Ilses Mutter war ein siebentes Kind, und der 21 Jahre ältere Bruder fragte die Mutter, ob das denn noch nötig gewesen wäre! (11) Als »Nesthäkchen« haben diese nachgeborenen Töchter dann allerdings doch häufig einen bevorzugten Sonderstatus bei der Mutter.

Frauen, die eigentlich nicht geboren werden sollten, werden häufig »klammernde« Mütter für ihre eigenen Töchter. Denn sie projizieren ihre Sehnsucht nach der Mutterliebe auf die Tochter, die sich gegen die unersättlichen Wünsche der Mutter wehren muß. Wenn beide diesen Zusammenhang nicht erkennen, sind ständige Verletzungen und Leiden im Umgang miteinander unvermeidbar. Bei Carla (16) war das offensichtlich der Fall, auch bei Elisabeth (17).

Ungewollt schwanger respektive geboren zu sein, liegt also wie ein großer Schatten über dem Leben von Mutter und Tochter. Dies einmal offen anzusprechen und mit anderen Frauen zu teilen war für die betroffenen Frauen in der Runde erleichternd. Auch für die Zuhörerinnen erschloß sich damit ein Zugang zum Verständnis anderer Frauen. Einige nahmen sich vor, einmal ihre Freundin daraufhin anzusprechen, ob sie vielleicht ein ungewolltes Kind ist!

Hin und wieder gab es auch Geschichten von glücklichen Müttern, die ihre Kinder ohne Vorbehalte liebten. Ilses Tochter Jutta (11) war ein Wunschkind, und auch ihre weiteren Kinder waren willkommen. Aus der sicheren Geborgenheit des geliebten Kindes heraus konnte Jutta leicht in die Fußstapfen ihrer Mutter treten und selbst eine Schar von gewollten Kindern in die Welt setzen. In meinen Seminaren waren solche Mutter-Tochter-Beziehungen selten, was verständlich ist, denn die Frauen kamen ja, um ihr problematisches Verhältnis zur Mutter zu bearbeiten. Solche Geschichten waren für mich und die Teilnehmerinnen ein Lichtblick, weshalb ich die Geschichte von Ilse und Jutta auch hier in die Auswahl aufgenommen habe.

Sexualität – das große Tabu

Im Zusammenhang mit der Schwangerschaftsthematik fiel mir auf, daß keine der Töchter in der Rolle der Mutter von sich aus über »ihre« Sexualität sprach. Wenn ich gelegentlich danach fragte, ob die Mutter wohl eigentlich Spaß im Bett hatte, waren die Töchter meistens irritiert und hatten Mühe, in der Ichform über den Sex ihrer Mutter zu sprechen.

Das Sexualleben der Mutter ist ein Nichtthema für uns Töchter. Was würden wir erfahren, wenn wir mit unserer Mutter ein ehrliches Gespräch über ihre Gefühle beim Sex führen könnten? Würden wir hören, daß sie den Sex mit unserem Vater gar nicht genießt? Was würde sie uns über ihre Selbstbefriedigungspraktiken erzählen? Kennt sie den Sex mit einer Frau? Würden wir erfahren, daß sie sich heimlich – und sei es nur in ihrer Phantasie – erotische Abenteuer erlaubt? War Sex für sie verbunden mit einer unerfüllbaren Sehnsucht nach dem »Märchenprinzen«? Wie hat sich ihr Sexualleben im Verlauf der Jahre verändert? Hatte sie ständig Angst, schwanger zu werden, und deshalb gar keine Lust? Wie hat sie verhütet? Hat sie einen Schwangerschaftsabbruch oder gar mehrere durchführen lassen? Wie waren dabei ihre Gefühle? Mußte sie sexuelle Gewalt erleiden, als Kind, Erwachsene oder sogar noch in der Ehe?

Und dann die Frage nach unserer eigenen Entstehung: Wie haben sie miteinander Sex gemacht, als wir gezeugt wurden? Waren da Leidenschaft und Liebe? War es lustvoller, verspielter Sex? War es langweilige Routine? Oder gab es bei der Mutter gar Abneigung gegen das Begehren des Mannes?

Wir Töchter haben meist nur Vermutungen darüber, weil wir nicht wagen, die Mutter zu fragen. Gehört aber ein solches Wissen nicht eigentlich auch zum Verständnis unserer Mutterbeziehung ebenso wie ein Wissen über die Details unserer Geburt, das uns auch sehr oft vorenthalten wird?

Ich gebe zu, daß diese Gedanken für mich selbst ungewöhnlich und fremd sind und ich mich fast zwingen muß, sie zu formulieren. In meiner Kindheit (ich bin 1936 geboren) war die Sexualität der Eltern, insbesondere der Mutter, ja noch ein viel größeres Tabu als heute. Viele Kinder dachten damals und sogar später noch als Erwachsene: »Meine Eltern machen so was nicht!« Wir machten uns keine Gedanken über das Sexualleben der Eltern, schon gar nicht über das der Mutter. Erst durch ihren dicken Bauch wurde offenkundig, daß sie Sex gehabt haben mußte. Und wir fühlten, daß sie sich dessen schämte.

In meinen Seminaren hatte die Mehrzahl der vor 1920 geborenen Mütter mit Sicherheit ein ähnlich unhinterfragtes Nichtbild vom Sexualleben ihrer Eltern. Ein wesentlicher Grund dafür ist der jahrhundertealte, von den Kirchen tradierte Mythos der Mutter, die zu einer asexuellen Heiligen stilisiert wird. Ich werde auf andere Aspekte dieses Mythos noch zurückkommen (siehe Seite 316ff.). Nach diesem Mythos sind es andere Frauen, die Huren, die sexuell aktiv sind. Auf keinen Fall aber unsere Mutter!

Dazu kommt, daß die vor 1920 geborenen Mütter von der Mutterschaftsideologie der Nazis geprägt waren, nach der eine Frau nur zum Kinderkriegen da war und ihre eigenen sexuellen Bedürfnisse überhaupt kein Thema sein durften. Aber auch für die Frauen, die erst nach dem Krieg Mutter wurden, also für die Gruppe der zwischen 1931 und 1945 geborenen, war Mutterschaft abgetrennt von sexueller Lust, bzw. das eigene Sexualleben mußte mit verschämtem Schweigen übergangen werden.

Mütter haben also über Generationen hinweg ihren Töchtern die Botschaft vermittelt, daß die Sexualität für Frauen nur zum Kinderkriegen da ist und daß Frauen, die Lust empfinden, keine »anständigen« Frauen sind. Wie hätten sie also jemals darauf kommen können, sich mit ihren Töchtern über eine solche »Unanständigkeit« wie ihr eigenes Sexualleben auszutauschen!

Uns Töchtern trugen sie auf, unbedingt alles zu tun, um nicht dieser Kategorie von »unanständigen« Frauen zugeordnet zu werden. Wir bekamen Warnungen mit auf den Weg, uns vor unseren eigenen sexuellen Gelüsten zu fürchten, uns nicht »wegzuwerfen«, sondern mit dem Sex bis zur Hochzeit zu warten.

Dabei ging es aber eigentlich gar nicht um ein Verbot der sexuellen Lust, sondern darum, die möglichen Folgen zu verhindern: den Verlust des guten Rufes durch eine Schwangerschaft. Wenn »es« der Mutter auch passiert war, waren ihre einschränkenden Maßregeln oft noch schärfer. Um so heftiger begehrte die Tochter auf. Wenn »es« der Tochter dann aber doch passierte, stand die Mutter mit am Pranger, denn sie hatte ja ihre Tochter nicht streng genug ermahnt oder bewacht. (19, 14)

Und wie war es mit der sogenannten »sexuellen Aufklärung« durch die Mutter? Schon der Begriff besagt, daß es dabei nur um nüchterne Fakten ging, nicht aber um Gefühle. Meine Mutter beispielsweise hat mir nie etwas erklärt, sondern sich darauf verlassen, daß ich es ja irgendwann schon erfahren würde. Und auch ich konnte mit meinen beiden Töchtern nicht offen über mein Sexualleben reden. Ich habe mit ihnen ein Aufklärungsbuch angeschaut, das damals – Anfang der Siebzigerjahre – immerhin schon gezeichnete Bilder (keine Fotos!) von koitierenden Frauen und Männern zeigte, aber über *mein* Sexualleben habe ich ihnen nichts erzählt.

Wenn die Mutter nicht spricht, sind die Töchter aus Loyalität auch stumm und verdrängen das Thema nach dem Motto: »Du sollst nicht merken.« Für die heranwachsende Tochter ist das sehr verwirrend. Sie erlebt, daß über ein Thema, das auch für die Mutter existentiell ist, der Schleier des Geheimnisses liegt. Sie kann der Mutter nicht vertrauen, daß sie die Wahrheit spricht. Vielleicht ist das ein Hauptkonflikt aller gestörten Tochter-Mutter-Beziehungen. Ich habe die Vermutung, daß sich viele Spannungen und Probleme zwischen Müttern und Töchtern vermindern oder gar aufheben würden, wenn es zu einem offenen Dialog über ihre eigenen sexuellen Erfahrungen kommen könnte.

In den Geschichten jedenfalls spürt man deutlich, daß es den Töchtern guttut, einmal als Mutter zum Ausdruck zu bringen, daß deren Warnungen, Verbote und Vorschriften nicht dazu gedacht waren, in boshafter Absicht die Freiheit der Tochter zu beschneiden. Sie sollten vielmehr dazu dienen, sie, die Tochter, zu schützen und ihr negative Erfahrungen in ihrem Sexualleben, vor allem eine ungewollte Schwangerschaft, zu ersparen. Die Töchter begriffen, daß sich die Mütter in einem Dilemma befanden, ihnen einerseits zwar ein freieres, lustvolles sexuelles Erleben zu wünschen, aber andererseits selbst nicht zu wissen, was das überhaupt ist, wie sich das anfühlt und, vor allem, wie es in eine Beziehung einzubringen ist.

Zum Glück hat sich durch die sexuelle Revolution der Sechziger- und Siebzigerjahre für Frauen enorm viel verändert. Die »Pille« hat eine Schwangerschaftsverhütung leicht gemacht. Frauen haben die Kontrolle und Verantwortung für ihr Sexualleben selbst übernehmen können. Die sinkenden Geburtenzahlen sind der deutliche Beweis dafür, daß Frauen nicht mehr in dem Maße ungewollt schwanger werden wie noch in meiner Generation und davor.

Daß mit den neuen Möglichkeiten, Schwangerschaften zu verhüten, jedoch auch eine wirkliche Befreiung des Sexuallebens der Frauen einherging, ist allerdings zu bezweifeln. Es gibt Untersuchungen, die belegen, daß junge Frauen zwar schon sehr früh sexuelle Kontakte mit Jungen haben, daß sie aber immer noch wenig auf ihre eigenen Bedürfnisse achten und sich doch wieder eher denen des Mannes anpassen. Die Bilder weiblicher Sexualität, die über Generationen hinweg bis heute in unseren männerzentrierten Gesellschaften (hierzu später mehr, siehe Seite 316ff.) dominieren und die Frauen von ihren Müttern vermittelt wurden, lassen sich eben nicht einfach wegwischen. Sie wirken in uns weiter fort.

Die drei Geschichten von Müttern, die nach dem Krieg geboren wurden, sind sicherlich nicht repräsentativ für alle Mütter dieser Generation, deuten aber darauf hin, daß hier grundlegende Veränderungen stattgefunden haben. (19, 21, 20) Mütter wie Töchter befinden sich auf einer Suche nach ihrer sexuellen Identität, was allerdings mit heftigen, chaotischen Auseinandersetzungen zwischen ihnen verbunden zu sein scheint.

Männer im Leben der Frauen

Bis hierhin habe ich die Sexualität als Thema zwischen Tochter und Mutter behandelt, ohne die Männer dabei zu erwähnen. Die Männer sind in den Geschichten aber selbstverständlich allgegenwärtig: als Mutters Vater, Brüder, Partner, Söhne, Großväter, auch manchmal als unvergessene Geliebte.

Wie schildern nun die Töchter in der Rolle der Mutter deren Beziehungen zu Männern? Über den Vater und die Brüder der Mutter konnten sie oft nicht viel erzählen, weil ihnen wenige Fakten bekannt waren. Oft hatten die Mütter ja selbst ihren Vater nicht gekannt, weil er in ihrer frühen Kindheit oder schon vor ihrer Geburt gestorben war, meist als Soldat. (15, 18, 22)

In der Generation der vor 1920 geborenen Frauen herrschten einige Väter noch mit ungebrochener Macht und oft brutaler Gewalt über Frau und Kinder. Babetts Vater (12) ließ seine Kinder den Ochsenkarren ziehen, Gerdas und Hildegards Väter (2, 8) waren strenge, alles bestimmende Männer. Petronellas Vater (13) verlangte harte Mitarbeit in der Landwirtschaft, und in der Ehe litt Petronella unter einem ähnlich tyrannischen Schwiegervater.

Dann gab es die Väter, die tranken (20, 1), andere, die ihre Familie mit Schulden schwer belasteten (6) oder aus anderen Gründen Versager waren (9, 19).

Aus dem Mund der Töchter beklagten sich die Mütter mit

bitteren Worten über diese Väter und bedauerten ihre Mutter, die mit einem solchen Mann leben mußte.

Verständlich, wenn diese Mütter das Gegenbild ihres Vaters als Partner wählten, also statt eines Trinkers einen sozial engagierten Partner heirateten. (20, 1) Doch die frühen Erfahrungen verfolgten die Mütter und manchmal sogar die Töchter weiter, oft in Form von Ängsten oder Krankheiten. (13)

Andere Mütter hatten einen Vater, den sie bewunderten oder sogar »abgöttisch« liebten, weil er so »schön war in seiner Uniform« (17), weil er bei Festessen das »Fleisch tranchieren konnte« (9) oder weil er hohes Ansehen hatte (23). In der Erzählung aus dem Mund der Tochter ist nicht immer ganz klar, ob hier ein ironischer Klang der Tochter mitschwingt, ob sie also die Mutter ein wenig verspottet, daß diese ihren eigenen Vater so hochhob und dafür ihren Partner – den Vater der erzählenden Tochter – herabwürdigte.

Denn das war in den Geschichten häufig der Fall. Die erzählenden Töchter bemerkten – oft mit Erstaunen –, wie der Partner, den ihre Mutter gewählt hatte oder wegen einer ungewollten Schwangerschaft hatte heiraten müssen, das Ebenbild oder auch Gegenbild vom Vater der Mutter war.

Diejenigen Mütter, die ihren Vater »vergötterten«, hatten meist keinen in ihren Augen gleichwertigen Partner gefunden, sondern nur einen Mann »zweiter Wahl«. Ingrid (9) heiratete einen »Versager«, mit dem sie in den Keller zog, um dem Vater das Schlafzimmer zu überlassen. Annegret (19) wird mit 17 schwanger, ihr Vater hilft ihr bei der Trennung, als die Ehe scheiterte. Elisabeth (17) verliebt sich in einen »Hardy-Krüger-Typ«, den sie heiraten »muß«, trauert aber ihrem im Krieg verstorbenen Vater nach.

Mütter, deren Vater im Krieg gefallen oder vermißt war, bewahrten sein Bild fast immer als männliches Ideal in ihrem Herzen, an dem der eigene Partner gemessen wurde. So wollte die vaterlos aufgewachsene Irmgard zwar ein Kind, »nicht aber den Mann«. (18) Mias Vater wurde von Russen verschleppt, sie heiratete aus Vernunftgründen. (10)

Auch wenn der Freund oder Verlobte der Mutter gestorben war oder sie »sitzengelassen« hatte, blieb der Mann, den sie heiratete und der der Vater der Tochter wurde, meist die »zweite Wahl«. Ingeborgs Verlobter starb an der Front (5), Ulla bekam sogar ein Kind von dem Mann, den sie liebte, heiratete dann einen anderen und verschwieg alles vor ihren Kindern (15).

Selbstverständlich brachten solche Konstellationen für die Tochter Spannungen in der Beziehung mit der Mutter mit sich. Viele ihrer Vorwürfe gegen die Mutter waren, ohne daß dies den Töchtern immer bewußt war, eine Kritik daran, wie die Mutter ihren Mann behandelte. Denn der war schließlich auch der Vater der Tochter. Sie wurden oft Vatertöchter, die zum Vater hielten, weil die Mutter ihn abwertete oder ablehnte. (2, 8, 15, 17)

Für die Mutter war dies eine erneute Kränkung, die sie dann nicht selten der Tochter anlastete und mit Liebesentzug bestrafte. Mutter Gisela wirft der Tochter Inga vor, sie seit 20 Jahren tyrannisiert zu haben. (14) Die Töchter reagierten mit weiterer Ablehnung, bei der sie nicht selten von ihrem Vater unterstützt wurden, der die Tochter sozusagen als Ersatzpartnerin wählte. Tochter Anke beispielsweise spielt mit dem Vater das »Mutter-ärgern-Spiel«. (17) Damit wurde die Tochter zur Rivalin der Mutter, sie nahm einen Platz ein, der ihr nicht zustand.

Doch diese Bevorzugung hat selten Bestand, denn meist verlieren die Töchter die Zuwendung des Vaters, sobald sie eigene Wege gehen wollen, also etwa einen Freund nach Hause bringen, den nun der Vater als Rivale erlebt. Christiane (8) wurde nach dem Tod ihrer Mutter Hildegard von ihrem »vergötterten« Vater bitter enttäuscht, als der sich nicht mehr um die Tochter kümmerte, sondern nach einer anderen Frau Ausschau hielt, die ihn versorgen sollte.

Sehr häufig hat die Vatertochter auch ein schlechtes Gewissen der Mutter gegenüber. Denn sie spürt ja, wie die Mutter insgeheim leidet. Wenn beide es nicht schaffen, sich darüber auszutauschen, ist ihre Beziehung vergiftet. (14, 17)

Wenn die Mutter einen Sohn hat, kann sie ihre unerfüllten Wünsche auch auf ihn projizieren und zum Partnerersatz heranziehen. Er soll ihr meist den geliebten Vater oder Bruder aus ihrer Herkunftsfamilie ersetzen. Er soll ihr das Dasein verschönern und sie teilhaben lassen an einem Leben, das ihr versagt blieb.

Die Tochter erlebt die Bevorzugung ihres Bruders als grausame Zurücksetzung. Gefühle von Schmerz, Neid, Eifersucht und Ungerechtigkeit läßt sie manchmal lebenslang mit der Mutter hadern. (2, 6, 12) Das »falsche« Geschlecht zu haben ist für viele Töchter ähnlich belastend wie die Tatsache, ungewollt zu sein. Allerdings scheint mir, daß hier doch ein erheblich größeres Potential an Stärke der Tochter zuwächst, als wenn sie nicht gewollt ist. Denn die Tochter entwickelt oft ungeheure Energien, um der Mutter zu beweisen, daß sie doch besser ist als der »Heldensohn«. Triumphgefühle kommen bei der Tochter auf, wenn sich zeigt, daß der Liebling der Mutter sich zu einem Versager entwickelt, was in den Geschichten häufig vorkam. (2, 6)

Obwohl viele Mütter der älteren Generationen eine unglückliche Ehe führten, kam in ihren Geschichten eine Scheidung nicht vor. Für sie war es weitgehend noch unvorstellbar, die Familie zu verlassen. Ohne eigenen Beruf gab es für sie keine Alternative. Einzig der Tod des Ehemannes war für manche ein Weg der Befreiung. (2, 12, 14)

Auch die Töchter fühlten, wenn sie in der Rolle der Mutter sprachen, daß da kein Ausweg war. Die äußeren Umstände standen dagegen, aber auch Unsicherheit, Versagensgefühle, Selbstbezichtigungen und vor allem Schuldgefühle den Kindern gegenüber hielten sie zurück. Hildegard, die Mutter von

Christiane, lief zwar weg, doch der Mann holte sie zurück und sie blieb (8).

Die großen Veränderungen, die die Frauenbewegung der Siebzigerjahre für die Situation der Frauen mit sich brachten, machten es einigen Frauen unter den Müttern, vor allem aber den erzählenden Töchtern möglich, sich zu trennen.

Es gab Scheidungen, die die Männer initiiert hatten, weil sie sich mit einer jüngeren Frau liieren wollten und bei denen die Frauen sehr enttäuscht zurückblieben. Ingeborg, deren Mann sie nach 35 Ehejahren verließ (5), oder Angelika, die mit fünf Kindern allein dastand (10). Doch andere Frauen ergriffen selbst die Initiative und trennten sich, um nicht das gleiche Schicksal an der Seite von ungeliebten Männern zu erleiden wie ihre Mütter. (18, 19, 22) Manchen gelang es, in einer zweiten oder dritten Beziehung Glück zu finden. Ulrike beispielsweise entdeckte für sich die Frauenliebe. (22) Andere blieben allein, nicht selten mit der Erwartung, daß ihre Kinder, vor allem die Töchter, in ihrer Nähe bleiben würden. (9, 16, 19)

Für die Töchter ist die Trennung der Eltern immer ein schwieriges Thema. Sie fühlen sich zerrissen in ihren Loyalitäten. Marlies machte der Mutter Annegret heftige Vorwürfe, sich aus der Ehe gelöst und mit neuen Partnern zusammengetan zu haben. (19) Bei Jana war das chaotische, promiske Leben der Mutter und die Trennung der Eltern ein schweres Trauma, weil sie und ihre Geschwister in ein Heim kamen. (20) Andere Töchter akzeptierten die Entscheidung der Mutter, Sarah sogar Mutter Ulrikes Wahl einer Frau als neue Lebenspartnerin. (21)

Wir Zuhörerinnen, aber auch die Tochter selbst, waren erstaunt, wie häufig sie, die Tochter, bei ihrer Partnersuche oder Partnerwahl von den Männerbildern ihrer Mutter geprägt war. Es gab ja auch in ihrer Generation wieder die gleichen Themen: Wenn die Mutter einem anderen Idealpartner nachtrauerte, suchte die Tochter in Solidarität mit ihr einen Mann, der diesem Wunschbild der Mutter entsprach, also ein Gegenbild des eigenen Vaters war. (1, 12, 19) Oder aber die Tochter suchte das Ebenbild ihres Vaters, den die Mutter als Partner abwertete, sozusagen um der Mutter zu beweisen, daß er doch zum Partner taugte. (7) Wenn die Tochter also verstehen will, warum sich die Mutter zustimmend oder ablehnend zu ihrer Partnerwahl verhält, kann es für sie sehr erhellend sein, genauer zu betrachten, welche Besonderheiten und Hintergründe die Männerbilder der Mutter offenbaren.

Das »verpaßte« Leben

Das »verpaßte Leben« ist – so könnte man vielleicht sagen – das übergreifende Lebensthema bei allen Müttern in den Geschichten, die die Töchter erzählten. Anders gesagt: Töchter, die mit ihren Müttern Probleme haben – denn nur solche kamen ja in meine Seminare –, haben Mütter, die fast ausnahmslos das Gefühl hatten oder haben, im Leben zu kurz gekommen zu sein, das »eigentliche« Leben verpaßt zu haben.

In ihren Anklagen gegen die Mutter sind sich die Töchter dieses Grundgefühls ihrer Mutter offenbar gar nicht bewußt. Sie machen ihr Vorwürfe, als Töchter nicht geliebt, nicht gesehen worden zu sein, ohne zu beachten, daß diese Frau, ihre Mutter, ja eigentlich gar nicht Mutter werden oder nicht mit diesem Mann verheiratet sein wollte, sondern sich danach sehnte, ein anderes, eigenständiges, unabhängiges Leben zu führen. Oder schlimmer: Sie werfen der Mutter auch noch vor, sich zu wenig emanzipiert zu haben, keine Scheidung gewagt zu haben, ungewollte Schwangerschaften nicht verhütet oder keinen Abbruch vorgenommen zu haben.

In der Rolle der Mutter konnten sie sich nun aber mitfühlend in dieses depressive Lebensgefühl ihrer Mutter, in ihre Hoffnungslosigkeit und Verzweiflung hineinversetzen. Sie erlebten intensiv, welche Zerstörungen die Kriegsereignisse im

Leben der Mutter bewirkt hatten, wie eine Mußehe ihr Leben in nicht gewollte Bahnen gelenkt hatte und wie das von ihr als Katastrophe erlebt wurde. Beate läßt ihre Mutter Ulla sagen, daß sie die Schande, einen unehelichen Sohn bekommen zu haben, mit ihrem frühen Tod büßen mußte. (15)

Die Töchter fühlten, was es hieß, als Mädchen weniger Chancen zu bekommen als die Brüder, obwohl sie in der Schule besser waren. (1, 3. 7, 13) Mutter Babett mußte gegen ihren Mann um die Schulbildung ihrer Tochter Dorothea kämpfen. (12)

In der Ehe hatten sich dann die meisten Mütter mit ihrem Los abgefunden. Sie ließen sich als »Arbeitstier« ausbeuten, extrem bei Petronella (13) und Babett (12), die es »fünfzig Jahre bei einem ungeliebten Mann« aushielt. Jutta (11) konnte fühlen, was es heißt, wenn sie die Mutter Ilse sagen läßt, daß sie »zwanzig Jahre ihres Lebens für die Kinder geopfert« habe. Hildegard, Christianes Mutter, fühlte sich in ihrer Ehe wie in einem Käfig. (8)

Und die Töchter konnten ihre Mutter auch bewundern für das, was sie trotz allem aus ihrem Leben gemacht hatte, was es hieß, mit einem Grundgefühl von »falschem« Leben dennoch Kinder großgezogen und sie, die Tochter, ins Leben begleitet zu haben.

Gudrun konnte nachvollziehen, was ihre Großmutter Else durchgemacht hatte, als sie nach der letzten Geburt, einer Zwillingsgeburt, 18 Jahre lang psychisch krank war, um Petronella, Gudruns Mutter, und deren Schwester aufwachsen zu sehen. (13) Und was es wiederum für die Mutter Petronella bedeutete, mit einem derartig depressiven Erbe eigene Kinder zu haben. Niemals hätte sich Petronella aus ihren Loyalitäts- und Dankbarkeitsgefühlen gegenüber einer solch aufopferungsbereiten Mutter befreien können. Und Gudrun trug das Erbe mit – bis hin zur gemeinsamen Krebserkrankung!

Elisabeth, Ankes Mutter, wollte nach Amerika, blieb aber zu Hause und heiratete einen wenig geliebten Mann. Vermutlich wagte sie den Schritt in die Ferne nicht, weil die eigene Mutter sie festhielt, denn später wurde sie von dieser Mutter als Trösterin vereinnahmt. Und jetzt fürchtet Anke, daß ihr als Einzelkind eine ähnliche Rolle droht, wenn die Mutter allein bleiben sollte, und damit auch sie ihr Leben »verpassen« könnte. (17)

Die Mutter als Tochter ihrer Mutter zu fühlen half den erzählenden Töchtern, ihre eigene Beziehung zur Mutter in einem anderen Licht zu sehen. Daß die Mutter sie für ihre Bedürfnisse mißbraucht hatte, geschah nicht aus Boshaftigkeit, sondern war angesichts der Last, die die Mutter trug, überlebensnotwendig.

Sehr anrührend war es auch, wenn die Töchter die Mutter sagen ließen, wie unglücklich sie, die Mutter war, ihre Tochter so belastet zu haben. In diesem Teil der Erzählung fiel es – so schien es mir – den Töchtern besonders schwer, in der Rolle der Mutter zu bleiben und nicht wieder in Klagen und Anklagen zu verfallen. Zu spüren, daß die Mütter von dem Leid der Tochter wußten, aber ohnmächtig waren, brachte Erleichterung. Oft flossen auch an dieser Stelle die Tränen. (7, 16, 22)

Und daß sie mit ihrem Leben, zum Beispiel im Beruf, in der Partnerwahl, in vielerlei Weise Wünsche der Mutter erfüllten, brauchte auch nicht mehr als Anklage ausgesprochen zu werden. Edeltraud (3) wurde gegen ihren eigenen Wunsch Schneiderin, weil es der Traumberuf der Mutter gewesen war. Sie wechselte aber dann und wurde Lehrerin. Auch Ulrikes Mutter Charlotte (22) weinte immer noch, daß sie keine Schneiderin werden durfte, und in Erinnerung daran wurden sogar Ulrikes Augen ein bißchen feucht! Andere suchten den Traummann der Mutter. Wieder andere blieben Single, was die Mutter auch eigentlich gewollt hätte. Inga entdeckte die Frauenliebe, wohin ihre Mutter Gisela auch vielleicht tendierte. (14) Mehrere Töchter suchten einen eigenen Weg, den die Mutter zwar kritisierte oder worüber sie sich Sorgen machte, den sie insgeheim aber doch bewunderte. (3, 4, 9, 13)

Die Töchter spürten aber auch, daß all ihre Bemühungen, der Mutter das »verpaßte« Leben zurückzugeben, umsonst waren. Auch wenn die Mütter es immer wieder einforderten und den Töchtern Schuldgefühle machten, das Leben der Mutter war nicht zurückzuschrauben!

Ich glaube, vielen Frauen wurde das zum ersten Mal so richtig klar, als sie sich als Tochter in ihre Mutter hineinversetzten. Denn ihre Mütter hatten sich ja meist ebenfalls ihr Leben lang vergeblich abgemüht, die Wünsche der eigenen Mutter zu erfüllen und ihr das Leben leichter zu machen. Diese manchmal noch lebenden Großmütter der erzählenden Frauen hatten ihren Töchtern oft bis ins hohe Alter Schuldgefühle eingepflanzt, nicht genug für sie getan zu haben. (1, 2, 17, 18, 22) Immer waren es, wie schon gesagt, die ungewollten Töchter, die am anfälligsten für derartige Schuldzuweisungen waren.

Wenn die Mutter die Kraft hatte, sich aus den Zwängen zu befreien – durch eine Scheidung, durch spätere Berufswahl oder auch indem sie die Zügel in die Hand nahm und die Verantwortung für die mit ihrem Mann aufgebaute Existenz, zum Beispiel das gemeinsame Geschäft, die Praxis, die Landwirtschaft übernahm (2, 4, 10, 24) –, wurde dies von den Töchtern nicht unbedingt hochgeschätzt. Sie machten der Mutter nicht selten den Vorwurf, Mann und Kinder zu vernachlässigen. In der Rolle ihrer Mutter allerdings konnten sie den Stolz auf ihre Mutter in Worte fassen. Lange hatte Inga ihrer Mutter Gisela vorgeworfen, die Familie nicht mehr zusammenzuhalten. Jetzt in der Rolle von Gisela sagte sie: »Ich habe jahrelang für euch gesorgt. Ich bin aber nicht nur eure Mutter. Jetzt bin ich dran!« (14) Und Rosa konnte der verstorbenen Mutter sagen, daß es ihr, der Tochter, leid tat, sie so wenig geachtet zu haben. (4)

In anderen Fällen gelang es den Töchtern nicht, die Emanzipationsschritte der Mutter gutzuheißen. Jana (20) blieb bei ihren Schuldvorwürfen gegen die ihre Kinder vernachlässigende Mutter. Und auch Marlies (19) hatte Mühe, den Ausbruch ihrer Mutter aus der Ehe positiv zu sehen.

Das Leben der Mutter in der Ichform zu erzählen führte bei vielen Frauen dazu, ihre anfangs so vehement vorgetragenen Vorwürfe gegen die Mutter als kleinlich und unangebracht zu empfinden. Marlies meinte: »Alles, was ich ihr vorwerfe, wird so relativ.« (19)

Und noch eine Erfahrung der Teilnehmerinnen halte ich für außerordentlich wichtig: In der Runde von manchmal fünf bis zu höchstens zwölf bunt zusammengewürfelten, ihnen bis dahin unbekannten Frauen gelang es fast allen, eine Solidarität untereinander zu entwickeln, die die Frauen selbst erstaunte. Mein Kommentar dazu: Frauensolidarität ist immer möglich, wenn wir den Kontakt zu unseren Müttern finden!

Der Blick aufs Ganze: die Mythen von der »perfekten« Mutter und dem »starken« Mann

Warum – so haben wir uns in den Diskussionsrunden immer wieder gefragt – ist es so schwer, mit unserer Mutter von Frau zu Frau ins Gespräch zu kommen? Warum gelingt es uns nicht, uns in sie hineinzuversetzen, so wie es hier im Seminar geschah, als wir mit ihrer Stimme sprachen? Warum vergeuden wir unsere Energie in Anklagen und Vorwürfen wegen längst vergangener Ereignisse? Warum können wir die Mutter nicht lassen, wie sie ist? Warum nicht das halbvolle Glas nehmen, das sie uns gegeben hat, und damit zufrieden sein?

Die Antwort ist einfach: Weil uns von allen Seiten das Bild der perfekten, idealen Mutter vorgegaukelt wird, die alles richtig macht, die keine Schwäche zeigt, die immer geduldig ist, die unermüdlich und verantwortungsvoll für ihre Lieben sorgt und ihre eigenen Wünsche und Bedürfnisse zurücksteckt – kurz, die ein Wesen von einem anderen Stern ist! Keine Mutter kann diesem Bild entsprechen, aber dennoch wird uns suggeriert, daß eine »echte« Mutter diese Charakterzüge aufweisen muß. Eine gute Mutter soll nämlich von Natur aus intuitiv wissen, was ihr Kind braucht, und immer imstande sein, alle seine Bedürfnisse zu erfüllen. Gelingt ihr das nicht, ist sie eine schlechte oder gar widernatürliche Mutter.

Auch wenn bei nüchterner Betrachtung jeder von uns klar ist, wie wirklichkeitsfremd dieses Bild der perfekten Mutter ist, fallen wir doch immer wieder darauf herein, es für uns selbst und für unsere Mütter zum Maßstab zu nehmen. Wir merken nicht, daß es sich hier um den Mythos Mutter handelt, der schon seit Jahrhunderten allgegenwärtig ist und uns von frühester Kindheit an geprägt hat, so daß er tief in uns verankert ist.

Der Muttermythos – eine gefährliche Falle

Der Mythos Mutter besagt, daß Schwangerschaft, Geburt und Mutterschaft so etwas wie einen natürlichen Instinkt bei jeder Frau auslösen, der sie, unabhängig von ihren sonstigen Lebensumständen, automatisch befähigt, eine liebevolle, dem Kind zugewandte Mutter zu sein.

Für uns Frauen ist dieser Mythos eine gefährliche Falle, denn er macht Mütter allein und individuell verantwortlich für das Wohlergehen ihrer Kinder, so daß die allgemeinen, extrem mutter- und kinderfeindlichen Lebensbedingungen, in denen sie ihre Familienaufgaben erfüllen müssen, ausgeblendet bleiben.

Es scheint nur an ihr zu liegen, wenn sie mit ihren Anstrengungen scheitert. Jede Schwäche, jedes Versagen in der Erfüllung ihrer unendlich schwierigen Aufgaben, auch jeder normale Wutausbruch, wenn sie gegen die Zumutungen dieser Rolle aufbegehrt, verwandeln sie in eine schlechte Mutter, der nichts verziehen wird und die gescholten oder sogar bestraft werden darf.

Der Mythos läßt keine Entschuldigungen zu. Ob sie selbst die Tochter einer »schlechten« Mutter war, eine schwere Kindheit hatte, ob sie ungewollt schwanger wurde, eine Mußehe einging, ob der Mann sie schlägt – nichts wird ihr zugute gehalten. Denn als Mutter hat sie ihre Kinder zu lieben. Punktum!

Auch wir Töchter dürfen uns erlauben, dem »Mythos Mutter« entsprechend, unsere Mütter mit diesem Bild der perfekten Mutter zu konfrontieren und ihnen vorzuwerfen, diesem Ideal nicht zu entsprechen. Wir dürfen vergessen, was unsere Mutter für uns geleistet hat, damit wir überhaupt am Leben blieben, wie wenig Hilfe sie bekam, wie viele Hindernisse ihr in den Weg gestellt wurden, die sie überwinden mußte. Nach dem Mythos ist das alles selbstverständlich. Eine Mutter hat eben immer für ihre Kinder da zu sein – aus Liebe und ohne Dankbarkeit dafür zu erwarten. Wenn sie dabei versagt, dürfen wir sie schelten.

Der Mythos hält nun aber auch unsere Mutter im Griff. Sie kann sich nicht gegen unsere Anschuldigungen wehren, weil auch sie meint, eine »richtige«, eine perfekte Mutter sein zu müssen, und weil sie Schuldgefühle hat, wenn es ihr nicht gelingt. Mütter verzeihen sich keine Fehler, suchen individuelle Lösungen, versuchen, Krisen privat zu bewältigen, und geraten dabei immer mehr in einen Teufelskreis der scheinbaren Inkompetenz, die sie sich selbst zuschreiben. Mit ihren Selbstbezichtigungen liefern sie dann den Menschen in ihrem Umfeld auch noch Argumente, um weiter gescholten und beschimpft zu werden.

Da dem Mythos zufolge ihre Leistungen als Mutter selbstverständlich sind, werden sie nicht anerkannt, oft nicht einmal registriert, geschweige denn honoriert. Familienarbeit der Mütter ist unbezahlbar, braucht deshalb auch nicht bezahlt zu werden. Mehr noch, sie ist gar keine Arbeit! »Ich arbeite nicht«, sagen viele Mütter und Hausfrauen von sich, wenn sie keiner Erwerbsarbeit nachgehen. Ihre Arbeit rund um die Uhr in der Familie betrachten sie nicht als »Arbeit«. Man kann sagen, daß das Selbstgefühl einer Familienmutter das der Selbst-Losigkeit ist – eben kein Selbst zu haben.

Und wenn eine Mutter wohlgeratene Kinder vorzeigen kann, wird das auch nicht als ihr Verdienst angesehen, sondern eher auf die guten Gene (möglicherweise sogar des Vaters!) zurückgeführt. Wenn sie ihren Stolz über ihre Kinder zum Ausdruck bringt, kann man sie sogar dafür schelten, eine zu hochmütige Mutter zu sein.

Ihre Fürsorge erstreckt sich im übrigen nicht nur auf die tatsächliche Mutterschaft, sondern umfaßt auch die »mütterliche« Bereitschaft, den Menschen in ihrem Umfeld zu dienen und die Verantwortung für deren emotionales Wohlergehen zu übernehmen – wohlgemerkt aus reiner Liebe und ohne Dank oder Gegenleistung dafür zu erwarten.

Das Ver-Rückte daran ist, daß es keine klaren Kriterien für »richtiges« Muttersein gibt. Eine Mutter, die sich ausschließlich ihren Kindern widmet, kann als überbeschützend abgestempelt werden, eine, die Beruf und Mutterschaft zu vereinen sucht, als vernachlässigend. Dem Mythos der perfekten Mutter entsprechend, kann ihr jedes beliebige Verhalten als Fehler oder Versagen ausgelegt werden. Insofern ist die Mutterrolle das Paradebeispiel für eine Double-Bind-Beziehung: Was auch immer sie tut, kann ihr zum Nachteil gereichen. Einziges Kriterium für ihr »Versagen« ist das Verhalten der Kinder. Sind sie in irgendeiner Weise auffällig, wird die Schuld bei der Mutter gesucht.

Nicht der Vater wird zur Verantwortung herangezogen. So wie er sich vom konkreten Alltagsgeschehen in der Familie zurückziehen kann, da er ja »das Geld verdient« und auch bei Erwerbstätigkeit der Mutter kaum Familienpflichten übernimmt, trifft ihn auch keine Schuld, wenn die Kinder »Störungen« aufweisen. Und selbst bei gewalttätigen Vätern versuchen Therapeuten, Berater, Richter und vor allem die der Familie nahestehenden Menschen oft genug, der Mutter den Vorwurf zu machen, sich und ihre Kinder nicht genug geschützt zu haben.

Wie aber soll eine Mutter, die selbst keinen Schutzraum hat und möglicherweise eigene traumatische Erfahrungen machen mußte, ihre Kinder vor Gewalt behüten? Der Mythos der perfekten Mutter verlangt es von ihr! Und sie darf nicht einmal dagegen aufbegehren. Denn wenn die Mutter irgendwann einmal protestiert oder ausrastet, weil ihr alles über den Kopf wächst, dann ist sie eine »unnormale« Mutter, die in psychiatrische (meist männliche!) Hände gehört.

Es ist erschreckend, wie weitverbreitet die gesellschaftliche Mütterschelte ist. Paula Caplan hat in ihrem Buch *Don't Blame Mother*[6] anhand von vielen Beispielen aufgezeigt, daß Mütterschelte eine wesentliche gesellschaftliche Funktion erfüllt: Sie hält Frauen und vor allem Mütter in einer Position der Schwäche und Abhängigkeit, die sie als Objekt der Ausbeutung gefügig macht. In unserer männerzentrierten Gesellschaft dient also der Mythos Mutter letztlich dem Erhalt der Macht über die »Ressource Frau«.

Nebenbei bemerkt: Ich habe mir abgewöhnt, den Begriff »Patriarchat« zu verwenden, und ihn durch »männerzentrierte Gesellschaft« ersetzt. Denn unsere Gesellschaften werden nicht von väterlich-fürsorglichen Männern geführt, die das Wohl der Gemeinschaft als Ganzes im Auge haben, sondern von Männern, die rücksichtslos die Ressourcen unserer Erde ausbeuten und vernichten, insbesondere die lebensschaffenden und lebenserhaltenden Ressourcen, die wir als Frauen für den Erhalt der Gesellschaft erbringen.

---

[6] Paula J. Caplan, *Don't Blame* Mother, New York 1990; Neuauflage: *The New Don't Blame Mother. Mending the Mother-Daughter-Relationship*, New York 2000 (dt.: So viel Liebe, so viel Haß, München 1993)

*Die männerzentrierte Gesellschaft und der Mythos
vom »starken« Mann*

Um den Zusammenhang zwischen Mütterschelte und Muttermythos zu verstehen, ist es notwendig, die Existenz eines anderen Mythos zu betrachten, der die Männerzentriertheit unserer Gesellschaften definitiv zementiert. Das ist der Mythos des »starken« Mannes, den die Frau angeblich an ihrer Seite braucht, um sie zu schützen und zu stützen, der sie führen soll und zu dem sie aufschauen kann. Als Vater soll er »durchgreifen«, wenn sie mit ihren Erziehungsaufgaben versagt. Das Bild des alle und alles dominierenden Vaters aus dem 19. Jahrhundert, der nach Hause kommt, seine Kinder durchprügelt und für Ordnung sorgt, ist zwar heute nicht mehr aktuell, doch wird Müttern noch immer suggeriert, daß ein starker Mann für sie und die Kinder gut wäre. Daß dies im Widerspruch steht zum Mythos Mutter, demzufolge eine Mutter ja qua Natur alle Aufgaben perfekt bewältigen kann, bestätigt wieder einmal, daß es bei diesen Mythen nicht um reale Beziehungen geht, sondern um die Erhaltung der Macht der Männer.

Dem Mythos des starken Mannes kann selbstverständlich kein Mann entsprechen, ebensowenig wie die perfekte Mutter ein lebbares Modell darstellt. Ein realer Mann hat selten Kompetenz, was die Beziehungsarbeit in der Familie betrifft, ihm fehlt das »nestrelevante« Verhalten, wie Ursula Fassbender[7] es sehr anschaulich beschreibt. Er ist eher unsicher als stark.

Anders als bei der Frau wird nun aber der Mann nicht zum »schlechten« Mann und Vater, wenn er den Anforderungen des Mythos nicht entspricht. Eine gesellschaftliche Vaterschelte vergleichbar mit der Mütterschelte gibt es nicht. Väter werden nicht für ihr vielfältiges Versagen im Umgang mit ihren Kindern angeprangert.

---

[7] Ursula Fassbender, *Die Stärken der Mütter*, München 2004

Dem Mythos zufolge hat er eigentlich in der Familie nicht viel zu tun, denn Haushaltsarbeit oder Kinderversorgung sind »niedrige« Tätigkeiten, mit denen er sich nicht abgeben muß. Er wäre kein »richtiger« Mann, wenn er sich dazu herabließe. Die wenigen Hausmänner, die es gibt, dürfen belächelt oder gar verunglimpft werden. Daß er auch außerhalb der Familie ein Recht auf höhergestellte und besserbezahlte Arbeitsplätze hat als eine Frau, ergibt sich aus dem Mythos von selbst.

An dieser Stelle verzahnt sich also der Mythos des »starken« Mannes mit dem der »perfekten« Frau: Der »starke« Mann hat Anspruch darauf, daß Frauen diese Familienarbeiten für ihn verrichten. Claudia Breitsprecher[8] bezeichnet den Mann als einen Konsumenten in der Privatsphäre.

Ein »starker« Mann ist cool und zeigt keine Gefühle. Er handelt und schweigt – so der Mythos. Die Folge ist, daß ein »richtiger« Mann auch die emotionale Kommunikation in der Familie den Frauen überläßt, was nicht selten dazu führt, daß sich Männer zu kommunikativen und emotionalen »Analphabeten« entwickeln.

Dazu kommt, daß ein Mann, der dem Mythos des »starken« Mannes aufgesessen ist, die Bestätigung durch eine Frau braucht, die schwächer ist – oder sich gibt – als er. Er kann keine ebenbürtige Frau neben sich ertragen, ohne sich als Schwächling zu fühlen und als solcher angesehen zu werden.

Da auch Frauen dem Mythos des starken Mannes verfallen sind, kann sich fast jeder Mann darauf verlassen, daß seine Partnerin ihn dabei unterstützt, seine Schwächen zu vertuschen, indem sie ihm hilft, nach außen den Schein von Stärke aufrechtzuerhalten. Daß sie ihn damit erst recht zum Schwäch-

---

[8] Claudia Breitsprecher, *Das hab ich von dir. Warum Mütter für Töchter so wichtig bleiben*, Stuttgart, Zürich 2002. Dazu auch: Petra Oelker, *Eigentlich sind wir uns ganz ähnlich. Wie Mütter und Töchter heute miteinander auskommen*, Reinbek 1998

ling macht, wird wiederum durch den Mythos überdeckt, denn es geht ja nur um eine Fassade von Stärke.

Besonders im Bereich der Sexualität muß es einem »starken« Mann gelingen, so der Mythos, eine Frau zu erobern, sexuell zu befriedigen und mit seiner männlichen Potenz an sich zu binden. Hier wird der Mythos des starken Mannes für jede Frau zu einer Bedrohung. Denn durch die Sexualisierung der Geschlechterbeziehung unter dem Zeichen des Mythos darf er sein Versagen der Frau anlasten. Dem »schwachen« Mann wird zugestanden, Frauen mit Gewalt zum Geschlechtsverkehr zu zwingen. Auch wenn in Deutschland seit kurzem Gewalt in der Ehe strafbar ist, gibt es natürlich keine Kontrollen, was sich in den Schlafzimmern tatsächlich abspielt. Ein Ehemann kann sich immer noch auf den Mythos Mann berufen und von seiner Frau ihre »eheliche Pflicht« einfordern.

Folgen des Männlichkeitsmythos

Eine der scheußlichsten Konsequenzen des Männermythos ist die sexuelle Gewalt in der Familie, die ja nicht nur die Ehefrau, sondern oft genug auch die Kinder, insbesondere die Töchter betrifft. In Ingrid Olbrichts beeindruckendem Buch *Wege aus der Angst, Gewalt gegen Frauen*[9] finden sich erschütternde Berichte von betroffenen Frauen, die als Kinder manchmal jahrelang sexueller Gewalt von ihrem Vater oder anderen nahen männlichen Verwandten ausgeliefert waren.

Daß der Männermythos in Kriegszeiten die Vergewaltigung der Frauen des »Feindes« als Siegesbeute legitimiert, ist eine andere Ungeheuerlichkeit. Ebenso daß Prostitution und sogar die Zwangsprostitution als »ältestes Gewerbe« von Frauen gilt, obwohl die Prostitution immer schon und besonders in der Gegenwart für Männer ein höchst lukratives Geschäft mit der

---

[9] Ingrid Olbricht, *Wege aus der Angst. Gewalt gegen Frauen. Ursachen, Folgen, Therapie*, München 2004

»Ware Frau« darstellt, ganz abgesehen von dem »Nutzen«, den sie beim »Verbrauch« der »Ware« haben! In diesen Abscheulichkeiten der Geschlechterbeziehung zeigt sich die Perversion des Mythos vom »starken« Mann in aller Brutalität.

Seit einigen Jahren werden diese Themen zum Glück relativ offen auch in den Medien angesprochen. Allerdings immer noch viel zu wenig werden die lebenslangen Konsequenzen für die betroffenen Frauen diskutiert, die an Körper, Seele und Geist tiefe Verletzungen davontragen. Schwere psychotische Störungen bei Frauen, so Ingrid Olbricht, müssen grundsätzlich als Folge von sexueller Gewalt – oft in früher Kindheit – gesehen werden.

Und die Schädigungen setzen sich fort in die nächste Generation. Wie kann eine Frau mit Gewalterfahrung eine »normale«, geschweige denn eine »perfekte« Mutter sein? Doch das wird ihr nicht zugute gehalten, weil nach dem Mythos der perfekten Mutter ja nicht nach Hintergründen ihrer Probleme gefragt werden darf. Sie wird daher die Mütterschelte abbekommen und sich nicht dagegen wehren können. Wenn sie ihre Erfahrungen nicht aufarbeiten kann, sondern verdrängt oder verheimlicht, wird das Verhältnis zu ihren Kindern davon überschattet sein. Nicht selten suchen sich Frauen mit Gewalterfahrung Partner, die auch wieder gewalttätig sind, so daß ihre Kinder dieselben oder ähnliche Erfahrungen machen müssen wie sie.

Da Gewaltbeziehungen auch und gerade in nach außen »intakt« erscheinenden Familien außerordentlich häufig sind, dürfen wir die Probleme zwischen Müttern und Töchtern nicht losgelöst von dem Thema Gewalt in Familien betrachten.[10] Denn auch die Tochter einer Mutter mit Gewalterfahrung wird Probleme haben, ihre Identität als Frau und Mutter

---

[10] Nach Angaben des Bundesverbands der Frauenberatungsstellen ist jede fünfte Frau einmal in ihrem Leben Opfer von Gewalt und in 90 Prozent der Fälle ist der männliche Partner der Täter. (www.Frauenberatungsstellen.de)

zu finden. Wenn sie das nur in Form von Mütterschelte der Mutter zum Vorwurf macht, ohne die Hintergründe in der Geschichte der Mutter zu sehen, sind beide hoffnungslos verstrickt.

Eine Mutter, die sexuelle Gewalt erdulden mußte, braucht für sich und ihre Kinder viel Hilfe und Unterstützung, um die Traumatisierungen aufzuarbeiten. Viele Frauen schaffen es aber nicht, Hilfe zu suchen – aus Scham, Unkenntnis und vor allem weil es viel zu wenig Hilfsangebote gibt. Außerdem haben Ärzte, Therapeuten oder Berater oft kein Gespür für die realen Hintergründe von sexueller Gewalt bei psychisch gestörten Frauen. Ingrid Olbricht beschreibt, wie die Behandlung durch Fachleute von der Frau oft als erneute Vergewaltigung erlebt wird. Institutionen, die von Frauen getragen und geleitet werden, können nur einen minimalen Ausgleich bieten.[11]

Doch der Mythos des »starken« Mannes fördert nicht nur physische Gewalt gegen Frauen. In allen Bereichen unserer Gesellschaft liefert er den Männern die Legitimation, über Frauen zu bestimmen. Er verleiht ihnen die Macht der Definition von Wirklichkeit. Was Männer sagen, wird gehört, worüber sie reden, bekommt Gewicht. Und schauen nicht auch wir Frauen zu Männern auf und meinen, daß sie den besseren Durchblick und Überblick haben, besonders wenn sie den Status von Autoritätspersonen, Wissenschaftlern oder Experten haben?

In unserer Mediengesellschaft ist gerade diese Definitionsmacht der Männer, durch die sie die Auswahl und die Vermittlung von Information steuern, ein entscheidendes Mittel der Unterdrückung der Stimmen von Frauen. Nur das darf Nachricht werden, was den Mythen und damit der Männervorherrschaft entspricht, jegliche Kritik wird ausgeblendet oder nur abgeschwächt zugelassen.

---

[11] Eine Liste der regionalen Institutionen findet sich unter www.Frauenberatungsstellen.de; ebenso in verschiedenen Publikationen, etwa Ingrid Olbricht: *Wege aus der Angst*, München 2004

Und nicht nur in den Medien, sondern in allen maßgeblichen Institutionen, den Kirchen, in der Politik, der Wirtschaft, dem Recht, dem Militär, in den Wissenschaften vom Menschen, der Philosophie, den Geschichtswissenschaften, der Pädagogik, Psychologie, Soziologie, Medizin und auch in den Naturwissenschaften bestimmen Männer, was als Realität zu gelten hat. Männer formulieren die großen Theorien von der »Natur« des Menschen, mit denen sie in immer wieder neuen, den Zeitströmungen angepaßten Versionen den Mythos von der Überlegenheit des Mannes über die Frau zu bekräftigen versuchen. Seit über dreitausend Jahren prägt der Mythos des starken Mannes mit all seinen extremen Auswüchsen das Menschenbild unserer Kulturen. Wir können ihm nicht entkommen. Aber wir können ihn erkennen, entlarven und immer wieder in Frage stellen.

Auch ich hatte als Studentin und noch in den ersten Jahren meiner Lehrtätigkeit als Soziologin an der Bonner Universität den Mythos unreflektiert übernommen. Ehrfürchtig studierte ich die Werke der großen Theoretiker und zwang mich und die Studierenden dazu, die Sicht der »großen« Männer auf die Welt und auf uns Frauen als »objektiv« zu betrachten. Erst sehr spät begriff ich, daß es eine männliche Sicht ist, die unsere weiblichen Lebenszusammenhänge einseitig darstellt oder ignoriert, daß vor allem die These von der »natürlichen« Überlegenheit des Mannes unhaltbar ist und nur dazu dient, bestehende Machtverhältnisse zu untermauern.[12]

Viel hat sich durch die Frauenbewegung seit den Siebziger-

---

[12] Wichtige Werke dazu: Sandra Harding, *Feministische Wissenschaftstheorie. Zum Verhältnis von Wissenschaft und sozialem Geschlecht*, Hamburg 1990. Mary Daly, *Gyn/Ecology. The Metaethics of Radical Feminism*, Boston 1990. Evelyn Fox Keller, *Liebe, Macht und Erkenntnis. Männliche oder weibliche Wissenschaft?* München 1986. Gerda Lerner, *Die Entstehung des Patriarchats*, Frankfurt/M., New York 1991. Siehe auch: Brigitte Brück, Heike Kahlert, Marianne Krüll, Helga Milz, Astrid Osterland, Ingeborg Wegehaupt-Schneider, *Feministische Soziologie. Eine Einführung*, Frankfurt/M., New York 1997.

jahren verändert. Frauen haben Selbstbewußtsein erlangt, sind in Hochburgen männlicher Macht eingedrungen, sind in Politik, in der Öffentlichkeit präsent. Ich muß mich manchmal zurückversetzen in die Anfangszeiten der Frauenbewegung, um mir wieder bewußt zu machen, wie viel doch schon erreicht wurde.

Doch es ist immer noch viel zu wenig, vor allem, da inzwischen ein Backlash, ein Rückschlag, festzustellen ist, der das von uns Erreichte wieder zurückschraubt oder gar zunichte macht. Angeblich ist der Feminismus passé. Jungen Frauen wird suggeriert, sie könnten ihr Leben aus eigener Kraft gestalten, brauchten sich nicht mehr als Benachteiligte zu fühlen wie ihre Mütter und Großmütter. Auch beruflich könnten sie alles erreichen, sie müßten sich nur anstrengen und vielleicht ein bißchen besser sein als ein Mann.

Das Bild der top-gestylten dynamischen Superfrau in den Medien, die anscheinend alles, Kinder, Haushalt, Karriere im Beruf, öffentliches Engagement locker und mit links bewältigt und dabei »weiblich«, das heißt attraktiv für Männeraugen bleibt, ist, so will *Mann* uns weismachen, ein erreichbares und lebbares Modell.

Bei genauer Betrachtung ist dies natürlich nichts weiter als eine Neuauflage des Mythos der perfekten Mutter, angereichert durch zusätzliche Anforderungen im Beruf und in der Öffentlichkeit. Doch auch die größte Anstrengung wird einer Frau keinen Eintritt in die Männerwelt verschaffen. Denn allein diese Anstrengung beweist ja, daß sie eigentlich nicht dazugehört. Sie ist und bleibt eine Frau, und wenn sie Kinder hat, kann sie sowieso nicht mithalten. Irgendwann wird sie sogar dafür bestraft, dem Bild des »starken Mannes« nachzueifern. Die männliche Häme, die den tiefen Fall einer prominenten Frau begleitet, zeigt, worum es geht.

Solidarität unter Frauen

Und so lassen wir Frauen uns weiter von den Mythen einfangen. Eine Frauensolidarität auf gesamtgesellschaftlicher politischer Ebene, wie die Frauenbewegung sie erhofft hatte, ist nicht zu verwirklichen. Jeder Versuch in eine solche Richtung wirkt wie ein Alarmsignal, das sofort die Männer mobilisiert, sich ihrerseits gegen die »aufmüpfigen Weiber« zu solidarisieren und Strategien zu entwickeln, die uns wieder auf die rechte Bahn des Mythos zurückbringen. Die Entsolidarisierung von Frauen durch den Aufbau von gegenseitigen Feindinnenbildern ist dabei ein bevorzugtes Mittel. So ist »Feministin« inzwischen zu einem leider auch für die Mehrheit der Frauen negativ besetzten Begriff degradiert worden.

Für unser Thema besonders wichtig: In männerzentrierten Gesellschaften darf es auf keinen Fall eine Solidarität zwischen Müttern und Töchtern geben. Denn wenn Mädchen und junge Frauen schon früh erfahren würden, daß ihre ureigene Weiblichkeit und ihre im weitesten Sinne »mütterliche« Stärke nur in Verbundenheit mit ihren Müttern zu finden sind, wäre ja die Männerherrschaft nicht mehr aufrechtzuerhalten!

Heißt das also, daß Frauen, die auf keinen Fall so sein wollen wie ihre Mütter – und das sind ja fast alle Frauen, wie bei Befragungen immer wieder festgestellt wird –, damit der Herrschaft der Männer über Frauen Vorschub leisten? Ist unsere scheinbar so individuelle Ablehnung der Person unserer Mutter gar nicht so privat, sondern hochpolitisch? Gilt der Slogan der Frauenbewegung aus den Siebzigerjahren »Das Private ist politisch« immer noch – und zwar besonders für die gestörte Beziehung zwischen Müttern und Töchtern? Ist Trennung von unserer Mutter, die uns Therapeuten anraten, wenn wir als Tochter Freiheit und Autonomie erlangen wollen, also im Grunde genommen eine versteckte Aufforderung zur Ein- und Unterordnung in der Männergesellschaft??

Nein, was uns viele Experten zu suggerieren versuchen, dient nicht unserem Wohl! Nicht Trennung von unseren Müttern brauchen wir, um uns zu befreien, sondern die Verbundenheit mit ihnen und ihrer Kraft, den Austausch mit ihnen über die Welt der Frauen, von der die Männer nichts verstehen. Und die Anbindung an die Generationen von Frauen vor uns, sowohl in direkter Linie unserer Großmütter und Vormütter in der eigenen Familie als auch in der Annahme des Erbes der unzähligen Frauen, die vor und für uns um die Würde und Anerkennung weiblichen Seins gekämpft haben.

Das wäre die Heilung der »Mutter in mir«, jenes Bildes, das wir alle in uns tragen und das von den Mythen unserer männerzentrierten Welt vergiftet ist.

Nun sind wir da angekommen, von wo wir ausgegangen sind, beim Bild der »Mutter in mir«, und haben gesehen, daß dieses Bild nicht nur durch unsere begrenzte Erinnerungsfähigkeit, sondern durch einen völlig unrealistischen Maßstab, den Mythos vom idealen Muttersein, verzerrt ist.

Und was ist jetzt zu tun?

Ausblick – für Töchter und Mütter

Wir Frauen haben nicht die Macht, die männerzentrierte Welt, in der wir leben, grundlegend zu ändern. Wie viele andere Frauen habe ich noch in den Achtzigerjahren geglaubt, daß wir zu unseren Lebzeiten eine gewaltige gesellschaftliche Revolution zur Überwindung der Männerdominanz in allen oder zumindest den wichtigsten Bereichen des Lebens schaffen würden. Nichts ist von dieser Erwartung geblieben. Im Gegenteil, es hat seit Ende des 20. Jahrhunderts einen Rückschlag für die Frauenbewegung gegeben, der so vieles, was wir bereits erreicht hatten, wieder rückgängig macht. Am gravierendsten erscheint mir, daß in der Öffentlichkeit das Bewußtsein von der fortbestehenden oder sogar zunehmenden Benachteiligung und Unterdrückung von Frauen schwindet.

Wir sind als Frauen also wieder auf uns selbst zurückgeworfen und müssen schauen, wie wir es schaffen, im Rahmen der besonders für Frauen immer schlechter werdenden politischen und sozioökonomischen Bedingungen unser Leben zu gestalten. Verdrängung aus dem Erwerbsleben, Sozialabbau, schwindende Zukunftschancen für die nächsten Generationen, drohende ökologische und politische Krisen betreffen Frauen weitaus mehr als Männer. Die großen Entwürfe einer frauenfreundlichen oder gar von Frauen bestimmten Gesellschaft sind vergessen. Die unzähligen Bücher, die engagierte Frauen dazu verfaßt haben, gelten als veraltet und werden ignoriert. Feministische Visionen sind nicht mehr gefragt.

Nun, dann fangen wir eben wieder einmal von vorn an – bei unseren Müttern! Wie wir gesehen haben, handelt es sich ja bei der Frage der Solidarität mit unseren Müttern keineswegs nur um die Privatsphäre einer jeden einzelnen Frau, sondern um ein hochbrisantes gesellschaftspolitisches Thema, und die Beschäftigung mit ihm führt vielleicht doch zu einer neuen Vision, zumindest aber zu einer neuen Perspektive.

Fangen wir an, unsere weiblichen Kräfte zu sammeln und zu bündeln, kehren wir zurück zu unseren mütterlichen Wurzeln, und stellen wir die Verbindungen wieder her zwischen den Generationen in der Linie unserer Ahninnen. Räumen wir die Hindernisse aus dem Weg, die zu unserer Entfremdung geführt haben. Jede von uns kann bei sich selbst in ihrem näheren und weiteren Umfeld anfangen – als Tochter ebenso wie als Mutter.

Für uns alle besteht die Hauptaufgabe darin, die destruktiven frauen- und mütterfeindlichen Mythen in all ihren oft versteckten und subtilen Formen zu erkennen, zu entlarven und zu vermeiden. Lassen wir uns nicht vor ihren Karren spannen. Vergessen wir nicht, daß wir in einem gesellschaftlichen Kontext leben, der auf Männer zentriert ist und in dem uns Frauen eine untergeordnete, dienende Position zugewiesen wird. Die Mythen sollen dazu dienen, uns dafür den Blick zu vernebeln und uns einzulullen, damit wir nicht einmal merken, was uns angetan wird.

Was wir als Töchter tun können

Als Töchter geht es zuallererst darum, mit der Mütterschelte aufzuhören. Sobald uns der Gedanke durch den Kopf schießt, daß unsere Mutter an irgend etwas schuld sei, was in unserem Leben schiefgelaufen ist, oder wir uns in vorwurfsvollem Ton die rhetorische Frage stellen: »Warum hat sie nicht ...« oder: »Wie konnte sie nur ...«, sollten wir schleunigst einen Schalter umdrehen und solche Gedanken stoppen. Statt dessen können wir uns ernsthaft fragen, weshalb sie nicht anders handeln konnte, weshalb sie etwas versäumte und welche bedeutsamen Zusammenhänge im Spiel waren, wenn sie in unseren Augen »schuldig« wurde. In der Anklage hängenzubleiben, möglicherweise ein ganzes Leben lang, nimmt uns Töchtern enorm viel Energie, die wir sehr viel besser einsetzen können.

Gehen wir also auf die Suche nach ihrer Geschichte, versetzen wir uns in ihre Situation als Mutter in unserer Kindheit: Was waren die Umstände, als sie uns all das antat, was wir ihr vorwerfen? Was schleppte sie selbst aus ihrer eigenen Kindheit mit? Sprechen wir sie darauf an, wohlgemerkt nicht um unsere Vorurteile zu bestärken, sondern mit echtem Interesse – eben mit »Liebe und Neugier«. Schauen wir uns zusammen Fotos an, fahren wir mit ihr zu den Orten ihrer Kindheit, stellen wir einen Familienstammbaum auf – es gibt sogar schon gute Softwareprogramme dafür! – und nutzen wir Familienfeiern, um zusätzliche Daten aus der Verwandtschaft zu erhalten. Wenn die Mutter nicht mehr lebt, können wir Verwandte und Freunde befragen, wir können Briefe und Aufzeichnungen aufstöbern, können Daten aus Standesämtern und Kirchenbucheintragungen anfordern. Und mit detektivischer Spürnase entdecken wir manchmal Schätze, die wir heben können, manchmal aber auch Leichen im Keller oder uralte Familiengeheimnisse, von denen unsere Mutter selbst nichts wußte, die aber ihr Leben, und oft auch unser Leben beeinflußt haben.

Und wenn die Mutter uns noch heute mit irgendeinem Verhalten auf die Nerven geht und wir ihr offen oder versteckt zu verstehen geben, daß sie eine Nervensäge ist, dann sollten wir ebenfalls sofort innehalten und uns prüfen, ob wir als Töchter an diesem Verhalten der Mutter nicht vielleicht selbst unseren Anteil haben.

Geht es nicht meistens darum, daß auch wir ein Bild von der »richtigen« oder gar der »perfekten« Mutter im Kopf haben, an dem wir sie messen? Aber unsere Mutter *ist* nun einmal nicht perfekt, sie ist normal-unvollkommen wie alle Mütter. Sie hat uns kein bis zum Rand gefülltes Glas mitgegeben. Und wenn wir nur auf das halbleere Glas starren, tun wir ihr Unrecht und schaden uns selbst, denn wir schneiden uns ab von dem, was sie uns schließlich in dem Glas doch noch mitgegeben hat, das ja eben auch als halbvolles gesehen werden kann. Wir müssen uns damit abfinden, daß wir *diese* Mutter haben oder hatten und daß unser Wunsch nach einer anderen unerfüllbar ist und bleiben wird.

Übrigens: Auch wir Töchter können unserer Mutter nur ein halbvolles Glas zurückgeben. Wenn sie von uns verlangt, eine »perfekte« Tochter zu sein, dürfen wir diese Anforderung mit Bestimmtheit zurückweisen. Denn auch wir sind normalunvollkommene Töchter!

Eine andere Falle besteht für uns Töchter darin, daß wir meinen, es auf jeden Fall besser machen zu müssen als unsere Mutter, ob es sich dabei um die Partnerwahl, den Beruf, Kinderwunsch oder ganz etwas anderes handelt. Damit treten wir in einen Konkurrenzkampf ein, welche die bessere [ist], [als] gäbe es einen Maßstab für das beste Frau- und M[uttersein]. *Beide* können diesen Machtkampf nur verlieren. Al[s Töchter] können wir statt dessen sagen: Was du gemacht hast, [egal], ob ich es gut finde oder nicht, das war in Ordnung. Ich mache meine Sache, und zwar genauso gut und schlecht wie du. Und das ist auch in Ordnung!

Wir brauchen auch nicht Mutters Wertvorstellungen und ihre Lebensform zu übernehmen, wenn es das ist, was sie von uns erwartet. Nicht einmal dagegen anzukämpfen ist nötig. Denn Opposition ist Bindung! Gerade wenn wir opponieren, bleiben wir auf Mutters Sicht der Welt fixiert und können uns gar nicht nach echten Alternativen umschauen. Aber wir können ihr lächelnd sagen: »Mama, das ist deine Meinung. Ich habe eine andere. Trotzdem habe ich dich lieb und ehre dich als meine Mutter.«

Dazu brauchen wir allerdings den Mut, ihr als eine erwachsene Frau gegenüberzutreten. Und zwar nicht indem wir von ihr fordern, uns doch endlich als erwachsene Person zu akzeptieren. Denn mit dieser Forderung stehen wir ja immer noch als Kind vor ihr, das um Anerkennung bettelt, so als brauchten wir ihre Zustimmung dafür, erwachsen sein zu dürfen.

Der Mut besteht darin, unserer Mutter zuzumuten, vor ihr als eigenständige, selbstverantwortliche Person aufzutreten und als solche zu handeln – auch oder gerade wenn sie uns immer noch als kleine Tochter sehen will. Es kann sein, daß sie uns dann böse ist und uns mit Liebesentzug droht. Doch diese Drohung braucht uns nicht zu schrecken, wenn wir begriffen haben, daß es sich dabei um die alte Form von Mutterliebe handelt, mit der sie uns in unserer Kindheit »bemutterte« oder nach der wir uns *damals* gesehnt haben. Diese Mutterliebe haben wir als erwachsene Frauen nicht mehr nötig. Wir müssen Abschied nehmen von diesem Mutterbild in unserem Inneren, müssen die Mutter von ihrer Mutterrolle

»pensionieren«, wie Marilyn Boynton und Marion Dell[13] so treffend formulieren. Erst dann können wir in unserer vollen Würde als Frau vor ihr stehen.

Im übrigen geben wir damit auch unserer Mutter ihre Würde als Frau zurück. Denn sie braucht nun ebenfalls nicht mehr Nur-Mutter für uns zu sein, sondern erfährt, daß wir sie als ganze Person in der Fülle ihres Seins anerkennen und schätzen – und ihr dankbar sind für alles, was sie uns gegeben hat. Unsere Liebe füreinander kann sich wandeln und uns aus der Enge der alten Bindungen herausführen. Kim Chernin[14] spricht davon, daß wir unsere Mutter neu zur Welt bringen können.

Manchmal ist es wichtig, der Mutter Grenzen zu setzen, insbesondere wenn sie sich übergriffig in unser Leben einzumischen versucht. Und auch in einem solchen Fall ist eine Kampfhaltung unnötig. Wenn wir uns in unsere Mutter hineinversetzen, spüren wir nämlich leicht, daß sie im Innern ein kleines unersättliches Kind ist und nie genug Zuwendung von ihrer Mutter bekam. Wir dürfen als Tochter nicht in die Falle tappen, nun eine bessere Mutter für sie sein zu wollen, die ihr alle Wünsche erfüllt. Das kann uns nie gelingen, und irgendwann werden wir wütend, stoßen sie zurück, weil wir nicht von ihr aufgefressen werden wollen. Für die Mutter bestätigt sich dann, daß niemand sie liebt, nicht einmal ihre eigene Tochter! Wenn wir es aber schaffen, ihr als Erwachsene zu begegnen und ihr – mit oder ohne psychologische Erklärungen – klare Grenzen zu setzen und ohne Überheblichkeit, aber mit Liebe und Achtung *nein* zu sagen, kann es sogar passieren, daß sie uns dafür dankbar ist.

Allerdings ist es schwer, eine solche Haltung beizubehalten,

---

[13] Marilyn Boynton und Marion Dell, *Tochter sein dagegen sehr. Wege aus dem Mutter-Tochter-Konflikt*, Düsseldorf, 2005, S. 36

[14] Kim Chernin, *Als Tochter geboren. Die Aussöhnung mit der eigenen Mutter*, Frankfurt/Main 2002, S. 59

wenn die Mutter alt und hilfsbedürftig ist. Viele Töchter, die selbst schon Mutter, manchmal sogar Großmutter sind, verhalten sich immer noch wie ein Kind, das glaubt, Mutters Liebe nur dadurch zu behalten, wenn es brav ist und die Mutter schont. Wir haben Mitleid mit ihr, wollen sie nicht mit unserem Nein verletzen, fürchten, daß sie sterben könnte, wenn wir ihr plötzlich mit Härte begegnen. Doch ist es immer wieder verblüffend für Töchter zu erleben, wie lernfähig ihre alte Mutter ist und wie gut es auch ihr tut, wenn wir ihr von Frau zu Frau begegnen und sie ernst nehmen. Dann kann sich die uns fesselnde Bindung lösen und umwandeln in ein echtes Gefühl von Verbundenheit mit ihr.

Auf keinen Fall lösen wir unsere Probleme mit der Mutter, indem wir den Kontakt zu ihr abbrechen. Viele Töchter meinen, daß sie nur dann selbständig werden können, wenn sie die Mutter nicht mehr sehen, weil jede Begegnung mit ihr die alten Wunden aufreißt, sie sich von ihr vereinnahmt fühlen, verletzt werden, sie eben wieder in die alten zerstörerischen Verhaltensmuster zurückfallen. Eine Pause in der Beziehung kann sicher manchmal helfen, den Druck zu mindern. Aber die Mutter ist ja als innere Mutter immer noch bei uns. Wir hören ihre Stimme, fühlen ihren Blick und setzen uns innerlich weiter mit ihr auseinander. Nein, es ist besser, wenn wir den Mut aufbringen, uns ihr zu stellen.

Die Rolle der Väter

Und vergessen wir als Töchter nicht unsere Väter! Da es uns so leicht gemacht wird, alle Schuld der Mutter zuzuschieben, tendieren wir dazu, unseren Vater nicht mit unseren Problemen zu belasten. Meist kommen wir nicht einmal auf die Idee, uns mit ihm auseinanderzusetzen. In seiner Rolle ist er ja auch für den »Psychokram« nicht zuständig.

Sind wir damit wieder einmal dem Mythos des starken Mannes auf den Leim gegangen? Haben wir die Hoffnung, von Vaters Glanz etwas abzubekommen, an seiner Seite erwachsen zu erscheinen, weil er uns als seine bessere kleine Frau hofiert? Oder meinen wir gar, ihn vor seiner eigenen Frau, unserer Mutter, schützen zu müssen, holen wir uns also Unterstützung bei ihm für unsere Mutterschelte?

Vergleichen wir doch einmal das Glas, das wir von unserer Mutter bekommen haben mit dem, das uns der Vater überlassen hat. Viele Frauen haben den Eindruck, daß es voller war als das der Mutter. Ist das so, weil wir es mit einer anderen Meßlatte messen? Wie sieht der Maßstab des »perfekten« Vaters neben dem der »perfekten« Mutter aus? Was hat er für uns getan, was sie? Hüten wir uns davor, den Vater unreflektiert aus der Verantwortung seines Vaterseins zu entlassen und gar noch der Mutter Vorwürfe deshalb zu machen. Wir sollten unseren Blick schärfen und an ihn denselben Maßstab anlegen.

Aber noch besser natürlich, wenn wir überhaupt mit unseren Anklagen gegen die Eltern aufhören. Denn auch unser Vater ist – wie alle Männer – im Mythos des »starken« Mannes gefangen. Vielleicht würde er sich gern daraus befreien, gern ein fürsorglicher Vater, gern ein liebevoller Partner seiner Frau sein, wenn er nur wüßte wie. Es ist für ihn ebenso schwer wie für Frauen, wenn nicht noch schwerer, aus dem Bild auszusteigen, das ihm der Mythos als persönliche Identität anbietet. Denn er hat dabei viel zu verlieren: Macht, Status und den Anspruch auf die Dienstleistungen von Frauen.

Als Tochter brauchen wir uns nun aber nicht von unserem Vater abzuwenden und Vaterschelte zu betreiben, müssen auch nicht gegen ihn Partei ergreifen, um mit unserer Mutter solidarisch zu bleiben. Wir können uns ihm zuwenden in dem Bewußtsein, daß er ein Mann ist und wir niemals ein Mann werden können. Das heißt, wir bleiben mit der Mutter verbunden in unserer gemeinsamen Geschlechtszugehörigkeit und versuchen nicht, seine Männlichkeit – was immer sie für uns bedeutet – zu übernehmen oder zu kopieren.

Ausblick – Für Töchter und Mütter

Wenn wir lernen, seine Sprache zu sprechen, wenn wir uns seine Ansichten von der Welt und den Menschen aneignen, können wir viel gewinnen. Denn die Männersprache mit allem, was dazugehört: Sachlichkeit, Logik, Rationalität, hat in unserer Gesellschaft hohes Ansehen, sie besitzt Definitionsmacht und ist in vielen Bereichen des öffentlichen Lebens, in der Wissenschaft, der Politik gefordert. Die männliche Weltsicht nachvollziehen zu können ist für uns Frauen also von großem Nutzen, weil sie schließlich unser aller Leben bestimmt.

Doch ist es für uns Töchter fatal, wenn wir dabei vergessen, daß es eine männliche Sicht ist und nicht unsere weibliche sein kann. Nur wenn wir das Bewußtsein unseres Frauseins bewahren, laufen wir nicht Gefahr, uns zu verlieren und den Vater – und mit ihm alle Männer – als bessere Menschen zu idealisieren.

Vielleicht kann uns das wirklich erst gelingen, wenn wir die innere Mutter in uns geheilt haben, also innerlich nicht mehr mit unserer eigenen Weiblichkeit zerstritten sind. Der Weg zum Vater könnte dann wie bei der Mutter auch über die Entdeckung seiner Herkunftsgeschichte verlaufen. Wie war sein Leben als kleiner Junge, wie die Beziehung zu seiner Mutter, seinem Vater? Was hat er an Schicksalsschlägen erlitten? Was waren seine Erfahrungen im Militär, wenn er Soldat war? Was hat er im Krieg erlebt? Welche Wünsche und Erwartungen hatte er für sein Leben, für seine Ehe, für seine Kinder? Wen hat er wie geliebt? Auch mit unserem Vater können wir seinen Familienstammbaum zusammentragen, mit ihm zu den Orten seiner Kindheit reisen oder, wenn er schon gestorben ist, auf andere Weise seine Geschichte rekonstruieren.

Wir können so vielleicht von innen heraus begreifen, was das Mannsein für unseren Vater bedeutet oder bedeutet hat und wie er sich mit den gesellschaftlichen Mythen auseinandergesetzt hat. Das Ziel unserer Suche nach dem »Vater in uns« sollte sein, daß wir uns selbst in unserem Anderssein, eben dem Frausein, besser verstehen. Denn auch seine Bilder von Frauen tragen wir als Vor-Bilder in uns. Sie als seine Bilder wahrzunehmen, kann uns aus mancher Verwirrung befreien.

Ein solcher Blick auf unsere Eltern vor dem Hintergrund der größeren gesamtgesellschaftlichen Zusammenhänge ist, so meine ich, für uns Töchter ein besserer Weg, um uns aus den Verstrickungen mit ihnen zu lösen. Dieser Weg ist nicht einfach. Bequemer ist es, den Vater und vor allem die Mutter als Individuen mit Vorwürfen und Anklagen zu überschütten. Doch bleiben wir dann mit ihnen gefangen – und gehangen!

Und noch eines muß uns Töchtern klar sein: Es hört nie auf! Die »Mutter in mir« und eben auch der »Vater in mir« kommen immer wieder hoch, plötzlich habe ich ihre Stimmen im Ohr, sehe sie vor mir stehen oder fühle ihre Berührung. Auch wenn sie schon lange gestorben sind, tauchen sie aus unserer Erinnerung auf, wir werden wieder klein, und sie sind die Großen.

Weil wir das nicht ändern können, ist es so wichtig, uns mit ihnen zu versöhnen, die alten Schreckensbilder umzuwandeln in Bilder der Kraft. Und wenn sie uns als Geist aus dem Jenseits erscheinen, können wir sie jedesmal wieder mit Liebe und Neugier anschauen und ihnen danken für die Chance, die sie uns erneut gewähren, zu wachsen und zu reifen.

Haben wir vor allem nicht die Erwartung, daß sich die Veränderungen sofort ergeben. Denn alte Wunden heilen langsam. Wir können eingefahrene Gleise nicht übereilt verlassen, ohne zu entgleisen.

Und vergessen wir nicht den Humor! Wenn wir als Töchter mit unseren Müttern über unsere wechselseitigen »Macken« lachen können, dann haben wir's geschafft! Nichts ist schöner und befreiender als ein echtes, verbindendes Lachen zwischen Mutter und Tochter.

Was wir als Mütter tun können

Und nun zu uns Müttern: Das meiste, was wir als Töchter beherzigen sollten, trifft natürlich auch auf Mütter zu, denn schließlich sind wir alle Töchter. Doch hat vieles eine sehr andere Färbung, wenn wir von uns Müttern sprechen.

Auch für uns geht es darum, ein Stopsignal zu finden gegen die Mütterschelte, die zumeist auch noch eine Selbstbezichtigung ist, keine »richtige« Mutter zu sein oder gewesen zu sein. Wir Mütter brauchen hier vielleicht noch dringender eine Stoptaste. Was tun, wenn wir wieder einmal bei einer Kritik an unserem angeblich nicht-mütterlichen Verhalten den großen Mea-culpa-, Ja-ich-bin-schuldig-Schrei ausstoßen wollen? Was tun, wenn wir uns bei irgendeinem Mißgeschick unserer Kinder sofort fragen, was wir als Mütter falsch gemacht haben? Eben die Stoptaste drücken und erst einmal innehalten, um uns zu fragen: Wieso denn eigentlich *ich*?

Laut dürfen wir diese Frage nicht stellen, denn dann prasseln sofort und von allen Seiten Vorwürfe auf uns nieder, der schlimmste wäre, daß wir nicht einmal zugeben wollen, doch selbstverständlich als Mütter schuldig zu sein. Also brauchen wir nicht nur einen Stopschalter gegen unsere Selbstbezichtigungen, sondern auch noch Ohrstöpsel und Augenbinden, um nicht hören und lesen zu müssen, was wir alles falsch machen. Es gehören ungeheure Willenskraft und Stärke dazu, sich gegen die massive Phalanx derjenigen, die Mütterschelte betreiben, zu behaupten.

Weil uns die Schelte unserer Töchter am meisten schmerzt, schauen wir uns zunächst einmal an, wie wir ihr begegnen können. In Marion Becker-Richters Buch *Mutter ist an allem schuld*[15] habe ich hervorragende Tips gefunden, die auch mir

---

[15] Marion Becker-Richter, *Mutter ist an allem schuld. Mit Vorwürfen erwachsener Töchter umgehen*, München 2006

in meiner Beziehung zu meinen Töchtern noch einmal Lichter aufgesteckt haben.

Sie empfiehlt, zunächst einmal innezuhalten und uns zu fragen, was an den Vorwürfen dran ist. Unsere Tochter hat eine andere Sicht auf unsere Beziehung, und die gilt es zu respektieren. Also hören wir uns an, welche anderen Erinnerungen, Wahrnehmungen, Beurteilungen sie über Geschehnisse in ihrer Kindheit, ihrer Jugend oder in der heutigen Gegenwart hat. Und zwar ohne gleich in die Verteidigung zu gehen, ihr eine falsche Sicht zu unterstellen und ihre Urteile für ungerechtfertigt zu erklären. Versetzen wir uns in sie hinein. Machen wir innerlich einen Rollentausch und spüren nach, wie wir als Tochter das Verhalten einer solchen Mutter, die wir damals waren, erlebt und wie wir darunter gelitten hätten. Teilen wir das unserer Tochter mit, ohne entschuldigenden Kommentar, daß wir es ja anders gemeint hätten, daß wir doch nur das Beste wollten usw.

Das nämlich ist es, was unsere Tochter als erstes und Wichtigstes von uns braucht: ein Gefühl, daß wir sie verstehen, daß wir Anteil nehmen und mit ihr fühlen. Meist fallen dann schon ihre Vorwürfe in sich zusammen, und wir können die nächsten Schritte der Wieder-Annäherung tun.

Dazu brauchen wir als Mütter Gelassenheit und Sicherheit in dem Bewußtsein, daß wir gute Mütter sind und waren, daß wir nicht perfekt waren, sondern normal-unvollkommene Mütter, die Fehler gemacht haben und bereit sind, dafür einzustehen. Mit einer solchen Haltung beweisen wir im übrigen unserer Tochter ja bereits, daß wir eine ziemlich gute Mutter sind, die den Mut hat, die andersartige Sicht der Tochter anzuhören und ernst zu nehmen.

Ja, es gehört Mut dazu, das verstockte Schweigen oder das wilde Geschrei – unser eigenes oder das der Tochter – aufzugeben und ein ruhiges, sachliches Gespräch zu beginnen. Miteinander reden und sich über Gefühle und Bedürfnisse austauschen sind, so Marion Becker-Richter, der einzige Weg,

AUSBLICK – FÜR TÖCHTER

die wechselseitigen Phantasien, Vermutungen und Un
lungen über die Böswilligkeit der anderen auszuräume
zu einer realistischen Einschätzung ihrer Motive zu g
gen.

Und was ist, wenn die Tochter jegliche Kommunikation mit uns verweigert? Wenn das Schweigen ihr Kampfmittel ist, um uns zu bezwingen? Mütter, denen das passiert – und das sind sehr viele von uns! –, fühlen sich in der Tat bezwungen und ohnmächtig. Sie leiden entsetzliche Qualen, nicht nur weil sie meinen, ihre Tochter verloren zu haben, sondern mehr noch weil die Tochter ihnen offenbar bewußt Leid zufügen will.

Wieder heißt es innehalten und uns nicht in dem Schmerz zu vergraben. Versuchen wir statt dessen, positive Bilder für die Gründe des Schweigens unserer Tochter zu entwickeln. Steckt sie selbst in einer Krise, die sie niemandem, schon gar nicht ihrer Mutter offenbaren will? Läuft in ihrem Leben etwas so schief, daß wir als Mutter darüber erschrecken würden? Will sie uns nicht zumuten, als unvollkommene Tochter dazustehen, weil sie weiß, daß wir uns dann schuldig fühlen würden? Will sie endlich ihr Leben selbst in den Griff bekommen und auf keine noch so gutgemeinten mütterlichen Ratschläge mehr Rücksicht nehmen? Will sie die selbstbewußte, eigenständige Frau werden, die wir uns doch als Tochter wünschen?

Lassen wir uns also nicht unterkriegen, fordern wir nichts von ihr, was sie uns nicht geben kann, und vertrauen wir darauf, daß sie sich irgendwann uns wieder zuwenden wird. Und bis dahin können wir, anstatt zu weinen und zu klagen, sehr viel tun. Beispielsweise die Herausforderung, die das Verhalten unserer Tochter für uns darstellt, als Chance nehmen, einmal bei uns selbst nachzuschauen, wo wir denn stehen. Wohlgemerkt ohne Selbstbezichtigung, ohne Fehlersuche, sondern indem wir uns auf unsere Stärken besinnen.

Wenn wir immer noch eine Tochter ohne Fehl und Tadel brauchen, um uns als gute Mutter zu fühlen, wenn wir also wieder einmal dem Mythos der perfekten Mutter, die eine perfekte Tochter vorweisen muß, aufgesessen sind, wenn wir gefangen sind in der Vorstellung, daß wir nur als Mutter, wohlgemerkt als »gute« Mutter, etwas wert sind – dann ist es an der Zeit, uns unseren anderen Qualitäten und Fähigkeiten zuzuwenden, die wir vielleicht ein halbes Leben lang brachliegen ließen. Fangen wir an, uns selbst zu entwickeln – übrigens egal wie alt wir sind. Ich bin siebzig und habe das Gefühl, daß sich mein Leben ständig erneuert!

Stärken wir uns durch den Austausch mit anderen Frauen und Müttern, die mit uns im selben Boot sitzen. Suchen wir uns Frauengruppen, um uns gegenseitig zu bestärken, übernehmen wir bewährte Erfolgsstrategien von anderen Frauen – ich nenne das »Strategie-Klau«! Im Gegensatz zu früheren Generationen haben wir heute viel mehr Möglichkeiten, uns durch Beratung, Selbsterfahrung oder Therapie weiterzuhelfen. Es gibt wunderbare Bücher von und für Frauen, einige habe ich hier erwähnt. In den Medien werden hervorragende Beiträge zu frauenrelevanten Themen gesendet. Und schließlich gibt es neuerdings das Internet mit hochinteressanten Webseiten für Frauen. Überall finden wir Quellen, aus denen wir Kraft schöpfen können, um unser Leben neu zu gestalten. Nutzen wir die Chance. Und seien wir unserer Tochter vielleicht sogar dankbar, daß sie uns mit ihrer Herausforderung zu einer Selbst-Bekräftigung verholfen hat!

Eine ganz wesentliche Quelle für die Stärkung unseres Selbstbewußtseins ist der Weg zurück in unsere eigene Geschichte und die unserer Mutter. Dazu habe ich auf den vorangegangenen Seiten schon viel geschrieben. Für die Beziehung zu unserer Tochter ist die Aufarbeitung unserer eigenen Mutterbeziehung zentral. Denn solange wir als Mütter mit unserer Mutter noch in der Kindrolle stecken, kann uns auch unsere Tochter nicht wirklich ernst nehmen. Sie braucht eine Mutter, die erwachsen ist, die nicht immerzu jammert, von ihrer Mutter nicht genug geliebt worden zu sein und deshalb die Tochter bedrängt, diesen Mangel auszugleichen und mütterlich für sie da zu sein. Keine Tochter kann die Mutter ihrer Mutter sein. Wir müssen Abschied nehmen von dem Wunsch, draußen eine gute Mutter zu finden. Niemand kann uns diesen Wunsch erfüllen, schon gar nicht unsere Tochter.

Aber wir können die gute Mutter in uns selbst finden, als »Mutter in mir«. Wir selbst können unsere beste Mutter sein. Wir kennen uns in- und auswendig, kennen das bedürftige kleine Kind in uns, kennen die ängstliche, zarte Kleine, die fordernde freche Göre, die sehnsüchtig schmachtende Pubertierende. Wir wissen, was jede braucht, und können es ihr geben, können sie stillen. Braucht sie Spaß, Aufregung, Lustiges? Dann gehen wir doch mit ihr auf eine Kirmes und amüsieren uns auf der Geisterbahn mit Zuckerwatte in der Hand. Braucht sie Liebe und Leidenschaft, dann holen wir ihr ein erotisches Abenteuer herbei – in der Realität, im Fernsehen oder auf der Kinoleinwand. Hat sie Angst? Dann geben wir ihr Schutz und trösten sie, indem wir ihr versichern, daß alles gutgeht – schließlich haben wir ja zusammen bis jetzt überlebt!

Ja, ich finde, daß eine gute Mutter auch Humor haben sollte. Wenn wir uns als Mütter selbst nicht mehr ganz so ernst nehmen und über unsere eigenen »kindlichen« Verrücktheiten lachen können, wird alles sehr viel leichter und freier.

Erwachsensein heißt für mich also, unser inneres Kind anzunehmen und liebzuhaben. Das kann nur mit einer starken, liebevollen inneren Mutter geschehen, mit der wir versöhnt sind. Erst dann sind wir ganz, sind wir erwachsen.

Und als eine solche erwachsene Frau sind wir so viel mehr als nur Mutter. Wir sind Partnerin in einer Ehe oder einer anderen Beziehung. Haben wir diesen Teil unseres Lebens trotz unserer Mutterschaft lebendig erhalten? Sind wir in der Lage, unsere eigene körperliche Sinnlichkeit zu genießen und Lust zu empfinden? Viele Mütter verlieren ihre erotische Weiblichkeit, weil uns der Mythos Mutter zwingt, in der Mutterrolle unsere Sexualität weitgehend zu verleugnen oder kaltzustellen. Nur Filmstars dürfen als Mütter sexy sein, werden dafür aber auch naserümpfend als nicht »richtige« Mütter angesehen.

Das Thema der Sexualität der Mutter fehlt übrigens in den vielen Mütter-Töchter-Ratgebern, die ich mir angesehen habe, so als ob das Sexualleben einer Mutter für die Autorinnen dieser Bücher trotz bester Aufklärungsabsichten doch noch ein Tabu ist, weil auch sie im Mythos Mutter befangen sind.

Sicher hat die sexuelle Revolution auch für Mütter mehr Freiheit gebracht. Doch scheinen die meisten von uns als Mütter noch immer der alten Vorstellung aus früheren Zeiten verhaftet zu sein, daß Sex für uns eigentlich unstatthaft ist, daß wir uns dessen schämen müssen. Können wir über unsere sexuellen Bedürfnisse mit unserem Partner reden, Wünsche äußern, spielerisch experimentieren, Verhütung offen miteinander diskutieren?

Ich bin davon überzeugt, daß wir uns selbst – übrigens auch unseren Töchtern! – kein größeres Geschenk machen können, als wenn wir uns zu unserer Erotik und Lust bekennen. Es gibt heute viele Formen, sie zu leben: mit einem Partner, mit wechselnden Partnern, allein, in verschiedensten Spielarten, mit Sexspielzeugen oder ohne, in Tantra-Gruppen, in Wellness-Centern – ja, und auch mit einer Frau. Immer mehr Frauen entdecken nach einer Jahrzehnte dauernden Ehe- und Familienphase die Liebe zu einer Frau. Für ältere, verwitwete oder geschiedene Frauen ist es ja nicht einfach, einen Mann zu finden, der nicht nur unsere Versorgungsleistungen in Anspruch nehmen und mit uns seine männlichen erotischen Vorlieben praktizieren will, sondern der ein vielseitiger Partner sein kann und bereit ist, auf unsere Bedürfnisse einzugehen. Frauen dagegen sind uns sowieso schon als Freundinnen sehr nahe. Der Schritt, eine Beziehung zu einer Frau unter Einbeziehung der Erotik zu wagen, kann für manche Frau die Erfüllung ihrer lebenslangen Sehnsüchte und verborgenen Wünsche bedeuten.

Und wie ist es mit unseren anderen Beziehungen zu Freundinnen, Freunden und Bekannten? Haben wir die Verbindung aufrechterhalten oder auch, wie so viele Frauen, der Familie und den Kindern geopfert, weil wir ja nie Zeit hatten für enge außerfamiliale Kontakte? Sind wir immer noch der Meinung, daß auch die erwachsenen Kinder, wenn sie uns um Hilfe rufen, zum Beispiel um die Enkelkinder zu hüten oder in Krisen einzuspringen, Vorrang haben vor unseren anderen Interessen? Bieten wir ihnen gar das »Hotel Mama« an, um sie wie in Kinderjahren zu umsorgen?

Oder haben wir uns endlich von der Mutterrolle »pensioniert« und gelernt, unsere mütterlichen Kompetenzen in anderen Bereichen des Lebens einzusetzen, in berufliche oder private Bildung und Fortbildung, in Hobbys, in politisches oder soziales Engagement? Sind wir uns selbst die Nächste, und sorgen wir endlich für unser eigenes Wohlergehen? Wenn nicht, dann sollten wir uns schleunigst klarmachen, daß es keinen triftigen Grund, keine wirklich akzeptable Entschuldigung gibt, uns dies alles zu versagen und an der Mutterrolle klebenzubleiben!

Und was ist mit den alten Eltern und Schwiegereltern, die so viele Frauen der mittleren, der sogenannten Sandwich-Generation versorgen und betreuen, weil wir als Töchter angeblich verpflichtet sind, diese Aufgabe zu übernehmen? Hierzu ist eigentlich schon oben alles gesagt, weil uns dies ja als Töchter betrifft: Wenn wir aus echter Liebe unseren alten Eltern Gutes tun wollen, ist alles erlaubt. Wenn die Eltern es aber als unsere Pflicht betrachten, mehr für sie zu tun, als wir bereit sind, dürfen wir *nein* sagen. Hüten wir uns davor, auch in dieser Phase unseres Lebens immer noch die »perfekte« Tochter sein zu wollen. Das halbvolle Glas war und ist genug! Und nicht vergessen: Es gibt fast immer andere Formen der Hilfe, die wir den Eltern zumuten können, zum Beispiel durch die Einbeziehung der Söhne respektive Brüder, die ja, »weil sie Männer sind«, meistens von diesen Aufgaben freigestellt werden.

Das, was wir von den Eltern bekommen haben, brauchen wir ihnen im Alter nicht zurückzugeben. Das geht ja auch gar nicht, weil sie uns das Leben gaben, und das kann niemand »zurückgeben«. Doch als Mütter können wir unserer Mutter, unserem Vater sagen: »Ich habe das Leben, das ich von euch bekam, an meine Kinder weitergegeben.« – Und das ist die beste und schönste Form der Dankbarkeit gegenüber unseren Eltern.

Die Mutter als geistig-spirituelles Prinzip

Zum Schluß werfen wir noch einen Blick in eine andere Dimension, aus der wir Frauen Kraft schöpfen können, um in unserer männerzentrierten Welt zu überleben – nennen wir sie geistig-spirituell.

Ich habe die Erfahrung gemacht, daß mir aus Mythen, Sagen, und bildlichen Darstellungen von weiblichen Gottheiten, die uns aus anderen Kulturen und Zeiten überliefert sind, unglaublich viel Stärke zuwächst. Die dreifache Göttin – als weiße, jugendliche, als rote, mütterlich-nährende und als schwarze, Tod und Weisheit symbolisierende Göttin – ist Teil meines eigenen Selbstbildes geworden. Ich fühle alle drei in mir, kann wagemutig-jugendlich sein, kann warm und spendend sein und kann Schärfe und Unerbittlichkeit zeigen. Die dreifache Göttin in mir hat nichts mit meinem Alter zu tun. Ich bin als Tochter alle drei, auch als Mutter und jetzt als alte Frau. Das ist ein wunderbares Selbstgefühl, weil ich nicht festgelegt bin auf eine bestimmte vorgegebene Rolle, sondern wechseln kann, wie es die Situation gerade erfordert.

Auch den männlichen Schöpfergott, der Eva aus der Rippe Adams geformt haben soll, habe ich aus meiner Vorstellung verbannt und ihn ersetzt durch die Allmutter, die alles Leben gebiert und erhält, so wie ich meine Kinder geboren und erhalten habe.

Ich habe mich umgeschaut in der überwiegend von Frauenforscherinnen verfaßten Literatur über vergangene und noch heute existierende frauenzentrierte Kulturen, in denen Frauen im Mittelpunkt des Gemeinschaftslebens stehen. Wohlgemerkt nicht, um in Umkehr der uns bekannten männerzentrierten Gesellschaftsformen Macht über die Männer zu beanspruchen, sondern indem sie in voller Verantwortung für das Wohlergehen aller sorgen.[16] Aus diesen mit eindrucksvollen Fakten aus Archäologie, Frühgeschichte und Ethnologie belegten Beschreibungen von sogenannten Matriarchaten beziehe ich meine Vision einer frauen- und mütterzentrierten Welt, um in meinem Alltag mit Frauen, beispielsweise auch in meinen Seminaren, Nischen auf- und auszubauen, in denen wir diese Vision leben können. Und ich bin glücklich, daß es immer mehr Frauenkreise gibt, die dasselbe Ziel verfolgen.

Eine große Quelle der Kraft ist für mich auch meine Sammlung von Repliken altsteinzeitlicher Frauenfiguren, deren Originale zwanzig- bis dreißigtausend Jahre alt sind.[17] Sie liegen in meinem Wohnzimmer auf einem Tisch und inspirieren mich täglich. Sie sind handgroß, nackt, manche sind schlank, die meisten haben dicke Brüste und ausladende Hüften, viele haben einen Schwangerenbauch, einige sind nach vorn gekrümmt und wirken auf mich alt. Arme und Füße sind meist nur angedeutet. Ich nehme sie in die Hand und träume mich in ihre Welt zurück, in der sie von Frauen in der Hand gehalten wurden wie jetzt von mir. Ich spüre sie als In-Bilder von Weiblichkeit, die auch die meine ist.

---

[16] So insbesondere im Werk von Heide Göttner-Abendroth oder bei Carola Meier-Seethaler, Riane Eisler, Mary Daly, Gerda Weiler, Luisa Muraro, Christa Mulack, Luisa Francia, sowie in Marija Gimbutas bahnbrechenden archäologischen Forschungen (s. Literaturverzeichnis)

[17] Die umfangreichste Bilddokumentation der altsteinzeitlichen Figuren findet sich bei Henri Delporte: L'image de la femme dans l'art préhistorique, Paris 1993

Marilyn Boynton und Mary Dell haben diese Vision in Worte gefaßt:

»Der Faden wird weitergesponnen. Wir schauen zurück zu unseren Müttern, die uns geboren haben, zu ihren Müttern und all den Müttern vor ihnen. Wir weben die verwickelten Fäden neu und warten auf die Geburt der Träume unserer Töchter, die die unsrigen neu verweben.«[18]

---

[18] Marilyn Boynton und Marion Dell, *Tochter sein dagegen sehr. Wege aus dem Mutter-Tochter-Konflikt*, Düsseldorf, 2005, S. 245

Dank

Als erstes gilt mein Dank all jenen Frauen, die sich einverstanden erklärt haben, daß ihre Müttergeschichten in diesem Buch veröffentlicht werden. Darüber hinaus danke ich auch allen anderen Teilnehmerinnen an meinen Mütter-Töchter-Seminaren, denn sie haben mich mit ihren Geschichten auf den Weg gebracht. Ohne sie alle gäbe es dieses Buch nicht.

Beate Koglin, meiner Lektorin, danke ich herzlich für ihre kompetente, kritische Hilfe beim Redigieren der Texte; Dr. Heinz Beyer, meinem Lektor im Klett-Cotta Verlag, für seine engagierte Unterstützung für dieses Buchprojekt.

Meiner Freundin Echi Behrens danke ich für die Anregung zum ersten Mütter-Töchter-Seminar 1997, an dem sie mit ihrer Tochter teilnahm, und für die vielen motivierenden Diskussionen während der Arbeit an diesem Buch. Von meinen schwesterlichen Freundinnen aus unserem seit zwanzig Jahren bestehenden Jahresfestekreis fließt mir viel Kraft zu. Auch sie haben mir geholfen, Müttergeschichten zu verstehen.

Tina, meine Schwester, ist in Höhen und Tiefen immer bei mir gewesen; jede von uns beiden hat eine andere »Mutter in mir«, was es für uns besonders spannend macht, die Unterschiede zu entdecken.

Meinen Töchtern danke ich, daß sie mich zu der Mutter gemacht haben, die ich jetzt bin und die sie nun als »normalunvollkommene« innere Mutter in sich tragen. Und natürlich geht mein Dank auch an meine Mutter Käthe für das Geschenk meines Lebens.

DANK

Schließlich möchte ich Rena ganz besonders danken für ihre inhaltliche und seelische Unterstützung bei der Entstehung dieses Buches – und für ihre Liebe, die mich hält und bewegt.

Bonn, im Dezember 2006

Literatur

Aliti, Angelika (2000): *Das Maß aller Dinge. Die dreizehn Aspekte weiblichen Seins.* München
Ancelin Schützenberger, Anne (2005): *Oh, meine Ahnen. Wie das Leben unserer Vorfahren in uns wiederkehrt.* Heidelberg (frz. Originalausgabe: *Aie, mes aieux.* Paris 1993)
Armbruster, Kirsten (2007): *Starke Mütter verändern die Welt. Was schiefläuft und wie wir Gutes Leben für alle erreichen.* Rüsselsheim
Becker-Richter, Marion (2006): *Mutter ist an allem schuld. Mit Vorwürfen erwachsener Töchter umgehen.* München
Benard, Cheryl, Edit Schlaffer (2006, 2004[1]): *Glücklich trotz Mann. Partnerschaft und ihre Mythen.* Frankfurt/M.
Boynton, Marilyn, Mary Dell (1997): *... Tochter sein dagegen sehr. Wege aus dem Mutter-Tochter-Konflikt.* Düsseldorf (am. Originalausgabe: *Goodbye Mother, Hello Woman. Reweaving the Daughter Mother Relationship.* Oakland 1995)
Breitsprecher, Claudia (2002): *Das hab ich von dir. Warum Mütter für Töchter so wichtig bleiben.* Stuttgart, Zürich
Brück, Brigitte, Heike Kahlert, Marianne Krüll, Helga Milz, Astrid Osterland, Ingeborg Wegehaupt-Schneider (1997, erweiterte Neuauflage von 1992): *Feministische Soziologie. Eine Einführung.* Frankfurt/M./New York
Caplan, Paula J. (2000): *The New Don't Blame Mother. Mending the Mother-Daughter-Relationship.* New York, London (erweiterte Auflage von 1989; dt.: *So viel Liebe, so viel Haß. Zur Verbesserung der Mutter-Tochter-Beziehung,* München 1993)
Chernin, Kim (2002): *Als Tochter geboren. Die Aussöhnung mit der eigenen Mutter.* Frankfurt (am. Originalausgabe: *The Woman Who Gave Birth to Her Mother.* New York 1998)
Daly, Mary (1981): *Gyn/Ökologie. Eine Metaethik des Radikalen Feminismus.* München (am. Originalausgabe: *Gyn/Ecology. The Metaethics of Radical Feminism.* Boston 1978 und 1990)

Literatur

Delporte, Henri (1993): *L'image de la femme dans l'art préhistorique.* Paris

Eisler, Riane (2005): *Kelch & Schwert, Unsere Geschichte, unsere Zukunft. Weibliches und männliches Prinzip in der Geschichte.* Freiburg (am. Originalausgabe: *The Chalice and the Blade. Our History, Our Future.* San Francisco 1987)

Fassbender, Ursula (2004): *Die Stärken der Mütter.* München

Francia, Luisa (2006, 1986[1]): *In den Gärten der Kore. Visionen aus einem weiblichen Universum.* München (Frauenoffensive). Andere Bücher von Luisa Francia unter: www.salamandra.de

Gimbutas, Marija (1996): *Die Zivilisation der Göttin. Die Welt des Alten Europa.* Frankfurt/M. (am. Originalsausgabe: *The Civilization of the Goddess. The World of Old Europe.* San Francisco 1991)

Göttner-Abendroth, Heide (2000): *Das Matriarchat II/1. Stammesgesellschaften in Ostasien, Indonesien, Ozeanien.* Stuttgart, Berlin, Köln. Andere Bücher von Heide Göttner-Abendroth unter: www.goettner-abendroth.de

Harding, Sandra (1990): *Feministische Wissenschaftstheorie. Zum Verhältnis von Wissenschaft und sozialem Geschlecht.* Hamburg (am. Originalausgabe: *The Science Question in Feminism.* Ithaca 1986)

Keller, Evelyn Fox (1986): *Liebe, Macht und Erkenntnis. Männliche oder weibliche Wissenschaft?* München (am. Originalausgabe: *Reflections on Gender and Science.* New Haven, London 1985)

Krüll, Marianne (1989): *Die Geburt ist nicht der Anfang.* Stuttgart

Krüll, Marianne (1991): *Im Netz der Zauberer. Eine andere Geschichte der Familie Mann.* Zürich

Krüll, Marianne (2001): *Käthe, meine Mutter.* Rüsselsheim

Krüll, Marianne (2001): »Schwestern – Wir überwanden unsere Gegensätze«, Gespräch zwischen Marianne Krüll und ihrer Schwester Christine Höppner. In: *ab 40*, 4/2001. S. 20–25. Als Volltext zu lesen: www.mariannekruell.de/schriftstellerin/schriftstellerin.htm

Krüll, Marianne (2003): »Mutter – meine beste Feindin«, in: *Kukkuck. Notizen zur Alltagskultur.* Jg. 18, Heft 2/03, S. 14–16

Krüll, Marianne (2005): »Aussöhnung mit der Mutter«. Ein Gespräch mit Ursula Nuber. In: *Psychologie Heute Compact*, Heft 12, Juni 2005, S. 68–74. Und in: *Psychologie Heute*, Juli 2002, S. 20–25.

LITERATUR

Krüll, Marianne (2005): »Ich schaue in den Spiegel und sehe meine Mutter – und bin stolz auf uns beide«; »Dreizehn Gebote für Mütter. Zehn, die uns Männer vorschreiben und drei, die wir uns selbst setzen«, in: *Mythos Mutter*. Katalog zur Ausstellung, hg. vom FrauenMuseum Bonn, S. 72–78 und 130–131

Kuhn, Annette (Hg.) (1992): *Die Chronik der Frauen*. Dortmund (darin: Julietta Breuer: »Chronik der Jahre 1890–1920« und »1920–1932«; Kerstin Schukowski: »Chronik der Jahre 1950–1964«)

Kuhn, Annette, Marianne Pitzen, Marianne Hochgeschurz (Hg.) (1989): *Politeia. Szenarien aus der deutschen Geschichte nach 1945 aus Frauensicht*. Katalog zur Ausstellung im FrauenMuseum Bonn.

Lerner, Gerda (1991): *Die Entstehung des Patriarchats*. Frankfurt/M, New York 1991 (am. Originalausgabe: *The Creation of Patriarchy*, New York, Oxford 1986)

Lucke, Doris (1997): »Mutterbilder im Recht. Von Rechtschöpfern und Müttermachern«; in: Schuchard/Speck: *Mutterbilder*, S. 133–198

Meier-Seethaler, Carola (1988): *Ursprünge und Befreiungen. Eine dissidente Kulturtheorie*. Zürich

Müller-Lissner, Adelheid (2000): *Liebe, Wut und Schuldgefühle. Wenn Töchter sich lösen*. Zürich

Mulack, Christa (1993): *... und wieder fühle ich mich schuldig. Ursachen und Lösung eines weiblichen Problems*. Stuttgart

Mulack, Christa (2005): »Störungen der Mutter-Tochter-Beziehung«; in: *Mythos Mutter*, Katalog zur Ausstellung, herausgegeben vom FrauenMuseum Bonn, S. 54–58

Muraro, Luisa (2006): *Die symbolische Ordnung der Mutter*. Rüsselsheim (it. Originalausgabe: *L'ordine simbolico della madre*, 1991)

Oelker; Petra (1998): *Eigentlich sind wir uns ganz ähnlich. Wie Mütter und Töchter heute miteinander auskommen*. Reinbek (überarbeitete Neuauflage; Orig.: *Neue Mütter – Neue Töchter. Von der Kunst, über den eigenen Schatten zu springen*. München 1994)

Olbricht, Ingrid (2004): *Wege aus der Angst. Gewalt gegen Frauen. Ursachen, Folgen, Therapie*. München

Psychologie Heute Compact (herausgegeben von Ursula Nuber) (2005): »Familienleben. Wie wir wurden, was wir sind«. Weinheim

Roberts, Ulla (2005): *Starke Mütter – ferne Väter. Über Kriegs- und Nachkriegskindheit einer Töchtergeneration* (überarbeitete Neuauflage, Orig. 1994). Gießen

Rücker-Embden-Jonasch, Ingeborg, Andrea Ebbecke-Nohlen (Hg.) (2000): *Balanceakte. Familientherapie und Geschlechterrollen*. Heidelberg (Carl Auer Verlag). (Erw. Aufl. von 1992).

Rücker-Embden-Jonasch, Ingeborg (2000): »Auf der Suche nach weiblichen Ressourcen – Die transgenerationale Perspektive anhand des ›historischen‹ Genogramms«; in: *Balanceakte. Familientherapie und Geschlechterrollen*. Heidelberg, S. 279–293

Schenk, Herrad (1996). *Wieviel Mutter braucht der Mensch? Der Mythos von der guten Mutter*. Köln

Schmollack, Simone (2004): *Ich wollte nie so werden wie meine Mutter. Geschichten von Frauen zu einer ganz besonderen Beziehung*. Berlin

Schuchard, Margret, Agnes Speck (Hg.) (1997): *Mutterbilder – Ansichtssache. Beiträge aus sozialwissenschaftlicher und psychoanalytischer, juristischer, historischer und literaturwissenschaftlicher, verhaltensbiologischer und medizinischer Perspektive*. Heidelberg

Schwarzer, Alice (2000): *Der große Unterschied. Gegen die Spaltung von Menschen in Männer und Frauen*. Köln

Seifert, Claudia (2006): *Aus Kindern werden Leute, aus Mädchen werden Bräute. Die 50er und 60er Jahre*. München

Stemmer-Beer, Roswitha (2005): *Liebeskämpfe. Wie Töchter ihre Mutter abnabeln*. Herbolzheim (Centaurus Verlag).

Streeruwitz, Marlene (1997): *Sein. Und Schein. Und Erscheinen.* Tübinger Poetik-Vorlesungen. Frankfurt/M.

Strobl, Ingrid (2002): *Ich hätte sie gerne noch vieles gefragt. Töchter und der Tod der Mutter*. Frankfurt/M.

taz (Die Tageszeitung): »Das Auslaufmodell. Warum es an der Zeit ist, mit dem Mütter-Mythos aufzuräumen«. Zum Weltfrauentag 8. März 2006

Walters, Marianne, Betty Carter, Peggy Papp, Olga Silverstein (1991): *Unsichtbare Schlingen. Die Bedeutung der Geschlechterrollen in der Familientherapie. Eine feministische Perspektive*. Stuttgart (am. Originalausgabe: *The Invisible Web. Gender Patterns in Family Relationships*. New York, London 1988)

Weiler, Gerda (1993): *Eros ist stärker als Gewalt. Eine feministische Anthropologie*. Frankfurt/M.

Welter-Enderlin, Rosmarie (2006): *Wie aus Familiengeschichten Zukunft entsteht* (erweiterte u. aktualisierte Ausgabe von 1999). Heidelberg